復旦哲學·中國哲學文獻叢書

拾叁

東亞《家禮》文獻彙編

越南篇

主編 吳震
[日]吾妻重二 [韓]張東宇

上海古籍出版社

三禮輯要

［越南］陶胡公　陶宜齋　范　甫　撰
仇伊凡　整理

《三禮輯要》解題

［日］吾妻重二　吉川和希　撰　董伊莎　譯

《三禮輯要》，寫本一册，全七十四葉。底本藏於法國極東學院，圖書編號爲 A1013 – I. 469。此書爲陶胡公、陶宜齋、范甫三人合著。因内容分爲《昏禮輯要》、《喪禮輯要》、《祭禮輯要》三部分而無冠禮，稱作「三禮」。其中最早撰成的是《喪禮輯要》，由陶胡公之孫陶宜齋編輯而成。而《昏禮輯要》、《祭禮輯要》則在其後由范甫添加，三篇集爲《三禮輯要》。

作者之一的陶胡公是黎朝正和十八年（一六八七，丁丑科）的進士，即參從兵部尚書少保鳳郡公的陶黄實。《大越歷朝登科録》卷三中有其姓名，《大越史記全書續編》卷三「永佑三年（一七三七）四月」條中則以陶黄實之名登場。另外兩位作者，陶宜齋和范甫生平均不詳。

關於《三禮輯要》的著述時期，阮甫的《喪禮輯要序》中有「黎朝景興三年壬寅，五月上浣，賜乙未科進士……阮甫序」等字句。「景興三年」即一七四二年，但該年並非壬寅年，又從該序的表述推斷，著述時間應是在阮甫成爲進士之後，即景興三十六年（一七七五，乙未科）後，所以正確的時間應爲「景興四十三年」，該年正爲壬寅年，序文有誤。景興四十三年壬寅即一七八二年。阮甫是翰林院校討，字昭如，號悦亭，似爲《大越歷朝登科録》卷三中的阮貴顯。又，此書總序文——范甫的《三禮輯要識》中有「皇朝明命八年丁亥，仲春下浣」，即阮朝明命帝八年（一八二七）。

綜上所述，《三禮輯要》的成書時間如下：先是在黎朝末的一七八二年完成《喪禮輯要》；然後時隔四十五年，到阮朝初的一八二七年加上《昏禮輯要》、《祭禮輯要》和凡例，最後合爲《三禮輯要》。

《三禮輯要》的方針如序文《喪禮輯要序》所示：

禮之爲物，大矣。聖人所以維人紀、正民彝，其間節目儀文，備見於《文公家禮》，千載之下，志於禮者，求之有餘師矣。祇惟節目度數之間，誠有未易竟者，我越文獻之邦，衣冠禮樂，不忝華風，然四禮之中，鮮有能備舉者。

《三禮輯要識》中又有云：

禮有吉有凶，最切人家日用，不可闕也。人而不知禮，則舉謬亂，一節不備，雖玉帛交錯，亦將如之何哉。考亭朱先生編輯《家禮》，冠昏喪祭，節文備矣。冠禮今世不行，惟昏喪祭，通國所用，只惟節目浩繁，非素深於禮者，未易竟也。先正陶公《輯要》一書，最爲簡便周析，宜齋録之，悦亭誌之，逮今無所損益，但只及喪禮，而昏禮、祭禮則未及焉，故予忘其固陋，因閲昏、祭二禮，求其簡要，切於人家常行者，彙次於後，以備臨時，復爲凡例，書於簡端，以便覽者，且解世俗之誤。

也就是説，朱熹的《家禮》雖涵蓋了人生必要的各種禮儀，但細處有諸多不清晰。越南作爲卓越的衣冠禮樂之國，需要可以用於實踐的儀式指南，因此本書以簡明易懂的内容著成，並欲以此糾正世俗之誤。

《三禮輯要》的目録如下：

需要注意的是，雖如「切於人家常行者」所言，《三禮輯要》是家庭所用儀注，但同時也包含國家儀禮内容。尤其在祭禮中，如祭祀先農、先賢、地祇；祝文（祭文）中有「大王」的稱謂（五十葉以後）；記録「大禮對聯」（五十七葉裏）等，顯然包含了國家儀禮的内容。由此可知《三禮輯要》的記述在一定程度上有顧及王朝儀禮。

此外，在《三禮輯要》的記述中不見如《壽梅家禮》般折衷中國儀禮和越南國情的傾向。反而可窺見把以《家禮》爲首的中國儀禮視爲基準，並全面引進越南的意圖。又從書中遍佈表示漢字聲調的符號（圈發）來看，此書應是有意識地遵循中國式做法。

最後，此書末尾有「三禮輯要終」，接着附有《文獻蕭氏家藏文公家禮要宗》（五十九葉表以後），是與《三禮輯要》内容不同的文獻，但筆迹一致，鈔寫者應爲同一人。其目録如下：

祭禮　五十九葉表
婚禮　六十五葉表
賀壽禮　六十六葉裏
喪禮訃書　七十三葉表

此附録除了儀式流程，還載有衆多的祝文和書簡範文示例，是一種冠婚喪祭的簡明便覽之手册。

目録

附録　世德堂文集聯語祭文

文獻　蕭氏家藏《文公家禮》要宗

喪禮輯要序

禮之爲物大矣！聖人所以維人紀、正民彝，其間節目儀文，備見於《文公家禮》。千載之下，志於禮者，求之有餘師矣。祇惟節目度數之間，誠有未易竟者。我越文獻之邦，衣冠禮樂，不忝華風。然四禮之中，鮮有能備舉者，惟《喪禮》通國常行，頗亦有黽勉致力。但平素未曾講貫陶淑，有概拘陳迹，而委曲處間失之疏；有專憑胸臆，而精微處或流於鑿。宜談禮者紛紜聚訟，行禮者苟且徇俗。文公範世真銓，未有能會其要領者。予同郡先生、丁丑科進士、參從兵部尚書少保、鳳郡公陶胡公，生平所履皆禮，爲世嗣儀，尤以直道名于當時。朝著冠紳，逮今猶爲之嘖嘖，予夙所翹仰者也。宜齋居士，陶相公之孫，於予舅家表誼，克敦素業，欲以《詩》、《禮》世其家，與予總丱時相周旋，又同領乙卯鄉書。予素歆雅操，每相遇，輒津津談論，通宵不輟。戊戌抵采舍，出《家禮集要》一集，索予閱之，即相公遺藳，宜齋之所編輯也。其書參酌古今，於慎終追遠之道，頗爲備要周折。君又著爲淺説，以發明之，先儒闡微之談與本朝胡尚書問答語，亦類選編録，彙成一家《儀禮》。余惟夫人家不可無禮，而禮不可以無，書又不可無，宜齋繼述之孝、纂輯之勤，又不可無誌，乃述其略，用弁於篇端云。

黎朝景興三年壬寅，五月上浣，賜乙未科進士，奉京差北處督同，翰林院校討，安山石炭昭如阮甫序。

三禮輯要識

禮有吉有凶，最切人家日用，不可闕也。人而不知禮，則舉謬亂；一節不備，雖玉帛交錯，亦將如之何哉？考亭朱先生編輯《家禮》，冠、昏、喪、祭，節文備矣。冠禮今世不行，惟昏、喪、祭，通國所用。祇惟節目浩繁，非素深於禮者，未易竟也。先正陶公《輯要》一書，最爲簡便周折，宜齋録之，悦亭誌之，逮今無所損益。但只及喪禮，而昏禮、祭禮，則未及焉。故予忘其固陋，因閲昏、祭二禮，求其簡要，切於人家常行者，彙次於後，以備臨時，復爲凡例，書於簡端，以便覽者，且解世俗之誤，姑留爲子孫葫樣云爾。是爲識。

皇朝明命八年丁亥仲春下浣，慈東静齋范甫謹識。

凡例

一　昏禮自納采至納幣，皆媒氏與使命書詞往來通言而已，至親迎，然後婿往。今世俗皆男家父母與婿同往，恐未穩妥。

一　納幣之後，有納吉、請期二禮，今已併，則書中備説如式。若昏期尚遠者省之，至親迎日，乃行請期禮可也。今世俗既行請期親迎，新婦入門，見姑舅、見廟，又回父母家，或半年、一年，再請期親迎，然後成婚。夫夫婦當正其始，安有既于歸復退回之理？又安有兩親迎之禮？世俗之誤可知也。

一　親迎不見妻父母，未見舅姑也。入門不見舅姑，未成婦也。今世俗納幣日，婿已往拜妻父母，見妻家祠堂。新婦入門，先見舅姑、見廟，是不知聖人制禮之深。又親迎必以昏者，即陽往陰來之義耳。世俗拘於時日，或未昏而親迎者，誤矣！知禮者不可爲也。

一　夫婦所以重宗祀，但往來通言之際，不可無贄見之儀也。今嫁娶，但論財幣，至於儀文，率多草略，是重幣而輕禮，夷虜之道也，似不必從。

一　嫁娶已有媒妁昏書，今世所謂蘭佳錢。以鄉黨爲證，豈有鄉人之證更重於兩家父母之命乎？且律亦有明文，從之可也。

一　古者喪禮三日而殯，故四日而成服。四日云者，不忍死其親之意耳。蓋猶以爲緩也。今既殯之後，或有十日半月而後成服者，則十日半月以前，服制未成，皆可宴飲行樂者乎。

一　古者三月而葬，而卒哭。卒哭者，卒止室中無時之哭也。今人家或有疾葬，亦或有三月而未葬，概以卒哭爲名，甚無謂，宜改稱百日方妥。

昏禮輯要

按古有六禮，《家禮》略去問名、納吉、請期，止用納采、納幣、親迎。今擬以問名併入納采，而以納吉、請期併入納幣，以備六禮之目。

男子之年，十六至三十；女子年十四至二十，身及主婚者，無期以上喪，乃可成婚。

議昏

先使媒氏往來通言，候女氏許之，然後納采。納其采擇之禮。

納采問名附

主人具書云：某郡姓某啓初議未成，故未稱親。某郡某官執事，伏承尊慈不鄙寒微，曲從媒氏，許以令愛貺室僕之男某，或某親之子某。茲有先人之禮，專人納采，因以問名。敢請令愛爲誰氏出，及所生日月，將以加之卜筮，伏惟鑒格。年月日某啓。

夙興，奉以告祠堂，告辭曰：「某之子某，年已長成，未有伉儷，已議娶某官某名之女。今日納采，就以問名，敢告。」乃使子弟爲使者，如女氏。今恐子弟與主人非敵，擬以兩家通往來者。女氏主人出，見使者，升堂陳書幣。進書，主人授書，請賓就次，遂奉書以告於祠堂。書置香案上，物置案前。告辭曰：「某之第幾女某，年漸長成，許嫁某郡某官姓某之子某。今日納采，敢告。」出以書，授使者。

「某郡姓某啓某郡某官執事，伏承尊慈不棄寒陋，過聽媒氏之言，擇僕之第幾女某，或某親女隨稱，下倣此。作配令嗣，弱息蠢愚，又弗能教。既辱采擇，敢不拜從？重蒙問名，謹具所出，及其生年月日如別幅，伏惟鑒念。年月日某啓。父某母某氏，女某行幾，甲子某年月日時生。」使者復命，婿氏主人復以告於祠堂，書帖並置案上。告辭曰：「某之子某，聘某郡某官姓某之幾女某，某年月日時生。今日納采，且問名，禮畢，敢告云。」

納幣納吉、請期附

幣用色繒，貧富隨宜，少不過兩，多不踰十，羊酒菓實之屬亦可。

主人具書云：某親某啓某官尊親家執事，伏承嘉命，許以令女貺室某或稱僕之子某，加之占卜，已協吉兆。兹有先人之禮，敬遣使者，行納徵禮。謹諏吉日以請，曰某日甲子，寔惟昏期，可否惟命，端拜以候，伏惟鑒念。若昏期尚遠，去「謹諏」以下至「以候」。下倣此。夙興，以書告于祠堂曰：「某之子某，已聘某郡某官某氏之第幾女爲婦。卜之協吉，今行納幣禮，且以日期爲請。曰某月日宜成昏，敢告。」遣使者如女氏，主人出，見使者，儀節同納采。遂奉書以告于祠堂曰：「某之第幾女，許嫁某郡某官某氏之子爲昏。今日報吉，且行納幣，因以期日爲請。曰月日甲子吉，宜成昏，敢告。」

女氏復書禮賓：「忝親某郡姓啓某郡某官尊親家執事，已伏承嘉命，委念寒宗，顧惟弱息，教訓無素，切恐不堪。卜既協吉，僕何敢辭？兹又蒙順先典，貺以重禮。辭既不獲，敢不重拜？若夫昏期，惟命是聽。敬備以須，伏惟鑒念。」

使者復命，婿氏主人復以書告于祠堂曰：「某之子某，聘定某郡某官之女某爲婦。今日行納幣禮，將以某月日成昏，敢告。」

親迎 近則迎于其家，遠則迎于其館。

前期一日，女氏使人張陳其婿之室。氈褥帳幃之物。厥明，婿家設位於室中，女家設次於外。

初昏，婿盛服，主人告於祠堂曰：「某之子某，將以今日親迎於某郡某官某氏。」遂醮其子而命之迎。主人升座于東序，東西向；婿就位于西北，向南。贊者酌酒，婿再拜訖，升醮席位跪，贊授酒，婿受之，祭酒，興，却立，跪，啐飲，興。授盞于贊者，再拜訖，詣父座前，東面，跪。父曰：「往迎爾相承我宗事，卒勉以敬，若則有常。」婿曰：「諾。惟恐不堪，不敢忘命。」再拜，出，（承）〔乘〕馬至女家，俟于次。女家主人告于祠堂曰：「某之第幾女某，將以今日歸于某郡某官某氏，敢告。」遂醮其女而命之。父坐于廳事之東，西向；母坐于東，西向。姆導女出，北向立，近母東。辭父母四拜，辭親屬四拜，就席，北向。贊者酌酒，女四拜，跪，受酒，祭酒，啐酒，四拜。父起命之曰：「戒之敬之，夙夜無違夫子、爾舅姑之命。」母命之曰：「勉之敬之，夙夜無違爾閨門之禮。」諸母命之曰：「謹聽爾父母之言。」主人出，迎婿入升階，跪于地，主人侍者受之，無雁以鵞代之。姆奉女升車，婿先婦行，至其家，導婦以入，揖婦先行，導以入室。婿婦交拜，婦東，婿西。就座合巹。從者以兩巹斟酒，和合以進，婿婦各執其一，交拜飲。畢出，復入，脱服，燭出。主人禮饗從者。明日夙興，婦見于舅姑，舅姑禮之，見於尊長。三日，主人以婦見於祠堂。曰「廟見」。明日婿見婦之父母。婦父宗子，即先見宗子夫婦，然後見父之父母。次見婦黨，諸親婦父引婿見于祠堂，告辭曰：「某之女某婿來見。」婿四拜訖，見尊長卑幼。

昏禮考證

《禮記》：「曾子問曰：『娶女有吉日，而女没，則如之何？』子曰：『婿齋服而吊，既葬而除之。夫没亦如之。』」注：夫没斬衰往吊，既葬而除之，以其常請期，故往吊。然未成婦，故葬而除之。

夫昏禮，萬世之始也。取於異姓，所以附遠厚别也。出乎大門，而先男帥女。女從男，夫婦之義，由此始也。謂親迎之時，婿先導。舅姑降自西階，婦降自阼階，授之室也。

曾子問曰：「親迎，在途，而婿之父母死，則如之何？」子曰：「女改服深衣，今指素衣。以趨喪。如女在途，而女之父母死，則女返。如女未至，而有齊衰大功之喪，則男不入，改服於外；女入，改服於内。即喪位而哭。」又問：「除喪不復昏乎？」曰：「祭，過時不祭，禮又何反於初？」

合巹

巹，謂牢瓢，以一匏分爲兩匏。婿婦各執一片以酳，故云「合巹」。

《左傳》：「鄭公子忽如陳迎婦嬀。陳鍼子送女，先配配合。而後祖。廟見。鍼子曰：『非禮也。』」今世俗，新婦入門，即先拜祖，而後成昏，往往舉此以藉口。朱子曰：「左氏不足信。或據當時之俗禮而言，非先王之正法也。又恐其所謂後祖者，先譏其先失布几筵告廟之禮耳。」按馬氏謂：「鍼子譏鄭，忽當迎婦，不先告廟。」

喪禮輯要

疾病將終，遷居正寢。東首以受生氣。既絶，加新衣楔齒。以箸横口，使不合，可以含。至設奠小斂時，即去之。升屋，方氣絶時，使一人持死者之衣曾經服者，左執領，右執腰，自前升屋脊，北向。招呼曰：「某人復。」男子稱名，婦人稱姓。或平日稱呼，招呼三次。卷衣降，自屋後下，以所卷衣覆于尸上。舉哀，哭躃無數。乃沐浴剪爪。盛于囊，大斂後納于棺。埋餘水，設襲衣，遷尸于襲床上，易衣。衣數宜奇，不宜偶。先入大襟，次入小襟。徙尸置堂中間，南首，乃設奠，乃飯含。儀節：舉哀，盥洗，跪。告辭曰：「兹請飯含，伏惟歆納，謹告。」俯伏，興，平身。奉含具撤，覆面舉巾。初飯含。初以米寔于口之右，又寔以錢一文。再飯含。再以米寔于口之左，又寔以錢一文。三飯含。三以米寔于口之中，又寔以錢一文。去楔齒。復位。加幅巾，覆瞑目，納履，襲深衣，結大帶。設幄手，覆衿。設靈座，設魂帛，書銘旌。倚于靈座之右。設小斂床，布絞衾，乃設襲奠，遂小斂，還遷尸床于堂中，乃奠。朱子曰：「禮未葬，奠而不祭；但設酒陳饌，再拜以祭，爲吉禮故也。」儀節：將入棺，告辭云：「兹以吉辰，請迎入棺，敢告。」就位，盥洗，詣靈座前。跪，焚香，斟酒，俯伏，興。鞠躬，拜，凡二。興，平身，舉哀。舉棺入置堂中，少西。乃大斂。入棺，設靈床于柩東。設靈座，乃設奠。儀節：序立，舉哀，盥盥洗，跪。焚香，斟酒，讀文，俯伏，興，平身。鞠躬，拜，凡二。興，平身。點茶，焚祝文，禮畢。入棺告文，《家禮正衡》。泣血而言曰：「釁積厥躬，禍延其親。一疾遽攖，九原弗起。茲焉入棺，萬事已矣。父母耶！天地耶！何忍至此？嗚呼，痛哉！謹告。」設靈座告文：「痛惟某親，奄忽棄捐。于茲吉日，敬設靈座于正寢，用伸奠獻，謹告。」

四日成服儀節：五服之人，各服其服。就位，男位于柩東，女位于柩西。重服在前，輕服在後。舉哀。序立，舉哀。盥洗，帨巾，詣香案前。焚香，斟酒，跪。奠酒，皆跪。讀祝，俯伏，興，平身。鞠躬，拜，凡二。興，平身。點茶，焚祝，禮畢。祝文：《正衡》「痛惟某親，遐棄奄忽。彩衣變爲哀衣，甘旨化爲荼毒。父母耶！天地耶！何至此乎？摧裂肝肺，何以堪居，謹告」。又體：「哀服既成，宗親咸在，敬陳薄奠，用寫哀忱。」今用。

服之制有五：一曰斬衰三年父；二曰齊衰三年母，杖期，不杖期；三曰大功；九月。四曰小功；五月。五曰緦麻。三月。

服制有四：一曰正服，如爲父母、祖父母、伯叔、兄弟之類。二曰加服，謂本輕而加爲重，如爲祖父母承重之類。三曰降服，謂本重而降爲輕，如爲妻杖期，姑在不杖期。四曰義服。如爲人後之類。

高祖服。　高祖父母齊衰三月，適孫承重者三年。

曾祖服。　曾祖父母齊衰三月，適孫承重者三年。

曾祖伯叔父母，緦麻。　曾祖姑在室者，緦麻；嫁，無服。　祖行服。　爲祖父母齊衰，不杖期，承重者三年。　庶子之子，爲其父之生母，不杖期。　爲祖伯叔父母，小功。　爲從祖伯叔父母，緦麻。　爲祖姑在室者，小功；嫁，緦麻。　爲從祖姑在室者，緦麻；嫁，無服。

父行服。　爲父斬衰三年，母齊衰三年。明制斬衰。　嫡繼慈養，俱齊衰三年。　嫁母、出母，俱不杖期；乳母，緦麻。　庶子爲其所生母，齊衰三年。　爲伯叔父母，不杖期；從伯叔父母，小功；再從伯叔父母，緦麻。　爲姑之在室，不杖期；嫁，大功；嫁而無夫與子者，亦服，不杖期。　從姑在室者，小功；嫁，緦麻。　再從姑，緦麻；嫁，無服。

同行服。　爲妻杖期，父母在，不杖期。一作姑在。　大夫爲妾緦麻；士爲妾有子者，緦麻。雖《孝慈録》所無，亦義所必當從者。《孝慈》明太祖所著。　爲兄弟，不杖期，妻小功，律。　加大功。　從兄弟，大功，妻緦麻。　再從兄弟，小功，妻無服，律。　加緦麻。　三從兄弟，緦麻，妻無服。　姊妹，不杖期；嫁，大功；嫁而無夫與子，亦服不杖期。　從姊妹，大功；嫁，小功。　再從姊妹，小功；嫁，緦麻。　三從姊妹，嫁，無服。　爲同父異母之兄弟姊妹，俱小功；妻無服。

子行服。　爲長適子三年，明制期。　衆子不杖期。　長婦期，衆婦大功。　子之爲人子後者，仍服，不杖期，婦大功。　爲侄，不杖期，婦大功。　侄爲人子後者，大功，婦小功。　從侄，小功，婦緦麻。　再從姪，緦麻，婦無服。　爲女在室者，不杖期；嫁，大功；嫁而無夫與子者，亦服，不杖期。

侄女在室者，不杖期；嫁，大功。從姪女，小功；嫁，緦麻。再從侄女，緦麻；嫁，無服。

孫行服。　爲適孫，不杖期，婦小功。衆孫，大功，婦緦麻。侄孫，小功，婦緦麻。從侄孫，緦麻，婦無服。孫女，大功；嫁，小功。孫侄女，小功；嫁，緦麻。從孫侄女，緦麻；嫁，無服。曾孫，緦麻，婦無服。曾侄孫，緦麻，婦無服。曾孫女、曾侄孫，俱緦麻，婦無服。玄孫，緦麻，婦無服。玄孫女，緦麻，嫁，無服。

宗人服。　此不在五服之内者，爲宗子及宗子母妻，皆齊衰三月，同爨者緦麻。

繼父服。　同居繼父，彼此兩無大功以上親，乃義服不杖期。謂繼父無子孫伯叔兄弟，己無伯叔兄弟之類。有之者，齊衰三月。先與同居，而今不同居，亦齊衰三月。自來不曾同居者，無服。按《禮記·喪服》，繼父不同居者，必嘗同居，皆無主。後同財而祭其祖，稱爲同居。謂兩無大功之親，於是以其財同築宫廟祭其先，謂之同居，其服期也。繼父有子有主後者，爲異居。又按《喪服》注，同居繼父有三：一是昔同今異；二是今雖同居，却不同財；三是繼父有子，即爲異居，皆齊衰三月。

八母服，及母報服。　妾所生子，謂父之正室「嫡母」，正服，齊衰三年。母爲適子，亦報服；爲衆子，則不杖期。謂父再娶之妻曰「繼母」，義服齊衰三年，婦不杖期。母爲長子，亦報服；爲衆子，乃不杖期，婦大功。

繼母出，無服；嫁而已從之者，服杖期。母出，爲繼母之兄弟姊妹，小功。　謂父妾之有子者曰「庶母」，義服緦麻。士之庶子，爲其母，齊衰三年；爲母後，則降。庶子爲人後，爲其母，緦麻；而其母之父母兄弟姊妹，則無服。庶子之子，爲父之母，不杖期；而爲祖後，則無服。庶母慈己，謂自少乳養己者。義服小功。

慈母者，謂庶子無母，而父命他妾之無子者慈己也。義服齊衰三年，不命，小功。謂小乳哺曰「乳母」，義服緦麻。謂養同宗及三歲以下遺棄之兒者，曰「養母」，與親母同，正服齊衰三年。出母，不杖期，母亦報服。子爲父後，則不服。女適人爲母，乃服大功，母亦報服。嫁母，謂父亡母嫁；降服不杖期，母亦報服；女適人，乃服大功，母亦報服；子爲父後，則不服。

親母而前夫之子從己者，亦服不杖期。從明制，嫡繼慈養，俱斬衰三年；嫁出母，俱齊衰杖期。庶母，齊衰杖期；所生子斬衰三年，乳母緦麻五月。

母黨妻黨服。爲母之父母兄弟姊妹，俱小功；其兄弟之妻、姊妹之夫，俱無服。爲嫡母之兄弟姊妹同。庶子爲嫡母之兄弟姊妹，亦服小功；母死，則無服。按《禮》于從母之夫舅之妻，有同居相依者，以同爨，緦麻服之。姑舅兩姨之兄弟姊妹，相爲服緦麻。爲妻之父母，緦麻；妻亡而別娶，猶服妻之親母；雖嫁與出，猶服。爲婿，緦麻。爲甥及甥女，小功；甥婦，緦麻。姊妹之子曰「甥女」。爲外孫及其婦外孫女，俱緦麻。

妻爲夫黨服。爲夫之高曾祖父母，緦麻；祖父母，大功；祖伯叔父母，緦麻。祖姑在室者，緦麻；嫁，無服。外祖父母，緦麻。舅姑，斬衰三年。夫爲祖曾祖高祖父母承重者，並從服。夫爲人後，則從服；惟夫之本生父母，降服大功。庶子之妻，爲夫之所生母，齊衰三年。夫之伯叔父母，大功。從伯叔父母，緦麻。親姑，小功；從姑，緦麻，嫁皆不降。夫之舅姨，緦麻。夫，斬衰三年。兄弟，小功，律。加大功。姊妹相爲服，小功。少婚曰：「姊」，長婚曰：「姒」。從兄弟及其妻，緦麻；姊妹，小功；從姊妹，緦麻，嫁皆不降。夫之嫡子，及其婦，皆不杖期。夫之衆子，不杖期，其婦大功。夫之侄，不杖期，婦大功。從侄，小功，婦緦麻。再從侄，緦麻，婦無服。以下至玄孫，並從夫服。見前。子孫曾玄，行服。按《喪禮小記》，婦服夫黨，當喪而被出則除之，恩絶故也。妾爲君族服。妾不敢稱夫，故謂之君。爲君之父母期。君，斬衰三年。正室期。君之長子、衆子及其子，皆期。爲其父母期，其私親，則如衆人服。爲人後，爲所後服。爲所後之高祖父母，齊衰三月。曾祖父母，齊衰五月。祖父母，不杖期。爲所後父母，斬衰三年。祖父以上，承重者三年；外祖父母，小功。

爲人後，爲本生服。爲本生祖父母，大功。父母，杖期。伯叔父母，大功。姑在室，大功；嫁，小功。兄弟，大功，妻，緦麻。姊妹，大功；嫁，小功。外祖父母，緦麻。

出嫁爲本宗服。高曾祖及祖父母，皆與男子同，不降。祖伯叔父母，緦麻。祖姑在室者，緦麻；嫁無服。父母期。伯叔父母，大功；從伯叔父母，緦麻。姑在室，大功；嫁，不降。從姑，緦麻；嫁，無。兄弟，大功；若兄弟爲父後，仍服期。爲其妻，小功，不降。從兄弟，小功，婦無。姊妹，大功。從姊妹，小功；嫁，緦麻。侄，大功，婦，小功，不降。從侄，緦麻，婦無。侄女，大功，嫁小功。從侄女，緦麻；嫁，無。姊妹之子，緦麻。按《禮》：女子在室，與男子同；嫁而未被出，與未嫁同；嫁而無夫與子，爲兄弟姊妹及侄，不降。凡男爲人後，女適人，爲其私親，皆降一等。私親之爲之也，亦然。女適人者，降服；未滿被出，則服其本服；已除，則不復服。凡爲殤服，以次降一等。十九至十六，爲長殤；十五至十二，爲中殤；十一至八歲，爲下殤。應服期者，長殤降大功，中殤七月，下殤小功。應服大功以下，以次降等。不滿八歲者，爲無服之殤，哭之，以日易月。生未三月，則不哭也。男已娶、女許嫁，皆不爲殤。

楊氏復曰：「禮，父在，爲母期。子於母雖爲父屈，猶心喪三年。庶子爲父後，爲其母，緦麻。中心喪三年，亦解官。爲人後者，爲其父母，降服不杖期，亦解官，中心喪三年。《禮記》：『師心喪三年。』」隨情淺深。《淺説》：按禮，妻爲夫黨服，如爲夫之兄弟，小功；夫之從兄弟，緦麻；其再從兄弟，則無服。然考之國朝五服之圖，兄弟之妻，加服大功；從兄弟之妻，仍服緦麻；再從兄弟之妻，加服緦麻。從此推之，則凡爲人妻者，亦當爲之報服，各加一等。如律，又如爲夫親姑，小功；從姑，緦麻；姊妹，小功；從姊妹，緦麻，嫁皆不降。詳見《文公家禮》，而《正衡》印本誤作「不服」。夫緦麻不服猶之可也，豈有小功一降而無服乎？況親姑、姊妹，一是夫之至親，一是夫之同胞，一嫁之後，恝然無服，豈理也哉！《正衡》之誤可知矣。

《辨疑》：按八母圖，庶母義服緦麻。惟《正衡》之書，母行服，嫁出庶母，俱杖期；妻爲父黨服，嫡子衆子之妻，爲夫之庶母，亦期。今按楊升庵編輯文公《家禮》，此二條係是明朝禮制。夫妾於君族服，家長衆子之外，皆如衆人。服圖已顯然可據，明朝之制，却於庶母所不服之外，加以杖期，殊屬無謂。今只據文公《圖》、國朝爲是。

《淺説》：按禮，爲妻黨服，爲妻之父母，緦麻。今國俗，皆申心期年。蓋婿於妻之父母，謂之「半子」，則其服半於吾親。求之聖人因情之意，先儒從厚之言，頗爲有得。彼捷徑之書，乃以南北分産不同爲言，則是以田産之多寡，而爲服之隆殺，豈聖人制禮之意哉？

朔望儀節：序立，舉哀，盥洗，帨巾，詣香案前。焚香，斟酒，皆跪。讀祝，伏俯，興，平身。鞠躬，拜，凡二。興，平身。點茶，焚祝，禮畢。祝文：「居諸迭運，朔、望日適臨。敬陳薄奠，式表哀忱，謹告。」

七七旬儀節 用奠與朔望同，有祝文。

祝文：「日月不居，旬丁一七。二、三、四、五、六、七。式陳薄奠，用寫哀忱，謹告。」五十日，儀節與朔望同，未葬用四拜。祝文：「日月不居，奄及五旬。薄奠式陳，哀忱曷既，謹告。」

夏節，儀節同，既葬用四拜。祝文：「日月不居，孟仲、季夏適至，感辰思親，哀慕曷已。謹具菲儀，哀薦夏事，謹告。」

朝夕奠儀節，同用。奉魂帛出，就靈座。就位，舉哀，盥洗，帨巾，詣香案前。焚香，斟酒，皆跪。讀祝，俯伏，興，平身。鞠躬，拜，凡二。興，平身。點茶，禮畢。夕奠畢，奉魂帛安靈床。

食辰上食，儀節與朔望同。祝文：「痛惟某親，遐棄奄忽，羹墻如見，號慕無垠。謹具菲儀，用伸哀奠，謹告。」今俗於發引前一日，行上食禮。祝文：「痛惟某親，奄忽棄捐，彷彿羹墻，悲號曷已。朝將行葬本日改「朝」爲「兹」。薄奠式陳。」權殯，儀節同上。祝文：「精魄何依，音容永閟。悠悠靈駕難尋，戚戚哀腸曷既。佳城未卜葬期，淺土權行殯禮。潦草一筵，永訣終世。」開殯儀節：序立，舉哀，跪。告辭云：「兹以吉辰，請開殯。」伏俯，興，拜，凡二。禮畢。開殯。

安位儀節，同上。祝文：「痛惟我親，奄棄塵世。曩辰安厝，權行草儀。今日更窆，敬陳薄奠。」擇日開塋城。

祠后土遠親代拜，吉冠素服，非純吉，亦非純凶。儀節：就位，鞠躬，拜，凡二。興，平身。盥洗，祭主執事皆跪洗。帨巾，詣香案前，跪。上香，斟酒，酹酒，獻酒。俯伏，興，平身。少却，跪，讀祝，祭主之左。俯伏，興，平身。復位，鞠躬，拜，凡二。興，平身。焚祝，禮畢。祝文：「皇號府縣社官爵姓名，敢昭告于土地之神。今爲某親官爵謚號，營建宅兆後祭文同，但改爲「窆茲宅兆」云云。于某處之原，神其保佑，俾無後艱。謹以某物祇薦于神，尚饗。」

發引前一日，因朝奠以遷柩，告儀節：就位，五服皆就位，哭。盥洗，跪，焚香，斟酒，執事告辭曰：「今以吉辰，遷柩敢告。」祝者。俯伏，興，平身。主人以下，鞠躬，拜，凡二。禮畢。朝祖儀節：婦人退避，主人以下揖杖立，祝跪。告辭曰：「請朝祖。」俯伏，興，平身。奉魂帛詣祠堂，主人以下哭從。男左女右，婦人蓋頭。既至，奉魂帛朝祖，北向。主人以下就位。婦人去蓋頭，男左女右。舉哀，哀止。奉魂帛還柩所，主人以下哭從。安魂帛于靈座。主人以下就位，舉哀，哀止。

遷柩廳事儀節：祝跪。告辭曰：「請遷柩。」俯伏，興，平身，設奠。主人以下就位。舉哀，坐哭，乃代哭。日晡辰，設祖奠儀節：就位，舉哀，哀止，祝盥洗。詣靈座前，跪。焚香，斟酒，告辭曰：「永遷之禮，靈辰不留。今奉柩車，式遵祖道，敢告。」俯伏，興，平身。舉哀，二拜。興，平身，禮畢。告道路，遠親代拜。就位。鞠躬，拜，凡四。興，平身，跪。焚香，斟酒，讀祝。俯伏，興，平身。鞠躬，四拜，興，平身。焚祝，禮畢。祝文：「皇號府縣社具官姓名，敢昭告于五方道路之神。今爲某親官爵謚號，奄忽棄捐，將葬于某處之原。升輿就道，謹具菲儀，虔伸告祭，尚其肅清道路，禁止妖氛，俾生化俱便，驚怖斯除。謹以某物祇薦于神，謹告。」遣奠儀節：納大輿于庭中，祝跪。告辭曰：「今遷柩就輿，將安厝于某處之原。輀車既駕，勿怖勿驚，敢告。」伏俯，興，平身。遷靈座，遷柩就輿。安靈座，遷靈座于柩前，乃設奠儀節：就位，舉哀，哀止，祝盥洗，詣靈座前，跪。焚香，斟酒。告辭曰：「靈輀既駕，往即幽宅。載陳遣禮，永訣終天，敢告。」俯伏，興，平身。納奠饌于食案，舉哀，鞠躬，二拜。興，平身，禮畢。祝奉魂帛升車，發引喪事。車索曰「引」。

告輿神遠親代拜。儀節：就位，鞠躬，四拜，興，平身，跪。焚香，斟酒，讀祝，俯伏，興，拜，凡二。興，平身。鞠躬，四拜。興，平身，焚祝，禮畢。祝文：「敢昭告于輿神之前曰：『今爲某親之柩，既載于車，戒行道路，惟神佑之。』謹以某物祗薦于神，謹告。」

途中設奠儀節：序立，舉哀，哀止，祝盥洗，詣香案前，跪。焚香，斟酒，皆跪，讀祝。俯伏，興，平身。點茶，鞠躬，二拜。興，平身，焚祝，禮畢。祝文：「〔敢告于〕某親之靈曰：『輀車既駕，往即幽宅。途中暫歇，薄奠式陳，嗚呼痛哉！謹告。』」

途中親賓贈奠素服，有官者，衣可變，冠不可變。儀節：就位，舉哀，哀止，鞠躬，二拜。興，平身，詣靈座前。跪，焚香，酹酒，讀祝，狀曰「宣狀」。俯伏，興，平身。復位，鞠躬，二拜。興，平身。焚祝，狀曰「納狀」。禮畢。祭文式：「皇號忝親某官姓名。謹以某物致祭于某親之靈。八文云云。尚饗。」賻狀式：「具官姓名某等某物若干，敢昭告于右，謹專遞上某官某公謚號靈筵，聊備賻儀，伏惟歆納，謹狀。皇號某年月日，具官名狀。」

柩至乃窆，整柩衣，鋪銘旌，贈玄纁。玄六纁四或一亦可，玄，皂色。纁，紅色。主人奉玄纁，置柩傍。就位，且哭且拜。拜，凡二。稽顙，以首叩地。興，舉哀。在位者皆哭盡哭。加灰隔，祠后土於墓前之左。儀節祝文，並見前。開塋禮，但祝文改爲「窆茲兆宅」。

題主儀節詳見《性理・家禮》。

設靈幄於墓前，左奉魂帛置幄中，前置香案，南面；設桌子於靈前，左向；右置筆硯及墨；下置盥盆帨巾。就位，題主官西向立，主人北向立。鞠躬，四拜。興，平身。盥洗。題主官與執事皆洗。題主官，詣題主位，主人以下皆跪。向靈幄。出主，執事一人居題主官之左者，啓櫝出主，分開卧置題主官前。題主，執事一人居右，取筆潤墨，奉題主官。題主官先題陷中，次題粉面。題畢納主，執事居左者，納主于櫝。俯伏，興，平身。祝奉神主置靈座，收魂帛藏于箱中主後，祝焚香，斟酒。主人以下皆跪。讀祝，懷之不焚。俯伏，興，平身。復位，點茶，鞠躬，四拜。興，平身，哀止。向題主官桌子。謝題主官，再拜。題主官答拜。祝奉神主升車，祝文：「顯考某官封謚府君，魂歸窆穸，言穴中厚暗如長夜。神返室堂。神主既成，伏惟尊靈，是憑是依，謹告。」

神主式

陷中：故某官爵某公諱某字某行幾神主。生於某年月日辰，卒於某年月日辰。粉面：顯考某官某公封謚府君神主。

成墳儀節：無題主，用成墳。就位，舉哀，哀止，盥洗，帨巾，焚香。鞠躬，四拜。興，平身。斟酒，跪，獻酒，皆跪，讀祝。主人之右。俯伏，興，拜，凡四。興，平身。點茶，焚祝，禮畢。祝文：「顯考府君於墓前，泣而言曰：痛惟某親，奄忽塵世。鬣封甫畢，永訣終天。菲禮式陳，哀忱曷既。尚饗。」

反哭儀節：初虞後，迎神主至家，舉置案上。就位，舉哀，哀止。盥洗，帨巾，焚香，鞠躬，二拜。興，平身。斟酒，跪，獻酒，皆跪，讀祝，主人之右。興，平身。鞠躬，四拜。興，平身。焚祝，禮畢。并題主祝文焚之。祝文：「痛惟某親，奄忽棄捐。兹既安厝于某處之原，敢奉神主，歸于靈筵，朝夕奉祀，罔敢弗虔。伏惟靈爽，俯鑒哀忱。謹告。」又體：無題主者用。「形歸窀穸，魂返室堂。菲禮式陳，以妥以侑。」

虞祭儀節

三虞同，讀祝于主人之右。朱子曰：「虞始用祭禮，卒哭謂之吉祭。」

虞者，安也。骨肉歸于土，魂氣則無所不之，孝子爲其徬徨也。三祭以安之，葬之本日，日中而虞，即陰陽交會之義也。或墓遠，則但不出是日可也。遇柔日再虞，遇剛日三虞。乙丁己辛癸爲柔，甲丙戊庚壬爲剛。

序立，通唱以下。出主，舉哀，哀止。引唱以下。降神，詣盥洗所。盥洗，帨巾，詣香案前。焚香，鞠躬，二拜。興，平身。跪，酹酒，盡傾。俯伏，興，平身。少却，鞠躬，拜，二。興，平身。復位，參神，鞠躬，二拜。通唱以下。興，平身。進饌，初獻禮，引唱以下。詣注酒所。斟酒，詣靈座前。執事捧酒隨之。跪。祭酒。少傾。奠酒，俯伏，興，平身。稍却，跪，通唱以下。皆跪，引唱以下。讀祝，主人之右。俯伏，興，平身。少却，通唱以下。舉哀，以下皆哭。哀止，鞠躬，二拜。興，平身，復位。通唱。

亞獻禮，引唱。詣注酒所。斟酒，詣靈座前，跪。祭酒，少傾。奠酒，俯伏，興，拜，凡二。興，平身。復位，通唱。終獻禮，引唱以下。詣注酒所。斟酒，詣靈座前。跪，祭酒，少傾。奠酒，俯伏，興，拜，凡二。興，平身。復位，通唱。侑食，主人以下，皆出。男東，女西。闔門，祝噫歆，祝北向立。啓門，主人以下，復舊位。告利成，祝東向立。舉哀，鞠躬，四拜。興，平身。哀止，焚祝，納主，撤饌，禮畢。

祝文：「顯考之靈曰：日月不居，奄及初再三虞。夙興夜處，哀慕不寧。謹以某物哀薦，虞成祫事。」

卒哭，百日也。未葬不可以卒哭。卒，止也。卒哭謂虞之後，卒去廬中無辰之哭也。《禮記·喪服記》：「扱音急，疾急之義。葬者，扱虞三月，而後卒哭。」注：「家貧，或以他故，不待三月者，既疾葬，亦疾虞，虞以安神也，不可後也。惟卒哭，則不俟三月耳。」儀節。並同虞祭，原讀祝于主人之左，漸用吉禮故也。朱子曰：「温公以虞祭，讀祝于主人之右，卒哭，讀祝于主人之左，蓋得禮意。」祝文：並同虞祭，但改「三虞」爲「卒哭，哀薦成事」。未葬儀節，祝文並同七旬，但改爲百日。「日月不居，奄及卒哭。夙興夜處，哀慕不寧。謹以某物哀薦成事。尚饗。」

卒哭明日而祔 此禮今不用，告文補下。

程子曰：「喪須三年而祔，若卒哭而祔，則三年却都無事。」禮卒猶存朝夕奠，無主在寢，哭於何所。

中元儀節

朱子曰：「俗節殺於正祭，未葬同朔望。」

序立，出主，舉哀，哀止。降神，盥洗，詣盥洗所。盥洗，帨巾，詣香案前，跪。焚香，酹酒，俯伏，興，拜，凡二。興，平身。復位，參神，鞠躬，四拜。興，平身。進饌，初獻禮，詣靈座前，跪。祭酒，俯伏，興，平身。稍却，跪，讀祝，俯伏，興，平身。舉哀，哀止，鞠躬，二拜。興，平身。復位，亞獻禮，詣靈座前，跪。祭酒，奠酒，俯伏，興，平身。復位，終獻禮。同上。侑食，點茶，辭神，舉哀，鞠躬，四拜。哀止，焚祝，納主，撤饌，禮畢。祝文：「日月不居，中元適至。倣古蒭靈，載陳冥器。號拜靈筵，哀恫曷既。尚饗。」

期年而小祥，第一忌也，祥吉也。男子以練服爲冠，去首絰負版辟領衰，婦人截長裙，不令曳地。去腰絰，古者卜日而祭，今只用初忌，以從簡便。大祥倣此，應服期改吉服，然猶盡其月，不服金玉錦繡。

丘氏曰：「按今人小祥，則男子除腰絰負版辟領，婦人截長裙而已。不復別有所製，惟仍其舊。噫，古禮以小祥爲練服，而不製練服可乎？今倣擬練服如古用稍熟麻布爲之，庶稱練之名云。」

儀節：預祭皆素服。就位，出主，舉哀，哀止。出次，易服，序立，舉哀，哀止。以下並同卒哭。

祝文：「日月不居，奄及小祥。夙興夜處，哀慕不寧。謹用某物，薦此常事。尚饗。」

倣擬未葬遇初忌祝文：「痛惟某親，奄棄塵世。喪具菲儀，未能準備。日月不居，倏臨初忌。常期雖已小祥，未葬詎宜練祭。薄禮式陳，哀忱曷已。尚饗。」

祥後始葬行練祭祝文：「痛惟某親，奄棄塵世。祭逾常期，有乖古禮。夙夜靡寧，哀慕曷已。葬餘既舉常儀，練後式遵禮意。謹用菲儀，薦此常事。尚饗。」

再期而大祥，第二忌也。白布帽。儀節同小祥，祝文同小祥，但改常事爲祥事。告遷主補在下。

禫祭。前一月下旬卜日。禫，淡。淡，平安也。大祥之後，中月而禫，中月間一月，自喪至此，不計閏，凡二十七個月。周氏曰：「服除而猶兩月者，是未盡孝子之情。」儀節：喪主以下，禫服，詣祠堂顯考妣位前。焚香，跪，告辭曰：「孝子祗薦淡事，敢請先考妣神主出就正寢。」俯伏，興，平身。奉神主至舊座所，出主就座。喪主易服，素衣，烏紗帽，黑絛，黑履。序立，舉哀，哀止。降神，盥洗，詣香案前，跪。焚香，酹酒，俯伏，興，拜，凡二。興，平身。復位，參神，鞠躬，四拜。興，平身。進饌，初獻禮。以下並同中元。焚祝，送神主至祠堂，納主，禮畢。

祝文：「皇號，孝子敢昭告于顯某親府君神主，曰：哀服三年，恪遵禮制。禫祭有期，追遠無及。謹以某物，祗薦禫事。尚饗。」

改葬。先擇地之可葬者，祠后土。儀節同始葬。

祝文：「皇號，具官姓名敢昭告于土地之神：今爲某親，卜兹宅兆。神其保佑，俾無後艱。謹以某物，祇薦于神。尚饗。」既窆於墓前，行虞祭。儀節：序立，舉哀，哀止。降神，盥洗，詣香案前，跪。上香，酹酒，俯伏，興，拜，凡二。興，平身。復位，參神，鞠躬，四拜。興，平身。進饌，初獻禮。跪，祭酒，奠酒，俯伏，興，平身。稍却，跪，皆跪，讀祝。俯伏，興，拜，凡四。興，平身，亞獻禮。跪，祭酒，奠酒，俯伏，興，平身，終獻禮。同上。侑食，點茶，辭神鞠躬，四拜。興，平身。焚祝，禮畢。祝文：「皇號，孝子某敢昭告于某親：改兹幽宅，禮畢終虞。夙夜靡寧，呼號罔極。謹以某物，祇薦虞事。尚饗。」祭畢，主人以下，釋緦麻，服素服，而還告于祠堂曰：「今以某親體魄，托非其地。已於本月日，改葬於某所，敢告。」

《喪服記》曰：「改葬緦服，緦者子爲父母，妻爲夫也。親見尸柩，不可無服，緦三月而除之。」

附録《群書要論》

祭文稱呼。　祭文稱名，不稱姓；祭母則稱姓。無父曰「孤子」，無母曰「哀子」，父母俱没，稱「孤哀子」。未葬稱「故父」、「故母」，已葬稱「顯考」、「顯妣」，祭道路、輿神、后土，寫居址、脚色。

《禮・雜記》祭稱「孝子」、「孝孫」，喪稱「哀子」、「哀孫」。注：祭吉禮也。卒哭以後爲吉祭，故祝文爲「孝子」。自虞以前爲凶，故稱「哀子」。《禮》：非宗子不稱「孝」，按《禮》注：三十以下，無父稱「孤」；三十以上，不得稱「孤」。古禮父母喪，俱稱「哀子」，然世俗相承已久，恐難卒變，從俗亦可也。

沙茅。無沙，則茅難獨立，故用沙，所以盛茅。醴酒恐有遺漕，故用茅，所以滓漕。若清酒，則不必用。出《胡尚書家禮》。上香，酹酒，祭酒，奠酒。上香，求神於陽，求其魂也。人死魂歸于天。酹酒，求神於陰，求其魄也。人死魄歸于地。祭酒，少傾，代神也，象生辰飲食必祭。奠安置也。

喪具。凡奠，除酒器外，盡用素器，不用金銀之物，以其近主人有哀素之心，故也。

魂帛。以白絹爲之，如世俗所謂「同心結」是也，有肖人形。温公曰：「束帛依神，謂之魂帛。」題主後，藏于箱中；初虞後，埋于屏處；世有埋于壙中者。

銘旌。以絳帛爲之，粉筆大書曰：「前某官某公之柩。」按喪具，皆用素器，惟此用紅者，客書故也。又銘旌所以表行路，今世有書某親之柩者，非也。

主婦。温公曰：「主婦，主人之妻也。」禮，舅没姑老不預於祭。主人主婦，必使長男長婦爲之。楊慎注：「《性理》謂亡者之妻，非是。」

讀祝左右。　右陰從凶，三虞以前，凶中之凶，猶從凶也，故跪于主人之右。　左陽從吉，卒哭以後，漸用吉禮，故跪于主人之左。

參降前後。　參以謁之，降以求之。　大祥以前，禮之凶也。　主居正寢，臨祭辰，未有告辭，未必神之所在，故前降以求之。　大祥之後，禮之吉也。　迎主歸祠堂，迎主辰告辭明白，是必神之所在，故前參以謁之。　餘如吉禮，有主前參後降，無主則前降後參，不可拘也。

噫歆利成。　噫，嘆息之聲。　歆，享，欲其歆享之滿也。　利，猶養也，謂供養之禮已成，蓋神答謝主人之辭也。

祝文維字。　《胡尚書家禮·問答》：維之爲義，綱維也，統年月之綱。　凡皇號必以維字系之，故祝文並用維字，別爲一行，正所以綱維也。《淺説》：維者，維其辰也。　如序屬三秋，辰維九月。　祝文之維，亦猶是也。　綱維之義，似未妥當。

重喪遇輕喪。　禮，居喪不可吊人，謂他人也。　若父喪未除，而遭兄弟之喪，其同國者，雖緦之服，亦當往哭。　成服日，制其服而往哭之。　既畢，返重服。　若除重服，而輕服未除，則服輕服以終其餘日。

久不葬者不祭。　孝子或有事，故過期不葬其親者，中元練祥日，以尸柩尚存，不可行祭除服。妻于夫，孫于祖父母，亦然。至葬畢虞祭卒哭後，始舉練祥二祭。然須兩次行之，不可同在一辰。自期以下，皆如制除之，猶收藏其服，至葬辰服之以送，及虞而除。

殤祭。　下殤祭，終父母之年身；中殤祭，終兄弟之身；長殤祭，終兄弟之子之身。成人而無後者，終兄弟之孫之身。

五服名義。　三年之喪，取子生三年，始免父母之懷之義。期年者，象天地之一歲也；九月者，象月之三辰而成也；五月者，象五行也；三月者，象三辰也。

閏月。　喪以年斷者，不以閏數；以月斷者，則以閏數。喪服大功以下，以閏月數，恩殺故也。《春秋》：「魯哀公五年閏月，葬齊景公。」《公羊傳》：「閏不書，此何以書？喪以閏也。曷爲以閏數？喪數略也。」

無期喪以下辨疑。　按大功以下喪，世俗有謂以三十日爲一月，而數之者。然先相公嘗曰：「大功以下，雖屬下旬，亦數爲一月。」若世俗言，則三年之喪，亦必三十六月，方可謂之三年乎？

繼祖母服。　或問禮與律，有繼母而無繼祖母之文，然則繼祖母，不當服歟。曰言「繼母」，則繼祖母統其中矣。蓋繼祖母與庶祖母有辨：繼祖母之没也，附於廟；而庶祖母則不祔。夫既祔於廟，爲之孫方歲辰祀之，而可以無服乎？或問：「繼母之黨不服，何也？」鄭玄謂：「外氏不可二也。」虞喜謂：「縱有十繼母，惟當服其次母之之黨。」此説近是。

父妾。　或問：「均父妾也，必有子然後爲庶母，何也？」曰：「父妾之男女，吾謂之昆弟姊妹矣。昆弟姊妹之母，猶吾母也。舍是，則不稱此名矣。」

舅妻從母夫。　或問：「舅妻從母之夫，皆無服，何也？」朱子曰：「先王制禮：父族四，故由父而上，爲從曾祖緦麻；姑之子，姊妹之子，女子之子，皆有服，皆由父而推之故也。母族三：母之父，〔母之母，〕母〔之〕兄弟。恩止於舅，故從母之夫，舅之妻，皆無服，推不去故也。妻族二：妻之父，妻之母。看辰似乎雜亂無紀，然皆有義存焉。」堯封文妙。或問：「舅妻何以無服？」曰：「由父而推之，則有父族之服。姑之夫，不可以爲父族。舅之妻，與從母之夫，不可以爲母族也。」《禮》「絶族無施服」，此之謂歟。

淺説：或問：「服制三月，曰『緦麻』；五月，曰『小功』；九月，曰『大功』，名義定矣。而五服圖却有齊衰三月、齊衰五月，何也？」蓋服限，則三五月，而衣制與齊衰同。蓋高曾祖之於孫，恩雖殺而天性所係，故齊衰以别於旁親也。宗子之服，亦倣此意。

或問：「三虞之前，皆無酹酒，何也？」曰：「酹酒，祭酒，禮已用漸吉。三虞之前，禮之當凶，不可從吉，是以不用。」曰此固然矣，然人之死也，魂歸于天，魄入于地，故上香以求于陽，酹酒以求于陰。今乃獨上香，而無酹酒，蓋靈柩在寢，而未葬，亦未純乎陰也。

按《文公家禮》，親賓賻儀，前後只用二拜，而《正衡》之書，乃注云：「弟子及卑幼，四拜。」蓋嘗考之：未葬之前，禮之當凶，雖孤哀子女，亦用二拜，則凡爲親賓者，亦當從主人之禮，方是合宜，豈可以卑幼而加隆，《正衡》之説，不必拘也。

一朔望、七旬、五十日、中途、成墳、夏日，雖《文公家禮》所無，然國俗因循，行之已久，先相公參酌，立爲儀節，著爲祝文，是亦從宜之意。

喪主。　凡喪，父在父爲主；父没，兄弟同居者，各主其喪。朱子曰：「凡妻之喪，夫自爲主，以子爲喪主，則未妥。」親同，長者主之；父母喪，長子主之；兄弟喪，長兄主之。不同，親者主之。

喪具。　喪主具，君子耻具，一日二日而可爲也，君子弗爲也，而王制所謂絞紟襟冒死而後别者也。若夫棺槨之類，不可猝置者，不妨歲制辰制月制日制矣。然謂之耻具者，耻成其制耳，非謂非不可畜其質也。

銘旌。　明旌也，以死者爲不可别也，故以其旌識之。

祭禮輯要

祠堂

君子將營宫室，先立祠堂於正寢之東，祠堂之内，高祖居西，曾祖祖考，以次而東。蓋陰道尚右，以西爲上，考妣亦然。

主人晨謁於大門之内，出入必告，曰：「孝孫某將遠去某所，敢告。」婦則云：「歸自某所，敢告。」近出則入大門，覘禮而行。

正旦、冬至、朔望則參俗節，則獻以辰食；如元日、清明、重午、中元、重陽、十月朔、臘月除夕，歲熟獻新，凡鄉俗所尚，并所有爲之。

告忌辰儀節

就位，出主，鞠躬，四拜。興，平身。跪，焚香，斟酒，讀告文。俯伏，興，平身。鞠躬，四拜。

興，平身。焚祝文，納主，禮畢。

告文：皇號，孝子某敢昭告于某親官諡府君，於本月某日，恭遇忌辰。謹具菲儀，預先虔告，謹告。

忌日儀節

主人以下，變服烏紗、罥白靴，《祭義》曰：「君子有終身之喪，忌日之謂也。」

序立，出主，參神，鞠躬，四拜。興，平身。降神，盥洗，帨巾，詣香案前，跪。焚香，酹酒，俯伏，興，拜，凡二。興，平身。復位，進饌，初獻禮。詣注酒所。酌酒，詣某親神位前，跪。祭酒，奠酒，俯伏，興，平身。稍却，跪，皆跪，讀祝，俯伏，興，平身。舉哀，哀止。鞠躬，二拜。興，平身。復位，分獻、亞獻、終獻，並同，初獻但省稍却以下十節。侑食。主人以下，皆出，闔門，祝噫歆。啓門。復位，點茶，告利成。辭神，鞠躬，四拜。興，平身。焚祝，納主，撤饌，禮畢。

祝文：日月流易，諱日復臨。追遠感辰，昊天罔極。祖以上則曰：「不勝永慕」。謹以某物庶饈，用伸奠獻。尚饗。

今世俗據《留青集》於用伸奠獻。有敬奉顯妣配顯妣，忌敬奉配以顯考，蓋以夫婦得合食故也。今俗又有祇奉祖以上，及内外家先伯叔兄弟姑姨姊妹殤亡無嗣，暨先師土公竈君同祔食，尚饗。

按《家禮正俗》云：「忌禮本無請上尊配享之禮。」蓋中國禮有辰祭，四仲月遍獻先祖諸位，其忌禮只奉一神主，就正寢敬祭，故祝文不及諸位。今世俗忌禮，皆祭於祠堂，未曾迎出別室，豈可別獻一位，而不及先祖？且國家宫廟忌辰，亦有祗薦之禮，事亡如事存，自是人情所安，《正俗》之説，不必拘泥。中國士庶之家，皆有五祀之禮，今本國人皆寒儉，不能備祭，則因忌禮，而請先師土公竈君同祔食，亦無不可。

追贈告祭儀節

仕者有父兄，則父兄主祭；仕者立本位，統于宗也。

先日以黄紙録制書一道，置香案正中。

序立，盥洗，出主，主人出考主，主婦出妣主。詣香案前，跪。焚香，告辭曰：「孝男某祗奉制書，追贈顯考某官府君爲某官，顯妣某封某氏爲某封，敢請神主改題奉祀。」請主。主人奉主置桌子上，執事者洗出舊字，别塗以粉。題主。改題所贈之官畢，以洗水洒四壁上。奉主。主人主婦如前奉置櫝前。復位，參神，四拜。興，平身。降神，詣香案前，跪。焚香，酹酒，俯伏，興，拜，凡二。興，平身。復位，進饌，初獻禮。詣考妣位前，跪。祭酒，奠酒，俯伏，興，平身。復位，詣讀祝位，跪，皆跪。讀祝畢，宣勅，東向立。俯伏，興，平身。復位，亞獻、終獻，同初獻。侑食，點茶，辭神，四拜。興，平身。焚黄，并祝文焚之。納主，禮畢。祝文：「皇號，孝男某奉命敢昭告于位前曰：兹某恭承先訓，竊禄于朝。仰荷皇恩，推隆所生，乃於本月日，勅贈考爲某官妣爲某封。惟是音容日遠，追慕靡從，祇奉勅書，且喜且愁。敬録以焚，益增哀隕。謹以某物，用伸虔告，謹告。」

陞官告家廟儀節同前，惟省請主、題主、焚黄諸節。

祝文：「位前曰：恭承先訓，竊禄于朝。仰荷皇恩，榮陞某職。餘慶所及，不勝感愴。謹以菲儀，虔伸奠獻。謹告。」貶降則云：「貶降某官，荒墜先訓，惶恐無地。」

生子見廟滿月而告。

序立，盥洗，出主，降神，主人詣香案前，跪。焚香，酹酒，俯伏，二拜。主人斟酒，主婦點茶，畢，二人並立。鞠躬，二拜。主婦復位，主人立，不動。跪。主人告辭曰：「某之婦某氏，隨稱。以某年月日辰，生第幾子名某，敢見。」興，平身。立于香案東南，西向。主婦把孫見，四拜。復位，辭神，四拜。納主，禮畢。

若生餘子孫，則不設茶酒，只啓櫝，不出主。

按《通禮》，祠堂之内，大宗及繼高祖之小宗，繼曾祖之小宗，則不敢祭高祖，而虚其龕一。繼祖之小宗，則不敢祭其曾祖，而虚其西龕二。繼禰之小宗，則不敢祭祖，而虚其西龕三。宗子爲士，而支子爲大夫，則以上牲祭於宗子之家，祝曰：孝子某爲介子某，薦其常事。若宗子居他國，庶子爲大夫，其祭也，祝曰：「孝子某使介子某，執其常事，不受胙，不敢胙於人。」

大宗小宗

大宗一，小宗四，有繼禰之小宗，則同父兄弟；宗之有繼祖之小宗，則同堂兄弟；宗之有繼曾祖之小宗，則再從兄弟；宗之有繼高祖之小宗，則三從兄弟。宗之至於四從，則親屬盡絶，所謂五世則遷者也。始祖始遷及初有封爵者。長子繼之，子孫世世爲大宗，統族人，主始祖墓祭，百世不遷。

高祖傳至玄孫，爲繼高祖小宗，統三從兄弟，主高祖廟祭，至其子五世則遷。

曾祖傳至曾孫，爲繼曾祖小宗，統再從兄弟，主曾祖廟祭，至其孫五世則遷。

祖傳至孫，爲繼祖小宗，統兄弟主祖廟祭，至曾孫五世則遷。禰所生子，爲繼禰小宗，統親兄弟主禰廟祭，至玄孫五世則遷。

《大傳》：「別子爲祖，別繼爲宗，繼禰爲小宗。」蓋謂諸侯適子之弟，別於正適，死後立爲大宗之廟，別與後世爲始祖也。其適子繼之，則爲大宗，直下相傳，百世不遷。別子之庶子，所生長子，繼此庶子，與兄弟爲小宗也。五世則遷者，上從高祖，下至玄孫之女。高祖廟毁，不復相宗，謂別立宗也。然別子之後，族人衆多，或繼高祖者，至子五世；或繼曾祖者，至孫五世；繼祖者，至曾孫五世；繼禰者，至玄孫五世；皆自小宗之祖以降而言也。按《禮經》，別子乃三代封建諸侯之制，於今人家不相合，故爲此圖。專主人家而言，以始遷及初有封者爲始祖，準古之別子，又以始祖之長子，準古繼別之宗，雖非古制，寔則古人之意也。

昭穆附録

古者諸侯之廟，太廟祖在北，二昭二穆，以次而南。太祖之廟，始封之君居之，百世不遷。昭之北廟，二世之君居之；穆之北廟，三世之君居之；昭之南廟，四世之君居之；穆之南廟，五世之君居之，廟皆南向。太祖之廟，百世不遷；餘四廟，六世之後，每一易世而一遷。二世祧，則四世遷昭之北廟，六世附昭之南廟。三世祧，則六世遷穆之北廟，七世附穆之南廟。其祧也，則遷主於太廟之西夾室，此所謂祔必以班，尸必以孫，孫可以爲祖尸，不可以爲父尸，以昭穆不可亂也。而子孫之列，亦以爲序。毁廟云者，易檐改塗，將納新主，示有所加耳。凡廟主在本廟之中，皆東向，及其祫於太廟之室中，則惟太廟東向，而群昭之入於北者，皆列於南牖下，而南向，取其向明故謂之昭；群穆之入於北者，皆列於南牖下，而北向，取其深遠，故謂之穆。蓋群廟之列，左昭而右穆，祫祭之位，則北昭而南穆也。

《通考》：古者天子七廟，初受命之主，爲太祖，其廟居中。東西之南二廟，爲禰爲祖；東西之中二廟，爲高爲曾，此之謂四親。東西之北二廟，祭高祖之祖，高高祖之父，爲二祧，合之爲三昭三穆。其有功德之主，親盡當毁，則别立廟於昭穆北廟之北，謂之宗，百世不遷，周之文武世室是也。太廟一宗，三昭三穆，謂之九廟。諸侯五，始封之君爲太廟，一昭一穆，則祖禰也。上士二廟，惟祖與禰，無太廟也。中下士廟，一禰廟而已。庶人無廟，祭父於其寢。

親之無後者，以其班祔。

伯叔祖父母，祔于高祖。　伯叔父母，祔于曾祖。

妻若兄弟若兄弟之妻，祔于祖。　子侄，祔于父，皆西向，或列于龕之兩傍。男左女右，祔殤者亦如之。

造神主式

作主用栗，取法於歲月日辰；〔趺〕〔趺〕方四寸，象歲之四辰；高尺有二寸，象十有二月；身〔傅〕〔博〕三十分，三寸。象月之日；厚十二分，身趺皆厚一寸二分。象日之辰。剡上五分爲圓首，寸之下勒前爲頷而判之，一居前，二居後，陷中以書爵姓名行。陷中長六寸，闊一寸，書故某官某公諱某字某第幾神主。合之植於趺。趺高一尺三寸三分，身去趺上一尺二寸。竅其傍以空中，如身厚三之一。謂圓經四分。居二分之上。謂在一寸二分之上。粉面前，以書屬稱，屬謂高曾祖考，稱謂官或號。旁題主祀之名，曰：「孝子某奉祀。」加贈易世，則滌而更之。外改中不改。注：身高一尺二寸，闊三寸，厚一寸二分，首則去其上兩角，各去五分，作圓形。頷從上量下一寸，橫勒其前。入身深四分爲頷，以此四分版爲粉面。判開其下分，陷中存八分版爲陷中。於頤下本身上刻深四分，闊一寸，長爲陷中。竅於陷中，本身兩側旁鑽兩圓孔，經四分，以通陷中。其孔離趺面七寸二分，前面廣三寸，安在頷下。趺方四寸，厚一寸二分，鑿之通底，以受主身。前合於後，身納於趺，植立仍高一尺二寸。尺寸。造主周尺，比今鈔尺六寸四分弱。鈔尺者，今之裁縫尺近之。

倣擬祠堂歲辰享祀告文。

元旦

辰維孟春，正月朔旦，協辰用享，仰答先靈。謹以某物，祗薦歲事。以某親某官，暨先師土公竈君。同祔食，下皆倣此。

初七開賀　節值初春，適臨人日。禮陳開賀，仰答先靈。謹以某物，祗薦歲事。後倣此。

四仲辰祭

歲序流易，辰維仲春。仲夏、仲秋、仲冬。追感歲辰，不勝永慕。

清明節

辰維春暮，節值清明。對此花朝，倍增感愴。

中元三元同。

辰維七月，節屬上中下元。景觸梧風，禮循芋薦。

重陽九月初九。

日月不居，節臨重九。菊風荐爽，蘋水羞誠。

重十十月十日。

日月不居，節臨重十。恪遵俗禮，聊具恒儀。

冬至

惟是一陽，生物伊始。協辰報本，仰格先靈。

臘日

日月不居，適臨冬臘。冲冰初鑿，僾肅彌殷。

歲熟獻新

農功告備，新穀既升。黍稷惟馨，蘋蘩可薦。

祖墓祭

惟是春初，生物伊始。協辰享祀，禮之當然。虔具恒儀，聊以伸報。本之誠云耳，恭請祔祖諸位同歆。

除夕

日月其除，歲聿云暮。協辰追遠，感愴倍增。

墓祭后土附。

歲聿云墓，雨露既濡。覘掃封塋，不勝感愴。考妣云：「昊天罔極。」

后土

土地之神位前曰：「爲有躬修歲事于某親之墓，維辰保佑，寔賴神庥。謹以某物，祇薦于神，伏惟鑒格。」

家鄉常用

凡節序，及家宴上壽於尊長，卑幼盛服，序立再拜。子弟之最長者一人，進立於家長之前。幼者一人，執酒立於左。一人執酒，注立於右，皆跪。長者舉手舉盞，祝曰：「伏願尊親，履兹長至。正旦云「歲端」，生日云「初度」，隨節序而更之。備膺五福，保族宜家。」家長受盞，飲訖，以盞授幼者，反其故處。長者伏俯，興，平身。復位，與，卑幼並鞠躬，拜。凡四拜訖。侍者注酒于盞，授家長，家長命長者至前，親以酒授之。長者受酒，至于席端，再拜，跪。飲畢，興，家長命侍者，遍胙諸卑幼，皆出位，跪，飲畢，命坐。惟未冠及冠而未婚者，不得坐。皆再拜，席，乃以次行酒，子弟迭起勸侑畢，各出席，再拜，禮畢。

送舊除夕子辰之交，先行送舊禮，後行迎新禮。

皇號年月日，府縣社某，謹以某物，敢昭告于當年某王行遣之神某曹判官位前曰：「年終送禮，集福求寧，必告也。恭惟王職掌當年，權司一歲。前於春首，既設賀筵。兹值冬終，敬陳送禮。尚鑒虔忱，永留餘惠。」

迎新

皇號云云如前。位前曰：「元旦禮迎，輯福求寧，必告禮也。恭惟王，當年職掌，代帝權衡。兹恭遇臘天之送，乃欣逢春日之迎。伏祈大德，俯鑒微誠。保家門之興旺，護命位以康寧。」

送辰氣

當年行譴某王，相帝司辰，代天理物，威刑慶賞，妙參主宰之權。寒暑温凉，默運慘舒之用。

陰隲仰祈景貺，禱禳敬設菲儀。伏望鑒臨，俯祈相佑。保同鄉之亨吉，或家門。護人物或命位。以康寧。

禳星

星君，位參南北，德合乾坤，在天神變化之機，於人制窮通之命。太歲適臨尊位，元宵敬設菲儀。伏望鑒臨，俯垂相佑。保家門之興旺，護命位之康寧。

祭月老

月老天僊，公正無偏，炤臨有赫，好生體二儀之德，青囊收造化玄機，作合聯兩姓之歡，赤繩繫綱常大本。兹適于歸之候，虔將可薦之儀。尚其俯鑒丹忱，默垂清福。宜家宜室，徽音好咏於桃夭；弄瓦弄璋，吉慶有光於螽蟄，寔賴扶持之力也。

開賀

大王，智勇淵深，聰明天假，妙運神功，茂參大化。節值初春，禮陳開賀。尚其大德普施，鴻麻丕迓。永奠四民，默通八蜡。

告迎

大王，海河鍾秀，嶽瀆儲精，江山管領，靈爽昭明。闔場將設，鑾駕載迎。尚其鑒格，誕降崇禎。妙參大化，永底民生。

安位

大王，最秀最靈，至精至粹，鴻霑普扇，永底民生。闔席肆陳，式遵常禮。法駕載停，菲儀聊備。伏望鑒臨，俯垂蔭庇。百福駢臻，天休滋至。

入席

大王，正直聰明，聖神文武，有感遂通，厥施斯普。肆設花筵，式陳禮數。尚鑒微誠，永綏純嘏。災去福來，民康物阜。

告送

西土上神，南天隆棟，千古英靈，一方崇奉。賞席告完，菲儀虔送。尚其享于克誠，綏爰有衆。百禄是遒，庶民康共。

祭水神

大王，乾元合德，天一儲精，海秀山英，普施聖德。雲行雨施，廣洽民生。欣逢盛節，式展微誠。潤潢可薦，黍稷惟馨。尚歆菲禮，誕降崇禎。諸灾盡送，百福來成。

祈福

大王，文武聖神，聰明勇略。一方賴康扶之力，感通濯濯厥靈。闔境孚昭事之誠，崇奉年年有恪。從宜權設嘉筵，薦信虔供薄酌。尚其翼翼來臨，穰穰降福。囿同人於和氣春風，躋一世於春臺壽域。永裕純禧，全資大德。

下田與上田同。

大王，厥靈濯濯，在上洋洋，默通八蜡，重鎮一方。土膏初動，上田云：「田事既飾。」菲禮虔將。伏惟鑒格，錫以豐穰。家給人足，物阜民康。

先農

先農，睿智有臨，明哲作則，先天範圍，教民稼穡。澤及者多，恩垂罔極。農事方興，菲儀載飾。尚格幽靈，俯垂陰隲。百穀用成，小民允殖。

薦新

大王，河海之英，乾坤其量，大化妙參，農功默相。新穀既升，常儀用享。尚鑒丹忱，俯伸玄貺。歲比豐登，人陶興旺。

先賢

洙泗正傳，濂閩高弟，標幟後人，準繩來世。星日昭如，斗山仰止，兹適仲春，仲秋。敬陳奠祭。尚其陰福斯文，默垂教思，道脉扶持，儒風振起。

地祇

最靈最秀，乃聖乃神。博厚贊坤生之德，覆育參乾始之功。大造仰祈陰隲，菲儀敬協陽辰。

尚幽靈之默格，保景貺以常伸。諸灾盡送，百福駢臻。

禱雨

乃聖乃神，最靈最秀。陟降帝庭左右，不顯亦臨；汪洋龍德正中，厥施斯普。焦熬偶值恒暘，優渥仰祈甘澍。菲禮式陳，寸誠聊寓。伏望鑒臨，俯垂保護。籲請仰回天意，頓消赤地之灾。滂沱陽運神功，早洒及辰之雨。庶幾黍稷之豐登，永保人民之康阜。

送蝗蟲

民所寶惟穀，寔賴以生。禾之害有蟲，豈宜坐視？兹者，螟蝨肆毒，田野流殃。尚祈灾異之頓消，載設菲儀而籲告。仰憑先穡，默相農家。逼寒不假於雪施，畀火妙施於神力。生我百穀，重賡良耜之章。慰彼三農，共樂楚茨之雅。農夫之慶，田祖有神。

祭后神

無德不酬，有功必祀。感在人同，禮由義起。潢水澗毛，人心天理。

補升祔告文

謹以某物，告于顯曾祖考妣某號，躋祔孫某號孫婦某氏。尚饗。

告祠堂

謹以某物哀薦祔事于先考某，或妣姓號，適於曾祖考某，或妣姓號。尚饗。告亡者。

補大祥後遷主于祠堂

請主改題，曾爲高祖爲曾，題畢，主人奉其主，遷而西。虚東一龕，以俟新主，舉遷主埋于墓側。

告文：兹以先考某公，已經大祥禮，當遷主入于祠堂。某官某氏，親盡當祧。某官某氏神主，改題爲高祖考妣。某官某氏神主，改題爲曾祖考妣。某官某氏神主，改題爲祖考妣。世久迭遷，不勝感慨。謹以某物，用伸虔告。

附録　世德堂文集聯語祭文

成服對聯癸亥年。

遺羹未遂生前養，負米空貽没後思。

癡兒五六個煢煢，感德自慚難報答；老父近七旬踽踽，閑家誰與共周旋。

祭文：痛惟母親，一往不復。三年齊衰，四日成服。哀發乎情，禮因乎俗。潦草一筵，尚其鑒矚。

權殯祭文

事以禮，葬必以禮，寔關報德之至情。經是宜權亦是宜，洵便隨辰之大義。嗟嗟，靈駕何歸，戚戚哀腸曷既。生而教如天罔極，終身之孺慕難忘。死者以土爲安，三月之葬期未至。紛擾偶值辰艱，倉卒暫行殯禮。牛眠卜其承先志，敢循淺土之疏封；馬鬣完載奠清樽，略倣成墳之大意。潦草一筵，永訣終世！

中途祭文

罔極者天，靡依匪母。顧未酬對舞之斑衣，膓易斷嵩征之靈柳。憶昔萱階日煖，膝下子孫曾相縹繞，已深怡順之歡；撫今柳術星馳，胞中孟仲季總單寒，曷稱劬勞之報。離情難寫於愁膓，坤德莫酬於博厚。而後椿庭單點頷，有懷偏感於木風；此間草茇一傾樽，可薦聊憑於藴藻。

成墳對聯

永訣嘆今朝，昭信聊將南澗藻；陟覘懷往事，忘憂偏乏北堂萱。

堂上壽眉雙，結髮乍忘偕老訂；庭前歡膝滿，含飴忍恝弄孫情。

冷落萱階，愁對門閭初倚日；蕭條柳術，悲深黼翣乍移辰。

堂前正對靈椿茂，天上俄沈寶婺光。

桑梓百年偏有重，蓼莪九字忽成哀。

弄飴何限鍾心處，負米偏多抱恨辰。
依稀雅範千年在，寥寂遺容萬古幽。
渭陽易觸悠悠感，隧外難期洩洩歌。
祖道將心潢水潔，仙鄉注目白雲賒。

筏家對聯

倚門彷彿思兒望，斷杍寥沉課子聲。
牕几遊神依雅範，羹墻何處見真容。
堂下舞斑猶想像，階前薦藕却迷茫。

墓前對聯

吾親體魄攸寧地，人子心腸罔極天。
卜厝牛眠憑母德，封完馬鬛痛兒懷。

歲旦對聯

拜年重憶承歡日，得歲偏懷罔極恩。
媚壽屠蘇傷往事，接靈筵几痛今朝。
天道已然週歲令，春光曾否到泉扃。

三夏對聯

炎火薰榴愁永日，凱風吹棘感冲年。

祭文：歲序流梭，光陰閃電。隔年久閟音容，入夏忽逢初浣。習習谷風吹棘，愁深生養之劬勞；亭亭烈火薰榴，感重清温之曠遠。平原無鹿伴哀廬，深夜有鵑啼静院。耳伴聲聲慘劇，高低咽冷之蟬彈；心端纏纏分愁，繚亂舒長之烏線。感辰曷既愁傷，臨望式陳進獻。奠牖尋常野品，想像平生菽水之供；紹庭浩爽餘靈，依稀小子羹墻之見。

中元對聯

悲秋更感芊蘭薦，愛日難追菽水歡。

乘化安歸，不見光陰逾半載；對辰有感，可憑冥器薦中元。

祭文：山高海闊，大德難酬。日邁月征，中元甫至。徘徊歲序之頻遷，惆悵音容之永閟。數尺土松楸牢落，門前一望一傷心；三秋天暑雨侵尋，苫側頻來頻拭淚。金風瑟瑟，哀思如摧；桐葉飄飄，愁顔欲悴。弧矢回思初度，怛懷遺體之髮膚；芊蘭乍感新秋，追憶平生之菽水。可羞薄酌清樽，不腆載陳冥器。靈爽有知，尚其鑒止。

小祥對聯

一歲及小祥，自是爲生哀有節；三年當大事，方知送死孝爲難。

大祥對聯

三年哀絰兒情短，萬祀蒸嘗母德長。

在制每慚多失檢，及祥不覺倍生愁。

祭文：聖人制禮，使無過不及，三年爲天下通喪；人子事親，必也亡如存，一日是終身大諱。見素冠而倍切哀忱，奉彤管而緬懷往事。和腑助勤日課，顯揚僅博虚名；嘗羹遺恨辰乖，報答未酬初志。患難中幾度傷心，優游後一朝分袂。廬堊悽惘思服禮，極知一孝之難持；星霜荏苒忽更冬，不覺再祥之奄至。哀衣乍解，别淚難收。朔風辰飄，愀顔含悴。服盡可堪情不盡，長留永慕於宫墻；心恒匪奈産〔難〕恒，庶表寸誠于菽水。

禫祭文

哀麻已矣，禮制則然；錦稻安乎，聖言猶在。痛兒輩四十餘年而失母，每懷罔極之愁；即今朝二十七月是終喪，未已如存之慨。顧既祥而禫，從吉有期；斯反始慎終，將誠一酌。薄言成事之告完，尚冀真靈之不昧。

成服對聯

行年七十奇二齡，曰既壽乎應未是；有子五人兼二女，傷哉貧也曷爲酬。
揚顯僅虛名，鼎養未曾升斗禄；怡愉成往事，離嗟不盡木風情。

告終七文

天之道反於七，聖神惟乃復爲言；民之生重者三，父師並無窮之德。惟吾親慈且有嚴，於
衆子生而兼教。眼下桂香桐艷，繁禧方慶於晚年。身前梵宇蓮臺，故物倏還於大造。真遊乍隔
渺茫，信令再更寒燠。千萬古自去春爲訣，愛日已違素願。長嗟覘奉之靡從，五十日雖古禮所
無。感辰載設哀筵，尚冀精誠之可告。

中元對聯

靈芻餘意猶存古，蘭薦常儀亦徇辰。

祭文：嗚呼！我父何歸！我父何歸！日箭辰梭，春仲而秋初矣。感辰序之屢遷，嘆昊天之弗惠。尚當父之存也，狡僞獻其誠，暴慢致其恭，仁義忠信之感乎。無老少賢愚，皆欣欣愛慕。逮父之没也，族黨失所依，門徒孤所望。道德文章之想像，舉親疏遐邇，皆戚戚哀思。如存之感，何逝之愁？匪直子女孫曾已也。兒等，虚大頭顱，枉稱男子。有援例而辭教職，倚閭甘苜蓿之食貧。有糊口而旅家人，故園曠松楸之覘拜。又其次煢煢踽踽，衣餐之計慮怔叢。至其弱則呆呆癡癡，書史之工夫懶慢。如此光景，吾親知乎否也？今天外梧飄，人間芋薦，兒等，貧無以祭，對景自愁。一筆潢水澗毛，詩禮及人之餘澤。兩淚天經地義，髮膚遺我之至情。

大禮對聯

明道積誠賢否悦，太丘寔德邇遐思。

四代同堂遺往事，百年歸室重前盟。
松楸牢落傷心處，俎豆森嚴下淚辰。
一筵采水詩書澤，兩淚綱常父子恩。

讀書手澤猶存，新冢松楸難正眼；杖履真容何在，故園花草亦憔顔。

祭文：菩薩真人降世，黄榜徵石象之符；沙彌浄境歸神，洪山渺雲車之轡。逍遥莫挽於真遊，攀戀難禁於慘淚。觸目園頭花草，植槐之舊蔭猶濃；凝眸冢上松楸，伊蔚之古詩欲廢。靡覘觖望於山頹，忘返興愁於水逝。弱息受書于業館之無誦，處暗傷懷；孱孫竊禄於縣城升斗供，來潛出涕。徘徊深風樹之悲，忸忸重瓶罍之耻。去歲佳城卜築，虚遵治命以從宜；更冬喪例未完，倍覺教恩之偏匱。今則歲度一週，諱辰在邇。駕靈輀而戾止玄宫，治新室而載陳冥器。潦草哀筵肆設，聊備恒儀；尋常俗例苟還，告襄大事。

筏家對聯

明媚溪山遵治命，穹窿堂室象平居。
魚躍鶯穿春賞足，溪甜草翠道心融。

幽雅海山乘興處，燕閒窗几淑徒餘。

例饌對聯

喪主乎哀，易戚曾稽先聖訓；禮從其俗，儉奢寧禁世人嘲。

下門生祭文

惟吾夫子，成我多士。惟尊祖師，寔生夫子。南極正輝，莪詩初廢。感爲情生，禮由義起。潦草一筵，天經地義。

文獻　蕭氏家藏《文公家禮》要宗

祭禮

《祭統》曰：「治人之道，莫先於禮；禮有五經，吉、凶、軍、賓、嘉。莫重於祭。」祭者，察也。察，至也，言人事至於神也。

祠堂

《通禮・考證》：凡升降，惟宗子由東階，其餘雖尊長，亦由西階。凡盛服，祭祀行禮，不論士庶，俱依當代皇制名分所有。

家之祭禮，必以宗子爲主。設宗子出仕，與夫肄業商賈客居于外，幾世支宗某攝行祀事，此不惟敬宗，寔所以尊祖也。

祭祀

前期一日，陳器物具牲品，洒掃祠宇。

省牲

詣省牲所。省牲，禮生先臨烹牲，然後引宗子看。宗子以酒略浣牲畢，復寢所。厥明夙興，盛服就位，告辭，降神，參神。進毛血，進饌，初獻，讀祝。亞獻，終獻，侑食，闔門，啓門，受胙，辭神。

儀節

通就位，俟老少執事齊集，即移步至堂西，向東南作聲。老少肅静，畢。通復位，引肅静，通執事者各司其事。陪祭者各就位。主祭者就位。引就位，通請主，引詣神櫝前。鞠躬，拜，興，凡二。平身。

司祝祝曰：「幾世孝孫某，今以厥有常事，敢請顯高祖考妣某。公府君，氏安人。」神主出，就神位，恭伸奠獻，畢。引俯伏，興，平身。出主，復位，通參神，主陪俱拜。鞠躬，拜，興，凡四。平身。進毛血，禮生進，主人獻，交禮生設之于蔬北西上。分班降神，引詣盥洗所。盥洗。詣酒樽所。司樽者舉冪，酌酒。詣香案前。跪，上香，酹酒。司爵跪主人之右，進與主人。主人左執盞，右執盆，三注于地盡，交左執事。俯伏，興，拜，興。凡二。平身，復位。通獻茶，進饌。行初獻禮。引詣酒樽所。司樽者舉冪，酌酒。詣高祖神位前，跪，祭酒。略注于地。授斝于執事者，奠于神位前。進太羹。俯伏，興，平身。詣讀祝位，即香案前。通陪祭者復位。司祝者就位。皆跪。讀祝：維令上年號歲次干支，正月干支，朔越幾日干支，幾世孝孫某，敢祇告于顯高祖考某號某公府君，顯高祖妣淑德某氏安人。

於昭若祭止一代，則曰「於維我祖」，祭神則曰「洪惟神靈，明德流光」。

烈祖，厚德流光，螽斯麟趾，桂馥蘭芳。維神祖之德，惠我無疆。懿茲上元，春日載陽。景物咸和，祖孫神人胥慶。花燈在懸，牲禮在將。唯祖格思，左右洋洋。俾我子孫，彌熾彌昌。孝義家聲，愈引愈長。尚饗。

通俯伏，興，拜，興，拜，凡二。平身。陪祭者分班。引復位，通。行亞獻禮。引詣酒樽所。司樽者舉冪。酌酒，詣神位前。跪，獻斝，奠斝。酌酒。進和羹。俯伏，興，平身，復位，通行終獻禮。引詣酒樽所。如亞。進飯。俯伏，興，平身，復位。通侑食。引詣神位前。酌酒，宗子親手遍酌。進匙箸。進添飯。詣香案前。鞠躬，拜，凡二。平身。通。主人以下皆出。闔門。無門則垂簾少頃，奏樂三終。祝噫歆。司祝當門北向，打咳作聲。啓門。各復位。通進茶。飲福受胙。引。詣飲福位。執事者另設席于香案前，如無就香案，亦可也。宗子就席北面立。跪受酒。司祝者在高祖位，取一爵，右行立授宗子。祭酒，注些于地。啐酒，略飲。嘏辭：司祝祝曰。祖考命工祝：「承致多福無疆，于汝孝孫，來汝孝孫，使汝受福于天，宜稼于田，眉壽永年，子子孫孫，弗替引之。」引受飲福酒受胙。司祝者看桌中，取司胙一盆，右行立交宗子，宗子接獻交禮生。俯伏，興，拜，凡二。平身。宗子退，立東階上，西向。餕上祀之餘。司祝者致辭祝曰：「祀事孔明，先公嘉享。五福之慶，上祀之餘，子子孫孫，咸兹受祉。」通作揖，再作揖。出外堂，主陪皆出。諸婦就位。拜，興，凡四。平身。入簾。主陪進堂，闔門。餕。通啓門。各復位。鞠躬，拜，凡二。平身，通告利成。司祝答曰：「利成。」陪祭者拜，宗子不拜。鞠躬，拜，凡二。平身，引復位。通辭神。主陪齊拜。鞠躬，拜，凡四。平身。分班。執事各就拜位。拜，興，凡四。平身。焚祝。引。望燎。宗子移身看焚祝畢。復位。通陪祭者各復位。撤饌。送主。引詣神櫝前。奉主入櫝。復位，禮畢。通引齊唱。主陪作揖。禮行既畢，尊卑以次序立，又揖謝執事者，禮成矣。

祀門儀節

就位。鞠躬，拜，凡四。平身，跪。上香。酌酒。讀祝：維皇號歲次干支云云，本祠弟子姓名等，敢祗告于本祠門官土地福德正神位前曰：「某等今以恭修歲事于高曾祖考祠堂，維辰保佑，寔賴神庥。謹以酒饌香燭楮財，恭伸奠薦。尚饗。」俯伏。興。拜，凡二。平身。再酌酒，揖，三酌酒，揖。啓牲。獻酒。辭神，鞠躬，拜。凡二。焚祝楮。禮畢。兩揖。

朔望儀節

啓櫝。詣香案前。跪，上香。俯伏。興，拜，凡二。平身，跪。祝曰：「孝孫某，今以某年歲次干支某日，初一、十五。日偕諸某等，謹以香楮明燭清茶，參謁烈祖，謹告。」俯伏。興，拜。凡二。焚楮財，禮畢。

元旦賀年祝文年月日，孝孫某敢昭告于神位。

三陽開泰，一氣回春。稽顙謁祠拜賀，慶洽神人。謹以齋筵粉食果酒之儀，用伸賀年之誠。惟神祖其來燕欣欣。謹告。

門官土地

三陽開泰，大地咸春。謹以齋筵粉食香燭之儀，用表胥慶之寅。唯神洋洋，來格來欣。謹啓。

拜山祝文

歲序流易，雨露既濡。覘掃封塋，不勝感慕。謹以某物，祗薦歲事。尚饗。

祭后土文

某年月日，信主某，敢昭告于本山后土地之神。左青龍，右白虎，前朱雀，後玄武，列位神福。某等，躬修歲事于某祖考妣之墓。惟辰保佑，寔賴神庥。謹以某物，恭伸奠薦。尚饗。

端午文

辰維仲夏，節屬端陽。敬薦蒲艾，神其洋洋。命我老少，萬福無疆。尚饗。

七月十五日

中正月十五日，上元。元十月十五日，下元。

維兹蘭盤，履肅將寒。有懷水木，容若可觀。爰筐衣帛，盥薦盤餐。仰神祖來格，錫嘏攸存。燮諧元氣，老少同歡。尚饗。

中秋節文

恩光普照，桂月揚明。人康物阜，海宴河清。爰具酒饌，肅薦明馨。尚饗。

祭竈文

歲云暮矣，一門康吉。享兹火食，皆賴神庥。若辰告事，罔敢弗虔。菲儀將誠，唯神顧歆。尚饗。

除夕

唯兹歲暮，日月其除。洒掃庭内，改换舊符。爰陳簠簋，爰潔我酤。焚香爇燭，敬獻之盂。神德洋洋，其來格諸。尚饗。

人日開年

三陽開泰，萬象維新。懿兹人日，采藻采蘋。皇皇先祖，來止熏熏。保我子孫，福禄攸中。尚饗。

婚禮　擇日預報定聘書

姻弟姓名熏沐拜手啓。尊親家某翁姓老先生大人台下：伏承汪涵，不擯譾劣，許以令媛，作配頑兒，盟定今朝，祥開奕世。敢諏某月某日穀旦，爰率舊章吉典微儀。仰祈千金，俯賜一諾。預啓。

龍飛干支歲某月某日干支吉旦，某生頓首。謹告。

回書

不佞姓名，拜手書復：

某姻家某翁姓老先生大人門下：笑看雲翰，慶溢門閭。諭小子以某月某日，吉典隆儀，識喬門於他年。福履奕世，敢不䖍趨拜命，雀躍回言。謹復。辰　今辰上極御之干支某月某日吉旦，眷弟姓名仍頓首。一、籍貫某府某縣某社。一、三代曾祖某祖某。一、年庚干支某月某日某辰生。一、命名名某字某。

聘儀狀式

謹具某物。右不愧輕微，𡸁入馳貢，萬冀親慈俯垂監炤。龍飛干支歲日月干支之吉，某生頓首。謹狀。

是日夙興，以告於祠堂。就位。啓櫝。復位。詣香案前，跪。上香。俯伏。興，拜。凡二。酌酒。跪。俯伏。興，平身。跪。讀祝。俯伏。興，平身。再酌酒。復位。辭神，鞠躬，拜，凡四。興，平身。焚祝。

闔櫝告祠禮畢之後，乃酌酒。揖媒氏。將禮書藏帖匣，及各禮物，逐一點明。遣使者憑媒氏如女氏。

祝文：某愚不肖，仰藉祖德神恩，幸而有子，某年既長成。卜以本月本日某辰，俾迎某處某親家之女，以爲之配，而承宗事。謹以牲禮庶饈，特伸告祭。伏惟先靈，昭玆來格。用衍宜家之福，克昌厥後之祥。百世相承，有隆無替。尚饗。

賀壽禮

人生而壽，有子若孫。父祖之幸，稱觴祝壽。人子之幸，俗多以不可驚之説，而爲不肖者解，此益長不肖者之志，皆非仁人孝子也，不足論。

壽誕晨早晨用此。

厥明夙興，具洗臉水。帨巾。清茶。早粥。酒饌。子婦盛服登堂。班齊。長子衆子，登房，迎父母出中堂，獻水盆，帨巾，待父母洗臉訖，請父母登堂就座位。父母登堂，父左母右，向南而立。諸男就拜位，鞠躬，拜，凡四。平身。分班。諸子孫就拜位，四拜。分班。諸婦女就拜位，四拜，平身已上雙親俱以拱接。

請父母就座位，獻茶，獻粥，獻酒。請父母飲福壽酒。諸子共請再酌酒。請父母飲福壽全酒。畢。父母出位。

諸子孫復拜位。禮畢。兩揖。設筵祝壽，至是品物周備，几筵整肅。男婦孫曾，衣服盛備。男立東階，女立西階。班齊。稟請父母出，就壽筵，父左母右，相對略向南而立壽筵傍。進衣巾，執事進冠，冠授長男，袍授次男，向父母帶著。畢。諸子就位。拜，賀，四拜。分班。諸孫四拜。分班。諸婦女四拜。分班。已上父母俱宜拱揖。長子復位。獻茶。進饌。進果。司樽者酌酒，詣香案前。祭酒執事交杯與長子，向父母對作一揖，即移身右行至檐前一揖，三注于地，一揖，面轉東。復位。酌酒，詣父筵前，獻杯與父安爵，父直身略拱。安饌俎。拂椅酌酒。詣母筵前，安爵。安饌俎。拂椅酌酒。復位。一揖。諸子齊聲，請父母就筵位。父母未即位筵，先令執事焚香點燭，謁香火祖先，然後就筵謁祖，啓櫝，迎親就拜位，跪。上香。鞠躬，拜，凡四。平身。齊眉見禮，兩老共揖。畢復壽筵位，酌酒，請飲壽酒。進羹。諸子詣香案前。跪。酌酒。獻酒。授斝于執事者。上壽于父母筵前，祝壽。諸子齊聲，共祝：「願父母福如東海，壽比南山。」

俯伏，興，拜，凡二。平身。分班。諸孫如前祝壽，諸孫齊聲祝曰：「願父祖母壽考維祺，以介景福。」俯伏，興，拜，凡二。平身。分班。諸婦如前祝壽父，婦女齊聲祝曰：「願父母熾昌壽減，啓我後人。」俯伏，興，拜。凡二。長子復位，衆子從之。酌酒。獻酒。長子親獻，衆子齊聲：「請父母飲福壽酒。」進羹。復位。又酌酒。獻酒，同上。請父母飲福壽全酒。諸子詣香案前，父子對揖，聽父囑：「來爾子孫，各登筵位，永錫爾類，受福不匱。」祝畢。父子一揖，飲福酒，父子復位。諸子各携自己杯交執事遍酌。父子起杯，各飲畢。母開位，諸子詣香案前。鞠躬，拜，凡四。父母拱接，畢復位。酌酒。進飯。進茶。已上長子親手。諸子詣香案前。執事撤饌，禮畢，兩揖。右壽式兩款，凡可以舉手，須全用。父壽兼母，母壽兼父，若父在而父壽，祝壽之後，設筵祀母。若止母在，而母壽，則先設筵祀父，然後祝母壽。

壽筵儀式

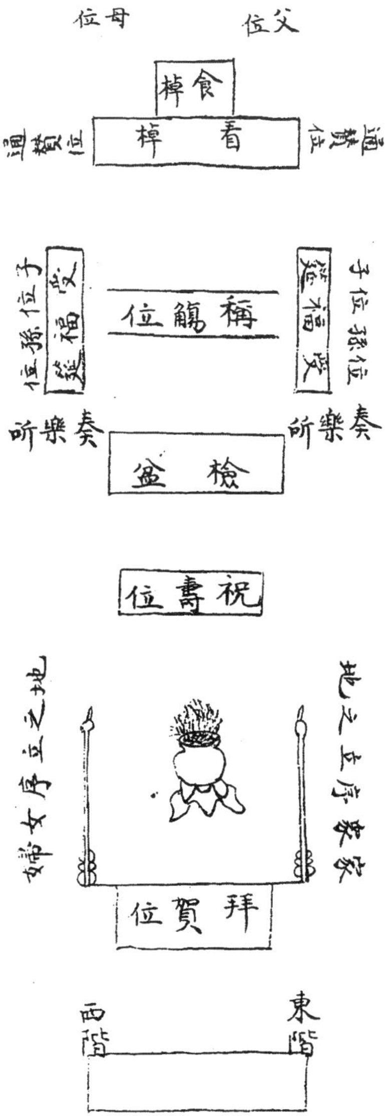

祝壽請帖

家祖壽躋老景，初度甫臨，翌午敬展芹忱，仰扳文駕，伏冀寵顧，不勝榮幸。右啓。

祖母壽請帖

重闈白髮，幸際誕辰古希。明午聊具菲酌，僭迓高軒，如蒙不却，早顧爲榮。右啓。

父壽請帖

家大人幾旬壽届，翌午隨分具酌，敢扳台駕賁舍一叙，仰祈惠臨，不勝榮藉。右啓。

母壽請帖

北堂慈母，設帨届辰，明午潔治豆卮，奉迓台駕賁叙，萬冀儼然而臨。右啓。

壽翁請帖

某不德，無以基壽。兹幸花甲初週值古希，翌午敬具豆觴，仰扳高軒俯臨，得蒙早賁，不勝榮寵。右啓。

妻壽請帖

家人主饋，誕日初逢。明午具盃，奉屈高明，以增婺光，仰祈早賁，勿外是幸。右啓。

妻父母壽請帖

恭諗岳丈母初度懸弧逢設帨，屆辰，誠爲可樂。某忝半子外孫，翌午薄稱一觴，僭迓台從賁臨，仰祝南山，得沐寵顧，不勝感荷。右啓。

子週請

小兒甫及試週，翌午特備一觴。僭迓高車，增光蓬蓽，惟惠然肯來是禱。

生孫請

子舍添丁，老懷少慰。即午特具湯餠，扳台一叙，得沐垂顧。荷荷。

生曾孫請

小孫得子，深自開顔。明午潔觴，奉屈聊叙。請私。

造屋請

茆屋數椽，聊蔽風雨。即午魯酒一斗，扳駕坐談賁臨。感感。

買屋請

薄媒一區，立椎有地。謹具豆觴，奉屈親鄰台從，掀髯我來，掃徑以俟。

遷居請

某圖斗室，幸接芳鄰。敬陳蔬酌，萬冀寵臨，光生蓬蓽。

啓館祝文

洪惟列聖，司文之命。毓世之祥，懸象昭著。炳炳琅琅，于啓後人。有烈其光，後人仰止。有懷不忘，爰載獻馨香。惟神鑒之，左右洋洋。洋洋來格，示我安康。以翼諸子，日就月將。如鳳斯起，振舉翔翱。以名以寔，丕顯昭彰。謹啓。

祭文昌

唯神，天朝孝友，帝闕侍臣，司桂司胤，德並乾坤。七曲致妙，九曲傳神。梓橦統率，一化萬分。剪妖截祟，文席上珍。相辰啓運，佑我士人。謹以牲禮，焚香拜跪，唯神是歆。

祭魁星

唯神，祥開七曲，星耀九天。佑我士人，濟濟翩翩；翩翩濟濟，北面周旋。而覘斗柄，魁象如懸。而拱辰極，曰歲萬千。知神具喜，聊潔芳鮮。神其格止，敷錫綿綿，於昭尚饗。

子娶請

幾頑舍侄受室，明午滌卮，敬延文從賁顧指示，昏如愛客，陪行親迎，則加寫壯行色，否則不用此句。仰祈賜俞，不勝榮藉。右啓。

孫娶請

小舍孫受室，婚禮告成。翌午花燭之輝，賁臨爲感。

自娶請

桃夭及辰，畢姻遂願。翌午薄茗酌酹，謝親朋屈駕，用光花燭。

續娶請

幾頑久虧内助，幸此續絃。敬陳草酌，仰祈寵賁。

喪禮訃書訃，報也。

家君慈以某月某日得病，不幸於本月某日棄世，耑人訃告。某姓某字宗親大人。孤哀子某泣血。

又代訃

某門衰祚薄，禍釁攸鍾。不幸祖父母於本月某日，以病終于正内寢。忝在至戚，敢不訃聞。伏祈炤察。父稱考，母稱妣。父正寢，母内寢。

父在有母喪

父在而有母之喪，父主饋奠，行揖禮，其子隨之泣拜。朱子曰：「父存，〔子〕無主喪之禮。」又曰：「妻之喪，夫自爲主。以子爲喪主，未安，所謂父在子不得自專者也。」

父在有妻子喪

父在而有妻子之喪，亦父主之，統于尊也。祖在則祖主之。

吊喪吊亡者，與居喪者，收殮後乃用此。

就位，舉哀，五聲。哀止，詣靈座前，上香，鞠躬，拜，凡二。平身。禮畢。候主人。主人囑執事鋪席在中堂東邊，客就席，面向西邊拜吊孝子。鞠躬，拜。凡二。平身。哀止。候主人曰：「不意尊翁，遭此凶變。」主人答曰：「某罪逆深重，禍延考妣，蒙賜慰問，不勝哀感。」禮畢。吊者退。主人哭，入喪次；子弟親朋在列，與來賓客，一揖；或待茶待酒隨便。

請謝吊賻帖

某不孝罪逆深重，不自隕滅，禍延考妣，奄忽告殂，躃踊泣血。叩地號天，靡所逮及。過蒙尊慈慰吊，存没均感。慈茲届幾虞旬之晨，僭迓台車。聊伸謝悃，仰祈惠然，不勝哀感。孤哀子姓名泣血稽顙。

四禮略集

[越南]裴秀嶺 輯
張天傑 整理

《四禮略集》解題

［日］吾妻重二　佐藤瑞淵　撰　董伊莎　譯

《四禮略集》，寫本五卷四册，底本藏于越南漢喃研究院（圖書編號爲VHv. 1166/1－4）。在法國極東學院也有藏本（圖書編號A. 1016），但僅存卷一（九十二葉）和卷二（百二十三葉），卷三以後缺失。因此本次整理採用了漢喃研究院藏本作爲底本。

作者裴秀嶺，弗祿（今河内）人，號如齋。生平不詳，其著作除此《四禮略集》外，有《賀壽詩集》《壽河秀嶺裴翁六旬雙壽詩集》，另有校正《五倫記》的《陰騭文》〔一〕。

《四禮略集》是關於冠婚喪祭四禮的資料集，内容十分豐富。根據其序，成書於「明命己亥」，即明命二十年（一八三九）。此書的特色是以《家禮》爲中心，從衆多書籍中引用各種資料來對《家禮》的記述進行旁證和補充。

〔一〕Trịnh Khắc Mạnh，《越南漢喃作者的字號》（*Tên tự tên hiệu các tác gia Hán Nôm Việt Nam*），Khoa học xã hội 出版社，二〇〇二年，第三一九页。

全書内容如下：

四禮摘集序　阮志亭

四禮略集序　裴秀嶺

四禮略集卷之一（全八十五葉）

通禮

冠禮

婚禮

四禮略集卷之二（全一百葉）

喪儀

四禮略集卷之三（全一百葉）

（喪儀續）

四禮略集卷之四（全四十三葉）

（喪儀續）

四禮略集卷之五（全五十一葉）

祭禮

附集諸家日課趨吉便覽(全二十七葉)

抄四禮略集引

最後的《抄四禮略集引》是抄寫該本時的識語,其中表明了在嗣德十五年(一八六二),書手抄寫了裴輝瑄(應爲裴秀嶺族人)持有的文本。與上述的法國極東學院本相比,此漢喃研究院本似乎是轉録了極東學院本,在不少地方訂正了錯字。因此,法國極東學院所藏的《四禮略集》雖然後半缺失,但可從本書所載《四禮略集》中窺其原貌。

關於《四禮略集》的編撰方針,裴秀嶺的《四禮略集序》記述如下:

禮三百三千,冠婚喪祭四者,禮之最重也。何則?冠以示成人,婚以正男女,喪以哀親,祭以追遠,四者古人之通禮也。我南文獻之邦,諸名家禮書,婚喪祭者有之,而于冠禮闕焉。……余少未讀禮,晚歸間,每因所用文公《家禮》,搜索群書,間有取於《欽定禮記》、《性理大全》、《孝經注疏》、《文獻通考》、《大明會典》、《大清會典》、《淵鑒類函》、司馬《書儀》、《齊家寶要》、《家禮正衡》、《讀禮通考》、《名臣言行録》、《家禮銓補》、呂坤《四禮翼》、蕭氏文獻、《家禮辨定》、《留青新集》、《疑難帖式》,凡十餘者,參考成編,冠婚喪祭之目並陳,號曰《四禮略集》,蓋亦由博以致約,由粗以致精,庶可便觀覽,以不流於俗焉。序云乎哉。

又，開頭的阮文理的《四禮摘集序》寫于紹治元年（一八四一），其中有云：

> 禮者，天理之節文，人事之儀則。冠、昏、喪、祭四者，人道爲重，周公《儀禮》纖悉備焉。朱夫子《家禮》本此，就中酌以今古之一二，後人家莫不率行之。我大南素稱文獻，胡尚書之外，有所謂壽梅者。壽梅邨學鄙陋，鄉里中鮮問學者，利其簡便遵循；胡氏亦非其至者。噫，爲之士者，平日苦於讀書決科之不暇，一旦僥倖，官事在身，何能讀禮。偶有臨用，茫然不知所措，未免問諸從事壽梅者，或行其禮而不知其義之所從出，寧非平日不曾講及而然乎。……公隙將集諸先儒《家禮》彙成一書，未之果。適裴如齋送《編集四禮》來相質，自序以見志。余見此犂然有當於心，而善如齋之用志也。
>
> 或曰，朱《禮》備矣，毋乃好事之爲乎？抑不知禮辰爲大，朱《禮》之大體可因，其中節目一二，風氣異宜，古今異尚，所可酌而應之。

《四禮摘集序》的作者阮文理（一七九五—一八六八），號志亭或東溪，明命十三年（一八三二）第三甲同進士出身，是歷任翰林院編修、順安府知府、興安督學等要職的名臣[二]。在此序中

〔二〕見前注，第五四—五五頁。又Trần Văn Giáp，《越南作者群略傳》(*Lược truyện các tác gia Việt Nam*，Văn học 出版社，二〇〇〇年，第三八七—三八八頁。

不說「略集」而說「摘集」，應是有摘録了各種資料之意。

據此，《四禮略集》對於包含冠禮在内的《家禮》四禮，博徵了各種文獻，涉獵文獻多達十餘種，範圍極廣。除《欽定禮記》（應爲《五經大全》中的《禮記集説大全》）、《性理大全》、《大明會典》、《大清會典》、《淵鑒類函》等中國敕撰書之外，還有宋邢昺《孝經注疏》、朱熹《名臣言行録》、元馬端臨《文獻通考》等經典及史書政書類，更有司馬光《書儀》、明周應期《家禮正衡》、清徐乾學《讀禮通考》、明鄧元錫《家禮銓補》、明吕坤《四禮翼》、清王復禮《家禮辨定》等禮書。有意思的是，其中還包含了清張文嘉《齊家寶要》、清陳枚《留青新集》、清盧汝蕃《疑難帖式》等日用類書。這些書雖不被歸入正統儒學書籍，但均爲中國清代普及範圍很廣的通俗書籍，對禮學的世俗化起到過很大的作用〔二〕。這類書籍在越南被採用一事，值得關注。

又《四禮略集序》中有「我南文獻之邦，諸名家禮書，婚喪祭者有之，而于冠禮闕焉」，這應是意識到了稍早時候，即一八二七年成編的《三禮輯要》缺少冠禮，只記述了婚喪祭三禮。

此書的另一個重要的意圖是批判《壽梅家禮》和《胡尚書家禮》不完備，正如《四禮摘集序》所説：「我大南素稱文獻，胡尚書之外，有所謂壽梅者。壽梅邨學鄙陋，鄉里中鮮問學者，利其

〔二〕可參照韓碧琴《〈家禮帖式集成〉版本鈎沉》（《興大中文學報》第三十七期，二〇一五年）。

簡便遵循，胡氏亦非其至者。」《壽梅家禮》爲十八世紀末越南胡嘉賓所撰，《胡尚書家禮》則是成立於比其稍早的十八世紀中葉，由越南胡士揚撰寫。兩書均混用喃字，吸收越南俗禮，是廣爲流傳于越南民間及鄉村的簡便喪禮指南書。但在此，二書被指出「鄙陋」「非其至者」，更有「或行其禮，而不知其義之所從出」。也就是説，《四禮略集》的意圖在於展示中國正統儀禮的根據，並將其樹立爲實踐的主要規範。《四禮略集序》最後的「不流於俗焉」正表明了不流於越南俗禮、以中國儀禮爲首要基準的立場。

再者，《壽梅家禮》和《胡尚書家禮》均只關注喪禮，這也是越南《家禮》實踐的一個特徵。而《四禮略集》的記述則全面覆蓋冠婚喪祭四禮，並登載衆多禮圖，是一套内容較爲完整的禮書。其實，在一八七〇年成書的越南杜輝琬《文公家禮存真》中，也可見批判《壽梅家禮》等而展示儒家儀禮本來面貌的意圖，但《文公家禮存真》也是只局限於喪禮，而且因爲其實用手册的性質，記述並不詳盡。在此方面，《四禮略集》是以《家禮》爲支柱的禮學資料集，内容詳細、豐富，展示了越南十九世紀中葉《家禮》接受情况的另一面。

目録

四禮摘集序

禮者，天理之節文，人事之儀則。冠、昏、喪、祭四者，人道爲重，周公《儀禮》纖悉備焉。朱夫子《家禮》本此，就中酌以今古之一二，後人家莫不率行之。我大南素稱文獻，胡尚書之外，有所謂壽梅者。壽梅邨學鄙陋，鄉里中鮮問學者，利其簡便遵循，胡氏亦非其至者。噫！爲之士者，平日苦於讀書決科之不暇，一旦僥倖，官事在身，何能讀禮？遇有臨用，茫然不知所措，未免問諸從事壽梅者，或行其禮，而不知其義之所從出，寧非平日不曾講及而然乎？余於戊寅丁艱，嘗袖朱禮問于盛烈裴先生，粗識禮意一二。及待罪富安，公隙將集諸先儒家禮彙成一書，未之果。適裴如齋送《編集四禮》來相質，自序以見志。余見此犁然有當於心，而善如齋之用志也。或曰朱禮備矣，毋乃好事之爲乎？抑不知禮辰爲大，朱禮之大體可因，其中節目一二，風氣異宜，古今異尚，所可酌而應之。不然，朱禮既成之後，上國吕坤、蕭氏諸儒《讀禮通考》何以各有家禮？況引用諸書，令人許多聞見，觀禮而可知以其義。如齋四五年隱几工夫，好古學禮如此，其可少於天下也乎。

紹治元年庚子仲秋，賜壬辰明命十三年科進士、富安按察使、護理巡撫關防東作阮志亭序。

四禮略集序

禮三百三千，冠、婚、喪、祭四者，禮之最重也。何則？冠以示成人，婚以正男女，喪以哀親，祭以追遠，四者古人之通禮也。我南文獻之邦，諸名家禮書，婚、喪、祭者有之，而於冠禮闕焉。夫四禮之中，冠在其首，譬猶四序之有春也，其可廢而不講之哉？余少未讀禮，晚歸閒，每因所用文公《家禮》，搜索群書。間有取於《欽定禮記》、《性理大全》、《孝經注疏》、《文獻通考》、《大明會典》、《大清會典》、《淵鑒類函》、司馬《書儀》、《齊家寶要》、《家禮正衡》、《讀禮通考》、《名臣言行録》、《家禮銓補》、吕坤《四禮翼》、《蕭氏文獻》、《家禮辨定》、《留青新集》、《疑難帖式》，凡十餘者，參考成編。冠、婚、喪、祭之目並陳，號曰《四禮略集》。蓋亦由博以致約，由粗以致精，庶可便觀覽，以不流於俗焉。序云乎哉。

明命己亥秋月穀日，如齋裴秀嶺識于壽河之書軒。

四禮略集卷之一

通禮

一贊禮及執事。或子弟，或親朋，擇其能者爲之。蓋能者，威儀之美，練習之精，先期演習，庶行禮之際，不至失誤可也。

通贊二人

一立於東，一立於西。唱用聲音響、大、遠，使祭者曉也。東唱拜，主人拜首稽首至地。西唱興。餘倣此也。

引贊二人

東西，主人之東西。左右，主人之左右。一立於左，一立於右。唱用聲音婉，使主人哀動誠敬，易以行禮。祭不離主人之左右，使明白行步，俱得曲折中節。一在於是，不合他也。左唱詣盥洗所，右唱盥手，左唱帨巾。左唱詣香案前，跪，焚香，酌酒，俯伏，右唱興。左唱鞠躬拜，右唱興。左唱平身，右唱復位。餘倣此。

執事二人

聞唱就位，或序立，列左右兩班。左執事升降不逾西階，右執事升降不逾東階。升則抑首，其足舉前曳後徐止。降則身疾赴。自西階升，東面立，先展右足；自東階升，西面立，先展左足。跪在主人之左，折內右足；跪在主人之右，折內左足。所謂足不背主人也。入香入酒，或西面，或東面。跪皆跪，起皆起，出入皆然，升降有常。若東而西，西而東，與同跪者，皆失禮之甚也。

祝一人

奠儀奉魂帛、告辭，祭儀出主、讀祝與辭，噫歆、利成、納主，皆祝。祝跪者，代主人也。若尊祭于卑者，尊立不跪，祝亦不跪。噫歆，立當門，北面，先作咳聲，以警覺神，次作噫歆三聲。噫者，嘆恨之辭；歆者，欲其歆享之義。嘆息大而長也。利成，利養也，成，畢也，告主人供養之禮，已成畢也。凶禮，讀祝于主人之右，立於東階，向主人曰：「利成。」吉禮，讀祝于主人之左，立于西階，向主人曰：「利成。」進止有常處者，此其不失禮也。

文體隨宜變易

如夫主妻喪，君主妾喪，祖主孫婦之喪，弟主兄喪，兄主弟喪，夫族主無夫子之婦人，祝文各隨所誦而書。餘以類推。

祝文式

維紀也。

皇號歲次（干支）某月（干支）朔越某日（干支），嗣子某等恭以清酌庶饈品物，敢昭告于

顯考某官封謚府君。又如士者某號先生，若有事于妣者，曰顯妣某封某氏。如無封，則書夫銜。或正

室，或繼室，或亞室某氏。號孺人或令人。又如喪祝，世俗用書男女婿妾婿孫曾玄，衆心爲妥。若案禮，止書嗣子一名者。衆情紆鬱，要宜隨俗，書之不妨可也。宜書孤、哀子某某，女氏某，長婿姓名，次婿姓名，翼婿姓名，父妾姓名、婿姓名，男孫某，女孫氏某，曾玄某。如有母在，宜著恭叶母命。阮氏：如有父在，宜著恭承父命同族屬等敬以某品敢昭告于。餘倣此。又如祭顯祖考妣，則稱嗣孫某。祭顯曾祖考妣，則稱曾孫某。祭高祖考妣，則稱玄孫某。祭顯始祖考妣，則稱第幾世孫某。餘倣此也。夫祭文稱嗣子嗣孫者，蓋人子以先顯祖父爲孝。人有如此，乃孝心純至者可以當之。若不能然而稱孝子，恐非其宜。且祭父及諸祖父，只稱官爵封謚者，不敢言其姓名也。祭母及諸祖母，稱某氏者，此昭其母外姓也。

案：祭禮，古者稱孝子孝孫，喪稱哀子哀孫，父母亡俱稱哀子。記載曰父死而喪中稱孤，正合古禮。至于母喪，稱哀子亦無明文。然幼而無父曰孤，則母死父在者，應避嫌不得稱孤。而子字之上，亦更無他字可用，因以哀稱可矣。又案：王草堂云：「司馬温公《書儀》父喪稱孤子，母喪稱哀子，父母俱喪稱孤哀子，承重稱孤哀孫。故朱子答郭子書云：『孤哀子，温公所稱，蓋因今俗以别父母，不欲混并之也。且用之亦無害。』」是孤哀之稱，人皆以爲温公矣，殊不知《王制》原以孤屬無父，而唐杜佑《通典·卜宅兆》云：「孤子某，爲父某官封某甫度兹幽宅。」父母分稱，不自宋始。

案：稱哀者，有宜有不宜也。王史云：「繼母在而父死，不得稱哀。若稱哀，是無繼母矣。嫡母死生母在，亦稱哀。若不稱哀，是無嫡母矣。爲人後者，本生父母死當稱降服子，不得同於兄弟之子稱姪，特不丁憂耳。即士者肯解官，但可謂心喪，而不得稱丁憂，是無後之父母矣，則亦大背乎受重之義者也。」

讀祝

凡奠儀至三虞，皆讀祝于主人之右，親賓之賻亦如之。卒哭以下，乃讀祝于主人之左。吉禮亦如之。

焚香

唱上香，主人先以中指取一封加額上，乃置于瓶。唱再上香，主人以次指取一封加額上，乃置于瓶。唱三上香，主人以季指取一封加額上，乃置于瓶。授左執事，捧迎案上，以求魂之升天也。若無香封者，只唱上香而已。

案：毛西河云：古焫蕭即焚香也。以是時，我南五木未入中國，故止以蕭艾之屬行之。凡合卺祭蕭，皆用諸草。如欒迷迭、艾焫之類，則近代香泥條餅，雜取諸草合成者，自可爇用也。

沙茅酹酒

案沙茅者，即古白茅，縮酒之義也。聚沙束茅，置香案前，酹酒以降神。蓋醴濁，聚沙束茅以滓之。主人酹酒，左執盤，右執盞，用三滴。一滴傾于沙茅上，以求魂之升于天也；二滴傾于沙左，三滴傾于沙右，以求魂之入地也。主人酹酒畢，執事以盞置香案上。俗今茅用稻草，長五寸餘，一束以扛束之，其大一搤，若爨三足，非也。

茅盤祭酒

盤用小盤，黑漆。主人祭酒，左手執盤，右手執盞，加額，少傾于茅束沙上。茅用一束盛于盤，置神位前，主人代神祭酒。蓋古者，飲食各出每味少許，置于豆間，以祭始爲飲食之神。今以鬼神，自不能祭，故主人代神而祭。

酒辨

案：《明堂位》云：「夏后氏尚明水，殷尚醴酒，周尚酒。」注云：「明水取于月之水也。」《周禮》云：「辨五齋之名：一曰泛齋、二曰醴齋、三曰盎齋、四曰緹齋、五曰沉齋。辨三酒之物：一曰事酒、二曰昔酒、三曰清酒。」凡祭祀以法五齋三酒者，以寔八尊也。

奠酒

主人祭酒畢，右執事半跪在主人之右，主人受酒盞盤，右執事與左執事，奠酒置神位前，獻爵于主人之右，奠酒于主人之左。蓋神道以右爲尊，故凡奠酒以西爲上也。

主人詣酒注所

主人就東卓子，北面而斟酒。右執事捧酒盞盤，立于主人之左。主人斟畢，執事捧酒先行，主人隨後，均詣神位前跪。執事半跪在主人之右，授于主人，是謂獻酒于主人之右，左執事受而奠之於神。

奠酒祭酒酹酒辨

案：奠者，安置也。既獻而安置於神之謂奠，啓牲酌滿再獻於神之謂敬。及其祭末餕神之餘，推神意以勞主祭者，即大祭飲福受胙之酒也。又如祭酒者，古人以祭始爲飲食者，不忘本也。今祭祀初獻奠斝酌，起即反卑祭酒，正代鬼神也，故不獻不酌，徑自置神前。是故二獻、三獻有奠無祭，至若酹酒又與祭酒不同。祭酒少注于沙茅，酹酒盡注于沙茅，是降在上之神也。朱、程兩先生亦曾論及，世皆注地爲奠爲敬，是禽獸鬼神合啐地而享祭，何不諳若是？學者不可不知者也。

省牲

是日宰禮生臨烹牲所，取牲頭翼毛血少許，盛于碗，臨祭進用。《國語》云：「毛以示物，血以告殺。接誠拔敬以獻也。」祭畢埋之。

具饌

案：古制，殺牲具饌，分割每味一小盤，俟奉饌乃獻之，皆有先後之序。今祭祀或用全牲，置於一位，或用庶饈，分設諸位，皆先預置。至於進飯，只用羹飯，况人之燕會，燕器具盛于盤，且飲且食。世俗行之已久，或先祖平生亦常行之，有官及士之家，一遵常行，從宜可矣。如既從宜，亞、終二獻之前，舉饌可以略去。惟於侑食之前奉饌一節，固不宜去。蓋侑食者，勸飽也，庶得事死如事生之意。但祭饌務令精潔，未祭先食及爲猫鼠所污，慎之可也。

案：《蕭氏文獻》云：薦享之味，貴乎新潔，豐儉適中，方是常禮。貧市售之亦可表意。總之，盡孝敬之誠而已。孝敬盡，則一盞清水，一把竈柴，亦可以感格天地，况於鬼神乎？若飲食厚而祭祀薄，其爲少仁甚矣。戒之可也。

案：文公云有進腥肉、進肝、進熟肉、進羹、進飯，文莊公以爲難從，擬以世俗會宴席面，寔先祖平日所用者。其説乃是。第初獻未行，先進羹飯，既行，隨以肝，從此不類宴會。且毛血既陳，則腥肉亦可省去。蓋文莊公所未盡也。竊擬祭品於豕羊外，從文莊席面，庶饈而以進羹進飯，分入三獻禮，尤覺穩當。

按：《儀禮》羹飯茶湯，鉶芼用苦若薇，皆有滑，夏葵冬荁。《國語》云：「王后必春其粢。夫人必自春其盛。」《周禮》云：「凡王之饋，食則六穀，飲用六清。」注云：「六穀：稌、黍、稷、粱、麥、苽。六清：水、漿、醴、醇、醫、酏。」毛西河云：「以五牲之湆泣，幽濕也。可和菜而爲羹者，寔之爲鉶。」古祭無茶，今以茶代水，以湯代漿，以飯代糜，取其便俗耳。

點茶

案：古人飲茶先置茶末於器中，然後投以滾湯，點以冷水，而用茶筅調之。祭則先置茶瓶，至是主婦執茶筅而投湯滾水，有能者如此乃曰點茶。若主婦執茶瓶注于盞盤，執事獻之，宜曰獻茶。又案：維元謝咏茶筅詩云：「此君一節瑩無瑕，夜聽松風漱玉華。萬縷引風歸蟹眼，半瓶飛雪起龍芽。」今人燒湯煎茶葉，而猶云點茶，存舊也。

香案燈臺、燭臺、香爐

東卓子酒注、盞臺、香爐外，夾盥洗帨巾。惟凶禮自奠儀至虞祭，祝板皆置于此。

西卓子香盒、茶瓶、祝板

有神主神牌，前參後降。有牌主者，既啓出，不可虛其位，故前參也。

無神主神牌，前降後參。無牌主者，則先用焚香、酹酒，以達于淵泉、墻壁而求神，故先降。

拱揖禮式

上禮以敬尊長者，中禮以處僚友平交，下禮以待卑幼者。此謂相會拱揖用也。

案：《蕭氏文獻》，拱揖禮式，須驗尊卑長幼，行上中下乃是。上禮者，下官鞠躬，舉手齊眼下致敬，上官隨坐隨立，無答。此謂文武官隔品以下者。如五品以下見四品，至九品見七品，其上官從優禮答者，任隨遜讓行私禮也。中禮者，下官鞠躬，舉手齊口下致敬。下禮者，上官舉手齊心答禮。此謂品從相次者。在下官用中禮見，在上官用下禮答，如五品見四品與九品見八品。若相等者，各舉手齊口下致敬也。

頓首此謂拜下，額至手即起也。
稽首此謂拜下，額按至手，伏久乃起，曰稽首也。
叩首此謂拜下，以手兩分按地，用頭叩地者三。
控首此謂拜下，頭不至手即起。

頓首

稽首

叩首

控首

稽首上拜臣下見上之禮，先稽首四拜，後叩頭三拜。

稽首四拜此臣下見東宮之禮。

頓首再拜下官居下，頓首再拜。上官居上，控首揖禮。

叩首再拜見上官之禮，六品拜四品，九品拜七品。

控首再拜品從相等與平交相見之禮，宜用此。

平身兩手平正，拜畢出位而退。若拜畢而揖躬，其失甚矣。

附凶禮拜式

立則右手執杖，左手以衣袖掩口。拜則兩足先跪，後乃兩手分據地，首至地，右手執杖，左手如前，然後興。若兩手並舉杖而起，拜如頓首者，此甚非禮也。

稽顙以頭觸地之謂。父母終，孝子哀戚之至，痛之深也，無復禮容，故有此。此只用之父母百日內，餘棄用。

婦人斂衽圓拱兩手，自頸下胸上半曲，雙膝相湊，順手貼胸，垂於膝上，曰斂衽。

斂衽

斂衽拜

婦人拜

一曰肅拜，二曰手拜。肅拜者，兩膝齊跪，伸腰低頭，俯引其手，而頭不至手也。手拜者，手至地，頭至手也。凡吉事，君賜，如受君恩，皆肅拜也。惟婚禮拜手者，若爲主婦，則不手拜。爲夫與長子爲喪主，當稽顙不手拜也。凡婦女拜，叉手以右爲尚，每拜以四爲節，所謂俠拜也。如男子二拜，女子四拜。

案：劉世節《漫記禮疏》曰：婦人以肅拜爲正，今之婦人答男子拜，但叉手點身，亦各爲拜，遠而望之，端立若不爲禮，何其亢也。程泰之以爲始於武后，及考後周天元令命婦爲男子拜，史官書之，以表其異，則古者婦人之立拜，非始於武后明矣。《少儀》曰：「婦人吉事，雖有君賜，肅拜。爲尸坐，則不手拜，肅拜。爲喪主，則不手拜。」羅大經曰：「古者婦女肅拜爲正。」陳澔曰：「肅拜如今之婦人拜也。」《左傳》「三肅使者」杜預注曰：「肅以手至地，若今揖也。三肅盡敬也。」鄭氏《周禮注》亦以俯下手爲肅拜。《朱子語類》有問者曰何謂肅拜，朱子曰：「兩膝齊跪，手至地，頭不下，爲肅拜。手拜亦然。爲喪主，則頭亦至地，不肅拜。」《古樂府》云婦人申腰再拜跪，申腰亦是頭不下也。意者先王制禮，或以婦人首飾盛多，時遇尫脈，俯伏地上爲難，故止令肅拜乎？惟昏禮以新婦見舅姑，故拜手扱地，即手拜也。爲喪主，敬凶事也，故稽顙。爲尸坐，象尊者也，故不手拜，肅拜。蓋婦人之立拜，可以當男子之長揖。婦人之手拜，可以當男子之頓首，稽顙則與男子相埒音劣。餘禮，唯當肅拜爲正。自肅拜之義不明，而諸書之説始紛紛矣。茲揭其人之所常行易曉言之：平衡曰拜，謂罄折頭與腰相平，即今揖也。下衡曰稽首，即今之躬身至地也。頓首者，首至地，頭頓手上也。稽顙者，却兩手，而頭至地也。《太甲》之拜手，揖而至地之久也。雅拜者，先下一膝也。《周禮》奇拜者，一拜也。褒音報拜者，再拜也。凶拜者，拜而後稽顙也。之拜者，兩膝齊屈，如今道士之拜也。膜拜者，兩手合掌，以受顙也。是皆男子之拜也。若婦人之肅拜，則兩膝齊跪，手下地，頭低俯而不至手也。婦人之手拜，則亦手至地，而頭在手上也。又男子再拜，婦人四拜，謂之俠拜，是主立拜言也。今世俗，南方婦女皆立而叉手，屈膝以拜。北方婦女見客，輒俯伏地上，謂之磕頭，以爲重禮。禮之輕者，亦立而拜，但比南方略淺爾。第即古禮及先儒之説酌而論之，大略兩膝齊跪，申腰低頭，俯引其手以爲禮，而不至地，是謂肅拜。居常見人當以此禮爲正。但南方立拜已久，不可遽釐，謂宜如邱文莊所議，深屈其膝，毋但如北俗之沾裙叉手，以右爲尚，每拜以四爲節，如所俠拜者。然若夫見舅姑，則扱地。爲喪主，則稽顙。不爲喪主，則手拜。庶幾得古禮之意也。

《家禮》伊川神主式説

作主用栗，取法於時日月辰。趺方四寸，象歲之四時。高尺有二寸，象十二月。身博三十分，象月之日。厚十二分，象日之辰。身、趺皆厚一十二分。剡上五分爲圓首，寸之下勒前爲（額）［頷］而判之，一居前，二居後。前四分，後八分。陷中以書爵姓名行。書曰：故某官某公諱某字某第幾神主。陷中，長六寸，闊一寸。合之植於趺。身出趺上一尺八分，并趺高一尺一寸。竅其旁以通中，如身厚三之一。謂圓徑四分。居二分之上，謂在七寸一分之上。粉塗其前，以書屬稱。以膠水調粉塗之。又屬謂高曾祖考，稱謂官或號行。號如處士、秀才，行如幾郎、幾公。旁題主祀之名。題男某奉祀，或孫某奉祀。加贈易世則筆滌而更之，以水洒壁。外改中不改。

案：吕坤《四禮》云：「主無式，式自程氏。取義亦精，而尺辨古今，用禁士庶，孿矣。夫儒者之見也。主之式，題考妣姓字以依神，俾子孫祭之爲如在爾。士庶之家，久則神牌，暫則紙位，但存尊祖敬宗之心，不必拘泥韜藉之説。至於偶無柏栗，凡貴重之木皆可用。但太高則大近於僭爾。伊川主式，偶未之思，儻考有尊爵崇銜，勢難摘取者，陷中字數有定，何以書之？即用三司布帛尺，陷中分寸稍長，似亦無害。或曰四龕之主高下須同，曰通用三司尺可也。近日市井布尺，長以三掌，裁縫與段行尺，則今之最小者，然視周尺亦差大。制非周制，人非周人，何以周尺之拘哉？用今之裁縫尺可也。又旁題適長奉祀，天子諸侯之禮也。士夫之家，衆子孫不名，祖考之心與？〔宜〕右名而稱與祀。」

案：《性理》程先生木主之制，取象甚精，可爲萬世法。然用其制多失其真，往往不考用尺之長短故也。蓋周尺當今省尺七寸五分弱，而《程氏文集》誤注爲五寸五分弱。而所謂省尺者，亦莫知其爲何尺。潘時舉舊嘗質之晦翁先生，答云：「省尺乃是京尺，温公有圖，子所謂三司布帛尺者是也。」繼從會稽司馬侍郎家求得此圖，其間有古尺數等，周尺居其右，三司布帛居其左。以周尺校之，布帛尺正是七寸五分弱。於是造主之制始定。今不敢自隱，因圖主式及二尺長短，而著伊川之説於其旁。庶幾用其制者，可以曉然而無惑也。

尺式

古尺

當宋省尺五寸五分弱

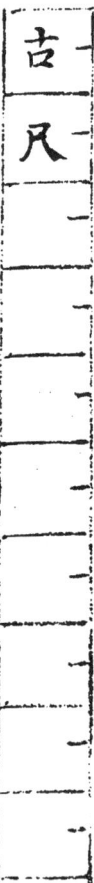

當三司布帛尺七寸五分弱當淅尺八寸四分

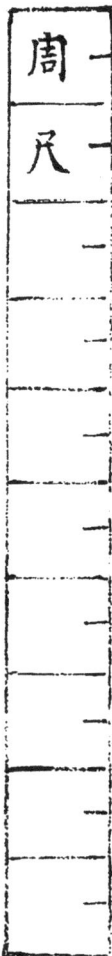

周尺

神主用周尺亦見南軒家所刻尺

三司布帛尺

尺比上周更加三寸四分

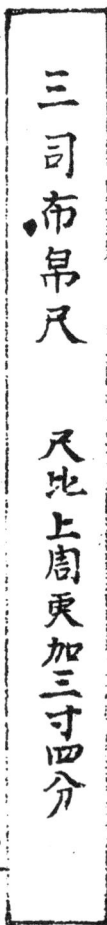

即是省尺又名京尺當周尺一尺三寸四分當淅尺一尺一寸三分

右司馬公家石刻本

作主制度：身高一尺二寸，闊三寸，厚一寸二分。首削去其上兩角，各去五分，俾其首作圓形。頷從上量下一寸，横勒其前人身深四分爲頷，判開其下，分陷中于頷下。本身上刻深四分，闊一寸，長六寸，爲陷中。竅于本身兩側，旁鑽兩圓孔，徑四分以通陷中，其孔離趺面七寸二分，前面廣三寸，安在頷下。

全式

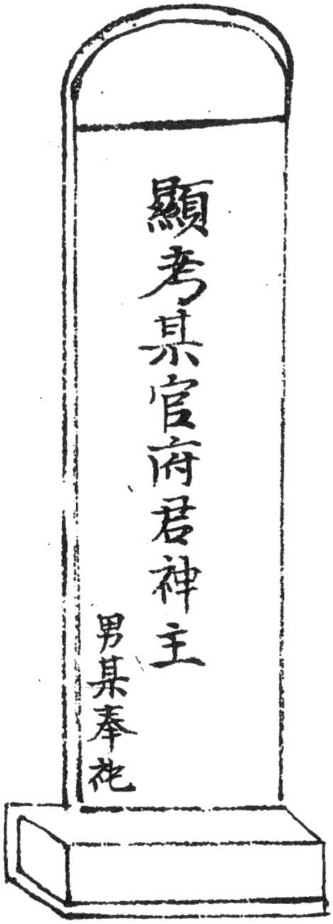

分式

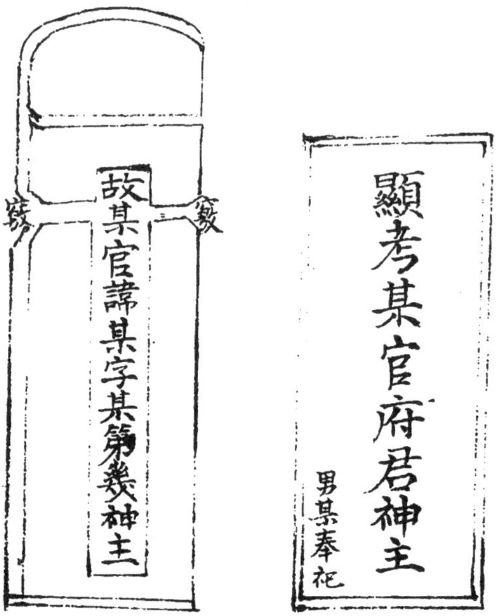

合式

前合於後身納於趺植立仍高一尺二寸

趺式

趺方四寸厚一寸二分
鑿之通底以受主身

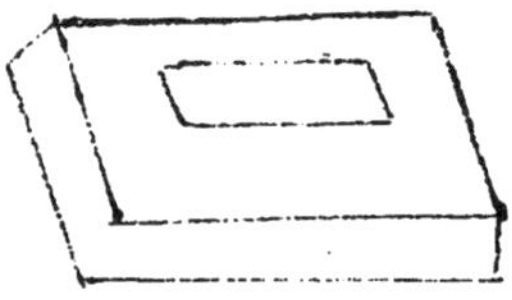

案：朱子云：「伊川主式，雖殺諸侯之制，然未見諸侯之制如何。若以爲疑，則用牌子可也。晉荀氏諸書所載厚薄之制有誤字爾，今牌子但依伊川説。」全式主外制度勿陷中及二片，首作圓形，高一尺二寸，闊三寸，厚一寸二分，趺方四寸，厚一寸二分。鑿之通底，以受牌身。牌面粉塗，恭書先世職銜謚號。

牌式

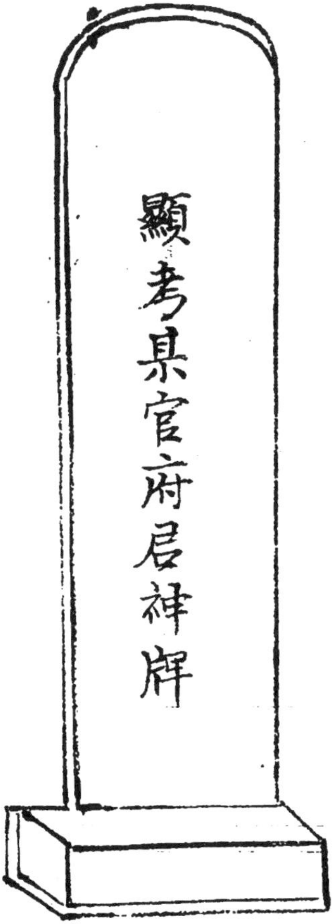

面頂俱虛，底蓋闊厚，出令受蓋。

座式

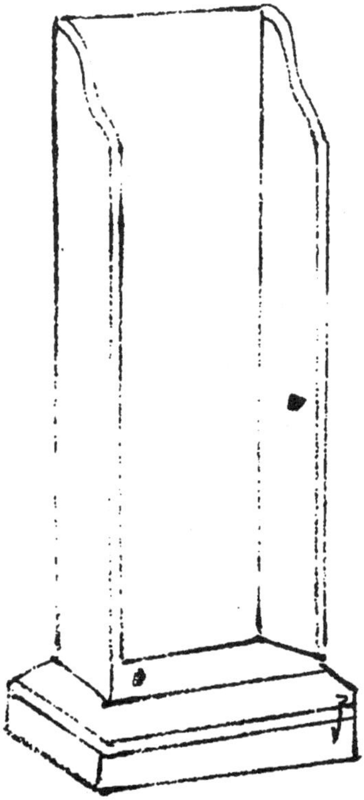

案：座以薄板三片相合，安於趺之兩旁及後面。比主稍高，面頂俱虛，趺之四邊各寬于板少許，令可蓋之。

蓋式

平頂四直，向下正闊旁狹。

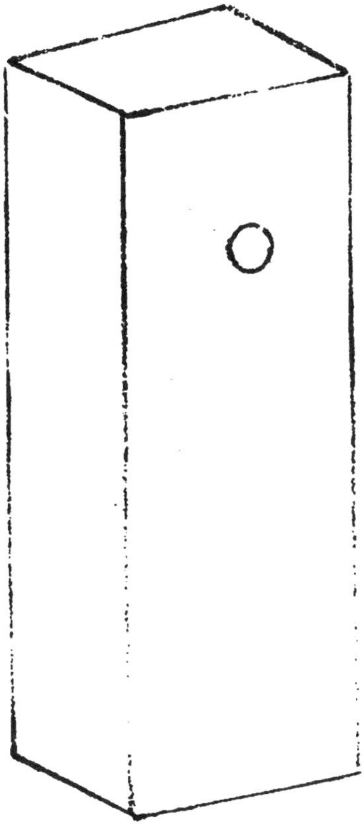

蓋亦以薄板爲之，四片相合有頂，可以罩趺上。板惟前面留一圓竅，俱飾以黑漆。古以帛縫如斗帳齊主，四方板爲頂，韜其主置于座中，然後加蓋。今隨簡便不復用。

櫝式

前作兩窗啓閉。

平頂四直

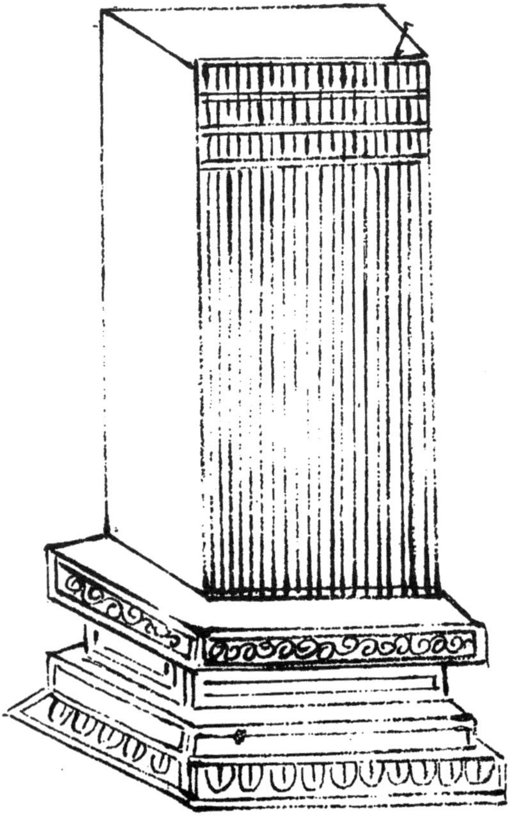

下作平底臺座。

《家禮》。丘濬曰：《祠堂》本章下止云「爲四龕，每龕内置一卓子，其上置櫝，龕外各垂小簾」，無有韜藉之説。其説蓋出温公《書儀》，朱子雖已不取，然今人家往往遵之，故仍列圖于前。而此復爲櫝式，有力者如制爲之亦無不可。

案：朱子云：「士夫而云幾郎、幾公，或是上世無官者也。」幾者，某公第幾子也，皆以男計，或第一郎是第一行，第二郎是第二行，第三郎是第三行，餘以類推。或問：「子所生母死，題主當何稱？」朱子曰：「生已者，但謂之母。若避適母，則止稱亡母，而不稱妣以别之可也。」又問：「夫在，妻之神主旁注某奉祀。莫太尊否？」答曰：「旁注施于所尊，以下則不書也。」又問：「亡妻神主可題其子之名奉祀否？」答曰：「不題奉祀者之名爲得。」朱子曰：「妻喪者，木主要作妻名，不可作母名。若是子婦須作子婦名。翁主之卒哭即祔，更立木主于靈座，朝夕奠就之，三年除之。」毛稚黄云：「男稱公與府君，婦人稱孺人，以卑加尊則可。若加于小輩之男，斷無稱公與府君之禮，加于小輩之女，斷無稱孺人之禮。如死之分雖卑，而本有封爵，又當别論矣。」王草堂云：「考妣本于《曲禮》，生曰父母，死曰考妣。考者，成也，言其德行之成。妣者，媲也，言其媲美于考也。府君者，漢時太守之稱也。《三國志》云：孫堅襲荆州，刺史王叡見堅，驚曰：『兵自求賞，孫府君何以在其中？』孫策進軍豫章，華歆爲太守，葛巾迎策，策謂歆曰：『府君年德名望，遠近所歸。』是也。孺人者，職官七品之妻所稱也。今雖通用，寔皆假借矣。然《曲禮》于祖考及妣之上皆加一皇字，逮元大德朝始詔改皇爲顯，以士庶不得稱皇也。不知皇之取義，美也、大也，初非取君字之義，而當世乃以此爲嫌，何也？其在於今，則相沿既久，自不必復用皇字矣。」又案：《家禮辨定》稱先字爲穩。

案：黄暐《蓬窗類記》曰：今無官者稱府君，蓋襲古式，而不知有禁。然禁無可考，而嘗於載籍中見湛甘泉先生告祖文，稱曾祖處士府君，此公非不知禮，不考典故。丘文莊公乃本朝達禮之士，其輯《家禮》亦稱處士府君，恐《蓬窗類記》所言訛也。詩《楚茨》「先祖是皇」，朱注：「皇，大也，君也。」而慶源輔氏曰：「君，即是府君之謂。」則府君乃人子尊稱祖考之辭，非以爵稱也明矣。第卑幼於主人者，則不可概稱爾。

案：朱子云：「無爵曰府君、夫人，漢人碑已有，只是尊神之辭。府君如官府之君，或謂之明府。今人亦謂父爲家府君也。」

案：《祠堂章》「有事則告」條下注云：「有官者，皆書封謚，無官者，則以生時行第稱號加於府君之上。」是則庶民皆可稱其先爲府君也。《或問》：「今人於神主陷中兩旁續書，生於何年月日，卒於何年月日，享年幾歲，葬某處，如何？」曰：「亦自詳備，宜從之也。」

案：《留青集》婦人無封，或稱夫人，猶男子之稱公也。然竟似僭，宜從俗稱孺人，亦有稱令人。如直稱某氏，恐人子之心不安矣。又如嫡母、庶母皆有其子，庶母主祀於别室，題主則去顯字，蓋遜嫡母，不敢以顯稱也。若嫡無而庶有，庶母子皆主其祀，題嫡母主曰顯嫡妣，題庶母主曰顯妣。又如繼母，父之繼室可入祀堂，父主在左，嫡母在右，繼母在嫡母之右。若嫡母無子，而繼母有子，此子當主二母之祀，生母題曰顯妣，嫡母題曰顯嫡妣。如嫡有子，亦主二母之祀，題母曰顯妣，繼母曰顯繼妣。再及旁親無後神主，如伯叔姑姨姊妹兄弟，陷中粉面隨宜而書，旁題主祀之名。伯叔姑姨曰姪某名主祀，姊曰弟某名主祀，妹書曰兄某名主祀。若有爲後之人，則題主與有子孫同。

案：《二程全書》：「木主必以栗，何也？曰：周用栗，土所産之木，取其堅也。今用栗，從周制也。若此方無栗，亦不必用，但取其木之堅者可也。」我南用棗。棗性重喬，又棗者早也，以早自敬飾爲義。諺言「七月成棗，千年不老」。

案：《白虎通》云：「所以有主者，神無依據，孝子以繼心也。主用木，木有始終，又與人相似也。蓋記之爲題，欲令後可知者也。」

或問：「神主用栗，禮乎？」曰：「栗堅耐久，火不易然。古者爐口火門皆用之而宜，是可以爲禮。謂周人以栗，未敢爲信也。」又問：「神主之長短厚薄，《家禮》有定式，其尺何從？」曰：「當從古尺。先王制度，近取諸身，布手知尺，布肘知尋。三代以八尺爲步，秦以六尺四寸爲步。秦非減短其步，乃加長其尺也。今之匠尺，秦尺也。自漢襲秦制，至今用之。古尺比秦尺爲短，大指中指一圍，是爲一尺。右手左手一拓共八圍是爲一尋，與身長短亦同，故曰布手知尺，布肘知尋。」曰：「今民間所用之尺，校匠尺尤大，何代之制？」曰：「此唐初租庸調時，官府收民間布帛所用。以其爲布帛而設，故惟裁衣者用之，民間亦止以量布帛耳。」

案：《司馬書儀》以桑木爲祠版。蔡謨以爲今世有祠板，乃禮之廟制主也，主亦有題。今牌版書名號，亦是題之意。安昌公荀氏祠神版，皆長尺一寸，博四寸五分，厚五寸八分，大書某祖考某封之神座，夫人某氏之神座。書訖，蠟油炙令入理，刮拭之。今士夫家亦有用祠版者，而長及博、厚，不能如荀氏之制。題云某官府君之神牌，某封邑夫人郡縣君某氏之神牌。續加封贈，則先告以貼黄羅而改題。無官則題處士府君之神牌。版下有趺，韜之以囊，藉之以褥。府君夫人只爲一匣，今從之。禮，虞主用桑，練主用栗。牌版主道也，故於虞亦用桑，將小祥則更以栗木爲之。

案：何基云：「主式古無傳，只安昌公始有祠版，而温公因之。然字已舛訛，分寸不中度，難於遽從。程子始創爲定式，有所法象，已極精確。然陷中亦不言定寸，至高氏儀始言闊一寸，長六寸。」朱文公又云：「當深四分。若亡者官號字多，則不必拘六寸之制。温公儀韜以囊考紫妣緋者，亦是以意裁之。」

案：張敬議尊謚禮儀内一條云：「粉主用水，不可用油。夫神主至重貴質，一成而不可易。故水無他飾，亦庶可代遷時刷洗，改稱號及旁注，如用油便應用刮削，非所以示安重也。神牌用粉水亦同。」

又案：我南文獻之邦，禮義不遜中州。諸名家祠屋奉祀，惟見神牌，罕見神主，不知其何爲，而亦不知其端也。且諸貴係是達禮之家，作主何難之有？竊擬或參典故與見朱晦庵之説，若以爲疑，則用牌子及温公《書儀》用祠版之意歟？

神像案：《二程全書》：今人以影祭或畫工所傳，一髭髮不當則所祭已是别人，大不便。

案：吕坤曰：影堂，繼視也，此謂無聲之親也。旦暮瞻依，死而凝睇長望，終古不復見焉，孝子無奈思何也，故像之。鄰壁偶聞，行道偶見，形容彷彿乎吾親也，猶傷心隕涕焉。真邪？幻耶？夢邪？瞑而在目邪？恍然失矣。像之，不猶似乎？視主不猶親乎？孔子曰「祭如在」，《商頌》曰「綏我思成」，欲見也。程伊川不取影堂，曰「若多一莖鬚，便是别人」，不知木主何以似吾親耶？且古有鑄金、刻木、琢石、塑土以像親者，皆出於思慕之極，無聊不得已之情，亦何病於禮乎？孝子順孫，於木主、影帳，兩有之可也。不必於有，不必於無，亦可也。

案：萬斯大《與張加書》：「古禮有畫像之事，而後世亦有之。温公以其非古，故於《書儀》止載魂帛依神，而朱子不改。某則謂繪畫之事，自古而有。如《書》言『日月星辰，山龍華草作繪』，《左傳》言『遠方圖物』，知虞夏時有繪物者矣。《書》言『乃審厥象』，以形求説，知商時有繪人者矣。特當時少有子孫繪其祖父者，故聖人不著於經。後世圖功臣，圖賢哲，往往見於記載。而謂子孫獨不可繪其祖父，此不近人情之論也。且古禮不有尸乎？以孫像祖，事死如生，古人自有深心。然行之今日，未有不視同兒戲者。曷若傳神楮墨，子孫歲時瞻拜，思其居處，思其笑語，思其所樂，思其所嗜，寔有洋洋如在者乎？故尸必不可有於今日，像不妨有於今日。如謂神像之名非古，則古人於尸業稱之爲神像矣。如謂肖形爲不經，則《傳》已稱『惟肖』，而魂帛之肖形爲已褻矣。某嘗讀《潛溪九賢圖贊》，周、程、張、朱及堯夫、君實、伯恭、敬夫，皆在焉。其鬚眉面目，各各生氣如見，此非得之其家傳，又何從而肖之者耶？」

案：林俊《方棠陵先世遺像跋》：「墓以藏魄，廟以棲神，主以系之，備矣。繪形以自志，豐衰之候，孝子順孫因之有感。程子之論太嚴，恐墜像設之二氏以立教也。先世遺容，士夫多尚之，予亦尚之。古有事，奉木主以行。以像代主者便，禮有義起，故書。」

案：敖英《東郭贅言》：「古人祠堂，或祀木主，或祀小影。程伊川、朱晦庵以主，司馬温公、吕東萊以影。蓋主者，神之棲也；影者，神之像也。我朝劉文安公不用主、不用影，止用一軸，大書三代考妣之靈，此又一見也。」

案：神像之設，或以爲可，或以爲不可，然則宜何從？愚以爲當揆之於人情而已。度今之世，無有不用像者，衆皆用之，而吾獨矯情焉，於我心獨慊乎否也？况圖形之説，其來舊矣。文翁之講堂，爲土偶以像聖賢，人不以爲非也。土偶猶可，而繪畫獨不可乎？先聖賢猶可，而吾先人獨不可乎？人子當親没之後，亡矣，喪矣，不可復見已矣。歲時享祀，一展視而儀容如在，若親其笑語焉，若聆其欬唾焉，悽悵悲懷之意益於是而深，雖歲月已久，而吾親固猶然在目也。是亦見似目瞿之義也，謂非人子之至情哉？奈何其欲去之也。愚故曰當揆之於人情而已。

賀壽禮

案：人生而壽，有子若孫，父祖之幸。稱觴祝壽，人子之幸。俗多以不可驚之説，而爲不肖者解此，蓋長不肖之志，皆非仁人孝子也。此不足論，蓋仁人孝子既喜其親之壽，又懼其親之衰。故於愛日之誠，自有不能已者，所以詩章宴賀，内外無間，良有以也。又如壽式，凡可舉手，須全用。父壽兼母，母壽兼父。若止父在，而父壽祝壽之後，設筵祀母。若止母在，而母壽則先設筵祀父，然後祝母壽。次第攸行，人子之至情，當不言而喻。唯作事者，其審諸爰録，明設位席，登堂就座，謁告祠堂，慶禮、宴賀圖式、儀容度數于左。

壽誕辰

前一日厥明夙興，設席位，具牙散、洗臉水、帨巾、清茶、早粥，子婦盛服登堂，長子衆子登房，迎父母出中堂。少頃，獻水盆，次牙散，次帨巾。待父母洗臉訖，請父母登堂就坐，位父左母右。諸男女衆孫曾等獻茶獻粥。用訖，少頃，請嚴慈就祠堂謁告。

謁告祠堂儀節

就位，盥洗，啓櫝，焚香，鞠躬拜。凡四。興，平身。詣香案前，跪，斟酒。執事。告辭，維皇號年月日，某明日届兹誕辰，敬上菲儀，仰祈鑒饗。俾夫婦齊眉，兒孫滿眼，永固福基，長延壽算，寔賴列先陰扶默相之德也。敢告。俯伏，興，拜，凡二。興。平身，復位。辭神，鞠躬拜，凡四。興，平身，禮畢。

設筵祝壽

凡品物用備，几筵整肅，諸男婦女孫曾等衣服隨分盛飾，男立東階，女立西階。

行慶壽禮儀節

通唱一人。和唱一人。内執事宣自壽一人。獻壽香二人。獻壽酒二人。宣諸男與衆孫獻賀壽二文二人。獻壽茶二人。起樂音。東唱以下。行家慶禮，請尊嚴慈正座。長子就慶堂跪請訖，即退出侍立。聽贊唱。諸男各就拜列。長男在上，次男在下。慶壽禮鞠躬拜。凡四。興，平身，對班。對立在位之左右班。諸婦女，各就拜列。長婦在上，諸次婦女在下。慶壽禮，鞠躬拜。凡四。興，平身，對班。諸婦女對立在位之左右班。諸孫各就拜列。長孫在上，諸次在下，諸婦女孫亦隨在下。慶壽禮鞠躬拜。凡四。興，平身，對班。對立在位之左右班。長子以下，復就拜列。諸男及婦女，與衆孫各復于舊拜位。跪，皆跪宣自壽説。内執事一人，捧自壽箋，立于内案之前。東立西向，宣示箋訖，將此敬置于案上。俯伏，興，拜。凡二，以下亦然。興，平身。跪，皆跪。獻壽香。東香爐，西香盒，執事二人捧迎于長子跪位，跪授長子，敬領加額，再交執事捧。進壽香。執事二人捧進，敬置于内案上。俯伏，興，平身。跪，皆跪獻壽酒。東桌酒執事一人，酌壽酒于二盞盤，捧遞就長子跪位。西執事一人，亦就同跪，授于長子，敬領加額，再交壽酒盤于二執事捧。進壽酒。二執事捧遞就尊嚴慈座跪進。俯伏，興，平身。跪，皆跪宣諸男獻賀壽箋。其賀壽箋，亦置酒桌，執事捧遞于長子跪位，東旁向内，跪讀箋訖，興，捧敬置于案上。宣衆孫獻賀壽箋。其賀壽箋，亦置酒桌，執事捧遞于長孫跪位，如前跪讀箋訖，興，捧敬置于案上。俯伏，興，拜。凡二。以下亦然。興，平身。跪，皆跪獻壽茶。壽茶亦置酒桌，茶盞二一盤，盛于一大盤。執事點茶，遞就長子跪位。又西執事一人，亦同，就跪授盤于長子，敬領加額，再交壽茶二盤于二執事同捧。進壽茶。二執事捧遞就尊嚴慈座跪進。俯伏，興，平身。謝慶壽禮，鞠躬拜。凡四。以下亦然。興，平身，慶成。

又蕭氏設筵祝壽儀節

稟請嚴慈，就壽筵位。父左母右，兩面相對。諸男婦孫曾就位拜賀，鞠躬拜。凡四。興，平身，各立對班。分班對立左右。諸男詣香案前跪。長上次下。酌酒。執事換冷酌熱盛兩盞于大盤，捧授長子。獻酒。長子受捧加額，再授執事捧獻。祝壽。諸男齊聲祝云：願尊嚴慈福如東海，壽比南山。俯伏，興，拜。凡二。興，平身，對班。分立左右。諸婦女詣香案前跪。長上次下。酌酒。如前。獻酒。如前。祝壽。婦女同聲祝云：願尊嚴慈熾昌壽臧，啓我後人。俯伏，興，拜。凡二。興。平身，對班。分立左右。諸孫曾詣香案前跪。長上次下。酌酒。如前。獻酒。如前。祝壽。孫曾同聲祝云：願尊祖嚴慈壽考維祺，以介景福。俯伏，興，拜。凡二。興，平身，對班。分立左右。復位。復就祝壽之位，長先次從。詣筵前。稱觴之所。酌酒、獻酒。執事捧授，長子親獻，衆子齊聲請尊嚴慈飲福壽全酒。平身，復位，跪。諸孫曾各詣案前之外同跪。聽囑嚴慈囑云：來爾子孫，各登筵位，永錫爾類，受福不匱。諸子孫曾承聽囑畢。俯伏，興，平身，各就福筵，受飲福酒。執事遍酌，衆子孫曾起杯，倘未設筵，即泛杯，各飲畢。諸子詣香案前進茶。執事捧授，長婦親獻。徹饌。執事。鞠躬拜。凡四。禮成。

案：誕日稱觴祝壽，而必設受福筵者，以待承尊嚴慈囑爾。一則推嚴慈快賞之心，一則見父母、衆子兄弟、孫曾家庭之樂，千金難買也。

設筵祝壽之圖

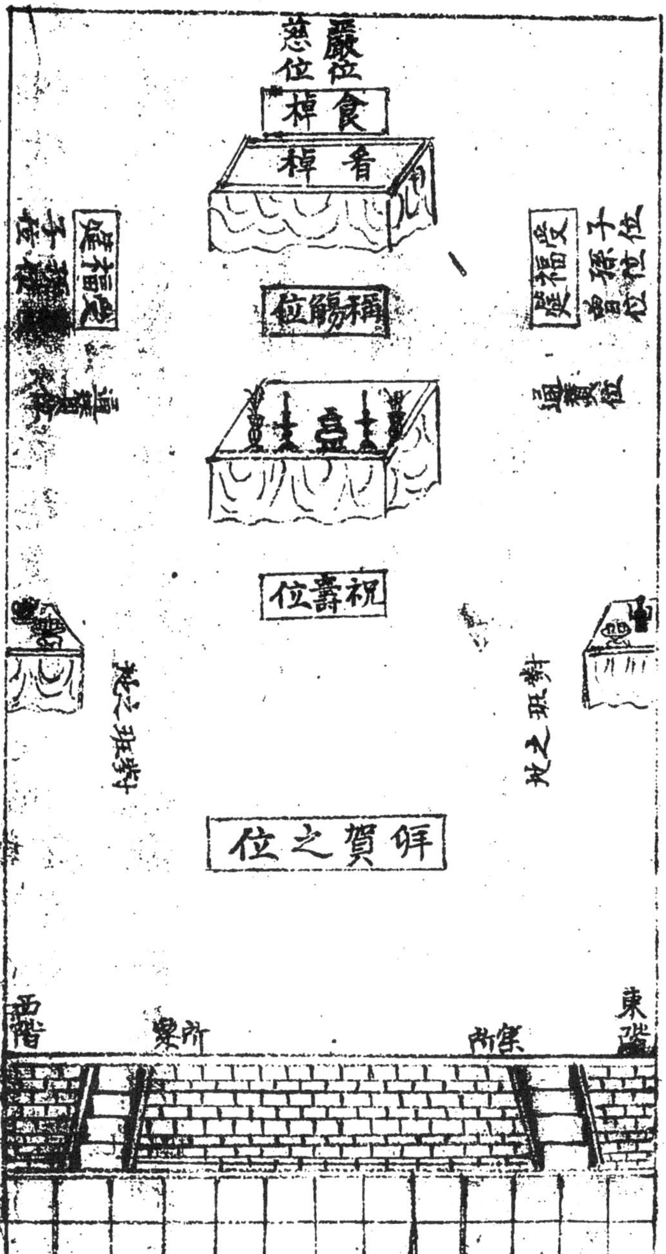
嚴位
慈位
食桌
香桌
稱觴位
祝壽位
拜賀之位
西階
東階

又温公賀壽禮儀節

序立。男左女右，世爲一行。鞠躬拜。凡二。詣尊嚴慈座前。長子進立于座前，幼者一人執盞立于左，一人執注立于其右。跪。長幼皆跪。斟酒。長子受盞，注者斟訖，幼者二人俱起立。祝壽。長子捧盞，加額祝曰：伏願尊嚴慈，對兹初度，備膺五福，保族宜家。祝畢，授酒盤于幼者，奉獻尊座。俯伏，興，平身，復位，鞠躬拜。凡四。興，平身，酢酒。拜訖，侍者注酒于盤盞遞上。嚴慈命長子至前，親以酒授之。受酒。長子受酒，置于席端。鞠躬拜。凡二。興，平身，跪。取酒飲畢。興。嚴慈命侍者以次酢諸卑幼，皆出位，跪飲畢，執事者舉食桌入擺列。男外女内，婦女辭拜，入于内席。命坐。嚴慈命長幼坐。鞠躬拜。凡二。興，平身。諸卑幼皆拜，而後乃同坐。各就席。乃以次行酒，或三行，或五行，畢，子弟迭起，勸侑隨宜。各出席，鞠躬拜。凡二。興，平身，禮畢。

壽誕請客帖式

父母壽

兹者本月某日，忝恭值
椿萱偕壽，共躋誕辰，是日某牌敬展壽酌，奉迓
高軒。伏祈蚤臨，曷勝榮幸，今肅
上
某貴臺玉照
年月日，忝某頓具。

父壽

茲者本月某日，忝恭值
家嚴幾旬壽屆，是日某牌聊具壽巵，敬板
文駕，伏祈寵臨，曷勝榮幸，今肅
上
某貴台玉炤
年月日，忝某頓具。

母壽

茲者本月某日，忝恭值
北堂慈母，設帨屆辰，是日某牌聊具菲酌，奉迓
高軒。伏祈寵顧，曷勝榮幸，今肅
上
某貴台玉炤
年月日，忝某肅請。

祖父壽

某日忝恭值

嚴祖壽躋老景，幸際誕辰，是日某牌敬展壽酌，奉迓
高軒。伏祈寵臨，曷勝榮幸，今肅
上

祖母壽

某日忝恭值
重闈白髮，幸際古稀耋年。是日某牌聊具菲酌，奉迓
高軒。伏祈寵顧，曷勝榮幸。今肅
上

妻父／母壽

某日忝恭值
岳丈／母初度懸弧／逢設帨屆辰，忝列半子，薄稱一觴，是日敢板
文駕，伏祈惠臨，曷勝榮幸。今肅
上

外祖壽

某日忝恭值

尊（嚴/慈）外祖壽誕届辰，忝列外孫，菲具一酌。是日奉迓

台從俯臨，叙祝南山，幸蒙不拒，蚤顧爲榮。今肅

上

某貴台玉炤

年月日忝某肅請。

冠禮

案：冠者，首服也。首服之加，容體以正，敦孝弟，慎威儀，成人之德，爲禮至重。近世鮮克行之，釀成習弊，斯故集焉以備參考。庶方策在而仁政可行，餼羊存而古禮以復，豈小補云？

案：古禮二十而冠。冠者禮之始也。司馬温公曰：「男子十五以上，俟其能通《孝經》，粗知禮義，然後冠之，其亦可也。」身及父母無期功以上喪，始可行之。

案：《冠義》云：「擇日，古禮筮日也。今則不然，但春内擇一日可也。既有定日，即求合用之人措辦當用之物，然後告祠戒賓庶。行禮之日，不致失誤。」又曰：「古者重冠，故行之於廟。於廟者尊重事，尊重事而不敢擅。重事不敢擅，所以自卑而尊先祖也。」

前三日，主人率冠者告於祠堂

案：主人謂冠者之祖，若父或兄長爲之。凡有事必告于祠堂，不敢專擅，咨稟於先祖而後行，亦如事生之意耳。或若宗子已孤，而自冠者，則自爲主人也。

儀節：序立、盥洗、啓櫝、焚香、參神、鞠躬拜。主上冠下同拜，凡四。興，平身，詣香案前，跪。主人詣跪，冠下亦跪。斟酒。執事。告辭年月日某之子某，年漸長成，以本月日加冠于其首，敬以菲儀，用申虔告。俯伏，興，平身，復位。謝禮，鞠躬拜。同拜，凡四。興，平身。禮畢。

戒賓

戒者，告也。古者有吉事，則樂與賢者勸成之，故前三日就告賓友，使來成禮也。

宿賓

宿者，進也，使進之義也。既戒而復宿之，以致敬于賓，故前一日再辭速之，欲其惠臨之也。

厥明夙興陳設

冠者房于東北隅，無房以幃幕隔之，無階級以石灰畫而分之，照畫敷布。房内陳衣冠、梳匣于東北上，又設酒盞桌于右。長子席在阼階上之東，少西北向，衆子則少西南向。主阼階，少西東向，設醮席于西北隅，南向。共三加冠巾，各盛以盤，以帕蒙之，用桌子陳於西階下。設洗盆、帨巾於東階下，又設便室一處爲賓次。

案：温公曰：「古禮嚴敬之事，皆行之於廟。今人既少家廟，其影堂亦偏隘，但冠于外廳，笄于中堂可也。」

長子冠圖

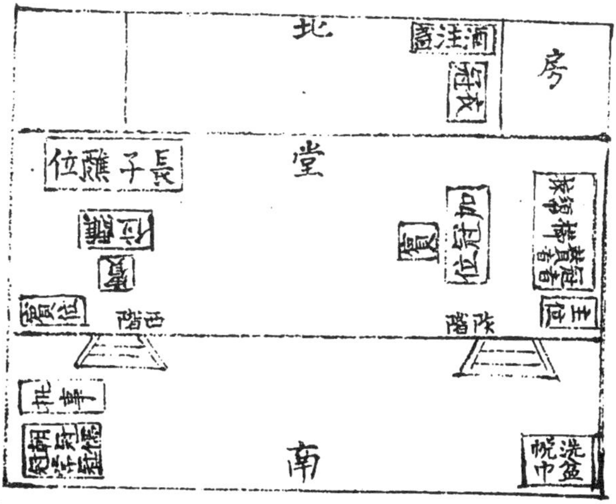

衆子冠圖

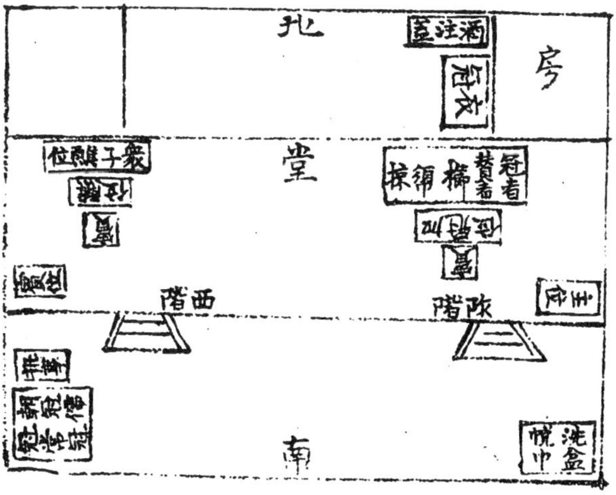

主人盛服立東階下。西向。賓至。暫憩。請迎賓。主出門外見賓。賓主相見，請行升階。主東賓西，請入，分庭而行至階。賓主各就位，相揖。主升東席西揖，賓升西席東揖。

行始加冠禮

將冠者出房。南面，立於席右，西向。冠者即席。贊者西向，奠櫛髮，改其髮，梳之又合紒者，包網巾也。贊者退降。詣盥洗。賓詣。按：古人將行禮，必先致潔，所以重其事。賓降階，主人從之，賓盥洗畢。復位。賓主俱復初位。執事以始加冠進。冠制宜遵時，倣如官者朝冠，士人儒冠，庶人常冠。賓降受。賓降階一等，受冠執之，右手冠後，左手執冠前，正容徐行。詣將冠者前。賓向將冠者立。冠者跪，祝辭。賓友祝曰：吉月令日，始加元服，棄爾幼志，順爾成德，壽考維祺，以介景福。吉令，皆善也。元，首也。首之所服，謂冠也。祺，祥也。介景福，皆大也。言能棄童幼之志，而從成人之德，斯有壽考之祥，而介大福矣。跪。賓跪。加冠。以冠加將冠者之首。興。賓興。復位。冠者興，徐退，適房易服。冠者入房解童子服，服制隨分，有官者朝衣，士人交領衣，庶人員領衣。

行再加冠禮

將冠者出房。如前。冠者即席，執事以再加冠進。冠制遵時。賓降受。賓降階二等而受之。詣將冠者前，冠者跪，祝辭。賓祝云：吉月令辰，乃申爾服，敬爾威儀，淑慎爾德，眉壽永年，享受胡福。胡，遐也，遠也。祝其福之遠而無窮也。徹初加冠。付與執事。跪。賓跪。加冠。如前。興。賓興。復位。冠者興，徐退，適房易服。冠者入房，解先服，服制宜隨分。

行三加冠禮

將冠者出房。如前。冠者即席，執事以三加冠進。冠制遵時。賓降受。賓降階三等而受之。詣冠者前，冠者跪，祝辭賓祝曰：以歲之正，以月之令，咸加爾服，兄弟俱在，以成厥德，黄耇無疆，受天之慶。正，善也。咸，皆也，謂皆加爾之三服。凡可服者，皆服之，無遺也。兄弟在，祝其無故。徹再加冠。付與執事。跪。賓跪。加冠。如前。興。賓興。復位。冠者興，徐退，適房易服。宜以常服。

行醮禮

冠者出房。南向而立。冠者就醮席。冠者立于席右，南向。執事者酌酒。執事酌酒于房中，出房，就立于冠者之左。受酒。賓受執事所酌之酒。詣醮席。北向。祝辭。賓祝曰：旨酒既清，嘉薦令芳，拜受祭之。以定爾祥，承天之休，壽考不忘。嘉，善也，薦，進也。首二句，言酒之色味芳香而善也。壽考不忘，言既壽而且長，有令名，爲人所不忘也。冠者升席。南向。受酒。受之而立。賓復位。東向立席。冠者跪，祭酒。傾酒少許于地。啐酒。飲酒少許。興，降席受盞。授于執事。冠者拜賓。南向二拜。興，平身。又西向揖拜贊者。二拜。興，平身。

案：醮者，酌而無酬酢，故曰醮。古者冠必用醴，若不用醴則醮焉。以醴者太古之物，故其禮簡，所以示質。酒者後世之味，故其禮煩，所以示文也。

案：《淵鑑》古禮三醮，初醮辭曰：「旨酒既清，嘉薦亶時，始加元服，兄弟具來，孝友時格，永乃保之。」再醮曰：「旨酒既湑，嘉薦伊脯，乃申爾服，禮儀有序，祭此嘉爵，承天之祐。」三醮曰：「旨酒令芳，籩豆有楚，咸加爾服，肴升折俎，承天之慶，受福無疆。」

行命字禮

賓主俱降階。賓降階東向，主降階西向，冠者降自西階，少東南向。祝辭。賓祝曰：禮儀既備，吉月令日，昭告爾字，爰禮孔嘉，髦士攸宜，宜之于嘏。音古。永保受之。曰某甫。髦，俊也。嘏，福也。古人生子三月，父命名而見廟，故對人稱名，不可稱字，以襲父命。及成人加冠于其首，始字之。字之所以尊其名也。冠者對辭曰：「某不敏，敢不夙夜祇奉。」鞠躬，拜。凡二。興，平身。冠者拜，賓不答。禮畢，賓出就次。次，謂客次，更衣所也。以便主人率冠者見祠，見尊長，庶可便從容燕飲也。

見祠堂

主人以冠者見于祠堂，陳設如常儀。

序立，盥洗，啓櫝，焚香，參神，鞠躬拜。主人冠者同拜。凡四。詣香案前跪。主人詣跪，冠者下跪。斟酒。執事。告辭。曰：「禮儀三百，莫重于冠。某之長次子今日冠畢，用敢率見，伏惟鑒臨，俯垂庇祐，俾之成人，勿墜先志，敬以菲儀，用申虔告。敢告。俯伏，興，平身，復位。辭神，鞠躬拜。主人冠者同拜。凡四。興，平身，禮畢。

冠者見父母尊長，冠者拜之。凡四。

禮賓。主人以酒饌延賓及戚友，有觀禮者，亦併酬待，厚薄隨宜可也。

案：《曾子問》曰：「父歿而冠，則已冠掃地而祭于禰，已祭而見伯父、叔父，而後饗冠者。」

案：《辨定》吕豫石云：「冠無論貧富，倘如貧愚不能如禮，亦須請至親有行一人，告于先祖，命以成人之道，俾通俗而易曉者。即是若貧家更須簡便，只於先祖告拜行之亦可。」陳氏云：「丈夫之冠也，父命之，此人人可行者。貧人自率其子，告於家廟，而申命之。則其家雖無力成嘉會，要於冠禮之意，何不可行之？有惟簡也，故能遍焉。」

案：宋栗庵曰：「冠不必三加，古禮始加用緇布冠，再加用皮弁，三加用爵弁。《家禮》始加用幅巾，再加用帽子，三加用幞頭。然此惟有官者得以用之，無官者似難僭逾。今擬三加併爲一加，有官者公服、幞頭、革帶，生員儒巾、圓領、絲縧，餘人方巾、盤領、絲縧，俱皂靴。庶簡便易行也。」

案：朱子曰：「祝辭不必古語，冠婚之禮，如欲行之，當須使冠婚之人易曉其言，乃爲有益。如加冠之辭，出門之戒，若以古語告之，彼將謂何？今只以俗語告之，使之易曉乃佳。」又曰：「古之祝辭，本爲雅妙，若冠未能通曉，反無以示儆勵期祝之意。不若本其旨義，衍爲明白通俗之語，且因人而施。如儒生者，則期之以遠大，農商輩者則勉之以勤儉。而孝友忠信之戒，則通用之，似於啓導爲切耳。」

案：王草堂云：「冠禮之廢久矣，以今童穉皆冠，及長無俟舉行，不廢之廢也。愚以爲欲復冠禮，即于成婚之前，女家用笄，男家亦用冠，以昭成人之始。正如《樂記》所云：『婚姻冠笄，以別男女者也。』事理咸宜。」

案：《雜説》裴存庵云：「古者幼名冠字，自十五六至二十皆可冠，所以棄其幼志，而進之以成人之道者也。世俗習於禮文，獨此廢而不講。竊思先儒以冠爲人道之始，士夫之家所當倣古斟酌行之。或考今無冠服可加，此不然。夫冠義之重，在於爲人子、爲人弟、爲人臣，爲人少，以是四者，孝弟忠順之行責於其人。至若衣服，古後異宜，但以今制用之，有何不可？」

笄禮附

笄者，雞簪也，以堅木爲之，所以固髪者。女子年十五至二十許嫁，笄。以母爲主，擇其親戚婦人爲賓。不用贊者，亦如衆子位，止一加冠。笄，適房服背子。蓋背子者，隨分用綾羅絹布爲之，長與身齊，但小袖也。祝辭同冠儀始加語，字辭改「髦士」爲「女士」，餘並同冠儀，而省執事同侍女。

婚禮

案：《禮疏》云：「謂之昏者，娶妻之禮，以昏爲期，因名焉。必以昏者，取其陽往陰來之義也。」又《釋名》曰：「昏時成禮也，姻，女因媒也。」又《爾雅》曰：「女子之夫爲婿，女之父爲婚。」古禮云：「男子十六至三十，女子十四至二十，身及主昏者無期以上喪，乃可成婚。如大功未葬，亦不可主昏也。凡主昏者，謂祖父、父及兄主之矣。」

案：《曲禮》云：「男女非有行媒，不相知名；非受幣，不交不親。故日月以告君，齋戒以告鬼神，爲酒食以召鄉黨僚友，以厚其別。」又如聯姻者，須要憑媒以通書札也，不可無媒。而於媒者之言，不可盡信，其欺紿反覆者多矣。宜詳慎之可也。

案：《辨定》毛稚黄云：訪姻宜以寔告，且婚姻者，人事之至重也，家風門第，配偶有宜，可不慎也？設有二姓甚宜孔嘉，贊而成之，永以爲好，誰云不然？其或與隸奴子，竊幸方幅移地諱族，妄思扳良。又若門有隱慝，家政罔立，奢蕩狎放，醉飽不時，勃谿成風，摇爍唇舌，與通婚姻，必見漸涴。至于佻戾之男，頑惡之女，遽除不殄，鴞音無改，凡兹之類，不能連悉。如或知交戚族，艱于刺的，慮受媒紿，舉而見咨，便當直諒陳示，使無詿誤。此爲之德，豈不多哉？若復隱情遷避，告不以誠，或加贊説以成其過，遂使門紊奪倫，婚姻道苦，鬼神降罰必于其躬矣。

案：《昏禮》餘注曰：「世俗好于襁褓童稚之時輕許爲昏，亦有指腹爲昏。及其既長，或不肖無類，或身有惡疾，或家貧凍餒，或喪事相仍，或宦遠方，遂至棄信負約致訟者多矣。竊想男女必俟既長，然後議昏無悔也。」

《或問》：「詩曰《桃夭》樂婚姻之及時，《標梅》懼婚姻之過時，何也？」曰：「血氣既壯，難盡自檢，情竇既開，奚顧禮義？故昏欲及時者，所以全節行於未破之日。學欲及時者，所以全智慮於未分之時。斯言想盡之矣。」

案：《郊特牲》曰：「婚禮萬世之始也，取於異姓，所以附遠厚别也。」而托于遠嫌之人，重于有别之禮。「辭無不腆」，而辭以通昏姻之情，必厚善也。「幣必誠」，而幣以將昏之意，必誠寔也。「告之以直信」，務正直誠信。「信事人也，信婦德也」，而事人之道，爲婦之德也。又如男女之族，各擇德焉，男必温良，女必貞静，兩德相齊，則可爲配。不以財爲禮也。

案：《辨定》何氏云：「訓子守正，且婚姻正始之道，今人惟知正其女，而不知正其男，此淫風之所以日盛也。凡生子十四五時，即防他人引誘，仍戒女僕往來。務令保守其身如處子之貞潔，則身正而家道正矣。若此身一壞，何以事家廟而繼後世乎？故欲止婦女之姦邪，先禁男子之淫慾，清源正本，慎始慮終，爲祖父者不可不知。又如世人多慎於擇婿，而忽於擇婦，其寔婿易見，婦難知，所係甚重，豈可忽哉？」又曰：「女有五不取也。逆家子不取，爲其逆德也；亂家子不取，爲其不類人也；世有刑人不取，恐其罪報及子孫也；世有惡疾不取，恐其血流及子孫也；喪家女不取，爲其報無所命。若母賢而教子有法者，非所拘也。」

案：司馬温公曰：「凡議婚姻，當先察其婿與婦之性行及家法如何。婿苟賢矣，今雖貧賤，安知異時不富貴乎？苟爲不肖，安知異日不貧賤乎？婦者，家之所由盛衰也。苟慕一時之富貴而娶之者，彼挾其富貴鮮有不輕其夫而傲其舅姑，養成驕妒之性，異日爲患，庸有極乎？又如文中子曰：昏娶而論財，夷虜之道也。夫婚姻者，所以合二姓之好，上以事先廟，下以繼後世也。而俗之貪鄙者，將娶婦，先問資裝之厚薄；將嫁女，先問聘財之多少，豈得謂之士夫昏姻者哉？」

案：安定胡氏遺訓曰：「嫁女必須勝吾家者，事人必欽必戒。娶婦必須不若吾家者，則事舅姑必執道。凡男女須當自量其子。凡下若取美婦，恐生他意，己女不如彼子，卒爲所棄，切須自揣慎之。」案：此胡氏所云，男婚低户，女嫁高門也。以愚論之，蓋有不盡然者。往往見娶婦不若吾家，則銀錢食物暗中潛移默運，以致家事漸凋，爲累非淺。若嫁女勝吾家，則貧富懸殊，妯娌不等，姑心因此生嫌，婦面爲之削色。託足終身，安乎否耶？莫如門當户對，高下不形，嫁娶之善，無逾於此。又何必先執成見，不法中庸，徒求偏勝者也？

擇日預言定書式

啓者：伏承　汪涵，不擯謭劣，許以令淑作配頑兒，明定今朝，祥開奕世。爰訂某日，敢率舊章，吉典微儀，仰祈俯賜是幸。今肅　上

某貴臺文几玉炤。　年月日某薰沐頓書

回書

莊接雲翰，門闌慶溢，示以某日吉典隆儀，識喬門於他年，福綏奕世，敢不鳬趍承命，雀躍回言？敬復。　上

某貴臺文几玉照。　年月日某頓具

納采

必先使媒氏往來通言，女氏許之，然後納采。

謂納其采擇之禮，即今俗所謂下聘定親也。

書式

啓者：伏承　尊臺不鄙寒微，曲從媒議，許以令愛貺室僕之長次。今遵成典，敬筮良辰，用修納采，因以問名。所有菲儀具如禮目，希惟　俯賜　鑒納，不宣。　上

某貴臺文几玉照。

年月日不佞姓名薰沐頓具

夙興奉書告於祠堂

陳設如常儀，用盤子盛書，置于香案。

儀節：序立，盥洗，啓櫝，焚香，參神。鞠躬拜。凡四。興，平身。詣香案前跪，斟酒。執事告辭。曰：年月日，某之子某年漸長成，未有伉儷，議擇某縣社某人之女爲配，卜以今日納采，敬以酒果用伸虔告。俯伏，興，平身。復位。謝神，鞠躬拜。凡四。興，平身，禮畢。遣親屬爲使者，奉書如女氏。

女氏主人出，見以禮，主人遂奉書以告於祠堂。以盤盛婿家書，置香案上。禮物陳案前，或于庭中。儀節如前。告辭曰：某年月日，某之女氏某年漸長成，議許某縣社某人之男作配，茲以本日，敬受納采，敢告。仍以酒饌款待使者，畢，授以復書。

書式

啓者：伏承　尊臺不擯寒陋，過聽冰言，擇僕小女作配令次郎。言念小女出自蓬門，未嫻姆教，重蒙采擇，敢不敬從？所庚帖禮目，希惟　俯賜鑒念，不宣。　上

某貴台文几玉炤。

年月日忝弟某頓具

使者復命進書

婿主受書，以告於祠堂。以盤盛所復之書，敬置于香案之上。儀節如前。

告辭曰：某年月日某之子某，聘某縣社某人之第幾女。氏某年月日時生，今日納采，且以問名。禮畢，敢告。

納幣

案：《儀禮》注所謂，納幣以成婚禮。是幣用銀兩絁絹，貧富隨宜。或用猪欵椰酒，各隨鄉俗。無使侈靡，務簡陋可也。

書式

兹者，伏承　嘉命，許以令愛，貺室僕之長次男，今將迎娶，請以某日，寔惟婚期。爰具不腆之儀，用申納徵之敬。伏祈

俯賜鑒允，不宣。　　上

某貴台文几玉炤。

年月日不佞某頓具

夙興以書告於祠堂。陳設如常儀，用盤子盛書及幣帛，置于香案上。儀節並同納采。

告辭曰：某年月日，某之子某，已聘某氏之第幾女爲婦，卜之叶吉。今行納幣禮，且以日期爲請，本月某日吉，宜成昏。敬以酒果，用申虔告。敢告。

遣使者如女氏

女氏主人出見，受書及幣，主人遂奉書幣告於祠堂。儀節如前。

告辭曰：某年月日，某之第幾女某，已許某官之子爲昏。今日報吉，且行納幣，因以期日爲請。本日吉宜成昏。敬具菲儀，用申虔告。款待使者畢，授以復書。

書式

茲者，伏承　嘉命，委禽寒微，顧惟弱息，教訓無素，竊恐弗堪，重蒙厚幣，更示吉期，敢不是聽？敬備以須，伏惟　俯賜鑒念，不宣。　上

某貴臺文几玉照。

年月日某薰沐頓具

使者復命進書

婿主人受書，以告於祠堂。以盤盛書，奉置案上。儀節並同納采。

告辭曰：年月日，某之子定聘某人之女爲婦，今日納幣禮畢，訂以某日成婚。敢告。

親迎

案：親迎者，婿往婦家親迎也。蓋父親醮子而命之迎，亦男先于女之義也。

前一日，女家張陳婿室。俗謂鋪房。厥明，婿家設位于室中。設椅卓兩位，東西相向，列品食匙筯，如賓客之禮。外一卓上，置合卺杯酒。案：合卺以一小匏，判而兩之，漆以成卮，取天然之義。《禮記》所謂同牢而食，合卺而酳。女家設次于外。次舍也。

婿家主人，率子告於祠堂。陳設如常儀。儀節並同納采。

告辭曰：年月日，某之子某，將以今日親迎於某氏。敬以酒果，用申虔告。

醮子

先以卓子置酒，注盤盞於堂上。設父母座與婿席，又擇其親戚之知禮者一人爲贊。

請升座，父母升座正廳南向。婿就位。升立于父母位之南北向。鞠躬拜。凡二。興，平身，跪受酒。婿受執事所酌之酒。祭酒。傾少許于地。啐酒。略飲少許，以盞授執事者。興，降席末拜。凡二。興，平身。詣父母座前，跪聽訓戒。父曰：往迎爾相，承我尊事。次子改爲「家事」。勉率以敬，毋忝大禮。子答承諾。惟恐不堪，不敢忘教。俯伏，興，拜。凡四。乃親迎。古以二燭導前，今用香鴨代之亦可。至女家門外，俟于次。

女家主人，率女告於祠堂。陳設如常儀。儀節並同納采。

告辭曰：年月日，某以某品，敢昭告于家祠列先位前，曰：「婚姻以時，恪遵禮制，某之女氏某，將以本日之吉，歸于某官之子。率某辭告，仰望鑒臨。伏惟相佑，永定厥祥。敢告。」

醮女

先以卓子置酒注盤盞於室内，擇婦女知禮者一人爲贊，又擇老乳僕一人爲姆相。

請升座。父母坐内廳，南向，姆導女至南階，北面立。辭父母，拜。凡四。興，詣醮席。姆導女趨席右，北向。跪。女就席右升席而跪。受酒。侍者用盞酌酒執詣女席右，以酒盞授女。祭酒。傾少許于地。啐酒。以盞略沾于唇，再授侍者。拜。凡四。興，父命辭。姆導女出于母之左，父起命之曰：戒之敬之，夙夜毋違爾舅姑之命。母命辭。姆導女至西階上，母送之，整其冠帔而命之曰：勉之敬之，夙夜毋違爾閨門之禮。諸母命辭。諸母送至中門外，命之曰：敬聽爾父母之言。

行奠雁禮

案：雁者，陽鳥也。能知氣候，以其春北秋南，有順陰陽往來之義，故婚禮用之也。雁用生者一對，無則以鵞代之，以紅色繪交絡之，取其配偶與古禮尚彩也。

儀注：婿至門外，主人出迎。主出門外迎之，主先入，婿隨之。主升東階西向，婿升西階東向。跪，婿跪。奠雁，執雁者授于婿，婿捧置雁于地，主人侍者受之。俯伏，興，平身。婿辭稟于主人曰：「兒受命于兒父，以兹嘉禮，恭聽成命。」主人答「同願從命」。拜，凡二。興，平身，姆奉女登車。國俗無車，用轎。姆，女師也，以婦道教人者。士庶之家，姆謂被服而歸。婿乘馬先婦轎。士庶則同歸，先行又以二燭或香鴨前導。

至家，導婦以入。主人以新婦及子引見於祠堂。

古者三月而後見廟。今以太遲，仍改用二日，或是日，隨宜亦可。

案：《大明會典》云：於婦至之日，先見廟，後見舅姑。不惟婦之謁見，不失先後之序，其於舅姑之心，庶乎其相安矣。

案：《禮》，婦至之次日見舅姑，三日見祠堂，蓋以得於夫，乃可見於舅姑，得於舅姑，乃可見於祠堂。不爲無見也。今以先見廟，而後見舅姑，想亦甚是矣。

儀節：序立，盥洗，帨巾，啓櫝，焚香，參神。鞠躬拜。凡四。興，平身。詣香案前跪，斟酒點茶，告辭。曰：某之子某，以本日成婚，新婦某氏，敢見。伏望鑒臨，俯垂福庇，宜室宜家，俾昌俾熾，敢告。俯伏，興，拜。凡二。興，平身，復位。謝列先，鞠躬拜。凡四。興，平身。出席立于右邊。新婦見。新婦入於夫之左，夫右妻左。夫婦並拜。凡四。興，平身，禮畢。

婦見舅姑

執事者先設舅姑位於堂中，南向。又設卓子於其前，陳贄幣，多寡隨宜。婿婦並立于堂階下，先向舅四拜，次向姑四拜。舅姑贈婦，婦拜而受之。

案：《禮》，婦人見舅，以棗栗爲贄，取其早自敬也。見姑以腶脩爲贄，取其斷斷自脩也。《家禮》改用幣者，近世以幣帛爲敬，故舉其所貴者以爲禮，不必仍乎古爾。如家貧不能備幣，仍遵古用果脯之類可也。又腶音煅，腶脩，脯加姜桂者是也。

案：《禮》，如有祖父母者，則祖父母並南向坐，婿婦獻贄拜。禮如舅姑之儀。舅姑則立于東西受拜。同居有尊長，姑以婦見于其室，或請聚于一堂，一列相拜。

月老天仙祭辨

案：天仙之祭，古禮所無，而俗行之既久。今考《唐書外傳》云：「韋固見月下老人閱書，問之，曰婚姻簿也。又問囊中何物？曰：赤繩，當爲夫婦者，以此繫其足，雖吴楚寇仇，終當配合耳。」以此觀之，俗禮抑有所取。且嫁娶之禮，製自羲皇。余常見《詩》《禮》諸名家告天僊者，即羲皇也。今列其文，以俟知者斟酌爲妥。

儀節：就位。婿前婦後。上香，迎聖帝天僊鞠躬，拜。凡四。詣聖帝天僊位前，跪斟酒。執事。告辭。維紀年歲次月日干支，府縣社姓名爲娶某府縣社阮氏某爲妻，兹婚事已成，敬以品物，敢昭告于。俯伏，興，拜。凡二。興，平身，復位。謝禮，鞠躬拜。凡四。興，平身，禮畢。有文則焚。

告古聖帝文

古聖帝太昊羲皇，仁先天地，德冠帝王，始制嫁娶之儀。正姓氏、通媒妁，以重人倫之本；端風化、植綱常，作合好。逢吉旦明誠，虔具清香，尚其降鑒，錫以禎祥。灼灼蓁蓁，慶溢桃夭之韵，詵詵蟄蟄，好賡螽羽之章。子孫繁衍，福禄綏將，寔賴栽培之德也。

告天僊文

月老天僊，至正至公，不偏不倚。繩交既結，橋架始通，好契良緣，寔由前定。緬懷靈佑，載設菲儀，尚克來歆，錫以繁祉。宜家宜室，永諧琴瑟之緣；載育載生，早應熊羆之兆。萬福來成，百年偕老，寔賴栽培之德也。

行合巹禮

儀注：就坐於室中，婿東婦西。行合巹禮。斟酒，侍者取兩巹杯斟酒，和合以進。飲酒，婿婦各執其一，同飲。婿婦交拜。婿婦轉位對堂二花燭前交拜。婦拜婿二，婿答揖拜，興，平身，禮畢。

次次日，婦見婿黨諸尊長拜，禮凡四。

明日，婿見婦之父母。各行四拜。婦父引婿見祠堂。

案：古禮婿無見廟之儀，今據《辨定》有謁見之禮。

儀節：序立，盥洗，帨巾，啓櫝，焚香，參神。鞠躬拜。凡四。興，平身。詣香案前，跪，斟酒，點茶。執事。告辭曰：某之女某婿，姓名某，嵩此吉辰，來謁堂上。敢告。俯伏，興，拜。凡二。興，平身。復位。謝列先，鞠躬拜。凡四。興，平身。出席立左。新婿見，婿左婦右。夫婦並拜。凡四。興，平身，禮畢。

婿見婦黨諸尊長拜，禮凡四。

案：《曾子問》孔子曰：「嫁女之家，三夜不息燭，思相離也，故不能寐。娶婦之家，三日不舉樂，思嗣親也，代親之感，不忍用樂。」又如程子云：「婚禮不用樂，幽陰之義。」想説誤矣。婚禮豈是幽陰？古人重此大禮，嚴肅其事，故不用樂也。

附續請期書且不得已而用母氏此式。

書式

氏以閨中之拙，翹首高門，雲霄曷啻，茲承許以令媛配室于氏之男氏，感戴誠有日矣。今以某日之吉，着長子叔弟代父醮而命之親迎，祇完婚事，夙具不腆之儀，用申請期之典。伏惟　俯賜鑒炤，不宣。

某氏斂衽敬書

復書

重荷不擯，獲締昏於　喬門，氏誠厚幸矣。茲者令嗣次郎克家，允宜合巹，而弱息僅從姆訓，敢不執箕帚以從事哉？仰承腆禮，復　示星期，對使登嘉，唯從尊旨。伏祈　鑒念，不戩。

男娶請人帖式

啓者：本月某日，忝之（長、次）兒納聘，是日（卯、辰）設菲筵，敬扳文駕，伏祈寵臨，曷勝榮幸。今肅。

女嫁請人帖式

茲者，本月某日忝之小女受聘，是日（辰、巳）設菲筵，敢邀文駕，伏祈惠臨，曷勝榮寵。今肅。

孫娶請人帖式

茲者，本月某日，忝之小孫受室，是日（辰、巳）陳杯茗，奉迓高軒，伏祈寵臨，曷勝欣忭。今肅。

孫女嫁請人帖式

茲者，本月某日，忝之小女孫，締好于某姓門受聘，是日（巳、午）陳薄酌，敬迓　文輿，伏祈寵臨，曷勝榮荷。

納妾

案：妾者，接也，得接于君子，不得伉儷者也。《曲禮》云：「買妾不知其姓，則卜之。妻不在，妾御莫敢當夕。」《詩》云：「肅肅宵征，抱衾與裯。」鄭氏家範云：「子孫有妻子者，不得更置側室，以亂上下之分。彼以恃寵爲非，紊人家政。迨其變也，或遭妒妻之毒手，或致悍妾之反唇。敗化傷風，最難處也。違者責之，定非家教。倘或四十未子，許置一人，不得與公堂坐可也。」觀此鄭氏家訓太嚴，想亦資人考鏡矣。余竊擬妻妾其分不同，娶妻如買田莊，非五穀不殖，非麻枲不樹，以爲衣食之所出，地力之有限也。買妾如治園圃，結子之花，可怡我性，成陰之樹，亦適我情，所重在耳目者，其他一切不管，任其所爲者也。

娶妾書

夫壼内之職，言有主者，必有翼者。古待年之子，賦《江沱》而起《召南》之先也。令少女，忝聞其芳淑也。已唯兹所命，必有徵在之祥，敬憑冰議，許歸忝室側翼。忝壼内行且宵往肅肅，祥發振振，胤是用廣，而綏之成之，且歸德于《樛木》，斯亦居室中之偏願也。議定而行，着价迎之，惟某日最佳可也。

納妾書

嚮承門下，過聽冰言，不以忝爲微陋，概以淑媛許之側室。兹具幣金，聊申不腆，立候于歸。耑祈炳照。

復書

伏承　嘉命，下採小女，翼公家閫政，異日徵之在祥矣。仰承金幣，示以歸期，敢不唯唯。敬復。

附續家規

新人樂教

妻妾婢媵，其爲燕爾之情則一也。樂莫樂于新相知，但觀一夕之爲歡，可抵尋常之數夕。即知一夕之所耗，亦可抵尋常之數夕。能保數夕不受燕爾之傷，始可以道新婚之樂。不則開荒闢昧，既用奇勞獻媚要功，復承異瘁若倍副者，豈不危哉？惟静心者善矣。宜以尋常女子相視，而不致大動其心，過此一夕二夕之後，反以新人視之，則可謂駕馭有方，而張弛合道者矣。

孕婦胎教

《列女傳》曰：「太妊者，文王之母，性專一。及其有身，目不視惡色，耳不聽惡聲，口不出惡言。」以胎教也。《大戴禮》曰：「周后娠成王于身，立而不跂，坐而不差，獨處不倨，雖怒不詈。」胎教之謂也。《博物志》曰：「婦人妊娠，不欲見醜惡物、鳥獸，食當避異常味，勿見熊虎豹、射御。食牛心、白犬肉、鯉魚頭，正席而坐，割不正不食，聽誦詩書諷咏之聲，不聽淫聲，不視邪色，以此産子，賢明端正壽考。」所謂胎教之法。又《寶鑑》云：「始覺有孕，宜以斧置婦床下，勿令知之。又以雄黄一兩絳囊盛帶孕婦左腰間，再取雄鷄長尾拔三莖，置孕婦卧席下，勿使知之，即轉女成男。若欲試看，待鷄抱卵時，以斧與雄黄懸于窠下，則一窠盡是雄鷄，可驗此也。」

生子

《詩》云：「吉夢維何？維熊維羆，維虺維蛇。大人占之，維熊維羆，男子之祥。維虺維蛇，女子之祥。乃生男子，載寢之床。載衣之裳，載弄之璋。乃生女，載寢之地。載衣之裼，載弄之瓦。」

三日弧矢

《禮記》云：「子生男子，設弧於門左；女子，設帨於門右。三日始負子，男射，女否。」弧，弓也；帨，佩巾也，以此二物爲男女之表。蓋左者天道所尊，右者地道所尊。負，抱也；以桑弧蓬矢，取其質也。所用六者，射天地四方也，期其有事於遠大矣。

湯餅會即濕麪也。

劉禹錫《送張盥詩》云：爾生始懸弧，我作座上賓。引筯舉湯餅，祝詞天麒麟。

王文成生子，謝静齋云：携抱且堪娱老况，長成或可望書香。不辭歲歲臨湯餅，還見吾家第幾郎。

洗兒

白樂天詩云：洞房門上掛桑弧，香水盆中浴鳳雛。還似初生三日魄，嫦娥滿月即成珠。

饊子王草堂云：杭俗，子生三日，送饊子，即古寒具也。

劉夢得詩云：纖手搓來玉數尋，碧油煎出嫩黄深。夜來春夢無輕重，壓扁佳人纏臂金。

案：《齊〔民〕要術》名環餅，粉和麵牽索捻成象環釧形。《廣雅》謂之粰饊，今通名饊子，以饊易消散也。又宋人小説以寒具爲寒食之具，即閩人所謂煎餔，以糯粉和麵油煎，沃以糖，食之不濯手，則能污物。

兒衣

《回春》云：初生兒之衣衫，宜用老人舊褌舊襖，改作兒衣。使真氣相滋，令兒有壽。富貴之家，切不宜新製綾羅之類與小兒穿，不惟生病，抑且折福矣。

調護兒歌

養子須調護看承，莫縱馳。乳多終損胃，食壅則傷脾。被厚非爲益，衣單正所宜。無風須見日，寒暑順天時。

生子見祠堂

古人生子滿月見廟，三月命名。

儀節：序立，盥洗，帨巾，啓櫝，參神。鞠躬拜。凡四。詣香案前跪，焚香，斟酒，點茶，告辭。曰：某之婦氏某，或妾氏某，以某年月日時生第幾子某名，敢見。主婦抱子同見。俯伏，興，拜。凡二。興，平身。復位。主人主婦俱復位，以子授乳母。辭神，鞠躬。衆拜，凡四。興，平身。闔櫝。禮畢。

剪髮命名

《内則》云：「三月之末，擇日翦髮爲鬌。音朵。男角女羈，否則男左女右。」鬌所存留，不翦者也，夾囟兩旁當角之處，留髮不翦者謂之前留。頂上縱横各一，相交通達者，謂之羈。「是日也，妻以子見於父。姆先相曰：母某敢用時日，祗見孺子。夫對曰：欽有帥。父執子之右手，咳而名之。妻對曰：記有成。」某妻姓某氏。時日，是日也。孺，稚也；欽，敬；帥，循也。言當敬教之，使循善道也。咳而名之者，《説文》「咳，小兒笑聲」，謂父作咳聲笑容，以示慈愛而名之也。「記有成」，識夫言教之成德也。王草堂曰：「今生子滿月，則剃頭。百日俗稱百禄，親友致賀。凡父在，孫見於祖，祖亦名之。禮如子見父，無辭。父在謂祖在也。據子之父稱之，故曰父辭者，夫婦所以相授受也。祖尊，故有其禮，而無其辭，蓋家事統於尊也。」

案：《禮記》曰：「名子者，不以國，不以日月，不以隱疾，不以山川。」《白虎通》曰：「人必有名，可以吐情自紀，尊事人者也。」《論語》曰：「名不正，則言不順。」「三月名之何？天道一時，物有其變，人生三月，目煦，亦能笑，與人相更答，故因其始有知而名之。故《禮服傳》曰：『子生三月，則父名之于祖廟。』名之于祖廟者，謂之親廟也，明當爲尊祖主也。」

試周

《顔氏家訓》云：「江南風俗，兒生一期，爲製新衣，盥洗裝飾。男則用弓矢紙筆，女則用刀尺針縷，並加飲食之物及珍寶服玩，置之兒前，觀其發意，驗其貪廉愚智，以卜他日成立之大小，名曰試兒。親表聚集，致燕享焉。」《宋史·功臣傳》云：「曹彬周歲，父列晬盤，彬左手持干戈，右手取俎豆，斯須取一印，他無所視。識者皆知其爲將相全才是也。」

教子嬰孩

凡子始生，若爲之求乳母，必擇良家婦人稍温厚者。乳母不良，非爲敗亂家法，兼合所飼之子性行亦類之也。子能食，飼之教以右手。子能言，教之自名及唱喏、萬福、安置。稍有知，則教之恭敬尊長。有不識尊卑長幼者，則嚴訶禁之。古有胎教，况于已生？子始生，未有知，固舉以禮，况于已有知？孔子曰：幼成若天性，習慣如自然。《顔氏家訓》曰：「教婦初來，教子嬰孩，故于其始有知，不可不使之知尊卑長幼之禮。若侮詈父母，毆擊兄姊，父母不加訶禁，反笑而奬之，彼既未辨好惡，謂禮當然。及其既長，習以性成，乃怒而禁之，不可復制。于是父疾其子，子怨其父，殘忍悖逆，無所不至。蓋父母無深識遠慮，不能防微杜漸，溺于小慈，養成其惡故也。」六歲教之數與方名。數謂一十百千萬，方名謂東西南北。男子始習書字，女子始習女工之小者。七歲男女不同席，不共食。始誦《孝經》《論語》，雖女子亦宜誦之。自七歲以下，謂之孺子，早寢晏起，食無時。八歲出入門户，及即席飲食必後長者，始教之以謙讓。男子誦《尚書》，女子不出中門。九歲男子誦《春秋》及諸史，始爲之講解，使曉義理。女子亦爲之講解《論語》《孝經》及《列女傳》《女戒》之類，略曉大義。古之賢女，無不觀國史以自鑒，如曹大家之徒，皆精通經術及議論明正。今人或教女子以作歌詩，殊非所宜。十歲男子出就外傅，宿於外。讀《詩》《禮》，傅爲之講解，使知仁義禮智信。自是以往，可以讀《孟》、《荀》、《楊子》，博觀群書。凡所讀書，必擇其精要者而讀之。如《禮記·樂記》《大學》《中庸》之類，他書倣此。其異端非聖人之書，傅宜禁之，勿使妄觀以惑亂其志。觀書皆通，始可學文辭。女子則教以婉娩聽從婉娩，柔順貌也。及女工之大者。女工，謂蠶桑、織績、裁縫及爲飲膳，不惟正是婦人之職，兼欲使知衣食所來之艱難，不敢恣爲奢麗。至于纂組花巧之物，亦不必習之耳。未冠笄者，質明而起，總角靧面，靧音悔，洗面也。以見尊長，佐長者供養，祭祀則佐執酒食。若既冠笄，則皆責以成人之禮，不得復言童幼矣。

卑幼

凡諸卑幼，事無大小，無得專行，必咨稟於家長。《易》曰：「家有嚴君，父母之謂也。」安有嚴君在上，而其下敢直行自恣不顧者乎？雖非父母，當時爲家長者，亦當咨稟而行之，則號令出于一人，家政始可得而治矣。

孝親敬長之規

一、孝順父母，尊敬長上，乃百行之原，萬善之本。人能盡得此道，天地鬼神相之，鄰里親戚重之。凡人有父母兄長在前者，不可不及時勉旃。温公曰：吾事親無以踰於人，能不欺而已矣！其事君亦然。凡人家子弟有父母兄長慈愛，教以詩書，授以生業，而能顯親揚名，以盡孝敬之道者，乃常分耳，烏足言耶？要在困苦艱難之際，竭力盡心，周全委曲，消患弭殃，特立獨行而不失其度者，方爲孝敬。

兄弟相愛之規

兄弟，天親也。當恭敬以相愛，不當計利以傷和。是以周公睦族而棠棣興歌，田氏分財而紫荆抱恨。然其失和，多起於婦人也。歌云：「男兒立志當剛腸，勿聽私語成參商。」又曰：九世同居唐張氏、宋陳氏，皆九世同居也。六世同財。《陶淵明集》濟北氾稚春，六世同財，家人無愧色。此義門曠見，昆季析箸，但念父母鞠子之勞，兄良弟悌，與相周旋，貧富相濟，過失相規。勿因小故忿疾，勿聽婦人離間，勿貌親心疏，勿始厚終薄。脱有一時疏謬，動至失和，即引咎自責，怡怡如初。雖無同財共爨之名，而猶同財共爨之意，庶乎其可。又觀孝悌之風，盛于清儉之族，而衰於富濁之家，蓋清儉之族，骨肉相愛之情真也，富濁之家，勢利争奪之私勝也。

待妻子敬嚴之規

人之有子，飲食衣服不可不均，長幼尊卑之分不可不嚴，賢否是非之迹不可不辨。幼示以均，則長無争財之患；幼責以嚴，則長無悖慢之患；幼教以分，則長無匪類之患。由此觀之，妻者，我之敵體；子者，我之後身。待妻宜敬而和，待子宜嚴而正。苟不以禮待妻，則失唱隨之義；不以道教子，則傷天地之恩。不義不慈，總曰無行。

擇交之規

君子居必擇鄰，遊必就士，所以防邪僻而近中正。《易》曰「方以類聚，物以群分」，擇交之訓，言之詳矣。賈誼曰：習與正人居之，不能無正，猶生長於齊之地，不能不齊言也。以齊文明之言喻人習于善之類也。習與不正人居之，不能無不正，猶生長於楚之地，不能不楚言也。以楚人侏儺之言喻人習于不善之類也。是以古之聖賢，欲脩身以治人者，必遠便嬖以近忠直。蓋君子小人如冰冷物炭熱物之不相容，薰香草蕕臭草之不相入者也。朱子曰：「賢以事言，仁以德言。事大夫之賢者，則有所嚴憚；友士之仁者，則有所切磋。皆進德之助也。」

言談之規

聲出於口，能無翼而飛，揚于遠也。故雖静獨之中，亦不可不慎，語云：「隔牆都有耳，窗外豈無人？」又云有絶壁有耳。是以君子不可輕發其言，恐他竊聽而生讒諂。一事而或關人終身之累，則雖見聞屬真，不可出口；一語而或傷我忠厚之意，則雖談笑之際，慎勿形容。且言談者，人之文也。古人有德，言不妄發而寡，躁人無養，言常輕發而多。誣善爲惡之人，則辭游移而無根。失其所守之人，則辭必屈抑而不伸也。

飲食服用之規

飲食服御，乃民生日用之不可缺者。邇來僭侈無節，風俗日漓，故歷采先聖賢之言，以爲標準，共成恬澹朴雅之風。古人飲食，每味各出少許，置之豆間之地，以祭先代始爲飲食之人，不忘本也。爲人子者，父母存，不純素。孤子當室，衣冠不純采。唐太〔宗〕教太子曰：「汝知稼穡之艱難，則常有斯飯矣。」君子慎言語，節飲食，二者養德養身之切務。司馬温公曰：「吾生平衣取蔽寒，食取充腹。尋常絹布，亦不敢服垢弊以矯俗干名，但順吾性而已矣。」又曰：「吾家待客，會數而禮勤，物薄而情厚。」古人云：「寧可食無饌，不可飯無羹。」有飯即有羹，無羹則飯不下。設羹以下飯，乃省儉之法，非尚奢之法也。飲食欲調，先勻饑飽。先時則早，過候則遲。然七分之饑，當予以七分之飽。如田疇之水，務與禾苗相稱，所需幾何，則灌注幾何，太多反能傷稼，此養生之妙意也。又及服用。《左傳》云：「服之不衷，身之災也。」不稱其服，風人興刺甚矣。盛衣色服，争尚奢華，此風誠可戒也。竊擬男女衣服，雨餘之色，其妙多端。但就所宜者而論，面白者衣之，其面愈白；面黑者衣之，其面亦不覺其黑，此宜于貌者也。年少者衣之，其年愈少；年老衣之，其年亦不覺甚老，此宜于歲也。貧賤衣之，是爲貧賤之本；富貴者衣之，又覺脱去繁華之習，但存素雅之風，未嘗失其富貴之本，此宜于分者也。他色之衣極不耐污，略沾茶酒之色，稍侵油膩之痕，非染不能復著，染之即成舊衣。此色不然。惟其極濃也，凡深乎此者，皆受其侵而不覺；惟其極深也，凡淺乎此者，皆納其污而不辭。此又其宜于體而適于用也。

脩身之規

脩身不可不慎也。嗜欲侈則行虧，讒毀行則害成。患生于忿怒，禍起于纖微，汙辱難湔灑，洗浄也。敗失不追救，不深遠慮，後悔何益？徼幸者，伐性之斧也，縱恣者，逐禍之馬也，謾誕者，趍危之路也；毁人者，困窮之舍也。是故君子反情以脩己。至於聲色之不正，則不留於耳目；禮樂之不正，則不入於念慮。使邪氣不設於身體，則内外皆由順正，而自養之功畢矣。

忘怒思忍之規

家人有過，不宜暴怒，不宜輕棄。此事難言，借他事隱諷之。今日不悟，來日再警之。如春風解凍，和氣消冰，纔是家庭的儀範也。程子曰：「七情之發，惟怒爲遽，衆逆之加，惟忍爲是。絶情寔難，處逆非易。當怒火炎，以忍水制。忍之又忍，愈忍愈勵。過一百忍，爲張公藝。不費大謀，乃其有濟。如其不忍，傾損立至。」

頤情却病之規

頤養情性，却病奇方。病之起也有因，病之伏也有在。絶其因而破其在，只用和之一字。善和其心，則百體皆和，而無病矣。語云：「家不和，被鄰欺。」猶之穿窬構訟之類，此其病也。家自有備，怨謗不生，則彼無所施其狡猾。倘一有可乘之隙，則環肆奸欺而祟我矣。然物必朽而後蟲生，苟能固其根本，榮其枝葉，蟲雖多其奈樹何？人身所當和者，有氣血、臟腑、筋骨諸内，使必調和，否則内之不寧，外將奚視？然而心和之法，則難言之。哀不至傷，樂不至淫，怒不至于欲觸，憂不至于欲絶。「略帶三分拙，兼存一線癡，自持方寸善，均是壽身醫。」此和訣也。三復斯言，病其可却。

勸善懲惡之規

夫子稱「積善之家，必有餘慶；積不善之家，必有餘殃」，言致之有漸也。其所以爲善不善者，何也？《詩》曰：「永言配命，自求多福。」配，合也，命，天理也。夫天之所叙，有君臣、父子、夫婦、兄弟、朋友之五倫，所當各盡其道；天之所賦，有惻隱、羞惡、辭讓、是非之四端，所當擴而充之。是乃理之所在，合乎此謂之善，不合乎此謂之不善。爲善者，非獨其行事之善而已，設非有至誠之心，則或出於慕名趨利，而不足以爲善矣。爲不善者，非獨其行事之不善而已，設有不誠之心，則生於其心，害於其事，而足以爲不善矣。故流於惡者易，而進於善也難。善，陽類，惡，陰類。陽主生，故善得福；陰主殺，故惡得禍。大凡爲善者，日有所益；爲惡者，日有所虧。餘慶餘殃，皆積而成者也。善與惡對，有不兩立之勢。惟其惡惡，所以好善。好而後能爲，爲而後能積。又曰人在天地之中，稟陰陽二氣。皇天雖高，其應在下；后土雖卑，其應在上。人處其中，凡有善惡言動，天地皆知。《書》曰「上帝臨汝」，日鑒在兹，十目十手，神之聽之。

學書之規

學書之法，每日祗學一二字，或祗學一點一畫，一撇一捺。蓋一字之中，結構自具，撇畫之間，長短天然。古人於縱横、疏密、起伏、照應、高低、向背，俱有深意。從此進步，自生精熟。即一悟百，然後玩其行款，探其通幅，覺古人之命意，如在目前，而精髓俱爲我有矣。又法每於動上求静，放而不放，留而不留，此所以妙乎動也。得志不驚，弗得志不憂，此所以保乎静也。法而不囿，肆而不流，拙而愈巧，剛而能柔，形立而勢奔焉，意足而奇溢焉，以正吾心，以陶吾情，以調吾性，所以游於藝也。

讀書之規

欲知子弟讀書之成否，不待觀其氣質，亦不待觀其才華，先要觀其敬與不敬，則一生之事業，概可見矣。凡啓蒙之後，能漸漸收斂，惟師教之是從，親言之是聽。敬重經書，愛惜筆紙，潔净几案，整肅身心。開卷如親對聖賢，熟讀精思，沉潛玩索，將書中義理反求，遇要緊詞義，留意佩服。如此爲學，雖愚必明，縱不能盡忠於朝廷，亦可盡孝於父母，不能建功業於天下，亦可自善乎一身矣。乃若不莊不敬，鹵莽忽略，專務外馳，不肯内究，如此爲學，白首無成，雖成必敗。所以古之聖賢教人在灑掃應對時著力，引誘提撕，惓惓以持敬爲本。又讀書之法也，始於《大學》，使知爲學之規模次序。而後繼之以《論》《孟》《詩》《書》，義理充足於中，則可探大本一原之妙。故繼之以《中庸》，達乎本原，則可以窮神知化。故繼之以《易》，理之明，義之精，而達乎造化之蘊，則可以識聖人之大用。故繼之以《春秋》，明乎春秋之用，則可推以觀史，而辨其是非得失之致矣。《語録》之序，而《周官》之義，因以具焉。

學問之規

學以聚之，問以辨之，朝乾夕惕，日征月邁。是以致知以造其理，力行以履其事，擇善而固執，明善以誠身。悦諸心也，研諸慮也，古與稽也，今與居也。搜羅宜當，據摭百代之奇書，謭陋多慚，穿穴諸家之秘旨。春夏詩書，秋冬禮樂。毋勦説，毋雷同。閲一理，闢一境之奇，引而伸觸而長。讀一書，開一心之蔽。三墳五典，習乎其故，啓乎其新，遜志而時敏，博物而洽聞，自强而不息，博學而無窮，篤行而不倦。文以博而富也，禮以約而精也。故學必由苦而得甘，問亦窮原而竟委。良弓之子必學爲箕，良冶之子必學爲裘。人情者，聖王之田，脩禮以耕之，陳義以植之，講學以耨之，播樂以安之。書不盡言，言不盡意。得言忘象，得意忘言。藏焉脩焉，息焉游焉，念兹在兹，釋兹在兹。家有塾，黨有庠，鄉有序，國有學。一年而離經辨志，三年而敬業樂群，小成而入於大成，有造而進於有德。《兑命》曰：「念終始典于學。」此之謂乎。

文章潔净之規

文章貴潔净。潔净者，簡省之別名也。潔則忌多，減始能净，二而一者也。然多而不厭其多者，多即是潔。少而尚病其多者，少亦近蕪。余所謂不可删逸之多，非唱沙作米之多也。善作文者，意則期多，字惟求少。一句之妙，一字之妙，根脚源頭純一周緻，所謂慎之于始也。不知者反此，似是而非，以虚爲寔，徹上徹下，總是紛如。妍媸好醜之間，非特人能辨別，靜而思之，亦自解雌黄矣。此論雖説填詞寔古今詩文之通病，維開筆之初，成文之後，隔日一删，逾月一改，始能淘沙得金，無瑕瑜互見之失矣。至若真積力久，草草成篇，一字不可删改，文章至此，可稱無翼而飛，快哉文人，古今有幾？

農桑務本之規

農桑爲王政之始，衣食乃民命之原。蓋列在四民，士固居先。視夫工賈，農爲之本，寳穀體先王明訓，樹桑稽賢傳格言。男勤舉趾，女執懿筐，春作秋成，良以禮義生於富足也。其或棄本逐末，無他，驟富之心熱者，抑不知財産於地，而阜於人。耕作之事，下得一分之工力，始有一分之益利。下了十分之工力，便有十分之益利。在熟年而能用功，則所收必倍於常歲。凶年而能盡力，即薄收亦勝於抛荒。是成家之道，穩大富樂也。

生理之規

許魯齋言：治生最爲急務。必也家有生理，仰事俯育無缺，然後使子弟肆力於學問。朱子稱劉十九府君經營纖密，而不失大體。此治生之所當知也。凡生理，與人必須和顔悦色，不得暴怒驕奢，年老務宜尊敬，幼輩不可欺凌，此爲良善忠厚也。

職業須勤之規

士農工賈，各勤職業；父母妻子，互相歡娱。此天倫之樂，亦人事之貴也。且貧富各有天定，豈有坐可致富，懶可保貧哉？蓋大富固有自來，衣食豐足，未必不由勤儉而得。但觀懶惰之人，欺詐是尚，游手好閑，不務生理。既無天墜之食，又無地産之衣，若然不饑寒，吾不信矣。士或未究一經，行止何裨於寔際？農或不勤四體，豐凶每病於頻年。工弄斤斧於浮華，商走刀錐於末利。事物泛應，多皆恒規。日用彛倫，有虧雅道，要宜改悔可也。

古人垂訓，靡不悉備。倘不求一切要處用工，吾恐其終身讀書而無自得之味矣。《易》曰有過則改，人誰無過，能改之，其過乃寡，以至於無。然不知過，則焉能改之？不以古人之法言、古人之德行爲規則，又焉能知己過？是故用功在改過，而其道自知過始。凡人無論閑冗皆可讀書，但晨起携此莊誦一章或一兩句，既上口了其意義，然後去而事其事，纔有（有）隙時，潛玩其中滋味。如此數月，便覺志意容貌與前不同，爲之愈久愈進矣。

稱呼自具纂式

凡向人自稱尊輩冠一「家」字，稱卑幼輩冠一「舍」字。家、舍同義，舍則加謙耳。稱兒女孫妾僕婢等冠一「小」字，言不敢與大人之列，益加謙也。稱師友及外親如妻兄弟連襟等冠一「敝」字。敝，敗也，惡也，亦謙詞耳。稱亡過尊輩冠一「先」字。先，始也，又故也，尊輩不敢言亡也。稱亡過卑幼輩冠一「亡」字。凡稱人親戚師友，不分尊卑存歿，總冠一「令」字。令，美也，誇美之詞也。

祖父母

案：祖，本也。物本于天，人本于祖。或曰：祖，祚也。祚，先也。措詞：祖父母在堂曰「重慶」，謂慶及兩世也。美人祖業曰「詒謀」，詒，遺也；謀，謨也，《詩》「詒厥孫謀」。美人祖孫並賢，曰「德星聚于一門」。陳太邱詣荀朗陵，無僕，使子元方將車，季方持杖，載孫長文車以侍祖，于時太史奏「德星聚」。

向人稱家祖父、家祖母、家大父、家大母，殁稱同前。又稱先祖考、先祖妣，人稱同前。伯叔祖父母無異。稱外祖父母。《釋義》：「因家有祖父母，外以別之。」稱俱同祖父母加「外」字。

父母

父，甫也，始生己者。母，慕也，嬰兒所慕也。父母在堂曰「具慶」。具，俱也，謂父母俱存，可慶幸也。向人稱家父、家母、家嚴、家慈，又稱父家君、家尊、家大人。殁稱同前。又稱先考、先妣。人稱尊令堂，又稱尊公、尊翁、尊堂、尊萱。

母族

外祖，自具曰外孫，稱呼曰外祖。

舅父，自具曰外甥，通族皆然。稱呼曰舅父。

伯、叔公，自具曰外姪孫，稱呼曰伯、叔公。

舅公，自具曰外甥孫，稱呼曰舅公。

姨丈公，自具曰姨甥孫，稱呼曰姨丈公。

姨丈，自具曰姨甥，稱呼曰姨丈。

表伯、叔，自具曰眷姪，亦用表姪。稱呼曰表伯、叔。

表兄弟，自具曰眷弟，亦用表兄弟。稱呼曰尊表。

表姪，自具曰眷生，稱呼曰表姪。
表姪孫，自具曰眷生，稱呼曰表姪孫。

妻族

太公，自具曰孫婿，稱呼曰太丈。
岳丈，自具曰劣婿，稱呼曰岳翁。
岳丈之外父，自具曰外孫婿，稱呼曰太史。
伯、叔公，自具曰姪婿，稱呼曰伯、叔丈。
大、亞舅，自具曰眷弟，稱呼曰舅兄，曰賢舅。
内姪，自具曰眷生，稱呼曰内姪。
姨夫，自具曰眷弟，用衿兄、衿弟。稱呼曰尊、賢襟。
姨夫之父，自具曰眷晚生，稱呼曰尊老家。
妻舅公，自具曰甥孫婿，稱呼曰舅公。
妻舅父，自具曰甥婿，稱呼曰舅公。
妻姑丈，自具曰内姪婿，稱呼曰丈公。
妻姨丈，自具曰姨甥婿，稱呼曰姨丈。
妻丈公，自具曰孫婿，稱呼曰太丈公。

妻表伯、叔，自具曰眷姪婿，稱呼曰表伯、叔丈。
妻表兄、弟，自具曰眷弟，稱呼曰表舅。
未過門女婿，自具曰門下晚學生，亦有用門婿。稱呼曰老大人。

女族

太親家，自具曰姻晚生，稱呼曰太親家。
親家，自具曰姻弟，稱呼曰親家。
親家兄、弟，自具曰眷弟，亦用姻家弟。稱呼曰親家。
女婿，自具曰眷生，稱呼曰賢親、賢配。
婿之兄、弟，自具曰眷生，從謙用眷弟。稱呼曰伯、叔爺。
孫婿，自具曰眷生，稱呼曰賢孫婿。
外孫，自具曰眷生，或用外祖。稱呼曰賢外孫。
姪婿，自具曰眷生，族中則用眷弟。稱呼曰賢親。
太丈公，自具曰眷孫，稱呼曰太丈公。
丈公，自具曰眷孫，稱呼曰丈公。
表伯、叔公，自具曰眷姪孫，稱呼曰表伯、叔公。
表伯、叔，自具曰表姪，稱呼曰表伯、叔。

姑丈，自具曰眷姪，稱呼曰姑丈。
姐姑夫，自具曰眷弟，稱呼曰尊親、賢親。
外甥，自具曰眷生，亦用舅父。稱呼曰賢甥。
外甥之子，自具曰眷生，稱呼曰賢甥孫。

師友

業師，自具曰門生，稱呼曰尊夫子。
朋友，自具曰友弟，稱呼曰盟兄。
契家，自具曰辱愛弟，或誼弟。稱呼曰尊契盟、老契台。
門徒，自具曰眷友生，稱呼曰友兄。
業師之子，自具曰眷世弟，稱呼曰世兄。
盟兄弟，自具曰蘭兄弟，稱呼曰蘭兄弟。

稱呼格式

舉人，大職元。
秀才，大經元。
監生，大點元。
貢生，大貢元。

業師，大恩師，大教鐸。
讀書，大文元，大翰選。
尊長，大耆德，大鄉望。
有子讀書，大儲封，大徵君。
後生，大英俊，大茂元。
弟子，大養元，大儲元。
朋友，大益元，大契元。
同年，大仁兄，大庚兄。
隱者，大逸叟，大清隱。
商賈，大泉伯，大商望。
居店肆者，大節翰，大承務。
府吏，大郡掾，大府振。
縣吏，大佐理，大邑掾。
承差，大行使，大都承。
書算，大掌文，大算輔。
醫士，大國手，大盧醫。

地理，大辨方，大堪輿。
相士，大水鑑，大人鑑。
日家，大環人，大太史。
星士，大參玄。
卜筮，大詹尹。
畫士，大通靈。
木匠，大工臺。
詩人，大詩伯，大騷客。
岳丈，大泰山，大岳翁。
女婿，大淑配，大閨配。
冰媒，大操柯，大柯伯。
孝子，大孝，居父喪用。至孝。居母喪用。
婦人，大懿範，大慈幃。
道士，大鍊師，大真人。

檯頭稱

稱尊長，尊駕，高軒。

稱讀書，文旌，文駕。
稱同輩，車駕，華軒。
稱卑輩，玉趾，玉步。
稱女士，香車，鸞馭。
稱道士，鶴駕。

注脚稱呼

稱尊長，臺前，座右。
稱鄉官，閣下，鈞座。
稱讀書，文几，文府。
稱同輩，門下，足下。
稱卑輩，執事，文席。
稱相知，厚愛，知己。
稱業師，函丈，絳帳。
稱武官，帳下，麾下。
子用于父，膝下，膝前。
稱婦人，妝次，懿座。

四禮略集卷之二

喪儀

按：五禮，喪屬凶禮。或問：「君子居喪，未葬讀《喪禮》，既葬讀《祭禮》，何也？」朱子曰：君子之于禮，無弗學也。及既際其事，而復習其文者，追遠慎終，將致其誠敬，而勿之有悔焉。非至此而始讀也。當親始卒，擗踊悲號，如弗欲生。俯而讀禮，不已晚乎？君子之讀禮也，以致其知也。非將豫擬其親，而儲之爲用者也。

《或問》：《禮》曰居喪讀《喪禮》，若《三年問》《奔喪》《喪服記》《雜記》《間傳》諸篇，平居不可讀乎？余竊不然。若不讀，何以見古人之行與制禮之心矣？且孝子讀此，未免起不忍之心故耳。故伊川先生喪母，而後《喪禮》熟。

按：《全書》問：「温公所集禮如何？」曰：「早是詳了，又喪服一節也太詳。爲人子方遭喪制，使其一一欲纖悉盡如古人制度，有甚麽心情去理會？古人得此等衣服冠屨，每日接熟於耳目，所以一旦喪制，不待講究，便可以如禮。今却閑不曾理會，一旦荒迷之際，欲明講究，勢必難行。必不得已，從俗之禮而已，若有識禮者相之可也。」

案：徐乾學云：「君子之於禮，終身焉而已。古者婦人娠身，則有胎教之禮。將生子及月辰，則有舉子之禮。子生三月，則有命名之禮。所以正人道之始也。疾病外内皆埽，疾者養者皆齋。男子不死於婦人之手，婦人不死於男子之手，所以正人道之終也。若夫知學以來，息養瞬存，造次顛沛，罔敢或怠，更可知矣。故曰：父母全而生之，子全而歸之。戰戰兢兢，如臨深淵，如履薄冰，君子其敢一日忘此哉？予述喪儀節，以疾病正終冠其首，凡以爲君子所兢兢者，亦不敢忽也。《儀禮》幾篇，喪居其四。一曰《喪服》，二曰《士喪禮》，三曰《既夕禮》，四曰《士虞禮》。《喪服》一篇，予已取爲喪期。餘三篇，則皆儀節也。蓋其説爲特詳。昔朱子嘗以《儀禮》爲經，《禮記》爲傳，編爲通解之書。諸禮次第告成，獨《喪祭》未竟，勉齋黄氏續成之，信齋楊氏又附圖焉。其説大約相同，唯古禮設重，温公易以魂帛襲斂之衣。古多今少祔祭之禮，温公請祖主於廟，並設影堂殯塗之禮，朱子除之。卜宅告后（土）之禮，古闕今備，斯雖少異，要皆無戾於古。夫聖人之制喪禮也，蓋欲爲人子者，順天道以事親焉爾。《記》曰：『骨肉斃於下陰爲野土，其氣發揚於上爲昭明。』知形體之必有所終也，則爲之絞衾、衿冒、棺椁、牆翣，宅兆以安之，壤樹以固之，所以慎其襲藏者無弗至也。知魂氣之有必所託也，故既葬迎精而返，虞、祔、練、祥吉祭而配於廟，人道終而鬼道起矣。三篇之制，條目千端，舉其大要不出乎此。自是以外，世俗所爲，皆禮所不設也。當世之人，未嘗不用《家禮》，而往往參之流俗。間嘗論之：古者喪禮不舉樂，誠謂哀樂不同辰，亦欲致其嚴静。今則鼓吹管弦，震盪魂魄，其失一矣。古者喪次哭泣，擗踴之外無他焉。今多用浮屠老子之法，謬稱資福於冥路，寔取喧雜爲飾觀，其失二也。古者三月而葬，葬而卒哭。今以七七、百日爲斷，亦始釋家，其失三也。古者葬不擇日，一以禮制爲期。今惑於陰陽拘忌，每失之緩，甚至未葬而除服，其失四也。古之吊者，車馬曰賵，貨財曰賻，衣被曰襚，無以冥鏹、楮錢爲吊者，不知何自始，其失五矣。若夫推干支以避煞神，焚魂衣以代皋復，案巫牒以招游魂，未練釋衰而謝慰，殯旁張樂以醼賓，皆失禮之尤者。聊舉大端，用砭愚俗，自非達於幽明之故，通乎古今之變者，烏足以語此哉。」

疾病

案：《士喪禮》云：「有疾，疾者齋。」注：「心齋。一則性情得其正。」考終之道固然，養疾之方，亦不外乎此。但此所謂齋，不過静存内養而已，與凡齋别。又，養者皆齋，疾者皆養，則滋培調劑之益，非待疾者。一其心志，不爲功故，亦謂之齋。兩齋字，其理最精，體會自得。疾病内外皆掃，室有遺穢，神明易分，掃以致潔，亦齋之餘意者也。

案：禮，古人父母有疾，爲人子者惶懼，脩省齋沐，焚香禱于天地，五祀祖先，訪醫調理，務期感格，以盡人子之情。必當躬親湯藥，坐起攙扶，不得專委婢僕。晝夜不可離側，子婦若求安寢，餘皆懈怠。倘使一夕奄棄，終身悔之何及。又度其決不能起，問病有何言。或分付家事，或訓戒子孫，盡情書之于紙。勸令萬慮放下，以膺萬福，一心正念者可也。

案：古人親有疾，飲藥，子先嘗之。《注》：「嘗，度其所堪也。醫不三世，不服其藥。」程子曰：「病卧於床，委之庸醫之手，比之不慈不孝。事親亦不可不知醫也。」

案：《曲禮》「父母有疾」，養之之禮，「冠不櫛」，不爲飾也；「行不翔」，不爲容也；「言不惰」，不及他事；「琴瑟不御」，以無樂意也。猶可食肉，但不至厭飫而口味變爾。猶可飲酒，但不至醺酣而顏色變爾。齒本曰矧，笑而見矧，是大笑也。怒罵曰詈，怒而至詈，是甚怒也。皆爲忘憂，故戒之。

案：敖英《東谷贅言》：「或問：君親有疾，禱於鬼神以求福，有是理乎？曰：古人有行之者矣。昔武王弗豫，周公禱於三王，以求身代。庾黔婁因父疾篤，禱於北辰，以求身代。是皆臣子迫切之至情，夫豈索之茫昧者哉？且病者卧榻，奏藥罔功，皇皇惟冀鬼神陰佑之。一聞有禱，躍然快心，或若起之，而疾或蘇矣。况感應之理，又有不可誣者，是則禱云禱云，庸非佐助醫藥之一術乎？毋執曰死生有命，不可禱也。若自身倘有疾，執焉可也。」

遷居正寢

案：《士喪禮》所謂遷居正寢者，欲得其正終之義也。惟家主爲然，餘人則遷于所居之室中也。又正寢者，即今人家所居正廳也。病重不可起，則先設床于正寢之中。男女共扶病者登居於床上，東首以受生氣。東爲正寢之左也。又案：《儀禮》卒于適室者，蓋正寢之室也。寢有堂有室，王六寢，大寢一，小寢五。諸侯大寢一，小寢二。大夫士二寢，大小各一。寢，大寢也。必于適室卒，必以正也。魯僖公薨于小寢，故《春秋》非之。

戒内外

既遷，則戒内外安静，毋得喧鬧驚擾，亂其心神，失其正念。但聽其委順大化，人坐其旁，視其手足。男子不絶于婦人之手，婦人不絶于男子之手，蓋君子重終，懼其相褻。女子之外，媵妾倖臣，並宜自遠，不但持體之御而已。

加新衣

撤舊衣，加新衣。加衣之辰，手足四體各一人持之，以平生所用之衣，覆於其上，以俟執衣升屋招復。

屬纊

置新綿於口鼻之間，或置芯草。亦得以俟氣絶，綿不動，則是氣絶也。

廢床寢地

病者氣將絶，則鋪薦席褥于地，庶其生氣反復。若不復，則氣已絶，始扶床以衾覆之。

案：《儀禮》云：「置于地者，所謂生氣還反得活，如初生在地也。」高安朱氏非之，謂：「垂卒之身，方保護之不暇，乃舉而委之地者，地氣清沁，蓋其病而速之也。且斷無將死而可藉地氣以生者乎。」

楔齒用角柶或用一箸

角柶

劉氏本

楔音屑。古用角柶，長六寸，兩頭屈曲。横置口中，以爲楔齒，使不合，可以含。然恐其口閉，故柱齒，令開以受含也。今人以一箸代之者，亦便。

綴足用燕几

注：綴，猶拘也。爲將履，恐其辟戾者也。

敖繼公曰：「綴足用几，欲拘其足，使之正也。」

舉哀

病者氣既絶，男女哭擗無數，蓋生死異而永訣者，正在此也。又，訣言别也。

案：亡者始卒，宜更代慎守，勿使猫過屍及過棺。或不慎守，遇猫過，此怪也，宜急助之。其法，先捉此猫，斬首梟之，又以木棺長六寸，畫人形以截路，繩縛之，男七女九，縛覆屍上，至葬日置棺旁埋之，則吉。此出三教書，雖説怪之事，君子不道，但爲人子事親，不慎致此，亦爲失孝之大，仍記入此。

始卒禮圖

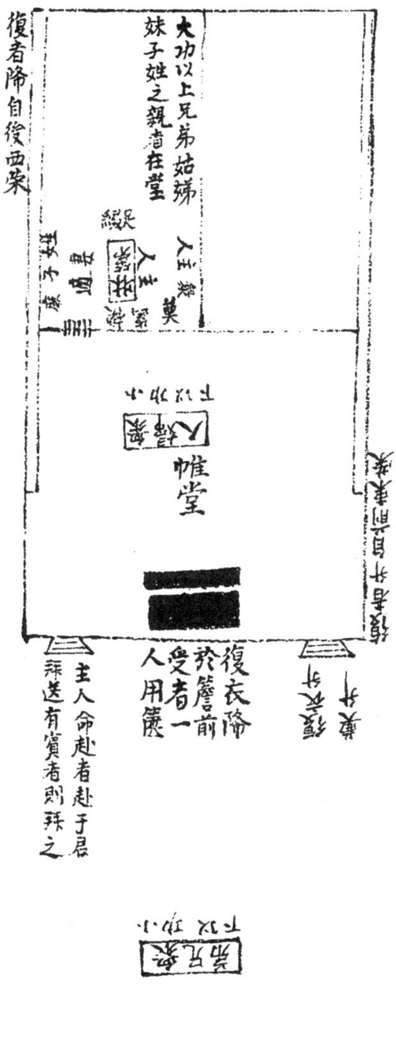

今案：後楔齒、綴足、始死奠帷堂、命赴、哭位數事，文有先後，其寔數事並作。《檀弓》曰：「復楔齒、綴足、飯、設飾、帷堂並作。」注云：「作，起，爲也。自復以下諸事並起，故云並作。」故今總見於一圖。

復

遣一人持亡者上衣，此上蓋之衣也，左執領，右執腰。左者以左手執領，還以左手招之。招魂所以求生，左陽主生，故用左。升自前屋脊，北面呼之，曰某人復。男子稱名，婦人稱字。注：「婦人不以名行。」凡三次，畢，降自屋後，以所卷覆屍上。案：三號者，一號於上冀神在天而來；一號於下冀神在地而來；一號於中冀神在天地之間而來也。又案：《儀禮·士喪禮》：「復者，人子不忍死其父母也，招之庶其生氣之返也。」復必以服者，神所習也。升自東榮，取東方生氣也。中屋之脊者，則聲高遠聞也。北面招以衣，北求諸幽之義也。曰皋某復，三。皋，長聲也；某，卒者名。降衣于堂前，象死者之復也。受用篋者，使人受之以防其復也。升自阼階，生日升降處也，象其反也。以衣尸者，庶隨衣復于身。復者，降自後西榮。《喪大記》謂西北榮也，蓋幽陰之方，庶其隨服者降也。又案：婦人復，不以袡。注：「袡，嫁時上服，而非事鬼神之衣也。」

案：《記》：「復衣，不以衣尸，不以斂。」注：「復者，庶其生也。若以其衣襲斂，是用生施死，於義相反。」《士喪禮》云：「以衣衣尸，浴而去之。」

古重木

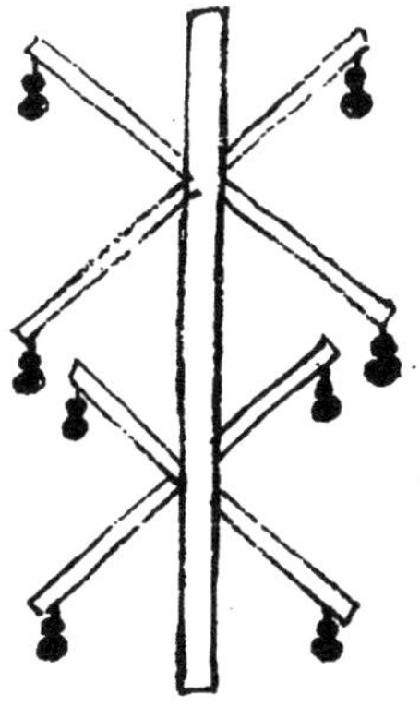

聶氏本

重木刊鑿之，甸人置重于中庭，三分庭，一在南

案：《士喪禮》注：「木也，縣物焉曰重。刊，斲治，鑿之爲縣簪孔也。士重木長三尺。」

案：《檀弓》「重主道」注：「始死未作主，以重主其神。既虞而埋之，乃後作主。」又《釋名》：「重，死者之資重也。含餘米以爲粥，投之甕而懸之，比葬未作主，權以重主其神也。」

案：《雜記》：「重，既虞而埋。」《開元禮》倣此，令置重：一品柱鬲六，五品以上四，六品以下（亦二）。然士民之家未嘗識也，用魂帛亦主道。

結魂帛

二束帛式

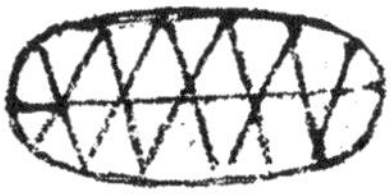

結帛式

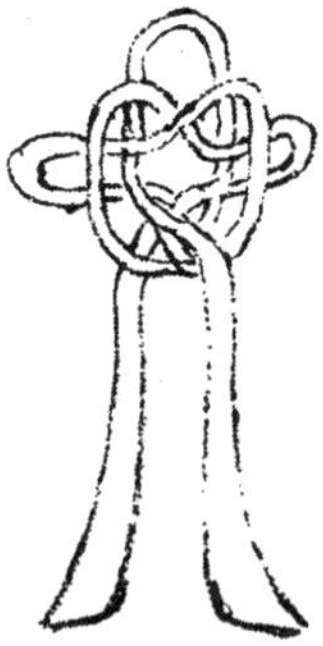

案：魂帛之制，本注引温公説，謂用束帛依神。而朱子本文則又謂潔白絹爲之。考古束帛之制，用絹壹疋，卷兩端，相向而束之。結之制無可考。近世行禮之家，用白絹十方，摺帛爲長條，而交互穿結，如世俗所謂同心結者。上出其首，旁出兩耳，下垂其餘爲兩足，有肖人形，以此依神，似亦可取。雖然，用帛代形，本非古禮，用束用結，二者俱可也。

案：司馬温公云：「古者鑿木爲重，以主其神，今令式亦有之。然士民未曾識，故束帛依神，謂之魂帛，亦古禮之遺意也。」

案：高氏云：古人遺衣裳必置於靈座，既而藏於廟中。恐當從此説。以遺衣裳置於座，而加魂帛於其上，亦可也。

案：《文獻通考》紹興年間禮部金安節言：「竊詳神帛之制，雖不經見，然考之於古，蓋復之遺意也。

然古之復者以衣，今用神帛招魂，其意蓋本於此也。」

乃易服

凡男女有服，皆去裝飾、有色之服者，而服淺淡素服。

不食

案：《禮》，諸子三日不食；期九月之喪，二日不食；小功思麻之喪，一日不食。鄰里粥使食之。有疾病者，不可拘泥也。

案：《朱子語類》：「或問：『喪之五服皆有制，不知飲食起居亦當終其制否？』曰：『合當盡其制，但今人不能行，然在人斟酌行之。』」

案：吕坤云：「三日不食，禮也。孝子度身度親度事。人子侍親，病篤之時，常幾日不遑寢食，形神憔悴。始哭者盈門，三日擗踴無數，兼之三日之内，棺槨衣衾，凡附於親者必誠必敬，勞心悴體，百務應酬，而又不食焉，恐此身將不勝喪矣。故當量其身之强弱，强則曾子水漿不入口者五六日，亦無過分之事。若勉强三日，至不勝喪，甚者氣血羸弱之人致疾滅性，死者有知，於心安否？若父在喪母，母在喪父，母命之食，或期功尊者强勸之食，食可也。若力量有餘，自當守禮。

男女哭擗無數

哭者，哭不絶聲，傷腎乾肝焦肺。如中路嬰兒，失其母也，以手擊胸曰擗，蓋爲死者不得生，不復見其形容，聞其謦欬，不可得矣，故感復悲悼之。但哭少間，即議以下數事者也。

案：《孝經》云：「哭有輕重質文之聲也。」《禮》以哭有言者爲號。然則亦有辭也。江南喪哭有哀訴之言爾，山東重喪則唯呼蒼天。期功以下，則唯呼痛深，便是號而不哭耳。

案：吕坤云：「哭，生於哀之不容已，非僞爲也。故禮有哀至則哭，不作而致之。」又云：「哭盡哀，不强而抑之，蓋哀以一痛而盡，則情以一痛而息，無以感之。苟有可已之哭，而況五服以次迎相代哭，不計其情之戚不戚，而唯欲其有聲，此何爲者哉？」

立喪主

凡主人謂卒者之長子，無則長孫承重，以奉饋奠。其與賓客爲禮，則同居之親且尊者主之也。

案：《正衡》云：「父在而子有母喪，則父主饋奠而行揖禮，其子隨之哭拜，是夫主妻喪也。夫爲妻杖期，若祖在不杖。其行禮者，不跪不俯伏，祝亦不跪。其服既除，須白巾素服而行禮可也。父在而子有妻之喪，亦父主之，祖在則祖主之，統于尊也。君在而妾死，則君主其喪，至小祥之後，則使其子主，殺于妻也。兄之死而父已没，兄之子幼不能主喪，則弟主之。弟之死而父已没，弟之子幼，則兄或次弟主之，妻不可爲主也。弟主兄喪，兄主弟喪，迨服既除，則服素服行禮。至於終喪，其子則以哀抱之人爲之拜。兄弟無子而死，推兄弟中長者爲主，無親兄弟則從兄弟爲主，畢虞祔之禮。婦人死而夫既没，其子又無，夫之兄弟主之，無兄弟則族人主之。妻黨不可爲主，蓋女之適人，于本親皆降服，明外人也。《小記》云尊卑異，故所主不同。」

案：《齊家寶要》云：「父母之喪，長子爲主，無則次子，或長孫主之。」予謂當改云「無長子則長孫主之」，此古人重適之意。因引公儀仲子舍孫立子，孔子曰立孫爲據。友人吴秉季謂予曰：「有次子，而以孫主喪，恐後世難行，且子所引，乃卿大夫之禮，士庶之家不必然。」予曰：「某所言者，古今之通義也。君之所慮者，末俗之私見也。子亦知適孫爲主，即承重之謂乎？」曰：「雖承重，猶當次子主之。」予曰：「若是猶未明乎承重之謂矣。古人於子，無問衆寡，爲父後者，止嫡長一人，是謂適子。父老則傳重，父没爲喪主，適子死則父報之，故喪服父爲長子斬。《傳》曰：『正體於上，又乃將所傳重也。』注云：『重其當先祖之正體，又以其將代己爲尊廟主也。』此重之義也。適子死則適孫爲後。《喪服傳》曰：『有適子者無適孫。』注云：『適子在，則皆爲庶孫。』必適子死，乃立適孫。適孫爲祖後也。爲祖後，則凡適子之事，皆適孫承之。故祖父卒服斬，與子爲父同，此承重之義也。夫祖非無庶子，而必以適孫爲後，則知所謂正體之重，庶子不得傳之矣。庶子不得傳重，則爲喪主者，非適孫而誰？庶子何以不得傳重也？《小記》曰：『庶子不爲長子斬，不繼祖與禰故也。』注云：『尊先祖之正體，不二其統也。』《大傳》曰：『庶子不祭，明其尊也。』觀此則庶子不得傳重可知矣，不得傳重，而得爲喪主乎？庶子而可爲喪主，則適孫可無承重矣。使適孫而不爲喪主，則所謂承重者爲何矣。」又曰：「適孫爲主，庶子反無所事乎？」曰：「非也，喪主者，喪禮所謂主人也；庶子者，喪禮所謂衆主人也。古禮唯擗踊、哭泣、衰服、苴絰，衆主人所同，而拜賓送賓，及祝辭之稱，與凡成禮於喪中者，主人所獨。觀此則庶子無所重，而重在適孫也。庶子雖叔父之尊，不得以其爲兄子而厭之矣。」曰：「庶子雖不厭，然居喪儀節，適庶既均，勢重難返。今唯祝辭及名刺之通於外者，先適孫而後庶子，存古意什一而已矣。」曰：「如適孫復死則如之何？」曰：「今制不有曾玄承重者乎？謂之承重，則毋問曾玄服斬與孫承重同。服同則其爲喪主亦無不同。次子亦不得而專之也。故次子爲喪主者，長子無子，或適孫曾無子，不得已而後爲之乃可爾。古人無子孫者，兄弟主之，無兄弟者，族人主之。聖人盡禮之變而爲之制，若言其常禮，則適子、適孫、適曾孫、適玄孫之爲喪主，其可得而移易也哉？」

案：王廷相云：夫在妻亡，有有子者，有無子者。有子者固爲祭主矣；而無子者，其夫自主亦禮也。古今諸禮書，皆無明證。若以《家禮》《祭儀》論之，皆子祀父母之文也。以夫行之於妻，仍爲過重。今宜斟酌。如父在母亡，其子仍依諸禮，主虞祔卒哭祥禫之祭。但其父略先拜奠，以休他所，而後長子率諸子孫內外之人舉行。其夫在妻亡，而無子者，亦當別定節儀，比之子祭父母少簡省，庶得禮意周盡。

立主婦

主者謂亡者之妻，無則喪主之妻也。

立相禮

案：司馬《書儀》以家長或子孫能幹事知禮者一二人爲之。凡喪事，皆聽之處分，而以護喪助焉。《檀弓》云：「杜橋之母之喪，宮中無相，以爲沽也。」沽音古，麤略也。孝子喪親，悲迷不復自知禮節，皆須人相導。

案：古人於喪事，必有相禮之人，是以禮儀無失。孝子得致其情文而無憾也。蓋先王因人情以制禮，而人子之於親喪也，創巨痛深，其禮儀亦曲折繁重，平日又不豫凶事，苟非明於禮意，其孰能行之？《檀弓》言：司徒敬子之喪，夫子爲相，有若之喪，子游擯由左。佐喪事曰相，禮須人相導也。儐與擯同，以身儐侑，亦贊導意也。且孝子悲迷，必延致知禮之君子，以匡其不逮。而其人既稱知禮，當思「凡民有喪，匍匐救之」之義，有不得辭者矣。至若孔聖之喪，公西赤爲志，子張之喪，公明儀爲志，以其師是至聖大賢，直欲備舉前代之制，以章明志識，是豈常人所能用哉？後世遭喪之家，孝子在荒忽迷瞀之中，不能一一如禮，而戚友又未必有素諳喪禮之人，即欲令爲擯相而不可得，以故未能力行先王之制，苟且從俗，而不得以自盡也。然則今人遭喪者，惡可以無相，又惡可不廣求知禮之人以爲相乎？

立主賓

用同居之尊且親者一二人爲之。如無，則擇族屬之親賢者爲之，又無則用執友亦可。專主與賓客爲禮也。

立書貨

以子弟知書者二人爲之。一主司親賓來吊慰問一簿、襚賻奠儀一簿；一主司當用之物，及貨財出入者一簿。

立執事

用祝一二人，以司奠獻。贊一二人，以導行禮。及侍者、木工、針工、漆工物用，皆預爲措辦焉。

治棺具

案：護喪命匠擇木爲之。《寳要》云，棺木沙枋爲貴，然價難買。杉木爲上，但要色老紅赤細縷者用之。又檑木次之。其制：古法頭大足小，僅取容身；今法上下皆用方直，宜量人長短瘦肥而制，勿令差狹有悔，又勿爲虛檐高足。內外皆用漆，至如外用硃漆，蓋硃性收濕，可助漆堅，故須用之。內用少許，以其骸骨宜近木，不宜近漆也。棺內浹水，宜用紙鋪置其底，厚三寸許。紙上加七星，七星之制古用板一片，長廣令棺中可容者，鑿爲七孔，以象七星。今用絹布四尺餘代之最可。棺底四隅各釘大鐵鐶，動則以大索貫而舉之。

案：程子云：「雜書有松脂入地百年爲茯苓，千年爲琥珀之説，蓋物莫久於此，故以塗棺，古人已有用之者也。」高閌曰：伊川先生謂棺以松脂塗之，則固而木堅。注云松脂與木性相入，而又利水，蓋今人所謂瀝青者是也。須以少蚌粉、黄蠟、清油合煎之乃可用，不然則裂矣。其棺椁之間，亦宜以此灌之。

案：劉氏云：「送死之道，惟棺與椁爲親身之物，孝子所宜盡之，擇木爲之可也。古者國君即位而爲椑，歲一漆之。今人亦有生時自爲壽器者，此乃由行其道也，非豫凶也。其木油杉爲上，毋事高大以圖美觀，棺周於身、椁周於棺足矣。棺內外皆用布裹漆，務令堅實。且常見前人葬墓掩壙之後，即以松脂溶化灌於棺外，其厚近尺。後爲人侵掘，松脂歲久凝結愈堅，斧斤不能加，得免大患。今有葬者用之，可謂宜矣。」

案：《檀弓》云：「喪具，君子恥具，一二日而可爲也者，君子弗爲也。」蓋喪具，棺衣之屬，君子恥於早爲之而畢具者，嫌不以久生期其親也。然六十而歲制，蓋歲制謂棺也。人至六十，則衰老將近矣，故必豫爲制之，恐其一旦不測，倉卒之變，猝難措置。縱能成之，亦多苟且，取具木既非良，漆亦不固，或遇暑月，遂至穢惡外聞，孝子事親，惡可以豫凶事爲解，而不先事爲備哉？七十而時制，蓋時制謂衣物之難得者，須三時可辨也。八十而月制，蓋月制謂衣物之易得者，則一月可就也。九十而日修者，棺衣皆具，無事於制作，但每日修理，恐或不完，蓋慮夫倉卒之變，不可猝置，至於一日二日可辦之物，則君子不豫爲之，所謂絞紟衾冒，卒而後制者也。子思曰：「喪三日而殯，凡附于親者，必誠必信，勿之有悔焉耳。三月而葬，凡附於棺者，必誠必信，勿之有悔焉耳。」

案：喪禮，送終之道，所宜慎重。父母年老，宜倣古人歲制、月制之義，預求絲絹爲衣衾之類之需。富則可用紵絲，厚於愛親，亦不爲過。蓋紵絹入地最耐久，綿布入地，不過一月即朽。棺木用楠之高者，猶差勝於所用杉之低者。其葬宜用灰隔三合土堅築之，久則化爲金石，可與天地同朽矣。

案：枚簡侯云：「人有父母，年老即當竭力爲之壽器者，不得與兄弟分派争較，彼此推延，以致倉卒（悟）〔誤〕事。近見世俗痴愚，凡預爲壽器，願以爲諱，爲之子者，亦故延緩吝惜，變出不測者，物惡價倍，貽無窮之悔，于心安乎？倘如其力不足者，寧厚于此，勿急於雜務可也。」

案：温公曰：「槨者，古人雖制，然板木歲久終歸腐爛，徒使壙中寬大不能牢固，不若不用之爲愈也。孔聖葬鯉，有棺無槨，又許貧者還葬而無槨。今不欲用，非爲於貧者，乃欲保安亡者耳。」

案：葬事，世人求安之道，思之想亦至矣。地中之事，察之想亦詳矣。然地中之患，有二不知，惟蟲與水而已。所謂無使土親膚，不惟以土爲污，有土則有蟲，蟲之侵骨甚可畏也。備之唯木棺堅好縫完，則不能入。求堅莫如杉榣等木，欲完莫如漆與瀝青，此物甚可也。

案：《周易》云：「古者之葬，厚衣之以薪。葬之中野，不封不樹，喪期無數。後世聖人易之以棺槨，

（蓄）〔蓋〕取諸《大過》。」又許慎《説文》云：「棺者，關也，所以掩尸也。」《檀弓》：「有子曰：夫子制於中都，四寸之棺，五寸之椁，以斯知不欲速朽也。」又案《漢書》劉向上書曰：「棺槨之制，自黄帝始也。舜作瓦棺，湯作木棺，禹作土塈，湯作木槨。」《古史考》：「禹作土塈以周棺，湯作木槨易土塈。」

東園温明秘器

案：《漢書・霍光傳》，光薨，賜東園温明，如乘輿制度。服虔注云：「東園處此器形如方漆桶，開一面，漆畫之，以鏡置其中，以懸尸上，大斂并蓋之。」又案周密《癸辛雜識》：「今世有大斂，而用懸鏡之棺，蓋以照尸者，往往謂取光明破暗之義。且《漢書・霍光傳》賜東園温明，服虔謂東園處此器以鏡置其中，以懸尸上。然則其來尚矣。」

治斂具圖式

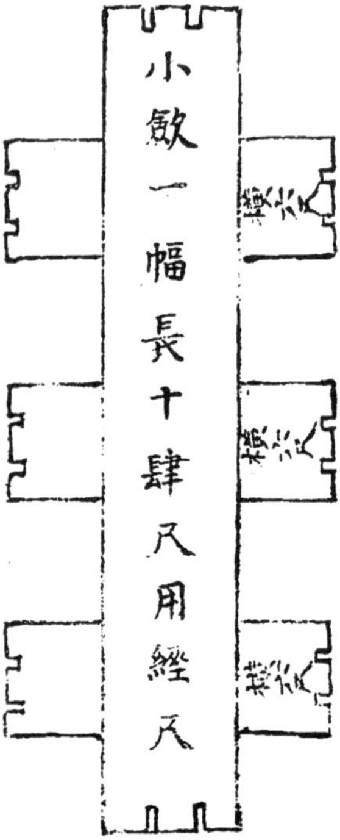

富者用絹，貧用布，横者三幅，直者一幅。每幅兩頭皆折爲三片，横者之長取足以周身相結，直者之長取以掩首至足而結於身中者也。

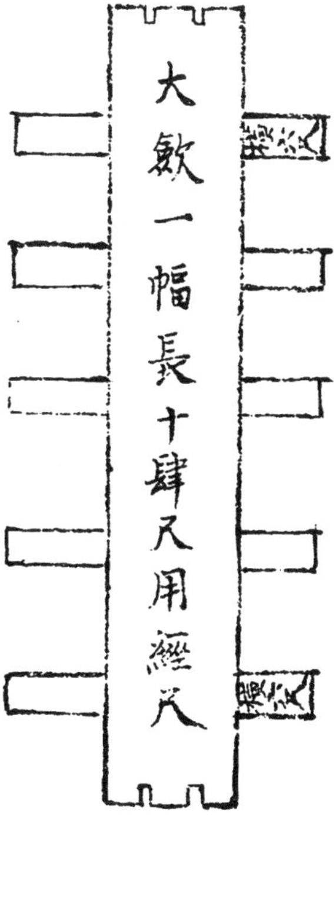

富者用絹，貧用布。

横者三幅，通身裂爲六片，去一片用五片。兩頭無裂直者一幅，開兩頭裂爲三片，留其中間三分之一，其結亦如小斂者。

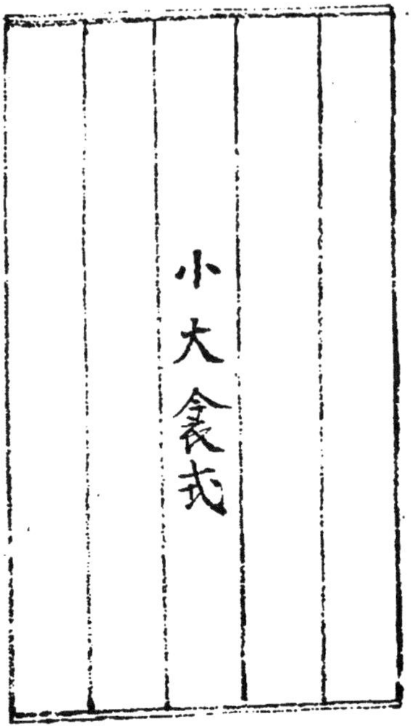

衾用五幅縫之，每幅長十弍尺，小斂一，大斂一。

藉用四幅，每長四尺七寸，縫之錦鏽，布帛隨宜。斂訖置此，以便兩邊手執奉尸入棺者。

聶氏本

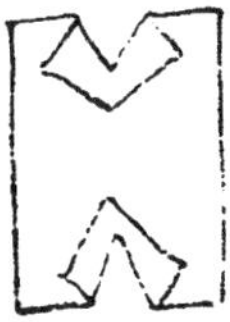

掩練帛，廣終幅，長三尺餘，折其末。裹首也，掩若今人幞頭。但死者以後二脚於頤下結之，與生人爲異也。

瑱用白纊爲之，如棗核大，以充耳。古者生時士夫用象，今終者直用白纊塞耳而已，異於生也。

劉氏本

幎目用緇，方尺餘，赬裏，着組繫覆面者也。《詩》曰：「葛藟縈之。」赬，赤也，着充之以絮，四角有繫，於後而結之。

劉氏本

冒，既襲所以韜尸，重形也。準身爲之，初無寸量，長與手齊。制作兩囊，各縫合一頭。又縫連一邊，餘一邊不縫，旁綴，上下安帶以結之。

大結帶用全幅，長五尺餘，摺長如帶，絹布隨用。取之卷兩手，直下總結在腹間，務令堅緻。

枕一片，充紙，長六寸五分，闊四寸，厚一寸，中鑿圓形，深取五分，以安首枕。

握手用緇纁色，包足用白雪色，絹布隨用。長短形様着量縫之，各有組繫，所以衣手足結之者也。

覆面一片，充紙，長闊厚與枕同，中鑿鼻形，深取六分，以覆于面。

插耳二片，各充紙，長六寸五分，厚二寸五分，高五寸，以補缺耳旁左右。

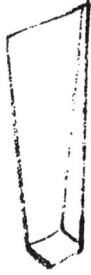

覆中脛一片，充紙，長一尺三寸，上闊七寸，薄五分，下闊四寸，厚三寸五分，以補脛中缺也。

藉首足二片，各充紙，厚一寸，高五寸，首橫九寸，足橫八寸六分。

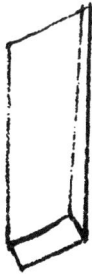

左右二片，立足旁，兩脛各充紙，長一尺五寸，高五寸，上薄五分，下厚二寸五分，以補缺足脛者也。

浹水三片，各充紙，每片長一尺三寸六分，闊九寸，厚三寸二分。先置入于棺内之底，以備浹水。後加七星于其上，倘無制紙，宜以蓮枯葉代用入此簡便可也。或以蓮枯葉燒取此灰用之于底亦得。

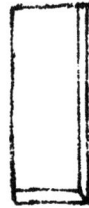

一貪狼，二巨門，三禄存，四文曲，五廉貞，六武曲，七破軍。

七星圖

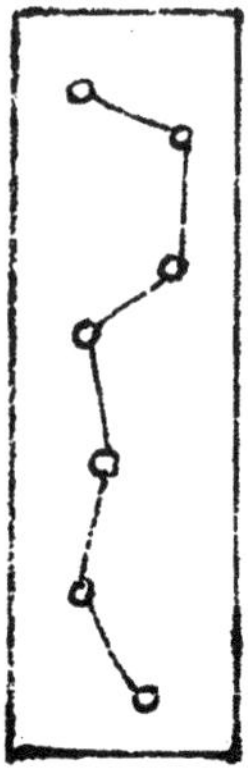

七星之制，古用片板。今制全幅，布帛隨用。長四尺二寸，闊九寸，硃畫七孔，以象天星。

襲具

衣、衾、掩練、幎目、瑱、冒、握手、包足、大帶及補缺諸件。

沐浴具

櫛一。梳也，以解髮之。組一。絲繩束髮根者。布巾二。以拭上下身者。水瓶一。以汲水者。水盆一。以盛水者。小刀一。以剪手足甲者。湯堝一。以煮湯水。火爐一。以煮白檀香二兩，丁香二錢。

含具

錢三文。磨使精好，富貴用金銀，錢三、蚌珠九，以盒盛器。糯米。新米精白數百粒，以碗盛之者。匙一。以此扱米。

執事陳設

設幃堂。縫布爲幃，以障内外。設尸床。縱置于尸前，施簟設席枕。遷尸床上。執事者盥手，共遷尸于床上，南首，覆以衾。掘坎。掘于偏僻潔静之處。陳襲衣。以卓子陳襲具于堂前東壁下。陳沐浴飯含。以卓陳沐浴飯含之于堂之前西壁下，執事者以香味煮湯爐。沐浴。侍者以盆盛湯水入。喪主以下出幃。于幃外北面立。舉哀。俱哭。跪。主人跪者，執事亦跪。告辭曰：兹請沐浴，以滌舊塵，敢告。俯伏，興，平身。父、衆男浴，母、婦女浴。

陳具沐浴圖

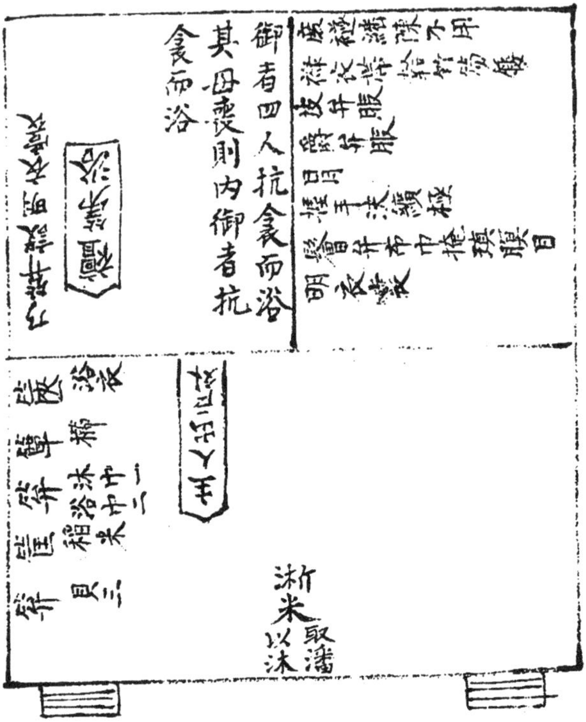

祝淅米者淅壁之稻米以取潘管人受潘煮于堂外御受沐入乃浴大記云君沐粱大夫沐稻不同當考此米凡斗用祝淅米取潘以沐一也祝受宰米并貝以含二也祝以飯米之餘煮鬻用幹南縣于重三也

坎
湙濯等棄于坎

盆
槃
瓶
廢敦
重鬲

乃沐浴

案：沐浴者，示潔静反本之意也。《家禮》沐浴用侍者，以至情論之，男子當用子孫衆男，婦人當用子孫衆婦。今云侍者，必委下婢僕，恐有未周，是慢其親也。倘或孝子哀病，不能舉手，故用侍者助之些少可也。

案：《儀禮·士喪禮》「主人皆出」，注：主人出，則皆出，象平生沐浴裸裎，子孫不在旁。

儀節：沐。侍者解髮沐之，晞以浴。侍者以手抗其所覆之衾，先巾，且以組撮髮爲髻。以一巾拭其面與身上，又以一巾拭其身下，安畢還覆以衾。剪爪。盛于囊，俟其斂訖，納于棺。埋餘水。其浴水、巾、櫛棄掘坎埋之。設襲床。施薦席褥枕，加衣帶等物于其上者。舉襲床。遂舉以入，置于沐浴之右。遷尸於襲床上。侍者共舉尸置床上。易衣。悉去病時之衣及復衣，易以新衣，其衣皆衽向左，而不爲紐。惟朝祭之服，不倒結，絞不紐。子午卯酉寅申巳亥，此八日，衣用奇數；辰戌丑未，此四日衣用偶數。古者士襲衣三稱，大夫五稱，雖衣多不必盡用者也。主人以下爲位而哭。主人坐于尸床東，衆男坐主人之下，皆藉以藁草。期功坐于衆男之後，各藉席薦。主婦坐于尸床西，衆婦坐主婦之下，皆藉以藁草。期功坐于衆婦之後，各藉以席薦。妾婢立于後，以服爲行。舉哀，盥洗，跪。主人跪，執事跪。告辭曰：兹請飯含，伏惟歆納。敢告。俯伏，興，平身。

飯含襲圖

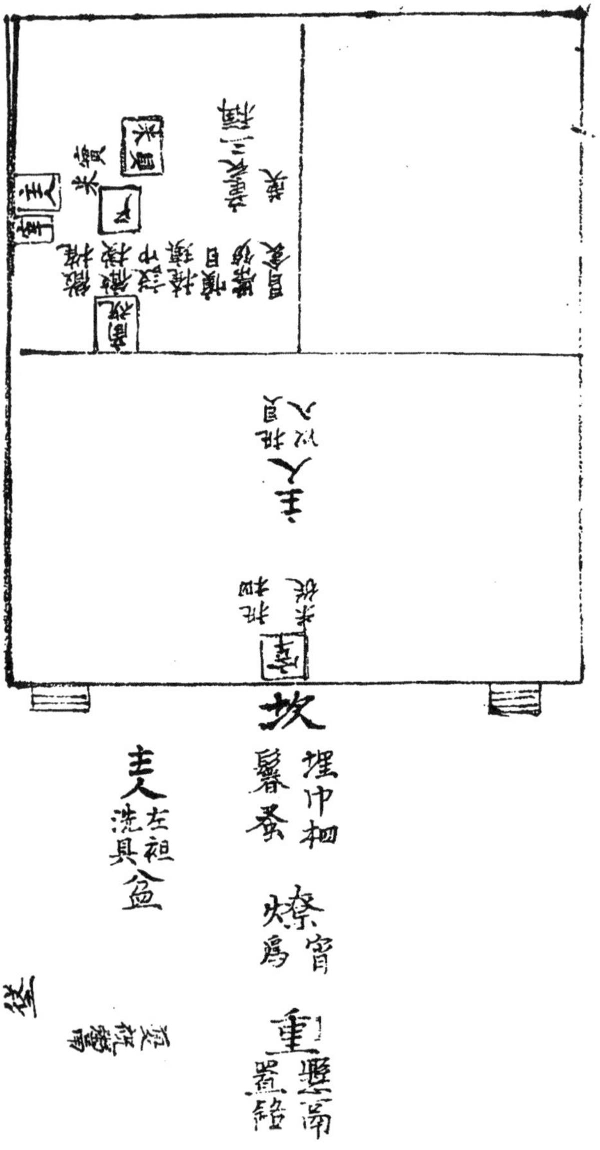

乃飯含

案：《春秋題辭》：「口實曰含，象生時食也。」飯含者，蓋不忍其口之虛也。而《儀禮》實以米錢，俗用金銀珠玉之類。珠玉誨盜，且於飯含之義無謂，米易生蟲，尤爲死者所忌。似不若實以使君子仁，三枚爲佳，蓋使君子仁既可食，又能殺蟲故也。又案：《留青集》云：「含用些少金銀與茶葉，幾個亦可也。」

儀節：奉含具。主人執盒以入，侍者插匙于米盌，執以從，置于尸右。執事唱：初飯含。主人以匙抄米幾粒，或使君子一仁，實于尸口之右。再實以錢一文，或金銀一珠三。再飯含。再以匙抄米幾粒，或使君子一仁，實于尸口之左。又實以錢一文，或金一珠三。三飯含。三以匙抄米幾粒，或使君子一仁，實于尸之口中。又實以錢一文，或金一珠三。去楔齒，復哭位。主人含訖，掩所袒衣，復原哭位。

乃襲

此斂之衣服，謂之襲。侍者卒襲，先加掩冒，次充耳，次覆面巾，納握手，納包足，結大帶，次覆以衾具。

乃設奠

奠者，安置之謂。鬼神無象，設奠以依憑之。執事以卓子置殽饌，安于尸東當肩，凡奠皆留於几上，俟設新奠而去之。

儀節：祝盥洗。洗盞。斟酒，奠酒。奠于卓上而不酹者。罩巾。以巾覆酒饌以辟蠅。舉哀。

具括髮麻，免布，髽麻。

案：司馬《書儀》：古者主人素冠環絰視小斂，既而男子括髮，婦人髽，皆有首絰要絰。始死去冠，二日去笄纚括髮。男子括髮，婦人以麻髽，帶麻髽者，去纚爲紒也。今恐倉卒未能具冠絰，故於小斂訖，男子婦人皆收髮爲髻，先用麻繩撮髻，又以布爲頭𦅸。斬衰者括髮，紐麻爲繩。齊衰以下至同五世祖者皆免，裂布或縫絹廣寸。婦人髽亦紐麻爲繩。齊衰以下，亦用布絹爲免，皆如幧頭之制，自頂向前，交於額上，却繞髻如着幧頭也。爲母雖齊衰亦用麻，婦人惡笄當用鏍釵，或竹木骨角爲簪。至於環釧之類用金銀者，居喪盡當去之。

案：敖繼公曰：「《檀弓》云：『始死，羔裘玄冠者，易之而已。』易者，謂易之以素冠深衣也。然則始死之服，主人以下皆同，而未暇有别異。今既小斂，主人乃去冠與纚，而以麻爲髻髮。衆主人以下，乃去冠與纚，而以布爲免。二者皆以代冠也。其制雖不可考，然以意求之，疑其度但足以繞紒而已。以其無纚，故謂之髻髮，言括結其髮也。以其無冠，故謂之免，言因免冠而爲之也。小斂之日，喪事方始，乃以二者别親疏，而復以絰帶之〔差〕繼之。《曲禮》云『生與來日』，其此之謂乎？」

案：吕氏大臨曰：「免以布爲卷幘，以約四垂短髮，而露其髻。於冠禮謂之闕頂。冠者必先着此闕頂，而後加冠，故古者有罪免冠，而闕頂存，因謂之免。音免，以其與冕弁之冕其音相亂，故改音問。」

案：朱子云：「括髮是束髮爲髻。《儀禮》注疏，以男子括髮與免及婦人髽，皆云如着幓頭。然所謂幓頭，即如今之掠頭編子，自頂而前交於額上，却繞髻者也。」

案：孔穎達云：「斬衰，男子括髮，齊衰，男子免，皆斂殯之時爾。非斂殯則大夫以上加素弁，士加素冠，皆於括髮之上。諸侯五日成服，大夫士三日成服。」於理或然。

案：《小記》曰：「男子冠而婦人笄，男子免而婦人髽。」又《曲禮》冠無免，則凡免皆與冠對。免之爲免，當正讀爲免，其已理明矣。喪而免冠，不惟五世無服用之，雖重如斬衰，當其未斂，未及成服，亦當用之。蓋喪之始，未辦成服，姑仍常時衣冠。在衣則袒，在冠則免，以爲變常之始。故經記重喪曰袒，括髮變也。愠，哀之變也，去飾去美也。袒、括髮，去飾之甚者也。

遂小大斂

案：斂者，謂包裹斂藏之也。孝子愛親之肌體，不欲使爲物所毀傷，故裹以衣衾，盛以棺椁，深藏之地下。古者死之明日小斂，又明日大斂，顛倒衣裳，使之正方，束以絞衾，韜以衾冒，皆所以保肌體也。士襲衣三稱，大夫五稱，諸侯七稱。小斂尊卑通用，此非貧者所辦也。今從簡易，襲用衣一稱，大小斂則死者所有之衣隨宜用之，若多不必盡用也。夏后氏斂用昏，商人斂用日中，周人斂用日出，今事辦則斂，不拘何時耳。

案：温公云：「《禮》，明日小斂，三日大斂，以孝子望其復生，故以三日爲之。貧者倘喪具未辦，或漆棺未乾，雖三日亦無妨也。然世俗者以陰陽拘忌擇日而斂，盛暑之際，三日切不可也。且卒者氣已絶，肉已冷，決無可生之理。今擬按禮，遷尸者襲合大小斂同一時，取次行之可也。」

儀節：主人跪，執事亦跪。告辭曰：茲以吉辰，請迎入斂。敢告。俯伏，興，平身。侍者盥手，帨巾，鋪設絞衾于堂東壁床上。衾具預先鋪設，横者三幅于席上，次加縱者一幅于横上之中，次又以衾加於縱上。仍以針線釘之，庶免差誤可也。舉尸。上下左右扶舉。安于衾上中正。先置枕片，次置插耳兩片，次加覆面片，次置足旁兩脛二片，及置覆中脛一片，又置藉首足二片。粘紙或衣補缺充訖，即收衾。先掩左，次掩右，次掩足，次掩首，乃行絞結。先縱者三，後橫者九。小斂各已絞訖，即行大斂。鋪設衾絞，並如小斂之儀。先縱次橫後衾，掩衾左右足首如前，即行絞結。先縱者三，後橫者五。大斂已訖，奉舉安于藉衾之上，要宜中正。侍者舉棺置于堂中，少西，南首。先以浹水紙三片，置于棺内之底，或蓮枯葉亦可，後以七星之幅加于其上。主人舉哀跪，執事亦跪。告辭曰：兹以吉辰，請迎入棺。敢告。俯伏，興，平身。

乃入棺

案：温公云：「凡動尸舉棺，哭擗無算。然殯殮之際，宜當輟哭。臨視詳檢，務令安固，要必十分停當，不可但哭而已。又實生平齒髮之落及所剪爪，盛囊納于棺角，或遺衣，或短帛，塞令充實，無使動摇，令棺内平滿可也。」

儀節：舉尸于棺。男女子孫及侍者左右，各執藉衾，扶之舉尸納入棺中者。實齒髮，盛囊寔于棺内四角。實空缺。又揣其空缺處，卷衣或紙塞之，務令充實平滿，不使摇動。收藉衾。收錦衾之四角裔垂于外者。先掩足，次掩首，次掩左，後及于右。憑哭盡哀。主人主婦憑棺而哭。哭畢，婦人退入幕中。蓋棺。召熟識之人，漆鐵之匠，蓋之下釘。這釘先宜詳檢精好，不可過大，務要適中，穿孔相當。徐徐送下，使無悔裂可也。覆柩以衣。尸已在棺，曰柩。柩者，究也，久也。送終隨身之制皆究備也。又以錦鏽或色絹布爲衣覆柩。

設靈座魂帛于柩前

柩前設靈座，置椅褥。褥上置魂帛，箱椅前置卓，卓上置香爐、燈燭架、酒注、酒盞、茶甌、果盒之類。

設靈床于柩東

床褥、枕席、衣服、鞋襪之類，皆如生平。今人多不行，惟設一小靈床于卓上。然屋宇寬大者，相應如禮可也。

設銘旌于柩西

案：《檀弓》云：「銘，明旌也，以死者爲不可別已，故以旌識之，愛之斯録之矣，敬之斯盡其道焉。」蓋以表其柩也。孔穎達云：以絳帛爲之，充廣幅，三品以上長九尺，四品五品長八尺，龍首韜杠，六品以下七尺韜杠，庶人六尺。以竹爲杠，杠者，竿也，如旌稍長，倚于靈座之右。《寶要》云：「以粉筆大書某官某姓享壽幾十某謚府君之柩，如無官，則隨生時所稱之號，是父書式也。某封某氏淑人之柩，如無封，則稱某門正室孺人之柩，是母書式也。」

案：此凡書，不用題明考妣。俗傳惟照、鬼、酷、靈、聽等字輪流，周而復始。勿犯鬼酷字，男宜靈字，女宜聽字，此等字俗皆通用，俟後查究。又案：鬼字，鬼者，歸也，歸其真宅也。《列子》篇云：「精神離形，各歸其真，故謂之鬼。」《詩・小雅》云：「爲鬼爲蜮。」再如酷字，酷者，虐也，慘也。《白虎通》云：「極也，教令窮極也。」又案：靈字，靈者，善也，福也，陰之精氣曰靈。《謚法》云：「死而志成曰靈，死見神能曰靈。」又如聽字，聽者，静也，然後所聞審也。《書・太甲》曰：「聽德惟聰。」如此等字義倣詳明，或用意以存法，何爲？俟尋後究可也。

謚法

案：謚者何也？蓋謚之爲言引也，引烈行之迹也，所以勸進戒上務德也。故《禮・特牲》曰：「古者生無爵，死無謚。」此言生有爵，死當有謚也。謚之何？言人行始終不能若一，故據其終始可知也。《士冠禮》曰：「死而謚之。」今也所以臨葬而謚之何？因衆會欲顯揚之也。《列女傳》云：柳下惠死，門人將謚之。妻曰：「夫子之謚，宜爲惠乎？」門人從以爲謚。魯黔婁先生死，曾子與門人往吊焉。曰：「何以爲謚？」其妻曰：「以康爲謚。昔先君嘗賜之粟三十鍾，先生辭而不受，是其餘富也。君嘗欲授之以國相，先生辭而弗爲，是其餘貴也。彼先生者，甘受天下之澹味，安天下之卑位，不戚戚於貧賤，不急急於富貴，求仁而得仁，求義而得義，其謚爲康，不亦宜乎？」又案：《張來答李文叔簡》：「古之私謚者其多，如王通死，門人私謚文中，孟郊死，韓愈、張籍謚以貞曜。此門人與朋友尊愛而謚之者也。」

案：李豫亨《推蓬寤語》：唐制謚議之法，無爵者稱子，若藴德邱園，聲實明著，雖無官爵亦奏聞，賜謚曰先生。今三品以上乃得謚號，而無爵之謚遂絶。竊以爲純白之士，雖不得出仕者，仁朋義友，孝子順孫，循其行實，私爲加謚，義無不可。又唐碑碣之制，五品以上立碑，若隱淪道素著聞，雖不仕亦立碣。今無爵，法不立碑，但立石，紀歲月，不螭首龍趺，亦無傷也。

案：鄭樵《通志·序論》：古無謚，謚起於周人，羲皇之前各是，氏亦是，號亦是。至神農氏，則有炎帝之號，軒轅氏則有黄帝之號。二帝之號雖殊，各氏則一焉。堯曰陶唐，舜曰有虞，禹曰夏后，湯曰殷商，則氏已異於名。堯曰放勛，舜曰重華，禹曰文命，湯曰武王，則號已異於氏。然是時有名號之别者，不過開基之祖耳。夏自啓商自太甲皆一名，而生死通稱。若其曰祖曰宗，爲中爲高，又不可常也。以諱事神者，周道也。周人卒哭而諱，將葬而謚，有諱則有謚，無諱則謚不立。蓋名不可名已，則後王之語前王，後代之及前代，所以爲昭穆之次，將何以別哉？生有名，死有謚，名乃生者之辨，謚乃死者之辨，初不爲善惡也。以謚易名，名尚不敢稱，况可加之以惡乎？非臣子之所安也。嗚呼，《春秋》紀實事，而褒貶之説行；《謚法》別昭穆，而美刺之説行。當其時已紛紜矣，後之人何獨不然？臣恐褒貶之説不已，則《春秋》或幾乎息矣，於是作《春秋》，爲《春秋傳》。又恐美刺之説不已，則周公之意其亡矣，夫於是作《謚法》，使百代之下，爲人臣爲人子，知尊君嚴父，奉亡如存，不敢以輕重之意行乎其間，以傷名教者也。

上謚法

神 聖 賢 文 武 成 康 獻 懿 元 章 釐 景 宣 明 昭 正 敬 恭 莊 肅 穆
戴 翼 襄 烈 桓 威 勇 毅 克 壯 圉 魏 安 定 簡 貞 節 白 匡 質 靖 真 順
思 考 暠 顯 和 玄 高 光 大 英 睿 博 憲 堅 孝 忠 惠 德 仁 智 慎 禮 義
周 敏 信 達 寬 理 凱 清 直 欽 益 良 度 類 基 慈 齊 深 温 讓 密 厚 純
勤 謙 友 祁 廣 淑 儉 靈 榮 厲 比 絜 舒 賁 逸 退 訥 偲 述 懋 宜 哲 察
通 儀 經 庇 協 端 休 悦 綽 容 確 恒 熙 洽 紹 世 果

右百三十一謚，用之君親焉，用之君子焉。

中謚法

悼 懷 愍 哀 隱 幽 沖
夷 懼 息 携 鄙 愿 儆

右十四謚，用之閔傷焉，用之無後者焉。

下謚法

野　夸　躁　伐　荒　煬　戾　剌　虛　蕩　墨　僭　亢　干　褊　專　輕　苛　介　暴　虐　愎

悖　凶　慢　忍　毒　惡　殘　奰　攘　頑　昏　驕　酗　湎　僥　狃　侈　惑　靡　溺　僞　妄　讟

諂　誣　詐　譎　訩　詭　奸　邪　慝　蠱　危　圮　懦　撓　覆　敗　斁　疵　饕　費

右六十五謚，用之殲夷焉，用之小人焉。

凡上中下謚，共二百十言，以備典禮之用。

案：《表記》云：「先王謚以尊名，節以壹惠，耻名之浮於行也。」注：「謚者，行之迹也。名者，謂聲譽也。言先王論行以爲謚。以尊名者，使聲譽可得而尊信也。一惠，猶善也，言聲譽雖有衆多者，即以其行一大善者爲謚耳。在上曰浮，君子勤行成功，聲譽踰行是所耻。」疏：「言人身死之後，累列生時之行迹。作謚號者，以尊敬生前之聲名，可得傳於後世。節以一惠者，言爲謚之時，善行雖多，但取一善爲謚者，耻善名之浮過於行，所以減衆善之名，但取一事之善爲謚也。」

官制：男人有官

正一品文誥授特進、榮禄大夫，謚文誼。武誥授特進、壯武將軍，謚武毅。以下並稱某姓公。

從一品文誥授榮禄大夫，謚文懿。武誥授壯武將軍，謚武恪。

正二品文誥授資善大夫，謚莊亮。武誥授嚴威將軍，謚忠謹。以下並稱某姓侯。

從二品文誥授中奉大夫，謚莊凱。武誥授雄威將軍，謚忠奮。
正三品文誥授嘉議大夫，謚憲穆。武誥授英勇將軍，謚英肅。
從三品文誥授中議大夫，謚憲静。武誥授奮勇將軍，謚英邁。
正四品文誥授中順大夫，謚端謹。武誥授明義都尉，謚壯翼。
從四品文誥授朝列大夫，謚端諒。武誥授信義都尉，謚壯義。
正五品文誥授奉議大夫，謚端直。武誥授武功都尉，謚壯鋭。以下並稱某姓府君。
從五品文誥授奉誠大夫，謚端慎。武誥授建功都尉，謚壯顯。
正六品文勑授承務郎，謚敦雅。武勑授壯節騎尉，謚雄勁。
從六品文勑授文林郎，謚敦肅。武勑授壯節佐騎尉，謚雄節。
正七品文勑授徵仕郎，謚敦簡。武勑授效忠騎尉，謚雄果。
從七品文勑授徵仕佐郎，謚敦敬。武勑授效忠佐騎尉，謚雄敢。
正八品文勑授修職郎，謚恭允。武勑授忠信校尉，謚勇堅。
從八品文勑授修職佐郎，謚恭懿。武勑授忠信佐校尉，謚勇懋。
正九品文勑授登仕郎，謚恭茂。武勑授效力校尉，謚勇勵。
從九品文勑授登仕佐郎，謚恭樸。武勑授效力佐校尉，謚勇敏。

官制，婦人有封命婦，品級不分正從

一品夫人　二品夫人　三品淑人　四品恭人　五品宜人　六品安人　七品安人　八品孺人　九品孺人

名號

案：《禮》云：生曰父、曰母、曰夫、曰妻，死曰考、曰妣、曰辟、曰嬪。考，成也，亦言槁也，槁於義爲成，凡五材膠漆陶冶皮革，乾槁乃成也。妣，比也，比之於父亦然也。辟，法也，妻所取法之也。嬪婦也，服也，婦人有法度者之稱此也。

案：名號者，以實命物，使有所辨，則謂之名。因名命物，使無相害，則謂之號。是名爲實之賓，而號爲名之美稱也。又如神祇百物，各有其名，以名舉則失於褻。易其名而爲之美稱，所以致敬，以尊神明，見其肅敬之意。《周禮》祝辨而爲之。

乃設奠

儀節：序立。自此以後，凡祭各照重服在前，輕服在後。舉哀，盥洗。執事。帨巾詣靈座前，跪，焚香。執事。斟酒。執事。奠酒，哀止，皆跪，讀告文。跪讀，主人之右。俯伏，興，平身，復位。舉哀，鞠躬，拜。凡二。興，平身，點茶，焚告文，禮畢。

告文

維皇號幾年歲次干支某月干支朔越某日干支哀、孤子某等恭承父命、恭協母命某氏，敬以庶饈清酌品物，敢昭告于故母某封正室某氏號孺人、父某官某謚號某姓府君靈前曰：「痛惟慈親，奄忽棄世，初設靈座，敬安神位，聊具菲儀，用伸奠獻。敢告。」

妻文

靈前曰：「痛惟賢壼，奄忽棄捐，于兹吉日，敬設靈床，聊備菲儀，用伸哀奠。敢告。」

案：古者祭文稱姓名者，言不稱父之姓名也。而母稱姓者，言不稱母之名也。如父歿母存，只稱孤子某等，恭協母命陳氏或黎氏而已，不可著名也。如母歿父存，只稱哀子某等，恭承父命而已，不可著父姓名也。若母歿而父主喪者，則爲夫祭妻，宜稱爲哀夫率哀子某。凡父爲主喪，則父自親行禮如儀。至如孫祭自祖以上，則並稱爲哀孫，敬以某物，敢昭告于某親父母或祖。又如未葬則父稱故父，母稱故母或繼母、生母。生母，是庶子母也。祖稱祖父祖母。如已葬則父稱顯考，母稱顯妣或繼妣、生妣，祖稱顯祖考、顯祖妣。凡父及祖有官則稱爲某官某謚號某姓府君，無則隨其名號所稱。又母及祖母者，有封則稱某門正室某氏淑人，無封則稱某門正室某氏號孺人或令人。至如旁親不論已葬未葬，妻則稱先室，妾則稱翼室或側室。以上稱孺人、令人，繫以氏，以下稱氏。兄弟子侄皆書行次，兄弟以上稱字，以下稱名。凡旁或伯叔或子侄，尊於己稱先，卑於己稱亡，某官某號府君，或某封某氏孺人位前曰。以下著文隨其所祭，則揭而書之者也。均倣此。

訃告于親戚僚友

案：訃者，赴也，又報喪也。《檀弓》云「父兄命赴者」，曰生時與人有恩誠者，今卒則其家使人往相訃告。《士喪禮》孝子自命赴者，蓋大夫以上，則父兄代命之，士則自命之可也。又案《家禮》有司書，蓋孝子初喪其親，悲迷不暇自書，有司代爲書，而稱名可也。又《辨定》稚黄云：如尊長爲卑幼赴，如祖爲孫，伯叔爲姪，兄爲弟，夫爲妻，皆稱某服生。如卑幼爲尊長訃，皆當自署，對亡者之稱，不得稱生。如弟爲兄則當稱某服弟，姪爲伯叔則當稱其服姪，嫡子爲庶母，則當稱期杖子。或謂訃于他人，不必如是稱。若親告他人，亦當孤哀生矣。且今有婿爲妻父母訃者，亦稱緦服婿，況弟姪嫡子爲父黨本尊，而服且加重乎？或謂嫡子爲庶母訃，而稱期杖子爲太重者。非也。彼所生之子，爲我母斬衰三年，我故報之以期杖。謂之庶母，則固有稱子之道矣。今人于朋友之父，有稱通家子者，豈親兄弟之母臨故而反自逖遠者乎？揆之情度禮，稱子者不爲過也。

案：《辨定》毛西河云：禮稱諸侯曰薨，大夫曰卒，士曰不禄，庶人曰死。然考之《春秋》，赴于本國皆稱薨，赴于列國皆稱卒。《士記》《雜記》參錯不合。諸侯稱不禄，大夫亦稱不禄，大夫稱死，士亦稱死。則今之士庶死曰卒，誠上下之通稱，皆可用也。又王草堂云：榮啓期曰：「死者人之終也。」《檀弓》云：「君子終，小人死。」《釋名》曰：「死者，澌也。薨者，壞聲也。卒者，竟也。不禄，不復禄食也。物故，諸物皆朽也。」《白虎通》曰：「人死謂之喪，言喪云不得見。孝子之心，不忍言死也。」《詩》曰：「人之云亡。」《傳》曰：「忽然長逝。」曹植曰：「隱然長寢。」《蘇秦傳》云：「奉陽君捐館舍。」《周禮》五十里有市，市有館，以待朝聘之客。今陽君棄此館舍，是皆死者之通稱也。

或問曰：「其不赴告何也？」曰：「親厚者不必赴，疏遠者不當赴，貴顯者不敢赴，必不得已始赴。一力口報呈之，豈以片紙爲惜？哀痛迫切之中，從其質也，仁人之所不罪也。」「然則古何以赴？」曰：「古卿大夫士，交政於中國，勢分懸隔，或拜使而赴，或父兄命赴，政事之章，冠裳之體也。今我親故，情聯地密，朝有變而夕莫不聞，彼且匍匐不暇，而待赴乎哉？故仁人之所不罪也。」

訃書式

家君、慈以某日接病，不幸於某月日卒于正、内寢，耑人訃告某尊親大人。　孤、哀子某泣血稽顙拜。

代訃式孝子居喪，不暇及書，孫支與兄弟侄代行。

某門不幸，禍延祖父、母，於某月日時以疾終于正、内寢，忝在親誼、至戚，敢不訃聞。

如客終者，于正内字上加著某邸、寓官字等。

答訃書

聞尊臺、壽臺遽違色養，訃至令人驚怛不已，門下孝心純至，此時此情，知不自堪。第死生有命，禮制有常，惟執事節哀順變，以襄大事，毋重貽逝者之戚，則至禱也。如答上欲不吊者，則著「且因俗冗，吊慰未遑」之句。聊具某物，以申鄙敬，伏祈鑒亮，不備。敬復某號親丈苫次。　忝識姓名頓拜。

不用異教

按：王草堂云：「韓文公遺命，習俗畫寫浮屠，日以七數之一，無污我。宋景文遺戒，不可作釋道二家齋醮。邵夫叟臨終戒子雍，勿作佛事以亂吾教。司馬文正公謂，世俗信浮屠誑誘，于始死及七七日飯設教塲，何其易惑難曉。程正公治喪不用浮屠。許魯齋居家，喪葬遵古制，不用佛老。曹月川篤尚理學，遭喪不用浮屠巫覡。此臨時禁用異教。宋開寶三年十月，詔開封府禁止士庶之家，喪葬不得用釋教威儀導引。

此舉殯時禁用異教也。故真西山云：釋教追薦之説，誠爲誑世。然釋死不用道，道死不用釋，今儒家讀周孔之書，死用釋老之薦者，豈非惑歟？」

案：《朱子全書》：或問：「親卒，遺囑教用釋道，如何？」曰：「便是難處。」或曰：「也可以不用否？」曰：「人子之心，有所不忍，這事須宜仔細商量。」又問：「今有人焉，其父尊信浮，若子若孫皆不忍改，將何時而已。恐人子之遭此，勿用浮屠可也。至於家舍所敬形象，必須三年而後改，不知如何？」曰：「如此亦善。」

妄費宜省

案：子路云：「於生曰養，於死曰禮。」則知所謂禮者，喪葬之禮。言喪葬，則知所謂養者，亦無非禮矣。《語》云「生事之以禮，死葬之以禮。」是矣。君子之於親，以其所養，則養在志不在體，以其所葬，在誠不在物。苟養在體不在志，則雖三牲不足以爲孝。葬在物不在誠，則雖醯醢百甕，不足以爲禮。然則富者不足矜，貧者不足傷，要在自盡而已。」

案：《檀弓》子游問喪具，夫子曰：「稱家之有無。」子游曰：「有無惡乎齊？」夫子曰：「有無過禮。苟亡矣，斂手足形，還葬縣棺而封，人豈有非之者哉？」漢明詔云：「喪貴致哀。今百姓送終，競爲奢靡，生者無（抬）〔擔〕石之儲，而財力盡于墳土，伏臘無糟糠，而牲牢兼于一奠。靡破積世之業，以供終朝之費，子孫饑寒絶苦于此，豈祖考之意哉？」余竊聞民間不幸有喪，富者則侈靡而傷于財，貧者則借貸而害于債。夫送終之禮，稱家有無。昔人所謂必誠必信者，惟棺槨衣衾至爲切要，其他繁文外飾，皆不必爲。至如佛家追薦之説，茫昧難明，其爲無益，灼然可見。又如送葬之日，絲竹管絃，鼓吹偎偏道途，盛陳祭奠，金銀錦繡，結彩樓棚，刲宰牛牢，酣醆杯觴，當哀而樂，尤爲非禮。嗣後富者願削世俗不正之禮，省虛花無益之費。審欲爲親祈福，不若捐錢穀以濟饑貧，捨藥施棺，皆爲善事。書曰「人之善此，斯貽父母令名」者也。漸還淳古之俗，顧不美歟。

喪服制度，度用指尺。裁制之際，又當量其人長短肥瘠以爲度也。

屈指量寸圖

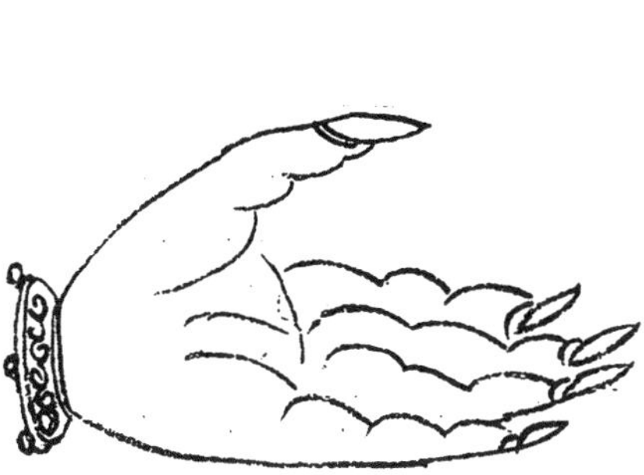

伸指量寸圖

案：《家禮》裁深衣及衰服，皆用中指中節爲寸。蓋以人身有長短，雖周尺準以貨泉者。楊氏亦謂，其于中人中指之寸，長短略同，然終不可爲定法也。指節人人殊，與人身相爲長短，《鍼經》以之定命穴，無有差爽者。况用以裁衣，豈有不稱體也哉？但常人往往昧於取法。今取《鍼經圖》列于其上，而以定法著之于下，便裁衣者有所據依云。又案：《鍼經》曰：「中指第二節内度兩横文，相去一寸。」又云：「中指中節横文，上下相去長短爲一寸，謂之同身寸。」注云：若屈指，即旁取側中節，上下兩文角，相去遠近爲一寸。若伸指，即正取指中，自上節下横文至中節中，從上第二條横文長者，相去遠近爲一寸。與屈指之寸，長短亦相符合。然人之身，手指或有異者，至于指文，亦各不同，更在詳度之者也。

男女服制

案：聖人制喪者服，所以序倫紀也。在昔司徒，敬敷五教。一曰父子有親，故父母爲斬衰齊衰之首。二曰君臣有義，故君服次之。三曰夫婦有别，故夫婦之服又次之。四曰長幼有序，故世父母、叔父母、昆弟、昆弟之子又次之。五曰朋友有信，宜亦有服者而不着也。

凡服制有五：一曰斬衰三年。斬，不緝也。用極粗生麻布爲之，其衣旁及下際皆不緝，背有負版，以表其負荷悲哀也。用布方八寸，綴於領下垂於前，當心有衰，以明孝子有哀摧之心也。二曰齊衰杖期，齊衰不杖期，齊衰五月，齊衰三月。齊，緝也。用稍粗生麻布爲之，其衣旁及下際皆緝。凡齊衰服制皆同，惟杖期用桐木爲之。三曰大功九月。大功者，以布之用功粗大名之也。大功爲服漸輕，故用粗熟布爲之。服以九月，爲物之終也。四曰小功五月。小功者，以布之用細小名之也。小功自大而降，故用稍粗熟布爲之。服以五月，爲陽之終也。五曰緦麻三月。緦麻者，鍛治其縷細如絲也。緦麻爲服極輕，故用稍細熟布爲之。服以三月，爲季之終也。而服之差算有八焉。

男人服制

衣制邊幅皆向外。斬衰不縫下邊，齊衰縫下邊，皆有衰、負版、辟領。大功、小功、緦麻，皆無衰、負版、辟領。大功以下，邊幅向内。

衣身用麻布二幅，其衣自領至要，二尺二寸，倍之各長四尺四寸，用指尺。每幅分中屈之，爲前後兩葉，每葉長二尺二寸。兩幅共四葉，前兩葉後兩葉屈訖，仍將後兩葉合爲脊縫，留上四寸不合。

袂衣即袖也。用麻布二幅，各長四尺四寸，與衣身同，亦分中屈之。亦長二尺二寸，縫連衣身。前後四葉，合下爲袂。

袪衣即袖之口也。袖長二尺二寸，從下量上一尺縫合之。留其上一尺二寸不縫，謂袖口。

適衣即辟領也。從衣身分中屈處，直量下四寸，即後兩葉脊縫原留不合處，及在前兩葉之上邊，前後四葉，各横裁入四寸。當直下四寸處分裁，從邊入中四寸，雖裁開不斷。裁訖，分摺所裁向外。當身兩肩上，爲左右適，在左肩上向左，爲左適，右肩上向右，爲右適。既轉所裁者向外，其間空缺處，前後俱名爲闊中也。

領衣別用麻布一幅，長一尺六寸，闊八寸，重摺爲兩長條，不斷，分上下條，上四寸下四寸。將其下條之兩頭，各裁去一塊方四寸，除去不用，留其中間八寸，連上條。裁訖，將所留連上八寸處，綴在衣身後兩葉，合縫上原裁爲闊中處以塞其空缺。此謂後闊中。既綴定，又將上條分中斜摺，兩頭向前，綴在前兩葉原裁爲闊中處。此前闊中。

帶衣即衣腰也。用麻布高一尺，上縫連衣身，横繞腰之前後也。此謂帶衣。

衽疊用麻布二幅，各長三尺五寸。每幅上下，各從一頭，直量入一尺。先于上頭所量一尺處，從左横裁入中間六寸。又于下頭所量一尺處，從右横裁入中間六寸，然後從上邊所裁六寸處斜裁去。尋下邊所裁六寸處，分爲兩片，各長二尺五寸。

其兩片，俱以所留一尺處爲上用，裁開處相向，其上片蓋下片，垂兩條如燕尾狀，綴在衣身兩旁當腋下，蓋過帶下尺，以掩裳之旁際分開者也。

衰衣用麻布一片，長六寸，廣四寸，綴在衣前左邊當心處也。

負版用麻布一段，方一尺八寸，綴在衣身後當補領下，垂之當肩處。此片皆不縫邊。

衣繫用帶四條，繫在身衣前兩幅，量上下左右相對，後乃結之。

裳制斬衰、齊衰、大功、小功、緦麻並同。用麻布七幅，長短廣狹隨人。前縫三幅作一聯，後縫四幅作一聯，前後不相聯。每幅作三個輒子。其作輒子也，于每幅麻布上頭，將入腰處，用指提起。麻布少許，摺向右。又提起少許，摺向左。兩相輳着，用線綴住，而空其中間，以爲輒子。其大小隨人肥瘦。大約輒子，如今人裙輒相似，但裙輒向一邊順去，此輒子則兩邊相向耳。其縫也，邊幅皆向內，前三後四，共七幅同作一腰，腰兩頭各有帶者。

衣前圖式

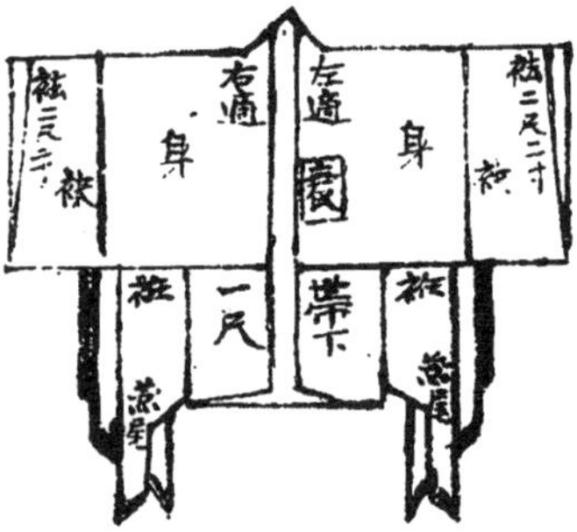

衣後圖式

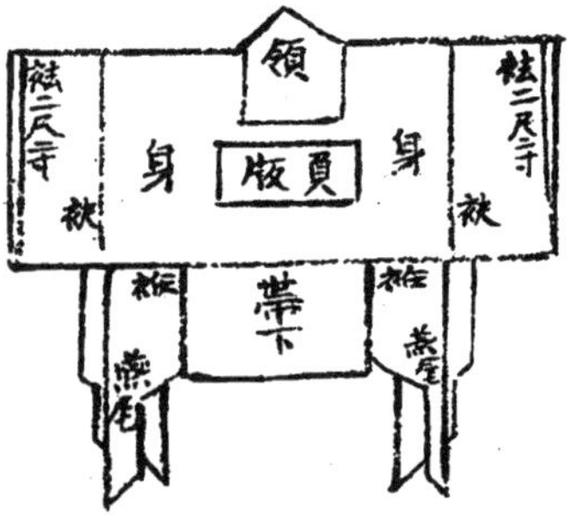

凡裁割麻衣，宜加幾分，以除縫線之耗，方可得依如書法尺寸也。

適領衰式

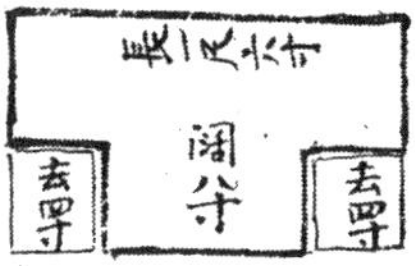

反摺向前式

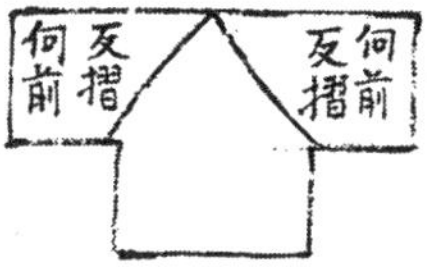

衰衽圖式

两衽相疊圖

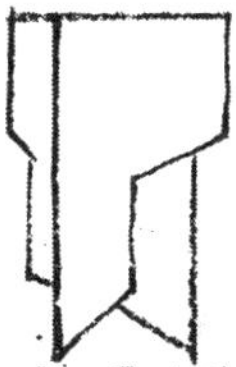

燕尾狀

裳制

前三幅　後四幅

冠制冠，梁也。斬衰、齊衰、大功，皆三辟向右。斬衰用繩武繩纓，齊衰、大功用布武布纓，小功、緦麻皆三辟向左，並用布武布纓。冠褙厚紙爲梁，廣三寸，長足以跨頂，裹以麻布，爲三輒，俱向右，是謂三辟積。其梁之兩頭盡處，卷屈向外，以承武，是謂外縪。謂縫着也。武用麻繩一條，折其中，從額上約之至（至）頂後，交過於前，各至耳邊，結住以爲武。屈冠梁兩頭入武内，向外反屈之，縫于武。又以武之餘繩就作細繩，垂下爲纓，結之頤下。

合冠先將冠梁折彎，安在武内。又于冠梁兩頭盡處，各出少許于外向上，却將武安其上，向外縫之，垂纓兩旁下結。

首絰用麻子帶黑色者爲繩，圍圓約大指與第二指一搤。先將麻頭安在左邊當耳上，却將其餘從額前向右圍之，過後至左邊原起頭處，即以麻尾加在麻頭上，綴殺之。又以細繩二條，一繫在左邊原起麻頭上，一繫在右邊當耳上，以固結之。各垂其末爲纓，加于冠上。絰者，實也，明孝子有忠實之心也。有纓者，以其加于冠外，須着纓方不脱落者也。

腰絰用有麻子兩股相交爲繩，圍圓七寸，小于首絰。兩相交結之，除圍身外，兩頭各存散麻三尺。至成服日，乃絞其交結處，兩各綴細繩繫之，束于絞帶之上。

絞絰用有麻子爲繩一條，圍圓二三寸許。初起二尺就長，當屈轉分爲兩股，各長一尺，結合爲一彄子。然後合兩股爲一條，圍腰，從左過後至前，以其右端串于彄子中反插于右，繫在腰絰之下，與公服革帶相似。

杖制父喪用竹爲之，母喪用桐木，削上圓下方，其長俱齊心。圓九分餘，本在下，以順木性。又如苴竹，自死之竹也。取以用杖者，蓋孝子之心，葬親哭泣無數，服勤三年，身病體羸，故以扶之也。杖長與心齊者，蓋孝子哀戚成病，從心而起也。杖用竹者，父是子之天，竹圓亦象天，内外有節，象子爲父，亦經寒暑而不改，故於父以竹爲杖也。又案《三家禮》云：桐者，言同也，取内心悲痛同于父也。以外無節，象無二尊。外屈於天，削之使下方者，象于地也。至如齊衰用杖，則用桐木，圓五寸，餘並同。

屨制斬衰、齊衰，並用菅草，或麤麻爲之。斬衰，其餘末收向外，齊衰，其餘末收向内。大小功、緦麻，並用白布糊紙爲之。重者麤布，輕者用熟布，其餘末收向於内並同。

斬衰冠式及腰絰、絞帶、竹杖、草屨

内首絰

腰絰

竹杖

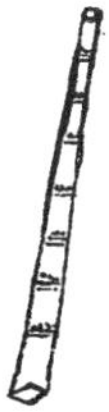

桐杖

外首絰

絞帶

斬屨

末向外

齊屨

末向内

齊衰冠式及腰絰絞帶

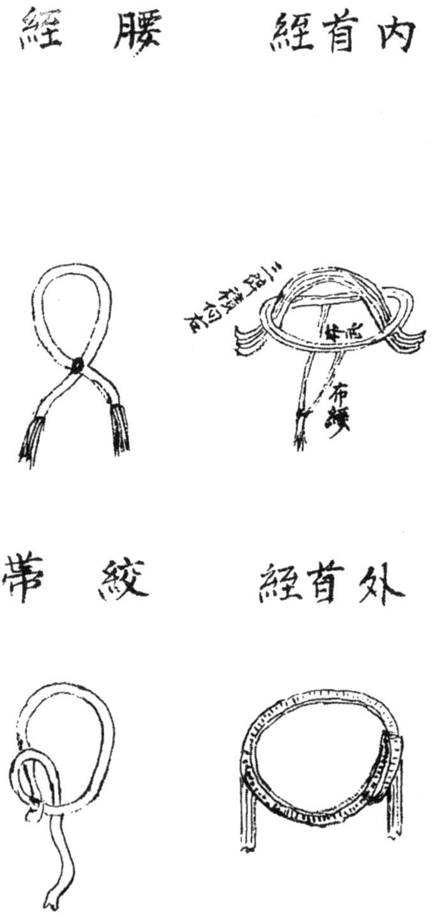

婦人服制

大袖斬衰，用極麤生麻布爲之，不緝邊。齊衰以下，用稍細熟布爲之，皆緝邊。如今婦人短衫而寬大，其長至膝，袖長一尺二寸，其邊皆逢向外，不緶邊，準男子衰衣之制。案：《事物記》，原唐命婦服裙襦大袖爲禮衣。又云在背子下，身與衫子齊而袖大。及考衫子之制，乃云女子衣與裳連，至秦始皇方令短作衫，衣裙之分自秦始也。據此説，則大袖長短與衫子齊，衫子既是秦所作之短衫，則大袖亦是衫之短者，但衫大耳。然謂之大袖，則裁制必須寬大。今準以衰袂之袪，爲長一尺二寸，蓋準袂恐太長，故酌中而準以袪是耳。

長裙斬衰，用極麤生麻布爲之，不緶邊。齊衰以下，並用稍細布及熟布爲之，皆緶也。用六幅爲之，六幅共裁爲十二破。即分一幅爲兩曰破，連以爲裙，其長拖地，其邊幅俱縫向内，不緶邊，準男子衰裳之制。案《事物記》，原隋作長裙十二破。今大衣中有之，然不謂之幅，而謂之破，其分一幅爲兩也，故擬其制如此。然古禮婦女亦有衰，不若準衰裳之制前三後四，每幅爲三輒子，爲此不失古意。姑書所見，以俟擇者。

蓋頭斬衰用麻，不緝邊。齊衰以下用布，並緝邊。凡三幅，長與身齊。案《事物記》，原唐初宫人著羃羅，全身障蔽。永徽之後，用幃帽。又戴皁羅五尺，今曰蓋頭。凶服者，亦以三幅布爲之。案此則蓋頭之來也遠矣。雖非古制，是亦古禮，婦人出而擁蔽其面之意者耳。

布頭䙅用略細布一條爲之，長八寸。用以束髮，而垂其餘于後，俱不緝邊。此即所謂總也。

腰絰制如男子。斬衰用有子麻，齊衰以下用無子麻爲之。繫于大袖之上，未成服不敢垂散。又案《傳》曰：男子重乎首，婦人重乎帶。至小祥節，男子除首絰及適衰，婦人除腰絰及長裙，截去不合曳地。男婦首腰皆有絰明矣。是亦朱子待後世之意也。

女鞋斬衰用麻草爲之，其餘末收向外。期功以下，用布糊紙爲之。

背子用極麤生布爲之，長與身齊，但小袖也。其縫向外，不緝邊。是背子者，乃衆妾所服，以代大袖也。

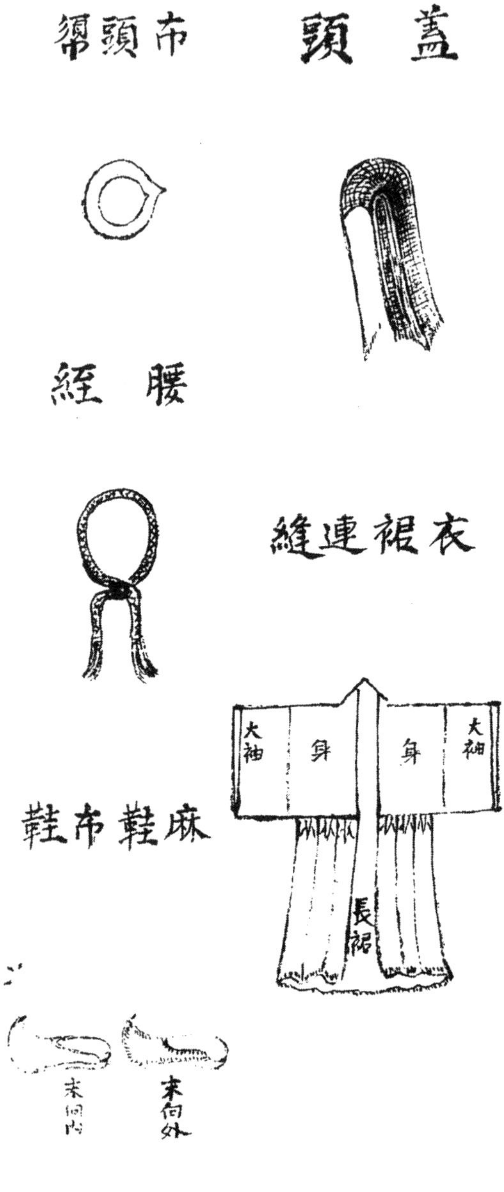

案：服制，喪必有服，所以爲至痛飾也，故曰「戚容稱其服」。五服年月之畢者，以思之厚薄以爲隆殺，然皆法乎天道焉。《小記》曰：「再期之喪，三年也。期之喪，二年也。九月之喪，三時也。五月之喪，二時也。三月之喪，一時也。」本之五世，親疏之分，而制其等。禮由心生，不得自已者耳。喪有正服、義服、加服、降服四等。正服者，于情于分，皆當爲之服，而不可已。如子爲父母，服斬衰之類是也。義服者，親雖異于所生，而其分同，則以義爲之服。如婦爲舅姑，服斬衰之類是也。加服者，本則非其所服，而禮主于進，故自輕以從重。如嫡孫爲祖父母承重，服斬衰之類是也。降服者，情不可殺，而分有所制，故自重以從輕。如女已嫁，爲父母服降期之類是也。五服自小功以下，俗多不行。有行之者，則必其門內之親也。不然亦情所極暱，如甥舅相爲服之類也。外此而中表兄弟亡之矣，三從之姊妹兄弟有不同居者亡之矣。夫父黨之服，由父而推；母黨之服，由母而推，薄其黨是薄吾父母矣。可不思哉？

案：《禮·三年問》：「由九月以下何也？曰：焉使弗及也，故三年以爲隆，緦小功以爲殺，期九月以爲間。上取象於天，下取法於地，中取則於人。人之所以群居，和一之理盡矣。」注：「弗及，恩之殺也，三月不及五月，五月不及九月，九月不及期，期與大功在隆殺之間，故云期，九月以爲間也。取象於天地者，三年象潤，期象一歲，九月象物之三時而成，五月象五行，三月象一時也。取則於人者，始生三月而剪髮，三年而免父母之懷也。人之所以相與群居，而情和禮一者，其理於喪盡之矣。」

案：衰服，衣衽、袂、帶下，自斬至緦皆同。惟衰、負版、左右辟領，據《儀禮注》云：「前有衰，後有負版，左右有辟領，孝子之心哀戚，無所不在。」疏云：「衰者，孝子有哀摧之志。負者，負其悲哀。適者，指適緣於父母，不念餘事。」若然，則此衰、負版、左右辟領四者，惟子爲父母用之，旁親皆不用也。

案：吕柟曰：「斬衰裳者何？皆斬也。衰也者，摧也，摧折其心。若不能以生，明欲斬也，猶曰天胡不斬此身云爾。不斬，則絞也，故帶曰絞帶。二者刑之極也，而孝子兼服之，痛之甚也。故縣子曰三年之喪如斬。負版者，負衰也，負其衰悲之意於背，猶曰前後無怙恃也。辟領者，適也。適者，責也，開其領以責心也。則何以至於是乎？痛之甚也。」

案：《既夕記》：「冠六升，外縪，纓條屬厭。」注：「縪，謂縫着於武也。外之者，外其餘也。厭，伏也。」武謂冠卷，以冠前後皆縫着於武。若吉冠，則從武上，鄉内縫之，縪餘在内，謂之内縪。若凶冠，從武下，鄉外縫之，謂之外縪。厭伏者，以其冠在武下過，鄉上反縫着冠，冠在武，故云厭也。五服之冠皆厭，但此冠上下，據斬衰而言也。又《喪服記》：斬衰冠六升，受冠七升。此用極粗生布。齊衰冠七升，受冠八升。此以布稍細者。繐衰冠八升。此以生白絹者。又《檀弓》云：「喪冠不緌。」

案：冠不緌者，蓋去飾也。吉冠既結其纓，而垂其餘者爲飾，謂之緌。喪服斬衰，冠以繩爲纓。齊衰以下，冠以布爲纓，其緌結於頷下，而無所垂之餘。喪哀從質，非如吉冠之文而有飾也。

案：黄榦曰：「五服之喪冠，其制之異者有四。升數之不同，一也。蓋斬衰正服、義服，冠皆六升。齊衰三年，杖期與不杖期，降服冠皆七升，正服皆八升，義服冠皆九升。齊衰三月冠九升。大功殤服，大功正服，與小功殤服，冠皆十升。大功義服，與小功正服，冠皆十一升。小功義服，冠十二升。緦麻十五升，抽其半。又繩緌之與布緌、澡緌，二也。蓋惟斬衰用枲麻繩爲緌，自齊三年至小功，皆用布爲緌。緦冠澡緌，繩之大小，布之升數未詳。又右縫之與左縫，三也。蓋大功以上哀重，辟積之縫向右，小功以下哀輕，辟積之縫向左。又勿灰之與灰，四也。惟斬衰鍛而勿灰，蓋以水濯之而已，勿用灰。自齊三年以下，皆用灰治之，緦則有事其緌，復以灰治之也。又其制之同者亦四條。屬一也。屬猶着也，着之冠，垂之爲緌也。吉冠緌武異材，凶冠緌武同材，斬衰則用一條繩，齊衰以下則皆用一條布。從額上約之至頂後交過兩廂各至耳，綴之爲武，其餘垂而結之，頤下爲緌。又外畢，二也。外畢者，冠落額前後兩頭皆在武下，向外出反屈之縫於武，而爲之兩頭縫畢向外。案《曲禮》云：厭冠不入公門。厭，猶伏也。喪冠厭伏，是五服同名。由在武下，出反屈之，故得厭伏之名。又《檀弓》云：古者冠縮縫，今也横縫，故冠之反吉非古也。是吉冠則辟積無殺，横縫，亦兩頭皆在武上，向内反屈而縫之，不得厭伏之名。又辟積之數，三也。自斬至緦，其冠皆三辟積。又廣狹之制，四也。自斬至緦，冠皆廣三寸。」

案：苴杖，竹也。削杖，桐也。杖各齊心，其皆下本。杖者何？爵也。無爵而杖者何？擔主也。非主而杖者何？輔病也。童子何以不杖？不能病也。婦人何以不杖？亦不能病也。注：爵謂卿大夫士也，無爵謂庶人也。擔猶假也，無爵者假之以杖，尊其爲主也。非主謂衆子也。又不言杖之麤細。案：《喪服·小記》云：「絰殺五分而去一，杖〔大〕如絰。」鄭云：「如要絰也。」本，根也，下本順其性也。擔主者以其雖無爵，然以適子，故假有爵之杖爲之。喪主拜賓送賓，成喪主之義也。輔病者，衆子雖非爲主，子爲父母致病，是亦同爲輔病也。此童子，謂庶童子，若當室則皆杖矣。婦人亦謂童子，婦人若成人，婦人正杖。《喪大記》云：「三日子夫人，五日大夫世婦杖。」諸經皆有婦人杖，故知成人婦人正杖也。若然，童子得稱婦人者，案小功「爲（絰）〔姪〕庶孫丈夫婦人之長殤」，是亦未成人稱婦人者也。

案：竹杖而謂之苴者，以其不脩治故也。削杖，齊衰之杖也。用桐木而又削之，所以别於斬衰者。杜元凱云：員削之，象竹是已。《小記》曰「杖大如絰」，則是二杖皆如其首絰之度矣，各齊其心者，謂其長短以當每人之心爲節也。皆者，皆二杖也。下本所以别於吉，凡吉杖下末。《曲禮》曰：「獻杖者執末。」爲吉杖也。《傳》意蓋謂此杖，初爲有爵者重喪而設，所以優貴者也。其後乃主擔輔病之義焉。童子與婦人，皆謂非主也，故但以不能病而不杖。然此章著妻妾女子子之服異者布總箭笄髽衰也，是其經杖之屬如男子矣。妾與女子子非主也，而亦杖，則似與不能病而不杖之義異耳。

案：吕坤《四禮》云：「父竹母桐，父圓母方。夫婦何以？曰：槐而半之，是齊體所分也。桐耶、竹耶、槐耶，不可必得，土宜可也，棺椁之餘可也。杖父以竹者，觸處皆痛也。桐者，痛同於父也。圓象天也，母削其下令方，以象地也。妻將何以？昔者吕弟喪妻，吾令槐木圓杖，半分其下。生也比耦，死也分形。槐者，懷也，故持其半以象之。不欲使同母也。妻爲夫亦然。」

或問：婦人可以不杖乎？曰：婦人之不杖也，《傳》謂不能病故也。假令哀毁而能病，則聖人許之矣。豈遂禁其以杖即位乎？然則《傳》也、《喪服小記》也，或言杖或言不杖者，蓋兩相發明者也。

案：吴氏云：喪制，斬齊、功緦之服者，文也。不飲酒食肉，不處内者，實也。中有其實，而外飾之以文，是爲情文之稱。徒服其服，而無其實，則與不服耳。雖不服其服，而其實者，謂之心喪。心喪之實，有隆而無殺也；服制之文，有殺而無有隆，古之道也。案鄧元錫《喪服經傳通繹》：喪服本天，天一氣而二體。其生物也，使之一本，故喪之無斬者，無二天之道也。斬衰父，父者，子之天，父一而已，親莫親焉，故爲致喪三年，隆恩以親親也，是立隆爲極矣。曰：爲君不衰乎？爲君斬衰，不二斬衰乎？曰：資於事父以事君而敬同。君者臣之天，君一而已，尊莫尊焉，故爲君亦方喪三年。疑於父，義服也，以尊尊也。恩者，仁也。義者，義也。生物者仁，成物者義。父生之，君成之，一氣二體之道也。然則何以謂無二斬衰乎？

曰：君取其敬，無取其愛，其所本者一也。故爲父衰三升，而君衰三升有半，明無二本也。爾其爲母齊衰三年何也？母至恩也，資於事父以事母而愛同，故爲母申之齊衰三年。然衰不斬而齊也，父在厭而期矣。義服適繼母如母矣。天之尊也，地不得而亢焉。父之尊也，母不得而並焉，故曰無斬也。此喪服之本制，生人之大義，天地之性也。故服術有六：一曰親親，二曰尊尊。其親親以三爲五，以五爲九何也？天函三而爲一也。播一氣於五行，宣五氣爲九類也。父子一體，譬則首足，然而何可得解。故人之生，上父下子，慈孝不可解於其心。故己爲父斬衰，子爲己亦斬衰，己爲適子亦斬衰，三而一者也。其夫婦一體何也？譬左右胖之合焉，亦焉可得解？夫者，妻之天，故爲夫斬衰。子爲母杖衰，母爲子亦杖衰，夫爲妻削杖，痛矣。斷而期則無二斬矣，天地尊卑之義也。昆弟一體何也？譬則手足然，亦焉可得解，然而支矣。世父叔父，於父昆弟也，則亦一體也，然而旁尊矣。服斬齊而下期，故世父叔父期，昆弟期，昆弟之子報亦期，皆期而不杖。圖中有上有下有中，皆函三爲一，而一統於其中，其所本者一也。曰父子一體，昆弟之子非子也，其期何也？形日隔而疏，各親其親，各子其子，孰爲手足一體之念乎。又旁尊也，不足以加尊，故庶子期，兄弟之子猶子報亦期。引而進之，以聯恩也。其以三爲五何也？曰父子一體，父之父曰祖，子之子曰孫，析二氣而四時象也。自仁率親等而上，能無殺乎？而祖至尊也。父之所尊，尊莫重焉，尊之故嚴之，嚴之故爲疏衰期。以是爲正尊，其不杖何也？曰：父之所杖，子不得而杖焉。何也？不敢也，無二斬之義也。父卒承正體之重，則斬三年，而祖爲適孫報期，重正體之義也。生克嗣續之道，蓋取諸五行。以五爲九何也？自義率祖等而上，一本而主不尊尊乎？祖之父則曾矣，祖之祖則高矣，皆正尊也，皆正尊致嚴焉，故皆齊衰疏。然而恩有等矣，不得自邇於尊焉。故疏衰裳齊牡、麻絰、無受，三月而止，葬爲期，其承重亦斬。《傳》曰：不敢以小功之服，而加之所尊。此立隆殺之極，明尊親之至也。孫之子曰曾，孫之孫曰玄，殺而下，故上殺下殺，以五爲九，而服屬盡於此。其旁殺何也？曰：同父昆弟期，同祖昆弟大功，同曾昆弟小功，同高祖昆弟緦，是由身而推者也。父昆弟無大功服，不及三從矣。祖昆弟亦無大功服，不及再從矣。曾昆弟無大功服，不及從矣。何也？旁尊也，不足加於正，孫曾玄之旁殺也亦然，旁殺不足以加正故也。世叔父期，從祖祖父母、從祖父母報皆殺小功，無已遽乎？曰：世叔父從斬而殺。昆弟之子猶子也，加隆焉爾也，不可格於從。於其從而殺者正也。族父緦，族祖父、族曾祖父、從祖兄弟之子亦皆緦，何也？曾祖父齊衰，然而三月矣，庸將加乎？曾孫緦，其旁從庸得加乎？旁不得加正，故降之也。故曰上殺下殺旁殺，而親盡戚盡於上，服殫於下，而生人之道窮。故通於五屬之服者，其知自然之爲體乎。其名服何也？曰《傳》有之：同姓從宗，合族屬；異性主名，治際會也。異性乎，於途之人幾矣。娶於異性以合體而成恩，以合體而同尊卑。名以命之，禮之治也。由身而上，名之母，母之矣。義同母而尊，故從祖祖父母、從祖父母，皆曰母報，皆小功。族祖父母、族父母，亦皆曰母報，皆緦，尊隆從而隆也。由身之下，名之婦，婦之矣。恩同婦而親，故夫之諸祖父母報皆緦。昆弟五服具，乃嫂弟婦無服，何也？以名治之也。謂兄之妻嫂，嫂之言叟也，尊同母使不敢邇焉。謂弟之妻卑同婦，使不得邇焉。名彰義立，而後人道有別。人道有別而教嚴，故抑而無服，推而遠之也。微然者，兄非屬父道也，弟非屬子道也。嫂婦之名，此何以稱焉？名以治之，尊尊長長，男女有別，治際會之大者也。是名服也，服有出入，何也？曰：恩義之權也，女在室從父，天吾父，爲父服斬。出嫁從夫，天吾夫，爲夫服斬，蓋天移而斬易矣。《傳》曰有受我而厚之者是也。令內屬而恩隆，不二斬乎？無以長亂乎？故女子子入在親爲親恩同子，在夫爲夫降同昆弟之子，降其昆弟，同從昆弟，嫁而反在室同在室，此以義而權恩者也，無二斬之道也。子爲父後爲父斬，出爲人後，爲所後者斬。父，天也。爲所後受重爲正體，亦天也。《傳》曰：受重者，以尊服服之。今爲本生者恩重而服隆，不二斬乎？無以長亂乎？故出爲所後者斬，爲其父母報不杖期，爲其昆弟大功，亦以義而權恩，而爲本生父母申心喪。曰：女子子適人者，爲其私親皆降，唯高曾祖父母不降，爲昆弟爲父後者不降，何也？不足以二斬焉，故得以全恩。其嫁而無主後者，亦加隆焉以全恩，此權制也。其從服何也？屬之而從之也，子從母而服母黨，妻從夫而服夫黨，夫從妻而服妻黨。庸得已乎？以有屬而成恩，而妻屬夫其重矣，則自斬而推故也。夫婦人無身，以夫之身爲身，故婦人無親，以夫之親爲親。非無親也，不敢恩其私親也，故爲夫斬三年。夫父母從爲之斬，若齊亦三年。爲長子亦齊三年。夫祖父母而上，上殺；孫而下，下殺；世叔父母而上，夫昆弟之子而下，旁殺。雖其殺也，從爲之服亦加降焉邇也。移天易服，移所殺爲其所從服者服，是屬從之道也。妻父母緦，母父母小功，母重於妻也。母兄弟舅小功，母姊妹從母亦小功，舅若從母之子緦，重母之義也。妻黨自妻父母而止，義不得復推，何也？母疏齊衰，妻疏衰杖期，本服異故也。其甥外孫報，何也？古無施不報也。已爾乃從服有六，自屬從而下推，恩義降厭屈申以從文記具之。又周貴爵而尚文，降其上下，殤有上下，徒從臣爲君也。服從，爲妻父母。輕重上下焉。今制省，質矣，故服有恩有義，有節有權，皆取之人情。恩觀仁，義觀化，權節觀，制本諸天地，順陰陽四時以爲經，夫安可得訾哉？《喪服小記》曰：

親親以三爲五，以五爲九。上殺下殺旁殺，而親畢矣。

成服

案：敖繼公曰：「成服者，曏已經帶矣，今復以冠衰之屬足而成之也。三日者，以加經帶之日數之也。《曲禮》曰『生與來日』是也。《喪大記》曰：『士之喪，二日而殯，三日之朝，主人杖，婦人皆杖。』然則此蓋於未朝哭爲之也。」

案：《禮記》：「三日絞垂。」注：「成服，絞要經之散垂者。」案此《記》唯指主人也，而男女大功以上亦存焉。小斂之時，婦人之帶雖結本，亦未絞，至此與丈夫同絞之。將成服，先絞其帶之垂者，以其已在身故也。其下冠衰屨，亦皆以所加之次言之。

厥明，謂死者之第四日成服也。如子孫多，服制未及，緩六七日，裁訖行成服禮無妨。五服之人，各服其服，入就位。男位柩東，女位柩西，各以服爲次序。然後朝哭相吊如儀。男女子孫者各以次就祖父及祖母前，就諸父及諸母前。各跪，撫哭盡哀。男則先就父及祖父，女則先就母及祖母。主婦以下，就伯叔父母，跪哭亦如之。彼此兩相傷也。復位。復于舊位。

乃設奠

案：朱子云：「禮，未葬而不祭。」是以祭爲吉禮也。況四日之内凶之，當凶而施爲祭者，則是以吉易凶也。而世之因循，不究其本，遂用之於祭，殊爲謬甚。若從俗禮者，宜行設奠禮亦可。

儀節：通唱序立，舉哀，盥洗，帨巾。執事。詣香案前，引主人。焚香。执事立焚。跪主人。斟酒，奠酒。

執事。皆跪，讀告文。跪讀主人之右。俯伏，興，平身，復位，點茶，舉哀，鞠躬拜。凡二。興，平身。焚告文，禮畢，主人以下各歸喪次。

告文

靈前曰：痛惟父、母親，奄違色養，一朝永訣，百感難忘。重服在躬，憂心如醉，一觴哀奠，千古彝倫。敢告。

又體

靈前曰：我親、賢壼何之，塵寰奄棄，思慕不忘，悲哀曷已。兹按禮書，式遵服制，衰絰既成，菲儀奠禮，尚其有知，庶昭大義。敢告。

是日，主人及兄弟始食粥。諸子食粥，妻妾及期九月蔬食水飯，不食菜果，五月三月者飲酒食肉，不與晏樂。自是無故不出，若以喪事及不得已而出，則粗衣草屨，素韀席簾。又凡重喪未除而遭輕喪，則制其服而哭之，月朔設位服其服。而哭之既畢，返重服。其除之日，亦服輕服。若除重喪而輕喪未除，則服輕服以終其餘日。

案：此禮不根情，則枯槁而無意。故聖人言禮，不貴文而貴情，不貴禮而貴義。如親喪不飲酒不食肉，禮也。飲酒不樂，食肉不甘，情也。先因人有是心制是禮，而世人本是心行是禮。心安禮順，則中節而和，斯謂之禮矣。今之行禮者，但舉不飲酒不食肉之文，更不問不飲酒不食肉之心，雖貪饕朵頤之夫能忍不飲不食，即謂之知禮。其毁行敗節者，烏得爲禮乎？

朝夕奠

案：朝奠日出，夕奠逮日，逮者，及日之未落也。此陰陽交接之時，思其親也。方慤曰：朝奠以象朝時之食，夕奠以象夕時之食，孝子事死如事生也。隨力設拜，哭如常儀。《檀弓》云「奠以素器」，除祭器外，不用金銀彩飾之物，以生者有哀素之心也。唯祭祀之禮，主人自盡焉爾，豈知神之所饗，亦以主人有齋敬之心也。

案：奠謂始死至葬之祭名，以其時無尸，奠置於地，故謂之奠。且虞以前視喪未久，奠而不謂之祭。其奠也，非不敬其親也，哀心特甚。禮尚質朴，無心於飾，故用素器。虞以後視喪漸久，卒祔練祥，雖在喪制之中，然已是祭祀之禮。其祭祀也，非外哀其親也，敬心加隆，非如初喪之素器也。然其盡禮而漸文，豈是爲死者真能來享而然，亦自盡其禮，以致敬親之心焉爾。大概喪主於哀，祭主於敬，故喪奠以素器之質而見其哀，祭祀以盡禮之文而寓其敬。

案：禮，凡子爲喪主者，則宜照後儀節行之。其焚香斟酒皆執事代行。未葬父母，所以不親行者，居重喪也，不當自行耳。若母喪而父主之，則父自親行焚香斟酒，不然與無主何異？且考禮父爲喪主，於柩前有奠酒再拜之儀，則夫亦可拜妻矣。但父拜之時，其子宜泣跪於喪次，候父行禮畢，更行哭踊稽顙者也。

朝哭奠

案：朝哭奠者，每日晨起，侍者設盥櫛之具于靈床側。少頃，如生時所用之物列之，主人就位舉哀。侍者捧魂帛出就靈座，置交椅上，侍者再入床中，斂其枕被，焚香，點茶，二拜。

夕哭奠

案：夕哭奠者，每日暮到，主人就位焚香、點茶、二拜。侍者先入靈床内，鋪被安枕，然後出捧魂帛安于床上，置韍鞋于床下。

朝奠上食夕奠

案：朝者，朝時奠也。上食者，謂晡時奠也。夕者，夕時奠也。凡奠用脯醢、羹飯、蔬果、茶酒、匙箸于靈座前棹子上。蓋古人生時所用之物，家常有之，如别無具饌，數味亦可。

儀節：序立，舉哀，盥洗，執事。帨巾，詣香案前引主人。焚香。執事。斟酒，奠酒。執事。哀止，皆跪。讀告文。跪讀主人之右。俯伏，興，平身，復位，點茶，舉哀，鞠躬拜凡二。興，平身，焚告文，禮畢。告辭亦然。

告文

靈前曰：儼馭何歸，昊勞莫答。晨昏嗟定省之無從，歲時凛昭明之如在，菲禮敬陳，日旦、晡奠、日晚爽靈，望鑒哀忱。敢告。

告辭

靈前曰：痛惟父、母親，奄棄塵世，定省無從，悲哀曷已。朝、晡、夕奠敬陳，伏祈鑒止。敢告。

權殯

案：《朱子語類》：問：「殯禮可行否？」答曰：「此不須問人，當自觀其宜。今以不漆不灰之棺，而欲以瓴土圍之，必不可。」又案《檀弓》云：「殯上客位。」注：掘肂於西階之上。肂，陳也，謂陳尸於坎也。置棺于肂中而塗之，謂之殯。《儀禮·士喪禮》掘肂乃塗，以木覆棺上而塗之，爲火備。卒塗，祝取銘旌置于肂東也。又案，殯東階南首者，蓋未忍以鬼待其親也。孔子曰「夏后氏殯於東階之上」，則猶阼也。「殷人殯於兩楹之間」，則與賓主夾之也。「周人殯於西階之上」，則猶賓之也。

是日陳設奠禮

儀節：序立，舉哀，盥洗，帨巾。執事。詣香案前，引主人。焚香，斟酒，奠酒。執事。哀止，皆跪。讀告文。跪讀主人之右。俯伏，興，平身，復位。點茶，舉哀，鞠躬拜，凡二。興，平身，焚告文，禮畢。

告文

靈前曰：痛惟我親，奄棄塵世，攀號莫逮，五内分崩，每切孝思，期襄葬事，第因有故，姑且行權，爰展微誠，用伸奠獻。敢告。

奠訖

役者入，移柩，權殯殯訖，衆子孫序立殯前，舉哀，鞠躬拜，凡二。

殯訖，主人說髦

案：既殯，置銘于肂，復位時也。兒三月翦髮爲鬌，男角女羈。夾囟曰角，午達曰羈。否則男左女右，長大猶爲飾，存之，謂之髦，所以父母幼小之心，至此尸柩不見，喪無飾可以去之。鄭云：髦者，髮至眉，子事父母之飾。以其云髧，髧垂之貌，又云兩髦，故以髮至眉解之也。

案：敖繼公曰：子事父母，着拂髦，親已死，至殯乃說之者。未殯之前，孝子猶冀其復生，既殯則絶望矣，乃說之。《詩》云「髧彼兩髦」者，爲父母俱存之故。若然，則是時但當脱其一耳。孔氏曰：「父死說左髦，母死説右髦，二親並殁，並説之。」親殁不髦是也。

朔望設奠

是日晨起，陳設蔬果、羹飯、菜酒之類。比朝夕奠加盛儀節，並同朝夕奠儀。

告文

靈前曰：日兮不居，爰及初朔、再朔、三朔，初望、再望、三望，夙興夜處，哀慕不寧，敬以菲儀，恭伸奠獻。敢告。如妻妾者，改「哀慕不寧」爲「思念不忘」。

又體

前曰：「颶金驚樹，凄凉椿、萱嶺之悲；流水號濤，嗚咽楓潮之淚。父、母恩莫狀海山，子道空慚塵滓。三候歷震兑而作朔、望，循環莫測之玄機；一誠將潢潤以陳忱，菲薄何酬於厚德。敢告。」

七七齋旬

謂死者第七日也，釋道以七七惑人。案王草堂云：「人死則有禱復、沐浴、含、斂、銘、主之禮，葬則有筮宅卜日、明器、碑誌、穿壙、封穴之禮，祭則有虞、祔、練、禫、獻新、歲薦、祀忌、展墓之禮。未聞有七七之説。」《家禮正衡》云：「諸侯七虞，以七日爲節，後世遂以人死後七日必供佛飯伽，言當見地下某王，而不知非者也。虞祭用剛柔日，七虞則六柔一剛，乃十二日，並非七日爲節至四十九日也。余考道教《上聲靈寶金書》云，一七元冥宮内泰素妙廣真君泰廣王，二七普明宮内陰德定休真君初江王，三七紂絶宮内洞明普静真君宋帝王，四七太和宮内元德五靈真君五官王，五七討淪宮内最聖曜明真君閻羅王，六七明晨宮内肅昭成真君變成王，七七神華宫内泰山正道真君泰山王。是七七之説實本二氏，荒唐不經，非吾儒所當信從也。何舉世不察，相率成風，棄置正禮而陷于異端？此在庸衆人已爲不可，而身處士林者，亦甘心爲之乎？七七之惑人，自唐宋迄今，已非一日。而韓昌黎至死不變，温公守正不移，是皆可爲萬世法者，亦何迷于二氏哉？孔聖曰：「喪，與其易也，寧戚。」夫喪以哀爲本，儀文習熟猶不之許，况異教乎？余竊擬自一七至七七日，從俗陳設酒饌，奠而行之、號拜靈筵可也。又如既葬儀節，皆如初虞。若未葬儀節，並同朔望奠之。」

告文

前曰：禍延及父、母，孽作由躬，追養靡從，承歡難再，朝夕設禮，既展寸誠，日月不居，爰及初七、二七或三四五六七終七，仍循禮俗，聊備菲儀，仰達尊靈，默垂鑒格。敢告。

有新物則薦之

案：劉璋云：「孝子之心，事死如事生，斯須不忘其親也。如遇五穀百果，一應新熟之物而未嘗者，必以薦之。如上食奠儀。」

遇俗節則獻之

案：俗節如三夏、重五、中元、百日、歲除、元旦，古所無有，但聖人制禮，於從俗處爲多，故亦因情制之爲禮。考之文公禮意，未葬宜照上食奠禮行之。或已葬未行卒哭者，亦上食奠禮行之。如已葬既行卒哭，宜卒哭之禮，照此行之。

又如已葬行卒哭訖，倘不欲行卒哭之禮，宜用儀節：序立，舉哀，哀止，鞠躬拜，凡四。興，平身，詣盥洗所洗手，帨巾，詣香案前，跪，焚香，酹酒，俯伏，興，平身，少却，鞠躬拜，凡二。興，平身，跪，斟酒，奠酒，皆跪。讀告文，跪讀主人之左。俯伏，興，平身，舉哀，鞠躬，拜，凡二。興，平身，哀止，復位，點茶，辭神，舉哀，鞠躬，拜，凡四。興，平身，哀止，焚告文，禮畢。

三夏告文

前曰：日月攸邁，寒暑屢移，因時有感，覩物則思，鵑聲乍促，鮫淚空垂。爰及孟仲季夏，載設菲儀，寸誠聊寓，仰達靈知。敢告。

重五告文

前曰：嗚呼，鵑聲不斷，悲歲序之如流，鮫淚空垂，慨涓埃之莫報。茲因重五，敬獻菲儀，伏望鑒臨，庶昭誠意。敢告。

中元告文

前曰：痛惟我親，奄棄塵世，寒暑往來，日月更逝。適、再至中元，具陳冥器，恭設菲儀，式遵俗禮，仰達尊靈，尚其鑒止。敢告。

百日告文

前曰：痛惟我親，天胡弗恤，風木興悲，音容永閟，兔走烏飛，節臨百日，俗禮仍循，虔將薄物。敢告。

歲除告文

前曰：既終復始，造化完功，此日明朝，冬春異景，適因除夕，敬獻菲儀，伏望來歆，庶昭誠意。敢告。

元旦告文

前曰：桃竹迎新此日，别懷感舊之愁；柏椒行樂何年，遽感催春之泣。奉菲奠而祗陳歲旦，瀝哀衷而冒訴旻穹。伏望鑒臨，庶昭誠意。敢告。

奔喪

案：奔喪之禮，哭踊無數，所以倍於常禮也。且他生不得侍親之終，人子之至痛。予又以《蓼莪》之詩冠於端，以見奔喪之痛切尤至，蓋有所自云。

《詩·小雅·蓼莪》，刺幽王也。民人勞苦，孝子不得終養爾。經言銜恤靡至，是親没之時。序言不得終養，繼於勞苦之下，是勞苦不見父母也，故言不得終養者。二親病亡之時，在役所不得見之也。親病將亡，不得扶侍左右，孝子之恨最在此矣。蓼蓼者莪，匪莪伊蒿。哀哀父母，生我劬勞。箋：莪已蓼蓼然長大，視之以爲非莪，故謂之蒿。興者喻憂思，雖在役中，心不精識其事。哀哀者恨不得終養父母，報其生長己之苦。蓼蓼者莪，匪莪伊蔚。哀哀父母，生我勞瘁。牡菣也，謂之蔚。缾之罄矣，維罍之恥。鮮民之生，不如死之久矣。無父何怙，無母何恃。出則銜恤，入則靡至。案：缾小而罍大。罄，盡也。鮮，寡也。生而得養，其日已寡，况尚不得終養，是可恨之甚，此不如死之久矣。所以然者，無父何所依怙，無母何所倚恃，已無父母，出門則中心銜憂，旋來入門，則堂宇空曠，不復覩見，如行田野，無有所至，是所悲恨也。作詩之日，已反於家，故言出入之事。入門無所見，又似非殯已卒哭之後也。入門上堂不見，慨焉廓焉，實爲恨甚。三年之外，孝子之情亦然，但此以三年內。父兮生我，母兮鞠我。拊我畜我，長我育我，顧我復我，出入腹我。

欲報之德，昊天罔極。案：鞠，養；腹，厚也。父兮生我，本是氣也。畜，起也；育，覆育也；顧，旋（是）〔視〕也；復，反覆也；腹，懷抱也。之，猶也。我欲報父母是德，昊天乎我心無極。南山烈烈，飄風發發。民莫不穀，我獨何害？南山律律，飄風弗弗。民莫不穀，我獨不卒。箋：民人自苦見役，視南山則烈烈然，飄風則發發然，寒且疾也。穀，養也。民皆得養其父母，此獨何故覩此寒苦之害？卒，終也。此獨不得終養父母，重自哀傷也。

案：《禮記·奔喪》，名曰奔喪者，以其居他遠，聞喪奔赴之禮也。方慤曰：昔曾參不離親一宿，豈有奔喪之禮乎？然四方男子所有事，苟有事於四方，安能免離親哉？然則奔喪之事，不幸而時亦有焉，此先王所以作爲之禮也。

案：乾學云：「古之仕者，不出本國，故聞喪得以即奔。其或奉使他國，遭喪之禮，亦未能即奔也。後世仕宦之人，事於四方，或苦於裝辦之不時，或苦於官守之拘係，則經月踰時而不奔者，比比有之。若是則始聞喪之時，不得不設位矣。既設位，則不得〔不〕致奠矣。既設位致奠，則不得〔不〕成服矣。此理之必然，而情之所不容已也。雖有哭三哭諸節，未能如古人之具備，而擗踴號泣之時，其可無所憑依以致哀哉？或曰：古之爲位，非死者之神位也。且禮明言爲位不奠，而今欲設位致奠，不亦大遠於禮乎？曰：爲位而哭，愚固知生者之哭位，而非死者之神位也。然張子大儒，謂亦有神位，而温公、文公之書，皆設椅以代尸柩。則今之聞喪而設位者，亦何害於禮與？古不設神位，愚固知無致奠之禮矣。然張子又言，爲位不奠，謂之不祭則不可，但不如喪之久奠。温公、文公亦謂喪側無哭則設奠，是先儒固許其奠矣。今之聞喪而致奠者，亦何害於禮歟？蓋禮有先王之禮，有先儒之禮。先王之禮，久不行於後世矣。先儒之禮，猶可行於今日。則設奠、致位諸事，未始非守先儒之禮也。《禮・奔喪篇》言自齊衰以下，入門而後免、麻。注疏謂不至喪所不改服也。此亦據聞喪而即奔者言耳。若聞喪不得奔喪，則禮明言三日成服。又曰若不得行，則成服而後行，是不得即奔者。古人無有不成服者矣。今或有發哀而但易素服，不服齊斬者，豈不大背乎禮哉？古禮所以四日而成服者，以初死日襲，次日小斂，又次日大斂。大斂訖，而後成服，故以四日爲期。聞喪者無襲斂諸節，則以始聞日初哭當襲，次日又哭當小斂，又次日三哭當大斂，亦四日而成服。今宜倣此爲制，不但斬衰者當成服，即齊衰以下，亦當依此以成服，庶乎其合於禮也。然此謂親喪之禮則然。若夫齊衰以下則何如？曰：齊衰而爲祖父母、妻、長子、衆子、適婦，則吾身當爲喪主，亦設位致奠而成服可也。如其爲伯叔父母、昆弟從子，則彼自有喪主，但發哀制服，而不必設位致奠。或於初發哀時爲之設位致奠，奠已即徹之亦可也。夫喪事人所時有在他鄉而遭喪者，又仕宦者所時有，而《儀禮》《開元》《政和》諸禮，及《書儀》《家禮》《會典》諸書，固皆有奔喪之禮。則取而討論之，以求合乎人心，而不背乎時俗，固事之不可少者也。愚固妄爲是說，以折衷於秉禮之君子焉。」

案：《禮記・奔喪篇》但略舉其要耳。其間次第儀節，蓋已詳具，於此著出，使人臨時考行而已。然今世士夫遊宦於外，一聞凶訃，心緒瞶亂，平時不素講明，倉卒之際，豈能細考？縱一閲之，亦烏能因其略而遽得其詳哉？今條析其儀節於後。

始聞親喪哭。親，謂父母也。在邸聞喪，以哭答使者，又哭盡哀問故。使者，謂通報之人也。易服。以有子粗麻布爲衫，戴白巾，束以麻繩，着麻鞵。遂行。日行，不以夜行，雖哀戚猶避害也。或與親屬偕行。不能百里，道中亦不滯留也。

道中哀至則哭。哭避市邑喧繁之處。温公曰：「今人奔喪，及從柩行者，遇城邑則哭，過則止，是飾詐之道也。」家鄉望之則哭。望其鄉而哭也。入門詣柩前哭。再拜，乃變服，就位哭。初變服，如初喪，柩東西向坐哭盡哀。又變服，如大小斂，亦如之。後四日成服。是日朝奠時，在家男婦各服其服，就位哭。奔喪者，具衰絰持杖向靈座伏地哭。相吊少頃，詣所尊諸父前跪哭，又向諸母前跪哭。卑幼者，又向奔喪者前跪哭。一如前成服儀。又如賓客有來吊慰者，則哭出而迎之。

若未得行，則爲位不奠。設椅子一枚，以代尸柩。左右前後設位，哭如儀。但不設奠。若喪側無子孫，則此中設奠如儀。變服。亦以聞後之第四日。

聞訃儀節：是日訃至。舉哀。舉家男婦皆哭。少頃，問死者以病及終之故者。易服。男子皆去冠及上服，女子去首飾與華盛之服。披髮徒跣，不食，男女哭擗無數。

爲位儀節：是日堂中設椅子一枚，以代柩。椅子前設卓子一張，上置香爐、香合、燭臺之類。各就位。主人於位東，衆男坐其下，皆藉以藁。主婦坐位於西，衆女婦坐于其下，以南爲上。舉哀。哭不絶聲，是日具括髮、絰帶、衰服物。

變服儀節：聞訃之次日。袒，男子袒，去上衣。括髮，散髮者，用麻繩束之。具帶絰，首戴白布巾上單股之絰，具要絰，散垂其二尺，及具絞帶，禮所謂環絰也。婦人髽，婦人用以麻繩撮髻。輕服者袒免。服輕者，皆着素服，袒開上衣，用布纏頭，或着白布亦可也。

設奠儀節：爲位之後，是日即陳設蔬果、脯醢、羹飯、茶酒之類，於卓子上，用侍者一人爲祝。有子孫在喪側，不設。盥手。祝洗手。跪，焚香，興，斟酒，鞠躬拜，凡二。興，平身，祝拜。罩巾，舉哀。自是以後朝夕日中凡三次，遇朔望日，即盛設如在家儀。

成服儀節：聞訃第四日夙興，各具服。五服之人，各服其服，執杖有腰絰者，絞其麻本之散垂，去環絰不用。各就位。男位於靈位東，女位於西，各以尊卑爲序。舉哀相吊。以次就尊長跪哭吊，盡哀。復位。在道、至家，皆如上儀。若既葬，則先之墓哭拜。之墓者，望墓哭，至墓哭，拜如在家之儀。未成服者，變服於墓，歸家詣靈座哭拜。四日成服，如儀。已成服者亦然，但不變服者也。

臨禮

案：《曲禮》臨喪則必哀色，曰：情者，色之實。色者，情之文。情之得失存乎内，則色之得失見於外。臨喪必有哀色，則哀之情可知。呂大臨曰：「色必稱其服，情必稱其色，内外相顧，所謂不失色於人。」

案：禮，「臨喪不笑」。曰：臨喪非笑所也。又案「入臨不翔」。曰：入臨人之喪，不得趨翔爲容。又「哭日不歌」。哭日，謂吊人日也。一日之内，餘哀未忘者，自不能歌也。

吊禮

凡吊死者，惟切近尊四拜，平輩及遠親止兩拜，卑幼則揖而不拜。應哭者哭，未成服不出，紙旛者不赴吊。

案：《禮統》云：吊生曰唁，吊死曰吊。生謂之唁何？非有哭泣之事，但嗟嘆以言，故謂之唁。吊何？吊者毒也，致有恩厚，禮無服屬，但致傷哀痛毒，故謂之吊。

案：吊者死之恤乎外，傷者情之痛於中。古人知生者吊，知死者哀，知生而不知死，吊而不傷，知死而不知生，傷而不吊。今則概拜死者，而生者隨旁答拜，雖非古禮，然相沿不可變。但今世吊客，多于死者皆施四拜之禮，不然則連叩而已。無有行拜者，仍分爲三等以節之，庶不失禮意。又如喪家初卒前三日，猶以生望死者，于古禮未應吊。且孝子此際，哀痛昏迷，匆匆治棺槨衣衾，猶且不暇，而顧應酬吊客耶？宜待成服之日，方出紙旛，乃方赴吊。有至親先入哭吊唁者不在此論。

案：吕坤曰：「哀以衣掩口也，吊以巾承口也。凡臨喪爲死無不哀者，爲生無不吊者，傷不傷惟其情。」生不相見者，死不相吊。執友之妻之母，入吊可乎？禮遠别，情近親，寧處於疏。温公有入吊執友之妻之母之文，然必生時數相見、情相關，又年各長老，入吊可也。若無親親之情，只宜拜於門外。豈遠别之禮，生死不可嚴者也！

案：婦人者于男子喪，非切近至親不入吊。男子于婦人喪亦然。但果于生者有知，入而唁慰是古禮。

案：《檀弓》云：死而不吊者三：曰畏自經于溝瀆之類，曰厭立岩墻下之類，曰溺無故不舟而遊之類。又按《禮》云居喪不吊，其送葬雖無明文，然執紼即是執事，禮亦有妨。而鄉俗不時往吊送葬，凡親舊家有吉凶之事，皆有所遺，不知處此當如何？曰：吉禮固不可預，然吊送之禮，却似不可廢，所謂禮從宜者此也。

案：吊説。《詩》云：「凡人有喪，匍匐救之。」故親戚僚友鄉黨，聞之而往者，不徒吊客而已，莫不爲之致力焉。始則致含襚以周其急，見《士喪禮》《文王世子》。三日則共糜粥，以扶其羸，見《〔聞〕〔問〕喪》。每奠則執其禮，見《曾子〔問〕》。將喪則助其事，見《檀弓》。其從柩也，少者執紼，長者尊進，又見《曾子問》。其掩壙也，壯者盈坎，老從反哭。

凡吊皆素服，而各隨其人所當服之衣，仍用素者。《論語》曰「羔裘玄冠不以吊」，用素服者，以哀心臨喪，服稱其情也。有官者衣可變，而冠不可變，素衣吉冠。無官者素衣吉巾可也。

儀節：吊者至，護喪先入白。主人以下，各服其服，就位哭以待之。就位。吊者至，向靈座前立。舉哀，哀止。上香，鞠躬拜。凡二。興，平身。吊者拜畢，主人持杖哭出，西向立。賓吊主人曰：不意某官凶變。尊則曰薨逝，稍尊則曰捐館。奄棄榮養，無官則曰色養。伏惟哀慕，何以堪處。隨意致辭亦可。主人致辭曰：某罪孽深重，禍延某親，蒙賜慰問，不勝哀戚。如非父母及承重者，不用二句。稽顙拜。凡二。興，平身。賓答之，又慰曰：「脩短有數，痛毒奈何，願抑孝心，俯從禮制。」主人再謝。禮畢。吊者退，主人哭入喪次。護喪送之，延待茶湯而退。今吊止諸靈前四拜，主人答謝吊者，隨辭。

奠賻

案：許慎《説文》：奠，置祭也，以品物祭亡者曰奠。又案劉熙《釋名》：喪祭曰奠。奠，停也，言停久也，亦言朴奠，合體用之也。又賻者，助也，以財助喪也。吊辭曰知生曰賻，貨財曰賻，知死者贈襚。贈襚所以送死也，賻贈所以佐生也。

奠用香茶、燭、酒果。有狀。或用食物，即别爲文。賻用錢帛。有狀。惟親友分厚者有之。

儀節：既通名，主人焚香、燃燭、布席，各具服就位哭以候。護喪出迎賓，祝至進揖訖，引至靈座前立定。序立。獨祭則曰就位。舉哀，哀止，鞠躬拜。凡二。興，平身，詣靈座前。若是衆賓，則尊者一人獨詣。焚香，跪。尊長者則不用此跪。酹酒。執事者跪奉盞與賓，賓接之，傾少酒于地。奠酒。執事接盞，置靈座前。皆跪。尊者不，卑者跪。讀祝文。祝跪于賓之右，或狀唱曰宣狀。舉哀，俯伏，興，平身。若不跪不用此二句。復位，鞠躬拜。凡二。興，平身，焚祝文。或狀唱曰納狀。禮畢。

祭文式

維皇號幾年歲次干支某月干支朔越某日干支，忝親某官姓某等，敬以清酌庶羞之奠，致祭于某親某官之柩云云。尚饗。

賻狀式

具官姓某，某物若干，右專送上某官靈筵，聊備賻儀，財物曰賻儀，衣服曰襚儀，香酒果曰奠儀。伏惟歆納。具狀。

某年月日恭狀。

《書儀》謝賻奠書今三年之喪未卒哭，不發書，多令姪孫及其餘親發謝書。具位某，某物若干，右伏蒙尊慈以某發書者名。某親違世，大官云此薨没。特賜賻儀，襚奠隨事。下誠不任哀感之至。恭狀上謝

某位　年月日某頓拜

慰大官門狀　某位姓某，右某恭詣門屏，祇慰某位，伏聽處分　年月日具位敬狀。

慰平交　某位姓某，右某祇慰某官。恭狀　月日姓某狀

慰人父母亡疏狀　某頓首再拜言：不意凶變，先某位奄棄榮養，承訃告，驚怛不能已已。伏惟孝心純至，思慕號絶，何以堪居。此上尊官也，平交已下止云「頓首」。亡者無官有素契，改「先某位」爲「先丈」，無素契爲「先府

君」。母亡云「先太夫人」、「先太君」，無封邑者止云「先夫人」。亡者官尊即改「奄棄侍養」爲「奄捐館舍」。無官止云「奄違色養」。平交云「恭惟」，降等「緬惟」。下倣此。日月流速，遽踰旬朔。或云「流邁」，或云「不居」，或云「遽及」。孟仲季春，若已葬則云「遽經安厝」。及卒哭則云「卒哭」，小祥、大祥、禫祭，各隨其時。哀痛奈何，罔極奈何，不審自罹荼毒，父在母亡，即云「憂苦」。氣力何如？伏乞平交云「伏願」，降等云「惟冀」。强加餐粥，已葬則云「疏食」。俯從禮制。某事役所縻，在官即云「職業有守」。未由奔慰，憂戀無任下誠，平交以下但云「未由奉慰，悲慘益深」。敬奉疏。平交已下改爲狀。伏惟鑒察，降等不用此。不備具疏。平交已下云「不宣鄭裴」，用不次自非有喪，恐不當稱。月日姓某疏上平交改疏爲狀。某位大孝苫前。遠云「哀前」，平交已下云「哀次」。劉岳《書儀》，百日内苫前，百日外云服次，或云服前。

父母亡答人狀。於所尊稱疏，於平交已下稱狀。某稽顙再拜言。平交已下，只去「言」字。蓋稽顙而後拜，三年之禮也。古者受吊必拜之，不問幼賤。某罪逆深重，不自死滅，禍延先考。母曰先妣，承重祖父云先祖考，祖母云先祖妣。攀號擗踊，五内分崩，叩地叫天，無所逮及。日月不居，奄踰旬朔，或云遽及孟、仲、季，安厝、卒哭、大小祥、禫除隨時。酷罰罪苦，父在母亡，即曰「偏罰罪深」，而父先亡，則母與父同也。無望生全。即日蒙恩稍尊云免，平交去此二字。祗奉几筵，苟存視息，伏承尊慈，俯賜慰問，哀感之至，不任下誠。平交云「仰承仁恩，特垂慰問，哀感之情，言不能盡」。降等云「遠蒙眷私，曲加慰問，哀感之深，非言可論」。凡遭父母喪，知舊不以書來吊問，是無相恤閔之心，於禮不當先發書，若不得已須至先發書，當刪此四句。餘親彼雖無書吊問，已因書亦當言之，但不特發書爾。未由號訴，不勝隕絶，敬扶力奉疏，荒迷不次，恭疏。月日。孤子姓某疏上平交已下云奉狀、敬狀。父在母亡稱「哀子」。父先亡，母與父同。承重者稱「孤孫」，女云「孤女」。平交云狀上。某位。座前、閣下並如常也。

與居憂人啓狀　某啓，日月流邁，奄踰旬朔。安厝、卒哭、大祥、禫除隨此。伏惟平交已下同前者。孝心追慕，沈痛難居，孟春猶寒，隨節。起居支福。支者，言其毀瘠，僅及支梧也。稱尊云「動止支勝」，平交云「所履」，降等云「支宜」。支福、支和重，支祐小重，支宜、支適小輕，支立大輕。某日蒙恩。稱尊云免。伏乞平交已下同前。節哀順變，俯從禮制。某事役所縻，在官如前。未由拜慰。稱尊云「造」，平交云「奉」，或云「展」，降等者云「叙」。其於憂戀，無任下誠。平交已下但云「悲慘益深」。敬奉狀，伏惟鑒察。降等即不用此二句。不備恭狀月日具位姓某狀上

某位。

居憂中與疏狀　某叩頭泣血言，稱尊已下改「言」爲「啓」。日月流速，屢更晦朔。奄及大小祥、禫隨此。攀慕號絶，不自勝堪，孟春猶寒。隨節。伏惟某位尊體起居萬福。降等無「尊體」字，但云「動止」。餘皆如前者也。某酷罰罪苦，父在母亡則云「偏罰罪深」。無復生理。即日蒙恩，稱尊云「免」，平交無此二字。祗奉几筵，苟存視息，未由號訴，隕咽倍深，敬扶力奉疏。云云，餘如前式。

慰人父母在祖父母亡啓狀。若已慰其父，則不慰其子可也。某啓，禍無故常，尊祖考某位無官有契即云「幾丈」，無契即尊祖考府君，祖母云尊祖妣某封，無封云尊祖妣夫人。奄忽違世。亡者官尊則云「奄捐館舍」。承訃驚怛，不能已已。伏惟恭緬如前。孝心純至，哀慟摧裂，何可勝任。孟春猶寒，未審尊體何似，平交已下則云「所履」。伏亡深自寬抑，以慰慈念。某事役所縻，在官如前。未由趨慰，其於憂想，無任下誠。平交如前。敬奉狀。云云如前式。若其人父母已亡，則此慰祖父母狀，改「痛毒罔極」爲「痛苦」，改「荼毒憂苦」爲「凶變」，改「强加饘粥」爲「深自抑

割」。去「大孝」「至孝」字，改「苦前」爲「座前」，「敬空苦次」爲「足下」。

祖父母亡答人啓狀　某啓，不圖凶禍，先祖考祖母云先祖妣。奄忽棄背，痛苦摧裂，不自勝堪，專介臨門。伏蒙尊慈，特賜書尺慰問，哀感之至，不任下誠，仁恩眷私隨等。孟春猶寒，隨節。伏惟某位尊體起居萬福。平交如前。某即日侍奉，幸免他苦，未由詣左右展洩，徒加哽塞。敬奉狀上謝，不宣尊云不備。肅狀。

慰人伯叔父母姑亡　某啓，不異凶變，尊伯父某位伯母、叔父母、姑隨宜。降等改尊爲賢。奄忽傾逝亡者官尊，則云「奄捐館舍」。承問驚怛不能已已。伏惟親愛敦隆，哀慟沈痛，何可堪勝。孟春猶寒，尊體何如。伏乞深自寬抑，以慰遠誠。某事役云云皆如前式。

伯叔父母姑亡答人慰　某啓，家門不幸，幾伯父伯叔母準此，姑曰幾家姑，不言封者。奄忽棄背，摧痛酸楚，不自堪忍。伏蒙尊慈。云云皆如前式。若無父母者，不云侍奉也。

慰人兄弟姊妹亡　比慰人伯叔父母亡啓狀，但改「尊伯父」爲「尊兄」。亦曰令兄弟，曰令弟姊，曰令姊妹，曰令妹。平交已下改爲「賢」。若彼有兄弟姊妹，數人須言行第，或官封。姊妹無封者稱其夫姓，云某宅令姊妹。「親愛」爲「友愛」。餘並同。

兄弟姊妹亡答人慰　比伯父母亡答人狀，但改「幾伯父」爲「家兄」。弟曰舍弟，姊曰家姊，妹曰小妹。有數人者，須言行第，不必言封。改「棄背」爲「喪逝」。餘並同。

慰人妻亡　比慰人伯叔父母亡狀，但改「尊伯父」爲「夫人郡縣君」，無封即云賢閤。即改「傾逝」爲「薨逝」，改「驚怛」爲「驚愕」，改「親愛敦隆」爲「伉儷義重」，改「哀慟」爲「悲悼」。餘並同。

妻亡答人　比伯叔父母亡答人，但改「家門」爲「私家」，「幾伯父奄忽棄背」爲「室人奄忽喪逝」，「摧痛」爲「悲悼」。餘並同。

慰人子姪孫亡　某啓，伏承平交已下者爲「切承」。令子某位，姪曰令姪，孫曰令孫。平交已下爲「賢」。無官者稱秀才。若有數人，須言行第。遽爾夭没，不勝驚怛。伏惟恭緬同前。慈哀隆深，悲慟沈痛，何可堪勝。餘並同。

慰人伯叔父母狀改「寬抑」爲「抑割」。

子孫亡答人狀　比妻亡答人慰啓，但改「私家」爲「私門」，「室人奄忽喪逝」爲「小子某名者亡也，姪曰少姪，孫曰幼孫。遽爾夭折」，改「悲悼」曰「悲念」。餘皆並同。

擬祖父母父母亡謝人吊賻會葬不行躬謝疏

某稽顙再拜言，某罪逆深重，不自死滅，禍延先考。母則曰先妣，承重曰先祖考、先祖妣。幸而克襄大事，皆賴諸親相助之力，倘非親戚，則曰諸賢。既蒙下吊，平交以下則曰「臨吊」。又賜厚奠，止有賻，則曰「賻儀」，止有奠，則曰「祭奠」。逮其送往，又辱寵臨，如不送葬去此二句。感德良深，莫知所報。欲效世俗，具衰絰就門拜謝，奈縲然重服，哀痛在躬，遠離几筵，非獨古無此禮，亦恐賢人君子之不忍見也。故不敢以俗禮上瀆高明。平交以下則去「上」字。伏惟尊慈特賜監察，哀感之至，無任下誠，恭此代謝。荒迷不次，具疏日月。孤子母稱哀子。姓名疏上某位。

朝廷賜祭

案：馮善《家禮集説》云：朝廷遣使或令有司祀祭者，具有儀注，皆先期報知。前一日喪主預先陳設香案于堂之中，南面，又設靈床于堂之西，東向，設使者致奠之位于堂之東，西向，設宣祝位于使者之右，設主人拜位於靈床之右，北面。至日陳設牲醴如常儀。使者至，主人以下止哭。去衰絰，易素服，各肅恭，換禮服出迎于大門外。引使者入立致奠位，主人就位，望龍亭諭祭文行五拜三叩訖，少脚候祭訖，主人以下復行五拜三叩頭。禮畢，請使者于賓次，拜見亦如常儀也。

賜祭圖式

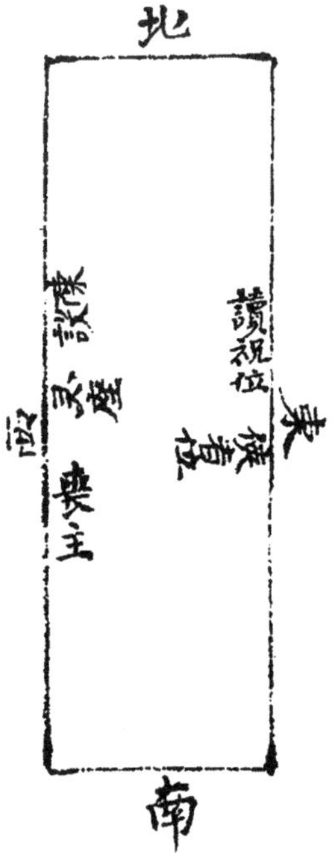

三月而葬，前期擇地之可葬者。

案：三月而葬者，士庶之分也。《檀弓》云：「葬者，藏也。藏也者，欲人之弗得見也。」案《禮》，大夫三日而殯，故三月而葬。既殯之後，即謀葬事。其有祖塋，則附葬其次。若窄狹及有所妨礙，則別擇地可也。然葬地不可不擇，淺則爲人所扣，深則濕潤速朽，故必求土厚水深之地而葬之。古人所謂卜宅兆者此也。孝子慈孫敬重親之遺體，惟誠惟信擇其地，即卜筮以决之。使他日不爲城邑道路溝渠與貴勢所奪，耕犁所及，以爲安固久遠之計。使形體全，而神靈安，則子孫盛而祭祀不絶，猶植木培壅其根而枝葉以茂，自然之理也。夫地之美者，土色光潤，草木茂盛。地之惡者，土色黑燥。若不擇地之美惡，不識穴之淺深，而水泉螻蟻賊於其内，及形體不安，而子孫之苦，甚可畏也。世之人惑于術士之説，有貪求富貴之地，未能愜意，雖經年不能葬其親者。有既葬以爲不吉，一掘未已，至再至三。有因買地至訟，棺未入土，而家已蕭條者。有兄弟數房，或于各房風水之説，至于骨肉化爲仇讎。凡此皆朴之書所爲也。且人之生，貧賤富貴，天禀已定，謂之天命，不可改也。豈冢中枯骨所能轉移乎？若如其説，則天上之反制于一抔之土乎？凡葬稱其家之有無，不可勉强爲厚葬以求名者，則致有敗家之患。可不慎哉？又如世人没於他鄉，子孫不能歸葬，葬于其地可也。若焚其尸柩，收燼歸葬，不孝甚矣。

案：堪輿云心理術三者而已。術原乎理，理具諸心，上者一以貫之，中者則偏，下則不着，余亦不着也。然心地與陰地相感召，陰地須陰德以滋培，風水亦甚渺茫，堪輿亦難盡信。竊思孝子順孫，倘不明術與圖，襄事即先謀乃心，徐察衆理，用時術之稍達者，而藏之於爽塏之墟，但思安其親也，其福報則聽之于天。若誘此以求富貴，輕聽諸術，需力占待，慕高好奇，逼侵前葬，干冒憲條。凡此昧不達理，皆非慎終之道。專治術者之説，果何益哉？《孝經》曰「葬親卜兆安厝」，此之謂乎？

案：擇地治葬，程正公云：以五色帛，埋於地下十日，視色明暗，卜地氣善否。地美則彩色不變，地氣惡則色變矣。周晴峰云：欲驗葬地美惡，先掘坑方一尺，將土取起揉散，仍置坑内。土既浮鬆，則必有餘，祇令與原土平，餘土棄之，上用缸蓋好，外用土密封。次早啓視之，内土高起者吉地也，陷下者惡地也，仍平如故者常地也。王草堂云：古葬地用蓍占，而今則堪輿矣。然不可惑于龍脉、沙水與孤虚、旺相也。諸儒辨之已詳，載于後以爲戒。

案：《葬經》云：「葬者，乘生氣也。」臨川吴氏曰：「郭氏《葬書》，其術之祖，蓋必原其脉絡之所從來，審其形勢之所止聚。有水以界之，無風以散之，然後乘地中之生氣，以養死者之留骨，俾常温燠，而不速朽。死者之體魄安，則子孫之受其氣以生者不致凋零，乃理之自然，而非有心覬其效之必然也。若曰某地可公可侯可相將，則術者倡是以愚人而要重賄，豈足信哉？」

案：風水一節，其希覬求富貴之説，雖不可信，若夫乘生氣以安祖考之遺體，蓋有合於伊川本根枝葉之論，先儒往往取之。文公先生與蔡季通，豫卜藏穴，門人裹糗行紼，六日始至，蓋亦慎擇也。昔朱子論擇地，謂必先論其主勢之强弱，風氣之聚散，水土之淺深，穴道之偏正，力量之全否，然後可以較其地之美惡。後之擇葬地者誠本朱子是説，而參以伊川光潤茂盛之驗，及五患之防者，庶幾得之矣。

案：趙汸《葬書問對》：或問：「葬之説，理有是乎？」對曰：「有之。」問曰：「《葬書》，真郭氏之言乎？抑古有其傳也？」對曰：「不可考。《周官》冢人掌公墓，墓大夫掌凡邦墓，皆辨其尊卑度數而葬以其族。大司徒以本俗六安萬民，次二曰族墳墓，則葬不擇地明矣。豈有無事而著其法者哉？《漢書・藝文志》叙形法家，大舉九州之勢，以立城郭、室舍、形人及六畜骨法之度數，器物之形容，以求其聲氣貴賤吉凶。而宫宅地形與相人之書，並列葬地之法，其肇派於斯乎？予嘗讀張平子《賦冢》，見其自述上下岡壟之狀，大略如今葬書。尋龍捉脈之爲者，豈東漢之末，其説已行於士大夫之間？至景純最好方伎，世見其葬母暨陽，卒遠水患，符其所徵，而遂〔以〕《葬書》傳諸郭氏邪？然無所考矣。」問曰：「今之名卿，其先世葬地多驗，如執券取物，至其盛時，竭力以求，輒無所得。或反悖謬取禍，豈亦分定，不可推移邪？」對曰：「不但如是而已。夫家之將興，必先多潛德，陰善厚施，而不食其報。若是者，雖不擇而葬，其吉土之遇與子孫之昌，固已潛符默契，蓋天畀之也。後世見其先之鼎盛，而不知所自來，於是妙貪巧取牢籠刻削，以爲不知何人之計，則其急於擇地者，亦植私窺利之一端耳。其設心如是，則獲罪於天，而自促其數者多矣。擇而無得，與得而悖謬，豈非神理之顯著者哉？」問曰：「然則大儒子朱子亦有取焉，何也？」對曰：「大賢君子之事，不可以常人類論。古者三月而葬，凡附於棺者，必誠必信，地風、水泉、螻蟻之爲患至深，善腐速朽之藏如委棄於壑，蓋時有定制，民無得而違焉，皆昔人知之無可奈何者。程子謂死者安則生人安，必自後世擇地而言，其自然之應耳。朱子之葬必擇地，亦曰爲所得爲，以自盡夫必誠必信之道，而不失程子之意云耳。」問者又曰：「凡葬者，生人之必有，而大儒君子所爲，乃後世之標準也。故世之論葬地者，必以朱子爲口實，則所謂爲其得爲以盡其必誠必信之道者，將何自而可邪？」對曰：「死葬以禮，斂首足形還葬與葬，以天下一也，故喪具稱家之有無。夫吉地之難得，豈特喪具之費而已哉？先王制禮致嚴於廟，以盡人鬼之情，而藏魄於幽，以順反原之變，其處此固有道矣。積善有餘慶，積不善有餘殃，秦不及期，周過其曆，祈天永命，歸於有德，而心術之壞，氣數隨之，此必然之理也。聖賢豈欺我哉？學士大夫，秉禮以喪親，明理以擇術，得失之際，觀乎時義而無所容心，則庶乎不悖於性命之常，而無憾於慎終之教矣。豈非先哲之志而君子之道哉？」

案：朱董祥《論葬書》：人事之大，莫大於送死，莫急於藏其體而安其神。先王知之，故制爲貧富可行之禮。後之人子不考其禮之當爲，而妄求荒誕謀身之術，則鬼神情狀，有大不得已者矣。夫人性本於天，身本於地，而生必由父母。生有心身，死有魂魄，魂氣升於天，魄降於地，故謂之鬼。鬼者，歸也。然魂非死而遂歸於天也，魄之歸地百年而後爲土也。人之身性雖本於天地，必由父母而生，則其生自有祖而有之，故其死亦必自稱而祖而曾高而後乃歸於天。喪祭之所以四世而盡，神主所以五世而祧也，始死而復招其魂也，定期而葬，藏其魄也。死而不復則魂散，過期不葬則魄腐，而魂不安則亦散，散則爲厲，子孫夭短，宗祀覆絶，皆由此也。後世不明鬼神之理，死不旋葬，而暴露其體，至有過重其體，而輕其神者，皆失鬼神之依矣。故曰鬼神情狀，有大不得已者矣。先王之制，天子七月而葬，諸侯五月而葬，大夫三月而葬。《春秋傳》則以大夫三月，士踰月。近代着令自王公以至庶人，皆三月而葬，過則暴露。律曰惑於風水，及託故停柩，在家經年不葬杖八十。《禮》曰未葬服不變，食粥居倚廬，哀親之未有所歸也。既葬然後漸有變除。今之人背禮違法，未葬而祥禫除服，食肉飲酒，從遊四方。嗚呼，安矣哉？夫葬有厚薄，有緩急，未有公行停棄經年不葬者也。厚葬者，禮所得爲，分所宜爲，而財力又足，以爲盡心焉，而爲之稱家之有。薄葬者，禮分雖得爲，財力不能，衣周於身，棺周於衣，土周於棺，縣棺而封，稱家之無。緩葬者，主喪者在外，或疾病不勝，然苟有遲久，則以次代之，未有經年輕棄者也。古之人所以奔喪有先之墓哭也，急葬者，或時值變故，或身家多難，斂畢即葬。報葬者，報占三月而後卒哭。有是四者，則貧富可行不待勉也。後世不讀禮，惑於陰陽家邪説，卜兆卜日，不告於祖，不質諸蓍龜，而拘於歲月日時之休咎，山川岡阜之形勢。乃卜也，惟謀計子孫之利害，而父母之安危弗問。豈不悖與愚？嘗謂陰陽家曰：儒家之論，風水甚備，《家禮》所載極詳。如須計後日不爲五患所及，其爲死者亦已至矣。曾未以子孫之禍福、壽夭、富貴、貧賤爲説也。形體暴露則神魂不安，子孫夭絶，根本失則枝葉彫謝，必然之理也。遵禮速葬而反禍，則先王之禮，亦害人之具而已矣。胡爲三代以來，聖賢大儒無不諄諄以葬爲急也？故嘗論風水之理，譬如置椅卓於室，或南北或東西，而所向必正。地有高低，則以甎瓦厚薄平之，不偏側也。至飲食餚饌必由内備，非平正椅卓即可致也。今以風水之善不善，爲子孫禍福、壽夭、富貴、貧賤，是平正椅卓而生飲食餚饌也，不亦誣乎？夫禍福、壽夭、富貴、貧賤，人自求之耳。循禮則受福，妄爲則受禍，寡欲則多壽，淫奢則短夭，務本節用而自富，勤學不惰而自貴，反是則貧賤。其於風水何與哉？嗚呼，聖賢之所以不擇時不擇日，而急於葬親者，以人子之年，非必同於父母之壽也。不幸旦夕而亡，則父母終於永棄矣。况人死而歸土，猶生之居屋飲食，不可少闕也。死而不葬，而曰貧乏不能待有而爲，風水不善擇美而舉，是猶事父母者，不與居屋，而曰俟富而登以華屋，不給飲食，而曰俟貴而供以五鼎，有不飢寒而死者鮮矣。司馬光曰：陰陽家立邪説以惑人，爲世患，於喪家尤甚。

或問：「久停不葬者，以不孝論，何邪？」答曰：「此爲借親圖福者罪也。夫葬固爲死者計，非爲生者也。惟土能變化萬物，非但草木，雖金石之堅，皆土氣嘘育而就。莊生云：臭腐復化爲神奇，神奇復化爲臭腐，惟土能之。五味入土能失，五彩入土皆敗，化神奇爲臭腐，土之能也。荼蓼朽止，黍稷茂止，化臭腐爲神奇，土之能也。人既死入於土中，常翕不闢，常静不動，骸氣與土氣相得，使其質澤而不枯，其色鮮而不敗，其神安而不震，驚及千百年之久，而悠然返於空無，惟土能之，蓋亦有化爲神奇之義焉。仁人孝子，非不繫戀也，非不能珍秘其先也，惟宅之華屋，襲之象床，被之錦繡，皆非所安。故雖帝王之貴，哀慕既畢，舍殿宇而即山邱，覆以厚土，誠見夫土之賢於華屋、象床、錦繡也。土氣誠得，則其所變化，衍而爲子姓，華而爲富貴，堅而爲眉壽，秀而爲英賢，非神奇之驗耶？《記》曰：葬也者，藏也，欲人之弗得見也。又曰：人死斯惡之矣。是藏其親者，特掩人惡而已。雖非圖福也，亦爲人也。墨之薄葬，是已知入土爲安之實，則葬固爲死者計，而非爲生者也，亦非掩人之見也。子視親身，誠珍之，誠愛之，是以藏之，是以不敢苟藏之。且必厚其棺，堅其椁，擇其地於爽塏之墟，然後死者安而生者之心亦安。故葬宜速也，又宜慎也，並行而不悖也。而詭託正誼，苟且不擇地者，其爲忘親，又庸異於停親圖福者乎？聖人云卜其宅兆而安厝之，蓋親之生也，求悦其志，雖竭力不爲奢，死而求善地以安之，使無土中諸患，情自不能已也。避求福之嫌，委之適然，此正名根，何名信道。

案：擇地，古云五害不侵，高山忌石巉巖，平原忌水衝射，土脈膏潤，草木暢茂，來龍迢遥，結穴端正，水環沙護，即吉地也。近泥天星卦例方向，不顧龍穴沙水，多側針反背爲之，主家徼福不悟。且親存享爽塏華居，没葬形勝吉地，親體安，子心安矣。

趙氏族葬圖

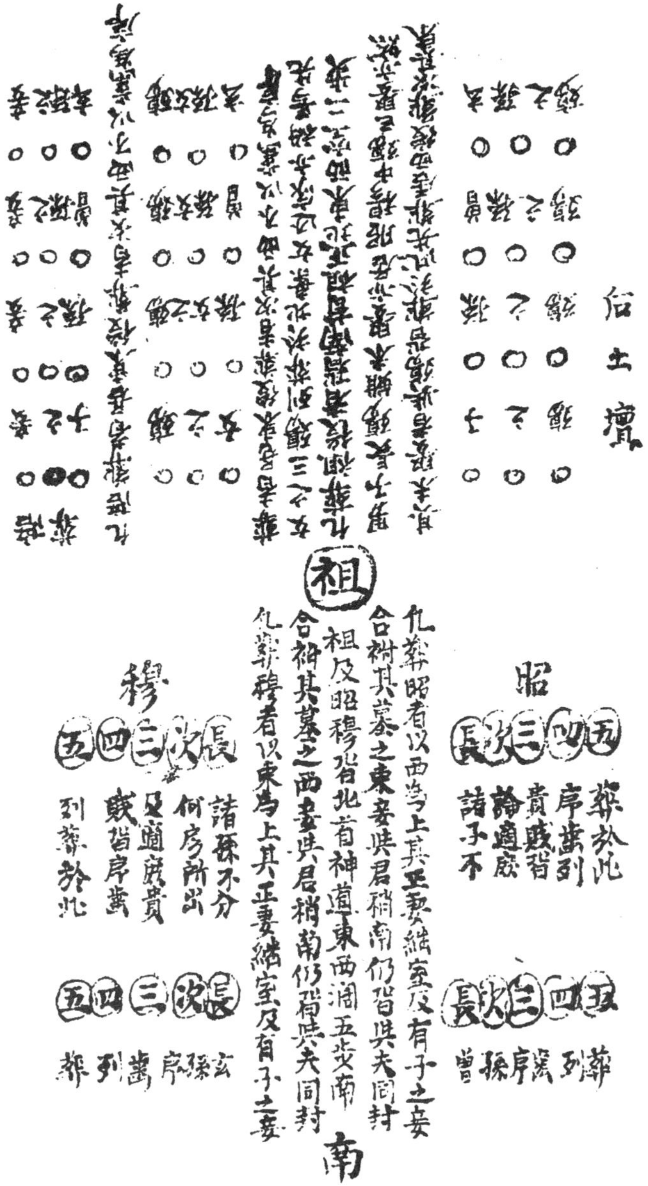
后土壇
祖
昭
穆
凡葬昭者以西爲上其正妻繼室及有子之妾
合祔其墓之東妾與君稍南仍皆與夫同封
祖及昭穆皆北首神道東西闊五丈南
合祔其墓之西妾與君稍南仍皆與夫同封
凡葬穆者以東爲上其正妻繼室及有子之妾
長 次 三 四 五
諸子不論適庶貴賤皆序齒列葬於此
諸孫不分何房所出及適庶貴賤皆序齒列葬於此
曾孫序齒列葬
玄孫序齒列葬
南

案：王廷相《葬次説》：「趙季明族葬説何如？」曰：「序昭穆，收族屬，有宗法之遺意焉。以次列兆，靡拘壟脈，亦可以破術士之妄矣。」「世次日遠，子孫繁衍，如塋域之不廣何？」曰：「五世而遷，如小宗然，亦禮也。季明之爲説，曰：家之祭止於高曾祖考，親親也。墓之葬，則以造塋者爲始祖，子不别適庶，孫不敢即其父，不分兄及弟所生者與適庶貴賤也。皆以齒列昭穆，尊尊也。曾玄而下，左右祔，各以其班也。曾孫以齒列於子之南，玄孫以齒列於孫之南，各從昭穆之序者也。昭與昭并，穆與穆并，百世可行也。昭尚左，穆尚右，貴近尊也。昭以左爲上，兄弟以次而東，男西女東亦如之；穆以右爲上，兄弟以次而西，男東女西亦如之。所以然者，以近祖墓爲上者也。北首，詣幽冥也。妻繼室無所出，合祔其夫，崇正體也。妾從祔，母以子貴也，降於女君，明貴賤也。凡妾之柩當比適妻之兆稍南。與夫同封，示繫一人也。其黜與嫁，雖宗子之母不合葬，義絶也。男子長殤及殤已娶，皆葬成人之位，以有成人之道也。中下之殤皆葬祖後，示未成人也。序不以齒，不期夭也。男女異位，法陰陽也。男居祖北之東，女居祖北之西。而昭穆必以班，班不可亂也。祖北不墓，避其正也，後葬者皆南首，惡其趾之向尊也。嫁女還家以殤處之，如在室也。妾無子猶陪葬，以恩終也。如祖之妾無子者，亦葬祖後之西，稍北南首。子之妾與諸女相值在其北，孫之妾與孫女相直又在其北。先葬者居東，後葬者在其西，俱不以娣姒年齒爲序。嗟乎，是論也，祔子姓逮殤獨，則謂之仁；正男女慎適妾，則謂之義；左右前後各以其班祔，則謂之禮；從事體之宜，而不惑於邪術，則謂之智；故曰序昭穆，收族屬，有宗法之遺意焉，不直爲喪葬之設也。」

或問：「柩在殯則南首，至葬則北首。何也？」曰：「《檀弓》云：葬於北方北首，三代之達禮也，之幽之故也。蓋人道尚昭明，殯仍南首者，孝子猶若親之生，不忍以神待之也。鬼神尚幽暗，故葬於國北，北首，往詣幽冥之道也。」「今之居室、塋域未必南向。何如？」曰：「殯，權道也，隨其居室可也。葬則必以正向，如向陽負陰，正南北之位禮也。觀於古人之墓無偏向者可知矣。後世有之者，惑於風水之徒也。」「男女之合葬者何也？」曰：「禮也。《記》曰合葬非古也，自周公以來未之有改也，故曰禮也。古也並棺而同椁，今也葬以灰鬲，異椁而同穴可也。」「有離之者何也？」「力之不能祔者變也。」「男女之位次何也？」曰：「葬以北首，男東女西，禮也。觀於國葬之昭穆可知也。謂地道以右爲尊者，非君子之言也。」「嫁殤而遷葬者何也？」「生不以禮相接，死而同之，在男比之苟合，在女比之私奔，是亦亂人倫矣。」

合葬

孔子曰：「衛人之祔也，離之；魯人之祔也，合之；善夫。」

案：注云：離之有以間其椁中。善夫，善魯人也，祔葬當合也。

案：徐氏云：古者叢木爲椁，一椁而兩棺共之。衛人以別物隔判，故曰離。周人不用物隔，故曰合。夫婦之道，生則同室，死則同椁，故善魯制。後世椁用全木，不合衆材，故無大椁，則但同穴而已。

案：陳祥道云：衛之俗有存於殷，魯之俗一之於周。殷之所尚者尊尊，故凡昭穆之祔於廟者，離之而不親；周之所尚者親親，故凡昭穆之祔廟於者，合之而不尊。離之則義，合之則仁。孔聖皆善之。

案：父母不當分葬。《易》重咸恒，《禮》嚴夫婦，故婦人非出非嫁，未有不得與夫合葬者。《詩》云：「生則同衾，死則同穴。」《禮記》云：「合葬自周公以來，未之有改。」《白虎通》云：「合葬者，所以同夫婦之道也。故《詩》曰穀則異室，死則同穴。」是以古人更有奇者。《晏子春秋》云：「齊景公成路寢之臺，逢子何母死，兆在臺牖下，請命合骨，公許之。」《檀弓》云：「季武子成寢，杜氏之葬在西階下，請合葬，許之。入宮不敢哭，武子命之哭。」一以見爲上者，不忍發人之冢，即舉哀而勿嫌。一以見爲子者，不忍離隔其親，必合穴而始慊。快也。若後之人，或恃勢力，拋棄遺骸，或貪吉地，藉口以分葬，不皆爲齊魯之罪人耶？此正程子所謂不以奉先爲計，而專以利後爲圖，尤非孝子安厝之用心。古人居是邦即葬是邦，蓋無處無可葬之地，不必越他境費時月而廣求之也。

案：《辨定》云：問：「父母之没，相去久遠，開壙恐致泄氣，且《葬書》謂陽可沖陰，陰忌沖陽，有諸者？」曰：「非也。孔聖之母，合葬于防，是陰沖陽也。而身爲至聖，壽七十有四，孫子思繼聖，壽亦八十餘，至今世世爲公，爵禄與天無極。魚朝恩發郭子儀父墓，是泄氣也，而子儀封汾陽王，壽至八十五，八子七婿，孫數十餘人，其昌隆悠久，並不以開冢之故減其分毫者也。」

案：《朱子語類》蕘卿問合葬夫婦之位。朱子曰：「某當初葬亡室時只存東畔一位，亦不曾考禮是如何。」吴卿云：「地道以右爲尊，恐男當居右。」曰：「祭以西爲上，則葬時亦當如此方是。」愚案世俗循習已久，凡葬皆男左女右，一家忽然如此行之，數世之後，安知子孫不誤，以考爲妣乎？今制，祭祀悉行左昭右穆之序，故合葬亦當從朱子葬劉夫人之例。

案：毛氏云，有前婦無子，後婦有子者，既歿而子以其母祔父，别葬前母，非也。蓋先後之序，罔敢奸也，奸則亂，二母並祔可也。奈何以父繼躐其元配，而反逖之。假令父在，其叙婦必有首次，豈可及子而乃紊之？憲廟沮于周太后，幾欲不祔裕陵。姚夔諸臣，至于哭諫，竟得成禮。是皆義理之經，綸紀之大，至尊不得而自私，人臣不敢爲曲附者，其孰敢奸而亂之哉？

案：《語類》陳淳問於朱子曰：「某欲改葬前妣祔於先塋，以前妣與先父合爲一封土，而以繼妣少間數步，別爲一封土。與朋友議，以神道尊右，而欲二妣皆列於先塋之左，不審是否？然程子葬穴圖，又以昭居左，而穆居右，而廟制亦左昭右穆，何也？」曰：「昭穆但分世數，不分尊卑。如父爲穆，則子爲昭，豈可以尊卑論乎？周室廟制，太王、文王爲穆，王季、武王爲昭，此可考也。」又案《張子全書》，安穴之法，南向北首。夫婦之位，坐於堂上，則男東而女西，臥於室中，則男外而女内也。

葬法

案：《檀弓》云：「昔者夫子言之曰：吾見封之若堂者矣，見若坊者矣，見若覆夏屋者矣，見若斧者矣，從若斧者焉，馬鬣封之謂也。」疏：封者，謂墳之也。

案：古之人封之若堂者，四方而高，難爲功而易虧，故變之爲若坊。若坊則平上而長，比之若堂者易爲功。然以上平，猶不免爲虧，故變之爲若覆夏屋。若覆夏屋者，旁廣而卑，則難虧矣。然比之若斧者，刃向上則功愈易，而虧愈難也。且封邱雖以爵等爲度，而形之廣狹平殺如此異者，不失高下之制而已。馬鬣封則從儉，而後世可傳矣。

或問：「墳與墓何別？」曰：「墓想是塋域，墳即封土隆起也。《光武紀》云爲墳但取其稍高，四邊能水走是矣。」

案：《唐書新語》，開元中集賢學士徐堅葬妻，問兆域之制於張説，曰：「長安神龍之際，有黄州人弘道，通鬼神之意，而以人事參之。僕嘗聞其言，猶記其要。墓欲深而狹，深者取其幽，狹者取其固，平地之下，一丈二尺爲土界，又一丈二尺爲水界，各有龍守之，土龍六年而一暴，水龍十二年而一暴。當其遂者，神道不安，故深二丈四尺之下，可以設窀穸。墓之四維，謂之折壁。欲下闊而上斂，其中頂謂之中樵，中樵欲俯斂而旁殺，墓中米粉爲飾，以代石堊。不置瓴甋瓦，以其近於火。不置黄金，以其久而爲怪。不置朱丹黄礜石，以其氣燥而烈，使墳上草木枯而不潤。不置羽毛，以其近於尸也。鑄鐵爲牛豕之像，可以禦二龍，玉潤而潔，能和百神，置之墓内，以辟神道。弘老之説如此。」

四禮略集卷之三

筮宅

《儀禮·士喪禮》筮宅，冢人營之。宅，葬居也。冢人，有司掌墓地兆域者。營，猶度也。

《儀禮》：既朝哭，主人皆往兆南，北面免絰。兆，域也，新營之處。免絰求吉，不敢純凶。

案：此皆往，明衆主人亦行也。免絰亦左擁之，絰服之最重者。於此免之，以對越神明，宜與人異。

命筮者，在主人之右。注：命，尊者，宜由右出也。《少儀》曰：贊幣自左，詔辭自右。筮者東面，抽上韇兼執之，南面受命。注：韇，藏筴之器，兼與筴執之也。疏：抽上韇，則下韇未抽，待用筮時乃并抽之也。命曰：哀子某，爲其父某甫筮宅，度茲幽宅兆基，無有後艱。注：某甫，其字也，若言山甫、孔甫矣。基，始也，言爲其父葬居。今謀此以爲幽冥居兆域之始，得無後將有艱難乎？艱難者謂有非常，若崩壞也。《孝經》曰：卜其宅，兆而安厝之也。筮人許諾，不述命。右還，北面指中封而筮，卦者在左。注：既受命而申言之曰述，不述者，士禮略。中封，中央壤也。卦者，識卦爻畫地者，此之謂也。卒筮執卦，以示命筮者。命筮者受視，反之。東面旅占，卒，進告于命筮者，與主人，占之曰「從」。注：卒筮卦者，寫卦示主人，乃受而執之。旅，衆也，反與其屬共占之矣。從猶吉也。

《喪服小記》祔葬者，不筮宅。疏：宅，謂塋壙也。前人之葬已筮而吉，故祔葬則不必再筮。

案：祔葬與祔廟，皆謂之祔，以後死祔前而神事之則一故也。凡祔以廟爲正，葬則如之。故祔廟則不言廟，祔葬則必言葬。

告啓期

既得地，則擇日安葬。豫先以啓期告於親戚姻婭僚友之當會葬者。

擇日開塋域

按：塋者，墓也。域者，界也。主人既朝哭訖，帥執事者，於所得地掘兆。先掘其四隅，出其土壤於外，次掘其中，出其土壤於南。四隅各立一標，當南門立兩標。主人看訖，歸詣靈前哭而再拜。

案：掘兆，謂挑地四隅，爲塋兆之域，非謂開穴也。

案：禮律塋地之制，一品周圍九十步，五尺爲一步，二品以下每品降十步，七品以下三十步。士庶之家，准此以降殺可也。墳並用斧形，高三四尺以下，其發步皆從塋心，各數至邊。五品以上，許用碑，龜趺螭首。六品以下，許用碣，方趺圓首。庶民止用壙誌。又如墓地，形勢向背，皆各相回避。後葬者不得迫犯遮障前葬及包占過多，違者移避律在。

祠本山土地之神

案：古禮雖有舍葬墓左之文，而無所謂后土氏者，惟唐《開元禮》有之。温公《書儀》本《開元禮》，《家禮》本《書儀》，其喪禮開塋域及窆與墓祭，俱祀后土。然后土之稱，對皇天也，士庶之家行之有似乎僭。考之《文公大全集》，有祀土地祭文。仍改爲本山土地之神祠之。《檀弓》曰：有司以几筵，舍奠于墓左，蓋以祖考形魂托于此地，故設祭以定之也。擇用遠親或賓友一二人，吉冠素服行禮，而孝子不與者，以其凶服非所以交於神明也。執事設位於新塋之左，南向，陳盞注酒牲粢於其前，置盥盆帨巾於其東西。存於世俗忌用鷄禮，俟後查究。

儀節：就位。告者立，北向。執事二人在其後。鞠躬拜。凡二。興，平身。盥洗，告與執事皆洗。帨巾，詣香案前。告者獨詣。跪，上香，斟酒。執事一人執注，一人捧盞，就跪授告者。告者斟于盞。酹酒。盡傾于地。復斟。告者復斟。獻酒。執事捧盞，詣奠神位。俯伏，興，少脚跪讀祝。跪讀告者之左。俯伏，興，平身，復位，鞠躬拜。凡二。興，平身，焚祝文，禮畢。

告文

維皇號某年歲次干支某月干支朔越某日干支，府縣總社某姓名恃某官姓名，恭以牲粢清酌，金銀品物，敢昭告于本山土地尊神位前。曰：「爲某官姓名母云某封某氏。營建宅兆，神其保佑，俾無後艱。子孫榮盛，福禄永綏。尚饗。」

遂穿壙

案：司馬《書儀》，穿壙僅容棺乃善。穿地直下爲壙，而懸棺以窆之。今當以此爲法，其穿地宜狹而深。狹則不崩損，深則盜難近也。又有先鑿埏道，旁穿土室，攛柩於其中，臨時從宜可也。

作灰隔

案：王文禄《葬度·和灰隔法》：三分石灰，一分黄土，一分細沙，曰三和土。予偶閱一書，石灰火化，糯米水煮，合築之，水火既濟，久久復還原性，結成完石。今曰黃土、山間爛石，末也。若黃土損其石之力，不能成石云。予築先室壙，用糯米粥與石灰。唐一庵曰：山中有鶱樟樹，取皮葉杵爛，水浸取汁甚粘，勝糯粥也。陳鳳曰：古法得土而粘，得沙而實。予曰：用沙不燥裂耳，非特斤斧也。凡壙以三和土爲得中制。又如築法，和灰須乾濕均停，搏之成塊，撒之成灰。若太濕則粘，杵難築，太乾則燥，散不堅。凡鋪二寸餘厚築之，一分漸漸築起，人力須齊，不可停歇，歇則結皮不相連矣。不能一日完，必鋤動面皮，刷汁加築，硜硜有聲，錐釘不入爲妙。又如取汁，糯米舂白煮粥方稠，鍋中投石灰，冬不冰，人且不食。若鶱樟樹價尤輕，擣皮葉水浸之汁自出。其汁一絲墮地，盡瀉出也。汁灑於地，其樹即生。今人憚於路遥難識而不用，予至今悔之。凡作灰隔不可不求此樹。又査南藥，鶱樟樹，我南俗號核降，人家壘界，多生有之。養猪之家無荐，常以此葉擣用畜猪，代荐亦好。

案：墳者，土之墳起者也，惟山爲宜，五害不侵矣。然平原安得山葬乎？須以細碎甆器甎石雜片，五六十抬，混與客土，積成高大，則氣温燠，而不易侵掘。後人難動，而細碎諸雜，取其無用，且壞犁鋤。

案：《朱子語類》，穿壙既畢，先布炭末於壙底，築實厚寸許。然後布石灰三分，細沙黄土各一分，篩拌合匀，以淡酒遍洒之，築厚三寸，别用薄板爲灰隔，如椁之狀。内以瀝青塗之，即松脂也。厚數寸許，中取容棺。牆高於棺四寸許，置於灰上，乃於四旁旋下四物，亦以薄板隔之。炭末居外，三物居内，倍底之厚，築之既實，則旋抽其板近上，復下炭灰築之，及牆之平而止，蓋既不用椁，則無以容瀝青，故爲此制。又如炭末，既辟濕氣免水蟻，又截樹根不入，樹根遇炭，皆生轉去，以此見炭灰之妙。蓋炭是死物，無情故也。再如石灰得沙而實，得土而黏，歲久結而爲全石，螻蟻盜賊，皆不得進也。

案：《抱朴子》云：「炭入地千年不變，樹根不入。」

案：程子云：「古人之葬，欲以化者，不使土親膚。今奇玩之物，尚保藏固密，以防損污。況親之遺骨，當何如哉？世俗淺識，惟欲以不見而已。又有求速化之説者，是豈知必誠必信之義？且非欲其不化也。而未化之間，保藏當如是爾。」

刻誌石

《檀弓》，孔子之喪，公西赤爲志焉。子張之喪，公明儀爲志焉。

案：志者，志記也，書其禮而記之。

案：《南史·裴子野傳》，子野葬湘東王，爲之墓誌銘，陳于藏内。邵陵王又立墓誌于羨道，羨道列誌自此始。

案：司馬《書儀》，誌石刻文云「某官姓名」。婦人云某姓名妻某封某氏，某州某縣人，考諱某，某官某氏某封。無官封者，但云姓名或某氏。某年日月終，某年月日葬。丈夫云娶某氏某人之女，封某邑，子男某某官，女適某官某人。若直下穿壙，則寘之便房。若旁穿爲壙，則寘之壙門，墓前更立小碑，可高二三尺許，大書曰某姓名某，更不書官。

案：朱子《家禮》，誌石用二片，其一爲蓋，刻云某官某公之墓。其一爲底，刻云某官某公諱某字，某州縣人。考諱某某官，母某氏某封。某年月日生，歷官遷次，某年月日終，某年月日葬于某鄉某里某處，娶某氏某人之女，子男某某官，女適某官某人。婦人夫在，則蓋刻云某官姓名某封某氏之墓。夫亡則云某官某公某封某氏。其底叙年若干適某氏，因夫與子致封號，葬之日以二石字面相向，鐵束而埋之。

案：吕坤《四禮疑》，誌，於石示來世也。文其辭篆其姓名，合而錮之以鐵，埋諸地中，將誰示乎？不若誌諸碣，碣者，揭也。一坏之封，無所表識，百年之後，子孫且不識祖考，况在他人？故詳具其家世以誌之。今用方石二面，一面楷書爲文，文既工。一面篆書爲題，篆難辨，字字相對，以鐵束之，埋於墓頭。本注云：「慮異時誤爲人所動，見石而知其姓名，庶能掩之。」謬哉其爲説也！石在墓頭，發及石則見棺也半矣。兩石内向，重重鐵束，誰復從容爲汝鉗鎚。即或開之，豈皆通文辨篆人耶？即知其姓名，死者之德，能致開者之重否？即爲掩之，能肯復束此石否？石既不束，能必墓再動否？此説大可笑也。不如題姓名於碣面，詳家世於碣陰。有功德者表諸神道，使有目者見之，免致誤動之也。尤愈乎程大中誌石砌於壁間者，有何不可？

案：陳龍《家矩》，誌石專防發掘，須令易見。若準《家禮》，合守於背，外用鐵束，是掩之也。雖掘者見石，何繇知爲某家而遽歇手乎？冀其斷鐵開石諦察詳觀，抑又難矣。宜仰字於面，但以甎覆之，離壙前數尺淺埋之。孟子葬母，自刻跪像，埋之墓前，後遇掘者，遂知爲孟母墓矣。聖賢蓋唯欲人之蚤見之。

案：《語類》，陳淳安卿問曰：「某問石誌之制，在士庶當如何題？温公謂當書姓名，恐所未安。夫婦合葬者，所題又當如何？」朱子曰：「宋故進士，或云處士某君、夫人某氏之墓，下略記名字鄉里年歲子孫及葬之年月日。」

案：《金石例》，墓誌納之墓中，柩前平放。其狀如方石，斗二，底撮面平而不凹，大小無定制。上一斗於平面上大字題某官某人墓誌銘。曾見古墓中石誌制度如此。竊擬古人葬者，亦有墓誌。蓋慮千載之後，陵谷變遷，或誤爲人所動，而此石先見，則人有知其姓名者，庶能爲掩之也。其後子孫得以依據而認之。又如貧者不能刻誌，宜尋取大方甎，依式硃書，用錐畫文，亦得簡便悠久可也。

葬服

《檀弓》：「弁絰葛而葬，與神交之道也，有敬心焉。周人弁而葬，殷人冔而葬。」注：「周弁殷冔，俱象祭冠而素，禮同也。」

案：方慤曰：「與神交之道，則心主乎敬。夫厭冠、麻絰，居喪之禮也。至於葬則以弁易冠，以葛易麻者，示敬故也。子游曰：飯於牖下，小斂於户内，大斂於阼，殯於客位，祖於庭，葬於墓，所以即遠也。比至於葬，則即遠之至矣，故以神道交之。」

案：陸佃曰：「弁絰葛，在下則葛帶也，絰仍用麻。弁絰葛而葬，卿大夫以下禮，知然者，以下周人弁而葬、殷人冔而葬知之也。喪致哀而已，葬則有敬心焉。弁而葬、冔而葬，則其敬心益隆矣。」

案：陳澔云：「居喪時冠服皆純凶，至葬而吾親託體地中者，則當以禮敬之心接於山川之神也。」

案：徐師〔曾〕曰：「厭冠麻絰，居喪之禮也。至於葬則親已之幽，有神道焉，故以弁易冠，以葛易麻，不以純凶之服交神示敬也。」

案：陳廷會《葬服説》：今之用禮者，率本朱氏《家禮》，《家禮》不載葬服，故臨窆者皆斬衰以莅之。

其實非也。《禮》曰：弁絰葛而葬，與神交之道也。故殷人冔而葬，周人弁而葬。漢鄭康成云：接神之道，不可以純凶。尊及諸侯，變服而葬，冠素弁，以葛爲環絰，既虞卒哭，乃服受服也。臨窆安得用斬？用斬衰非古也。曰：「然則不哀其親與？」曰：「哀親平日之事也，豈知體之所託？不可以無敬神之心也，故不敢以純凶而行禮。公所無私諱，接神猶之君所也。苞屨、扱衽、厭冠不入公門，臨穴亦猶之入公門也，故不敢以己之私申於神也，此孝子之用心也。」曰：「孝子之變服，將毋謂舍奠使然歟？」曰：「不然。禮既反哭，有司以几筵舍奠於墓左。反，日中而虞。舍奠有司之事也，孝子之變服非爲舍奠故也。」曰：「然則今之服除而葬專用吉服者，禮歟？」曰：「用吉服非禮也。《經》曰改葬緦。《穀梁子》曰：改葬之禮緦，舉下緬也。改葬雖緬，猶必以緦，况始葬乎？禮，天子七月而葬，自諸侯而下降服以兩，故無踰時不葬者。有故，三年之喪未葬，服不忍變，古之道也。《記》爲兄弟者除喪，是已及其葬也，反服其服。自期以下，且藏之以俟反服，况人子乎？吉何可云也。」曰：「然則臨窆宜何服？」曰：「古士庶冠免錫衰，古諸侯大夫之吊服也。不敢以僭，宜服今吊服冠免。未窆則孝子服斬衰，憑棺而哭，稽顙再拜，以待至客。既窆釋吊服免冠加斬衰，憑棺哭盡哀，稽顙再拜，以謝至客。客既退，主人還其封，此所謂亡於禮者之禮也。」

造明器

案：《儀禮・既夕》云：陳明器於乘車之西。注：明器，藏器也。《檀弓》云：「孔聖謂爲明器者，知喪道矣，備物而不可用也。塗車芻靈，自古有之。」夏后氏用。明器，鬼器也。「是故竹不成用，瓦不成味，木不成斲。」注：味，當作沬。沬，靧也。「琴瑟張而不平，竽笙備而不和。」注：無宮商之調。「有鍾磬而無簨虡。」注：不縣之也。橫曰簨，植曰虡。「其曰明器，神明之也。」注：言神明死者也。非人所知，故用其器如此。又案陳祥道云：不曰神明之器，特曰明器者，以神之幽不可明故也。周官凡施於神者皆曰明，故水曰明水，火曰明火，以至明齋、明燭、明竁者，皆神明之也。蓋其有竹瓦木之所用，琴瑟竽笙鍾磬之所樂者，明之也。而所用非所用也，所樂非所樂，神之也。

案：李格非云：明有象，幽無形，以有象之器，事無形之鬼，故曰明器。以其對於祭器，故亦曰凶器。以人道而事鬼神，故曰祭器。以其對於凶器，故亦曰生器。生器則文而不功，明器則具而不用。有生器具之以適墓，象死道也。有明器具之而不用，明不復用也。由死道以思其生，由不用以思其死，皆所以重孝子之哀者也。

案：司馬《書儀》，明器刻木爲車馬僕從侍女，各執奉養之物，象平生而小。多少之數依官品，五六品三十事，七八品二十事，其餘十五事。或泥塑亦可。蓋孝子不忍死其親，象其生前所奉物以殉也。

造大轝竹格

案：大轝用以載柩，竹格用以覆柩。古者柳車，即輿棺之車。其蓋曰柳，柳，聚也，衆飾所聚，亦其形僂也。亦曰鼈甲，以鼈甲亦然也。制度甚詳。今但從俗爲之，惟取其牢固平穩。古有以錦爲柩衣，以彩飾竹格者。非直爲美觀，欲其親勿爲人所畏惡也。

案：姚翼《家規編》，竹格加大轝之上，以覆棺者，欲加飾，則以青白絹布結之。不可奢用綾羅繡緞，此虛文也。若陸路宜多用油單裹柩，以防雨水也。

功布

案：《既夕》，商執功布以御柩，用白布三尺繫之柄上，柄長六尺。行柩車前，路有低昂傾虧，則以布爲抑揚左右之節，披者知。

纛即翿。

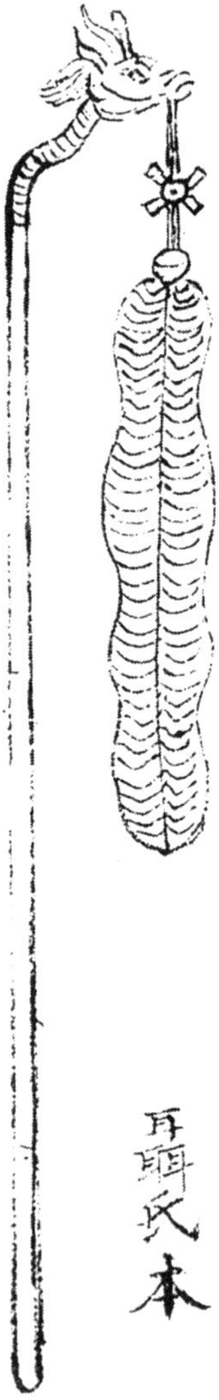

案：《周禮・地官・鄉師》「及葬執纛」，注：翿，羽葆幢也。《爾雅》：纛，翳也。以指揮輓柩之役，正其行列進退。《五代會要》，今謂之鵝毛五纛。

茅

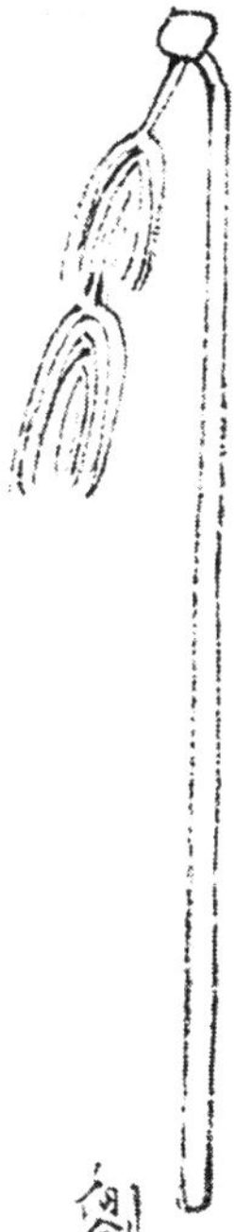

劉氏本

案：《大記》云：大夫葬，御棺用以茅。

旐

案：《禮論》，問：「下殤有旐否？」徐邈答曰：「旐以題柩耳，無不有旐者也。」

案：《爾雅》：緇廣充幅，長尋，曰旐。疏：緇，黑色也。以黑色之帛，廣全幅，長八尺，屬於杠，名旐。

黼翣

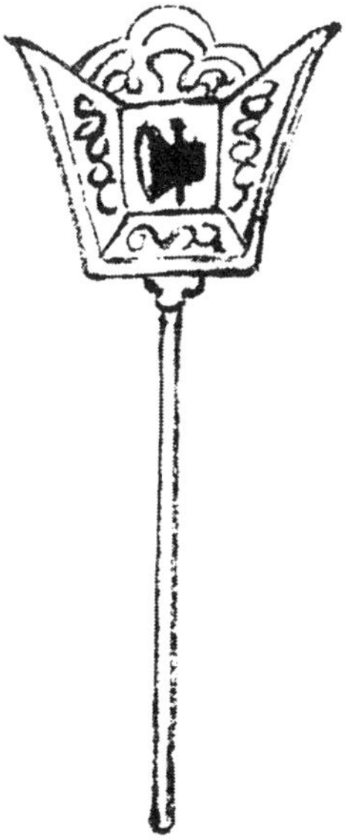

《周禮》，白與黑謂之黼，黼爲斧形。

黻翣

《周禮》，黑與青謂之黻。今擬用黑青二色相間爲亞形。

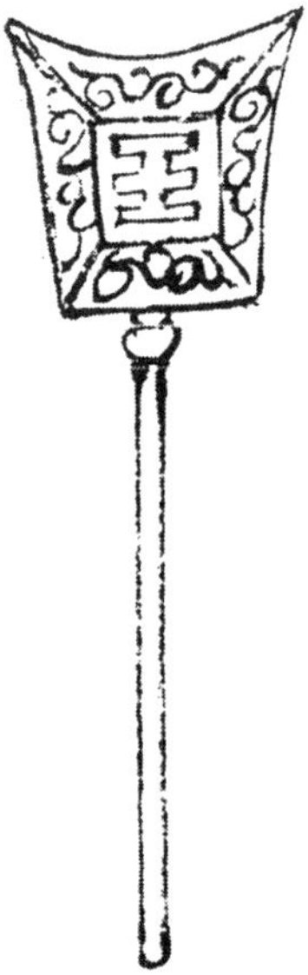

雲翣

以紫畫爲雲氣。

案：《周禮·夏官》大喪持翣。翣，棺飾也，持之者夾蜃車。《小爾雅》大扇謂之翣。《釋名》齊人謂扇爲翣。此似之也，象翣扇爲清凉也。翣有黼有畫，各以飾名之。《家禮》翣以木爲筐，如扇而有兩角。方廣二尺二寸，兩角高二寸。衣以白布，柄長五尺。《禮》云諸侯得用黼翣。以《家禮》本注有之，始畫於此，以備其制。今者大夫用黻翣二，雲翣二，士用雲翣二。又案：三者，《禮》謂之柳衣。柳，喪車也。置翣於喪車之外，如人之衣，故謂之柳衣。又謂之墻翣，路則障車，如墻垣之障家也，初入柩則障柩。

丹旐

案：《通禮彙集》先豐古都泮生阮良齋云：丹旐用紅絹三尺，柄高六尺，令人執之，所以指麾道路。旐中書云今年太歲豹尾神旌等字。且大家書著如此，豈無意耶？仍查文公《家禮》，圖畫有如功布之形，有尾者三。行在香案之前，方相之後，並不書著何字。再及壽梅之丹旐，男書忠信，女書貞順，未知是否。俟後查究。

方相

案：《周禮·夏官》方相氏掌熊皮，狂夫四人，其冠服如道士，執戈揚盾。有官者四目，曰方相，無官者兩目，曰魌頭。發引用之先柩，及墓入壙，以戈舉四隅，即《周禮》儺而逐疫之義，所謂驅逐罔兩以衛安死者魂魄也。今代用紙作鬼面儀相以送喪，亦得。

案：鄭鍔曰：「喪則使爲之前驅，以避凶邪，葬則使之入壙擊罔兩，所以安神靈，亦厭勝之術也。」

作主，或作神牌。制式已在卷一上圖。

香案用置香爐燭臺。

食案用置遺禮盤皿。

靈車用置魂帛。

布幃

案：姚翼《家規編》，用布三疋聯爲一，用竹八根，高六七尺，以繩綴之。令役者八人，每執一柱而行。圍婦女於中，隨柩後行，庶不與男子雜及爲觀者窺也。若路遠不必用幃，輞之亦得。

玄纁

按：《禮》，大夫纁紐玄紐每二，皆用帛繫棺前。纁紐著柳車之脊亦如之，紐飾竹格亦如之。士纁紐二，緇紐二，皆用布繫棺前。纁後緇，紐著柳車之骨亦如之，紐飾竹格亦如之。《禮》云玄纁長丈八尺，蓋謂柳車竹格，或長或短各得其宜。玄六纁四，玄皂色，纁淺紅色。緇，猶玄也。若貧家不用此數，玄纁各一亦可。既脱載，執事收此玄纁付與主人，俟下棺畢，奉置棺旁，其餘金玉玩好，皆不可入壙，恐爲往者之累也。

至葬期啓殯，迎回安位。

是日，陳設禮物于殯前。主人以下皆入。序立。舉哀，跪，斟酒。執事。獻酒。祝跪，跪于右。告辭曰：「祖道既開，將行寧厝，兹請開殯，迎入祭堂。敢告。」俯伏，興，拜。凡二。興，平身。主人出，立于旁。役者開殯，拂柩用功布，幠用夷衾。拂，去塵也。幠，覆之，爲其形露。且開柩已出時，是棺南首。夷衾本擬覆柩。迎柩還，祭堂照上食儀節，行安位禮。

告文

前曰：「痛惟我親，奄違色養，昔行殯禮，姑且用權。今届葬期，迎回安位。敢告。」

發引前一日，因朝奠以遷柩告。

案：引者，謂引柩車之索也，因朝奠而告遷也。設饌如朝奠之儀。

儀節：此遷柩以朝祖，乃有此節。若無朝祖，及雖有朝祖而以魂帛代之，則這節宜省，只可照後遷柩一節行之。就位，五服之外親來會，各服其服入。奉魂帛出靈座。祝盥洗，帨巾，詣靈前跪。焚香，斟酒，奠酒。告辭曰：「今以吉辰遷柩。敢告。」俯伏，興，平身，復位，點茶，舉哀，鞠躬拜。凡二。興，平身，哀止，禮畢。

奉柩朝於祖

案：朝者，謁也。《檀弓》云：「喪之朝也，順死者之孝心。」象生平必告之義也。「其哀離其室也，故于祖考之廟而後行。」固不可廢矣。古者奉柩朝于祖，今人家狹隘，難於遷轉，茲奉魂帛以代柩。雖非古禮，蓋但主于必行，猶愈於不行者耳。將奉魂帛謁祖請告，令人設饌於祠堂告之，且主人重服在躬，豈得以衰絰祀於祠堂，方凶而行吉禮也耶？

儀節：就位，舉哀。祝盥洗，帨巾，焚香，斟酒，奠酒。祝跪，告辭曰：「請朝祖。」俯伏，興，平身，點茶，奉魂帛詣祠堂。執事奉奠及椅卓前行，銘旌次之，魂帛又次之。主人以下哭從。主人輯杖。輯，斂也。斂者謂舉之，不以柱地。婦人去蓋頭，男由右，女由左，重服在前，輕服在後，至祠堂前立。祝跪，告辭曰：「某年月日，某名奉親某，將窆于某處之原。敢奉以朝。」俯伏，興，平身，復位。奉魂帛朝祖。執事奉魂帛，置席上北向。主人以下就位，舉哀。少頃。哀止，奉魂帛還柩所。主人以下哭從，如來儀時。至家，奉安魂帛于靈座，主人以下就位，舉哀，鞠躬拜，凡二。興，平身，哀止，禮畢。

喪不用樂

案：《小學·明倫篇》，甚者初喪作樂以娛尸，殯葬則以樂導輀車，而號哭隨之。噫，鄙夫之難曉也，乃至此乎？温公曰：「喪家不宜作樂宴客，以蹈俗也。」

案：《唐會要》，長慶三年，浙西按察使李德裕，奏請應禁百姓厚葬，及於道途盛陳祭奠，兼設音樂等。閭里編氓，罕知教義。生無孝養可紀，歿以厚葬相矜，器仗僭差，祭奠奢靡。仍以樂音榮其送終，或結社相資，或息利自辦，生業儲蓄，以之皆空。習以爲常，不敢自廢，人户貧破，抑此之由。今百姓等喪葬祭奠，並不許以金銀錦綉爲飾，及陳設音樂，其葬物涉於僭踰者，並勒毁除。風化之弊，誠宜改張，臣且今已施行，人稍知勸。伏請自今以後，如有人犯者，准法科罪，其地方官吏以下，不能糾察，請加懲責。

案：《宋史·禮志》，太平興國七年，學士李昉等奏議曰：「考唐長慶三年，令百姓喪葬不得陳設音樂。臣等參詳，喪用樂音，望嚴禁之。」九年詔曰：「方聞喪葬之家，有舉樂及令章者。蓋聞鄰里之内，喪不相舂，苴麻之旁，食未常飽。此聖王教化之道，治世不刊之典。何乃匪人，親罹釁酷，或則舉奠之際，歌吹爲娱，靈柩之前，令章爲戲，甚傷風教，寔紊人倫。今後有犯此者，並不孝論，預坐人等次第科斷。所在官吏常加覺察，如不用心，並當連坐。」

案：《明實録》，洪武元年，監察御史高原侶，言京師人民循習元人舊俗，凡有喪葬，設燕會親友，作樂娱尸。惟較酒筵厚薄，無哀適之情，流俗之壞在此，甚非所以爲治。且首善者天下之本，萬民之所取則，一事非禮，則海内之人轉相視效，弊可勝言耶？況送終禮之大者，不可不慎也。乞今禁止，以厚風俗。上乃詔禮官定民喪服之制。

案：《清律》與《明律》同。來知德《日録》云：樂者，樂也，先王所以飾喜也。樂必發音，以其喜也。禮，斬衰之喪，唯而不對。齊衰之喪，對而不言。大功之喪，言而不護。小功之喪，護而不樂。故鄰有喪，春不相者，謂其喧鬧而樂也。況父母之喪，可以喧鬧而用管絃鼓吹之聲？且聞樂不樂，聖有明訓，居喪用樂，律有大法。今奈不遵聖人之教，及違祖先之法，而甘爲大罪之人可乎？此樂者所當革也。

案：《條例》一，凡民間喪葬之事，如有聚集演戲，及扮演雜劇等類，與用絲竹管絃演唱佛戲者，該地方官嚴行禁止。若違者照遵制律科斷。

案：喪服衰麻哭泣，哀之至者也。鼓吹管絃，樂之至者也。天下豈有當至哀之時，而爲此至樂之事者？在禮，里人有殯，猶不巷歌，而況身遭大變乎？大功將至，猶避瑟琴，而況身親作樂乎？此非惟禮之所無，亦情之所不忍也。居喪之禮，雖古今不無降殺，而人子之情，則古今宜無異同。奈何忘中心之至痛，徇流俗之惡習也。將以娱其先人乎？則死者已無所知，即有知而先人亦不願聞也。將以爲耀人耳目乎？則死者人所共哀，即不哀而亦何暇假之以取悦也？況至哀者作樂，律有明禁，而人猶冒然行之，是不但蔑禮，抑且蔑法矣。惟在賢士大夫相與力維風化於上，而人有不率者，一舉律例以繩之。將末俗之流失，庶其有所底止哉。

遂遷柩于廳事

執事者設幃於廳事。今人家未必有廳又有堂，其停柩之處，即是廳事，但屋小略移動可也。若有兩處者，自合依禮遷之。

儀節：序立，舉哀。哀止，跪。告辭。祝跪主人之右，告曰：「今以吉辰，請遷柩于廳事。敢告。」俯伏，興，平身，復位。祝奉魂帛前導。右旋。役者奉柩。主人以下哭從。如朝祖儀。布席。執事先布席于廳事。安柩。役者置柩席上，南首。設靈座于柩前，安魂帛，乃代哭。禮者懼其過傷，亦使人代哭之。自此至發引，哭不絶聲。

告道路

發引前一日之夜，陳設禮卓于道上。擇友賓或遠親一人代祭。此古禮所無，今循俗禮之亦可。

儀節：就位，鞠躬，拜。凡四。興，平身，跪。上香，斟酒，讀告文。跪讀之左。俯伏，興，拜。凡四。興，平身，焚告文，禮畢。

告文

維皇號幾年月日，府縣社某姓名，恃某官姓名，敢昭告于五方道路尊神位前。曰：「今爲某官姓名，奄棄塵世，躅以來日迎行寧厝于某處之原，日出惟明，啓行自道，敬用菲儀，特伸告獻。尚其肅清道路，禁截妖氛。敢告。」

告轝神

設置禮卓于轝左祭之。此古禮所無，循俗行之亦可。

儀節：就位，跪，焚香，斟酒，讀告文。立讀于左。俯伏，興，平身，焚祝，禮畢。

告文

轝神位前曰：「今爲某官之柩，既載于車，惟神佑之，戒清道路，杠槓是牢，紼繩是固，亡者安寧，俾無驚怖。敢告。」

陳器

方相　丹旐　香案　銘旌　明器　食案　櫜苧　靈車　功布　黻翣　大轝　布幃

日晡時設祖奠

案：晡時，謂申時也。又祖者，始也，謂行始也。將葬象生平出，則祖也。有名曰堂祭者，謂祭于堂中，設饌如朝奠儀。

儀節：就位，舉哀，祝盥洗，帨巾，詣靈座前，跪焚香，斟酒。告辭，執事跪主人之右，告曰：「永遷之禮，靈神不留，今奉柩車，式遵祖道。敢告。」俯伏，興，平身，復位，點茶，舉哀，鞠躬拜。主人以下且哭且拜，凡四。興，平身，禮畢。

設遣奠

案：遣者，送也，將即幽宅，遣以送也。設置脯饌品禮于柩前所或祭堂，自當依禮行之，唯婦人不在。奠畢，執事徹脯納食案。

案：吕坤《四禮》云：遣奠，婦人不與，而遷柩辭靈，五服人皆至。主人當設酒于柩前，陳饌，尊長卑幼各奠一杯，慟哭以辭，共享柩前之祭品，爲生死之永別，似爲近情。

儀節：就位。主人以下。舉哀。哀止，祝盥洗，帨巾，詣靈座前，原設柩前。跪，焚香，斟酒。告辭曰：「既駕靈輀，往即幽宅，載陳遺禮，永訣終天。敢告。」或告文跪讀主人之右。俯伏，興，平身，納脯。納于苞中，置食案上。點茶，舉哀，鞠躬拜，凡四。興，平身，有文焚祝。禮畢。

告文

前曰：「穀辰既屆，神明莫留，茲駕靈輀，往即幽宅，載陳遺禮，永訣終天，精爽有知，愼毋驚怖。敢告。」

厥明遷柩就轝

是日五更初刻，役夫納大轝於中庭。俟時，執事跪柩前，告辭曰：「今請靈柩就轝。敢告。」俯伏，興，平身。役夫均爲兩行，奉柩以遷之。既就，乃載柩于轝，以索維之，令極牢實。主人從柩哭，降視其載柩於轝，婦人哭于幃中。

祝奉魂帛升車

執事跪靈座前，告辭曰：「請迎靈帛升車。」俯伏，興，平身。即奉神帛升置靈車。別以箱盛神牌或神主，置于魂帛後。

發引柩行

守舍者辭柩，男左女右，且哭且拜，凡四，而歸。主人以下，男左女右，各哭隨柩後。行出門則以白幕障之。發引時則曰送葬，送則送神之歸故。主人行役葬畢，則曰迎主，迎則迎神之返故。主人前導，又如行送，尊長次之，無服之親與賓客又次之。

挽歌

《薤露歌》薤上朝露何易晞，露晞明朝更復結，人死一去何時歸。

《蒿里歌》蒿里誰家地，聚斂魂魄無賢愚，鬼伯一何相催促，人命不得少踟躕。

案：干寶《搜神記》，挽歌者，喪家之樂，執紼者相和之聲也。挽歌辭有《薤露》《蒿里》二章，出田横門人。横自殺，門人傷之，悲歌言人如薤上露晞滅也。亦謂人死，精魂歸於蒿里。故有二章，至李延年乃分爲二曲。《薤露》送王公貴人，《蒿里》送士大夫庶人，使挽者歌之。《晉書·禮志》《漢魏故事》，大喪及大臣之喪，執紼者挽歌。至成帝咸康年間，選公卿以下六品子弟六十人爲挽歌郎。唐制挽郎皆服白布深衣，白布介幘，助之挽兩邊引，列轀輬車前後。

陶潛《挽歌》辭：有生必有死，早終非命促。昨暮同爲人，今旦在鬼録。魂氣散何之，枯形寄空木。嬌兒索父啼，良友撫我哭。得失不復知，是非安能覺。千秋萬歲後，誰知榮與辱。但恨在世時，飲酒不自足。一。在昔無酒飲，今旦湛空觴。春醪生浮蟻，何時更能嘗。肴案盈我前，親舊哭我傍。欲語口無音，欲視眼無光。昔在高堂寢，今宿荒草鄉。一朝出門去，歸來夜未央。二。荒草何茫茫，白楊亦蕭蕭。嚴霜九月中，送我出遠郊。四面無人居，高墳正嶕嶢。馬爲仰天鳴，風爲自蕭條。幽室一已閉，千年不復朝。千年不復朝，賢達無奈何。向來相送人，各自還其家。親戚或餘悲，他人亦已歌。死去何能道，託體同山阿。三。

案：甘泉子曰：「喪死職，哀歌不可有也，挽歌不可無也。夫挽者，挽也。歌者，相也。大凡舉重必歌以相力，憂悲愉佚皆於是焉。見之多出於發憤之所爲作也。古之君子，其生也愛之，其死也人哀之，不能無挽，挽之不能無相，相之不能無言，言之不能無聲，聲之不能無音以成文焉。此挽歌之所作也變也。」

案：挽詩何始乎？其倣古虞殯之歌乎？蓋送葬者，歌以挽柩，即莊周氏之所謂紼謳者也。漢田横死，吏不敢哭，但隨柩叙哀，以爲挽歌。厥後相承，遂以《薤露》《蒿里》送之，是則哀死之辭，而因以爲引紼者之所歌也。近世士大夫，故於舊交游之喪，或相去數千百里，不能匍匐往吊，執紼臨穴，於是乎有哭之以詩文對聯者，則非復爲挽柩之用，而徒以寄其哀耳。蓋一變矣。又有孝子慈親，不忍死其親，而託諸能言之士，爲詩文以哀之，則今之挽詩文是矣。是又一變也。夫以生不相知，而哀其死，不幾於涕之無流者乎？然以孝子慈親之故，不逆其情，與其人之平生有足哀者，則爲是以洩其哀。事雖非古，其亦庶乎禮之以義起者歟。

途經神廟告禮

儀節照祠土地並同。

告文

尊神位前曰：「今爲某親，奄棄塵世，將葬于某處之原。路經祠下，爰用菲儀，虔將告祭。尚其肅清道路，禁截妖氛。敢告。」

行船告禮水神

儀節照祠土地之儀。

告文

河伯水官尊神位前曰：「今爲某親，奄棄塵世，將葬于某處之原。途經水國，聊用菲儀，虔將告祭。尚其帖止河風，頓息揚波，俾生化俱便，驚怖斯除。敢告。」

途中駐奠

凡有駐奠者，則靈車初至，駐堂門外。其執事宜就車旁跪，告辭曰：「茲有奠禮，請就駐堂。敢告。」仍奉靈帛就座，孝子隨之。按禮，親賓設幄於路旁，駐柩而奠，如在家賻奠之儀。又謂途中遇哀則哭，言墓遠則於路舍設靈座于柩前，朝夕哭奠。食時上食，主人以下皆宿柩旁，親戚共守衛之。則是駐柩之時，原有親賓及喪主行禮二事。如喪主行禮，宜行朝夕奠禮。凡盥洗、焚香、斟酒，皆執事代行，主人不得預事。如親兄弟或孫婿與賓友爲主祭，則於祭時，喪主先就靈前跪，告辭曰：「茲有某親或賓，途中有行奠禮。敢告。」告畢，趨出立東邊，西向。凡親賓行禮時，其盥洗、焚香、斟酒，皆宜親行，不可專委執事代行可也。

儀節：序立，舉哀。哀止，盥洗，喪主祭，則執事洗。親賓祭，則親賓洗。帨巾，詣香案前，跪，焚香。喪主祭，則執事焚。若親賓祭，則執事捧授親賓焚之。斟酒，喪主祭，則執事斟。若親賓祭，則執事捧注盞授親賓。親賓斟三盞畢，執事唱祭酒。酹酒則親賓將酹傾于地紙。奠酒，獻饌，皆跪。獨祭則無唱皆字者。讀祝，跪讀喪主之右，親賓亦然。俯伏，興，平身，復位。點茶，舉哀，鞠躬拜。凡二。興，平身，焚祝，禮畢。

告辭

曰：「大事于襄，中途適至，劇切哀忱，載陳奠禮。敢告。」

祝文

前曰：「柳車一去，鶴駕安歸，終天永訣，何處可追。兹遄祖道，暫駐靈輀，敬陳菲禮，尚達靈知。敢告。」

及墓，執事先設靈幄于墓道右，南向。有倚卓、方相至，以戈擊壙四隅。明器等至，陳于壙前左，後以爲上。靈車至，執事跪告辭曰：「請迎靈帛，上就幄座。敢告。」掌事奉靈帛及神牌箱或神主箱。置倚上，遂設酒果、脯饌之奠于其前。大轝至，掌事者先設席於羨道南。柩至，脱戴，轝夫置柩于席上，北首。掌事取銘旌，去杠，施于柩上。主人及諸丈夫立于埏道東，西向。主婦及諸婦人立于埏道西，東向。皆北上，以服之重輕及尊卑長幼爲序立，哭。

乃窆。謂下棺也。先用木杠，横於灰隔之上。仍用索四條穿柩底鐶，不結而下之。至杠上則抽索去之，别摺細布或生絹兜柩底而下之，更不抽出，但截其餘棄之。若柩無鐶，即用索兜柩底兩頭放下，至扛上乃去索，用布如前。大凡下柩，最須詳審，用力不可誤有傾墜動摇。主人兄弟宜輟哭，親臨視之。已下再整柩衣、銘旌，務令平正。主人贈玄六纁四，各長丈八尺。主人奉置柩旁，再拜稽顙。在位者，皆哭盡哀。家貧或不能具此數，則玄纁各一可也。其餘金玉寶玩，並不得入壙，以免亡者之累。

案：敖繼公曰：「此贈謂主人以幣贈死者於壙中也。尸柩已在壙，則有長不復反之意，故此禮亦以贈名之。朋友贈於家，主人贈於壙，親疏之宜。」

加灰隔内外蓋，先度灰隔大小，制薄板一片。旁距四墻，取令吻合。至是加於柩上，更以油灰彌之，然後旋旋少灌瀝青，此松脂也，於其上令其速凝，即不透。板約厚數寸許者，然後乃加外蓋可也。實以灰，三物拌勻者居下，炭末居上，各倍於底及四旁之厚，以酒灑而躡實之。恐震動柩中，故未敢築，但多用之，以俟其實耳。乃填土而漸漸築之。下土每尺許，即輕手築之，勿令震動柩中。下誌石，墓在平地則于壙内近前埋之。復實以土而堅築之，下土亦以尺許爲準，但須密杵堅築。藏焚明器、竹格。

祠土地于墓左

案：《既夕禮》無之。《檀弓》云：有司以几筵舍奠于墓左。注：爲父母形體在此，禮其神也。今從《開元禮》，陳設南向，用黄紙書本山土地神位，香案、酒饌、盞注、盥盆、帨巾、香爐、燭架、祝板，擇親賓數人，吉服北向行禮。

成墳之半祭之。儀節已在開塋條下，照此行之。

祝文

位前曰：「今爲某姓某官窆兹兆宅于某處之原。竊念地道事關吉龍真穴，寔賴尊神永護安帖，瑞應凡三，福留奕葉，虔備菲儀，庶其歆納。尚饗。」

題主

案：古人必葬而後題主於墓之東者，形歸於土，而後依神於木，《禮》所謂送行而往迎精而返是也。其題主之人，《家禮》惟命子弟善書者吉服題之。乃世俗尚虛文，有請尊貴者，其弊甚矣，賢者正之。如必欲延賓，但於親友中，擇有道德之人恃題可也。陳設香案於墓左，左爲東也。靈座前，前設卓子，以俟置木主。卓左置硯筆墨，又置酒注香爐卓與盥盆、帨巾，右置祝板、香盒、茶瓶卓。題主人立卓之東向西，執事者引主人就于卓前立，北向之。

案：《齊家寶要》云：其法先俱題陷中，次題粉面。今皆預先書定，只於王字後加一點。臨時執事一人居右者取筆，潤朱筆，以奉題主者，題主人左右遜讓而復點之，次潤墨筆以奉，亦遜讓如前點畢。

案：吕坤《四禮》云：點主，非禮也。禮有題而無點。今也題訖，主字上空一點，請貴賓以硃點之，云以生者接死者之氣，謬矣。婦人之氣，以他人之丈夫接之，尤謬矣。宜從《禮》子弟善書書之，不善書用善書者。

案：王巖云：近世俗禮，將葬則豫題其主，而虛王字之一點。柩車既出，乃於大門之外加此一點，謂之點主。倉卒之際，苟且率略，無復敬重父母之意，不可也。世俗之禮，其立主也，必延有爵位者以爲重。又以其尊貴不可煩也，乃豫題其主，獨留一點以待之。夫神之依於主也，豈貴者爲之則依，非貴則不依也？且彼貴人者，其人品果何如邪？其君子也，誠足爲吾母重，非以其貴也。其小人也，則凶穢鄙瑣之氣，吾母所惡而吐之，况神之所依，豈專因乎一點？今乃以尊嚴貴人之故，遷就苟且，以畢事於一點，重勢利而輕忽其親者，不可也。

案：朱董祥云：他之始死不復則魂散，既斂不立重，則魂無所憑而亦散。主不統於一，而支庶分。立主不成主，魂無專依則終散，况題主者不以親不以賢，以素不相知之人而爲漠不相關之事，而又不明主之用題者何義，題其外遺其内，起止正值皆違於禮。如是而欲其通幽明，使魂伸爲神鬼有所歸安於主，與子孫相通，歲時享其祭祀，豈可得乎？

《性理》儀節：主人以下原皆向座前立，祝盥手，出主卧置卓上。使善書者盥手，西向立。先題陷中，次題粉面。題畢，祝奉置靈座而藏魂帛於箱中，以置其後。炷香、斟酒，執版出于主人之右，跪讀之。讀畢，懷之。興，復位。主人再拜，哭盡哀止。

文公《正衡》儀節：主人向卓子前拜。盥洗，題主、祝人俱洗。帨巾，出主，祝開箱出木主，卧置于卓子上。題主。先題陷中，次題粉面。題畢。祝奉主置靈座。置畢。收魂帛。乃藏魂帛于箱中，置主後。祝焚香，斟酒，跪。主人以下皆跪。讀祝。祝讀畢，懷之而不焚。興。置主後。復位。鞠躬拜。凡四。興，平身。主人以下哭盡哀。謝題主者。主人再拜，題主答拜。

《寶要》儀節：就位，題主者西向立，孝子北向立，諸子孫皆隨班序立。鞠躬拜。凡四。興，平身。盥洗，題主執事俱洗。帨巾，題主就位，衆子諸孫皆跪。出主。執事一人居左，啓櫝出主，分開卧置題主卓前。題主。納主。執事居右者，納主于櫝中。俯伏興，平身，謝題主者。二拜。題主揖拜，遂哭奉神主置靈座，上香、斟酒，奠酒，跪讀祝。跪讀之右。俯伏，興，平身。祝奉神主升車。

胡尚書儀節：就位，主人北向立，題主西向立，諸子孫隨次立。盥洗，帨巾。祝與題主皆洗。出主。祝居左，開箱出木主，分開卧置卓子上題主前。題主。先題陷中，次題粉面。題畢。奉主置靈座。祝奉置畢。收魂帛。祝乃收藏魂帛于箱中，置主後。詣靈座前。祝焚香、斟酒，奠酒，跪主人以下皆跪。讀祝。跪讀主人之右。讀畢，懷之不焚。待行反哭之禮，俟將焚之。俯伏，興，平身，復位，舉哀，鞠躬拜。凡四。興，平身。主人以下皆哭盡哀。哀止，謝題主者。再拜謝之，題主揖答。

祝文

前曰：「形歸窀音諄，厚也。穸，音夕，夕也。神返室堂，神主既成。伏惟尊靈，舍舊從新，是憑是依。敢告。」

若無用主題，則有神牌，恭置靈座，仍行成墳奠禮。

案：司馬《書儀》，祠制神版神牌，乃禮之廟主也。主亦有題。今牌版敬書名號，亦是題主之意也。王巖留青云：神牌神主，於發引前二日預先書定。在家宜設香案于靈座左，或別廳正中，南向。前列香爐燭臺筆墨硯，卓後列盥洗、帨巾。子弟善書者，恭書職銜謚號。書訖，捧置于靈座之右。及柩行奉登於靈車，置在神帛之右。迨至墓前，敬設席饌祭之。祭畢，迎還亦可。

胡尚書儀節：序立，舉哀，盥洗，執事。帨巾，詣靈座前，焚香，執事立焚。鞠躬拜。凡二。興，平身，斟酒。執事。跪奠酒。執事。皆跪，讀祝。跪讀主人之右。俯伏，興，平身，點茶，鞠躬拜。且拜且哭凡四。興，平身，焚祝。禮畢。

祝文

前曰：「蠲兹吉日，載駕靈輀，既築佳城，用寧幽宅，葬言藏也。空懷三尺，百年奠以憑之，庶表寸心，千古尚饗。」

祝奉神牌或神主升車

執事跪靈座前，告辭曰：「請迎神牌神主升車。」俯伏，興，平身。即奉神牌升置靈車，其魂帛箱置于神牌或神主後。掌事徹靈座遂行。主人以下哭從出墓門，男左女右，重服在前，輕服在後。迎則迎神之返，故主人前導，但留子弟一二人監視填土，以至成墳。墳高四尺。今按孔聖防墓之封其崇四尺，故取以爲法。

反哭

主人以下奉靈車，在途徐行哭，徐行哭者，孝子往如慕，返如疑，謂親之在彼也。至家。望門即哭。祝奉神牌神主入置于靈座。至家門外，執事宜就靈車傍，跪告曰：「請迎神牌入就靈座。」神主請亦如之。主人以下哭于廳事。主人以下及門哭入，升自西階。哭于廳事者，乃祭祀之地也。婦人先入哭於堂。案朱子云：「反哭升堂，反諸其所作也。主婦入于室，反諸其所養也。須知得這意思，則所謂踐其位、行其禮等事行之自安，方見得繼志述事之事焉。」

案：朱子此言，蓋謂古者反哭於廟。反諸其所作，謂親所行禮之處。反諸其所養，謂親所饋食之處，皆指反哭於廟而言也。先生《家禮》反哭於廳事，婦人先入哭於堂，又與古異者，後世廟制不立，祠堂狹隘，所謂廳事者，乃祭祀之地也，主婦饋食亦在此堂者也。

遂詣靈座前哭

案：哭者，哭盡哀。反哭者，謂既反而哭，求親不可得見而哀之也。此反哭之祭，古禮所無，惟胡尚書、《家禮》用之祭。今從俗若不用此祭，則主人以下宜就靈座前立，舉哀，行安位禮，四拜亦可。

儀節：序立，舉哀。哀止，詣靈座前，焚香。執事。鞠躬拜，凡二。興，平身。斟酒執事。跪獻酒，皆跪，讀祝，跪讀主人之右。俯伏，興，平身。點茶，鞠躬拜，凡四。興，平身，焚祝。禮畢。

祝文

前曰：「痛惟我親，奄棄塵世。既行竁吉，卜築佳城。載迎回堂，敬安神位。朝夕奉事，罔敢弗虔。靈爽有知，仰祈鑒止。尚饗。」

主人以下各宜憇息，略自盥浴以俟虞，乃潔飾所以交神也。

虞祭

案：虞者，安也。骨肉歸於土，魂氣則無所不之，孝子爲其彷徨也，三祭以安之。或謂其虞度神氣之返，而祭以安之也。葬之日，日中而虞，或墓遠不出是日者，所以不忍一日離親也。或去家經宿，則初虞於所館行之。恐寓他人宅舍未必皆寬敞，及哭泣於他宅俗人所忌宜，預先用蓬葦構一屋，度寬可行禮，似爲簡便。

案：朱子云：「未葬有奠而不祭，既葬而反虞始設祭焉。」又《士虞禮》注云：「虞，度也。反哭時主人由廟而寢，婦人由室而堂。于彼于此，有虞度之義。祭而求神，此其始也，故名之。又如始虞，謂之祫事者，主欲其祫先祖也，以與先祖合爲安也。」

初虞，執事陳器具饌

設盥盆、帨巾各二於西階之西東，南上。東盆有臺，巾有架，西者無之。凡喪禮皆倣此。酒瓶、闌架置於靈座東南，置卓子於其東，設注子及盤盞於其上。火爐、湯瓶於靈座西南，置卓子於其西，設祝版於其上。設蔬果、盤盞於靈座前卓子，匙筯居内當中，酒盞在其西，醋楪居其東，果居外，蔬居内，盛酒于瓶。設香案於堂中，炷火於香爐，束茅、聚沙於香案前，具饌如朝奠，陳於堂門外之東，隨家有無，務宜誠敬，簡便亦得也。

又如行禮儀節，且自卒哭至虞前，禮之凶也，雖有牌主居於正寢，恐其未聚。臨祭之時，未有告辭，未必神之必在，故降以求之。既求之，則固必神之已在，若不參則謁神之心未至，此所以後參。卒哭以後，禮之漸吉也。至於祔祖，牌主新詣祠堂置於座，固已有奉牌主之時，是必神之有在，故先參以謁之。惟謁之猶恐神之未必聚，若不降則求神之意未盡，此所以後降。

儀節：通贊唱。序立，出主牌。祝啓櫝出主或牌，亦是服重者在前，輕者在後，男東女西，以長幼爲序。今擬用禮生一人，一通贊，一引贊，其説具祭禮也。舉哀。少頃。哀止。引贊唱。詣盥洗所盥洗，帨巾，詣香案前，焚香。鞠躬拜。凡二。興，平身。降神。執事者二人，皆洗手。一人開酒實於注，西面立；一人取卓子盤盞捧之，東面立。跪，主人跪，執事二人者向主人跪。執注者以注授主人，主人受注執之，斟酒於執事所捧之盞，斟訖以注授于執事者。酹酒，主人左手取盤盞，右手執盞，盡傾於茅沙上，訖，仍以盤盞授執事者。俯伏，興，平身。少退。鞠躬拜。凡二。興，平身，復位。通參神，鞠躬拜。凡二。興，平身。進饌。祝以食品進上。初獻禮。引唱。詣注酒所，斟酒。主人進詣注子卓前，執注北向立。主人斟酒于盞中訖，反注於卓子上。詣靈座前。主人詣靈前，執事者捧盞隨之。跪，主人跪，執事亦跪，授酒于主人。祭酒，少傾于茅沙上。奠酒，執事受盞進置靈前。俯伏，興，平身。退稍後立。跪。主人。通皆跪。以下皆跪。引讀祝。跪讀主人之右，自卒哭以後讀于左。俯伏興，平身。少却。通舉哀。皆哭少傾。哀止，引鞠躬拜。凡二。興，平身。復位。通亞獻禮。引唱詣注酒所，斟酒，詣靈座前，跪。祭酒奠酒。俯伏，興，拜。凡二。興，平身。若主婦行禮，不跪不俯伏，立傾酒於地，四拜。復位。通終獻禮。引詣注酒所，斟酒。詣靈座前，跪。祭酒，奠酒。俯伏，興，拜。凡二。興，平身。復位。通侑食。執事一人執注，就添三盞中酒。主人以下皆出，主人立於門東，西向，卑幼丈夫在其後，重行北上。主婦立於門東向，卑幼婦女在其後，重行北上。尊長休於他所，俱肅静以俟。下簾，執事下簾，食頃。祝噫歆。祝當門，北向，作欬聲者三。卷簾，復位，主人以下皆復舊位。點茶，執事以茶瓶進。告利成。祝立於主人之右，西向。利成，辭神，舉哀。主人以下且拜且哭。鞠躬拜。凡二。興，平身。哀止。焚祝文。納主。或云納牌版。徹饌，禮畢。

祝文

維〇〇幾年歲次干支幾月干支朔越某日干支。孤哀某等敢昭告于

顯考妣某官府君封孺人於靈座前，曰：「日月不居，奄及初、再、三虞，夙興夜處，哀慕不寧。敬具菲儀，哀薦祫、虞、成事。尚饗。」

案：祝辭云「日月不居」者，言其日月遄速也。與衆主人「夙興夜處不寧」者，言其以神未祔廟之故，日夜悲思不安也。又如初言祫者，象啓尊者以其事也。次言虞者，象尊者聞言則度其可否也。末言成者，象其思慮已審將行之也。凡此皆所以順孝子事死如事生之心。故其爲辭，先後有漸，從容不迫蓋若此，此先王之道所以爲善歟。

遇柔日再虞

乙丁葬虞己辛癸爲柔日。柔取其静，初安欲其神之静而常在，故再虞。其禮如初虞，陳器具饌，厥明夙興設蔬果酒饌，質明行事。祝辭改「初虞」爲「再虞」，「祫事」爲「虞事」爲異。若墓遠途中遇柔日，則亦於所館而行之。

遇剛日三虞

甲丙戊庚壬爲剛日。剛取其動，既安欲其神之動而如生，故三虞。其禮如再虞，但祝文唯改「再虞」爲「三虞」，「虞事」爲「成事」。若墓遠在途中遇剛日，且闕之，須至家乃行此祭。

埋魂帛

祝取魂帛，帥執事埋于平處潔地。若路遠，于所館行禮，必須三虞後至家埋之。

卒哭

案：卒哭者，卒子孫之哭也。《雜記》：士三月而葬，是月也卒哭。大夫三月而葬，五月而卒哭。諸侯五月而葬，七月而卒哭。疏：大夫以上，葬與卒哭異月者，以其位尊，念親哀情，於時長遠。士職卑位下，禮數未申，故三月而葬，葬罷即卒哭。又《儀禮·士喪禮》「卒哭」注：三虞後，又有卒哭之祭，所以卒朝夕殯宫之哭也。又如卒哭之禮，近世以百日爲期，蓋自《開元》失之。今從周制，葬後三虞而後卒哭得之矣。問卒哭，朱子曰：「百日卒哭，承《開元禮》，以今人葬或不如期，故此權制。品官以下皆以百日爲斷，殊失禮意。古者士踰月而葬，葬而虞，虞而卒哭，自有日數，何疑之有？但今人家諸事不辦，自不能及此期耳。若過期未葬，自不當卒哭。未滿一月，則又自不當葬也。」《檀弓》云：卒哭曰成事，成祭事也。祭以吉爲成。是日也，吉祭易喪祭，故此祭漸用吉禮。朱子曰：「温公以虞祭讀祝於主人之右，卒哭讀祝於主人之左，蓋得禮意也。」

前一日，陳器具饌，並同虞祭。唯更設玄酒一瓶，於酒瓶之西。厥明夙興，設蔬果酒饌，質明行事。

案：玄酒，以井花水充之。取水之法，於昧爽時水浪未破，着子弟就井以瓶取之，回置于堂北壁。且古者無酒，以水行禮。後世祭則設之，以存古禮也。又一說，玄酒即明水也，明水以水晶取水於月也。

儀節：通唱序立，出主。牌版亦是。舉哀，哀止，降神。引唱諸盥洗所盥洗，帨巾。詣香案前，跪。上香，酹酒。傾茅沙上。俯伏，興，拜。凡二。興，平身。復位。通唱參神，鞠躬拜。凡四。興，平身。進饌。祝以食品進上。初獻禮。引唱詣注酒所，斟酒。詣靈座前，跪，祭酒。傾少許茅沙上。奠酒。執事接盞，置神位前。俯伏，興，拜。凡二。興，平身。退稍後立。跪。通唱以下。主人以下皆跪。讀祝。跪讀主人之左。俯伏，興，平身。少退。舉哀。主人以下皆哭，少傾。哀止。引唱鞠躬拜。凡二。興，平身。復位。通唱亞獻禮。引唱詣注酒所，斟酒。詣靈座前，跪，祭酒，奠酒。俯伏，興，拜。凡二。興，平身。若主婦行禮者，則拜四拜，不用俯伏平身。復位。通唱終獻禮，引唱詣注酒所，斟酒，詣靈座前，跪，祭酒，奠酒。俯伏，興，拜。凡二。興，平身。復位。通唱侑食。執事一人執注，就添盞酒。主人以下皆出，下簾。祝噫歆。祝當門，北向，作欬聲者三。卷簾，復位。主人以下皆復舊位。點茶。執事者以茶進。告利成。祝立西階上，東向告。利成，辭神，舉哀。主人以下且拜且哭。鞠躬拜。

凡四。興，平身，哀止，焚祝文，納主。牌版。徹饌，禮畢。

祝文

前曰：「日月不居，爰及卒哭，叩地號天，五情糜潰。敬以菲儀，哀薦成事。來日躋祔于顯曾祖考某官府君。尚饗。」

案：此云「祖考」，謂亡者之祖考也。

又體

曰：「塵寰乍隔，儼駕安歸。一夢不還，百身莫贖。望雲徒感，陟岵、屺空悲。傾駕靈輀，往即幽宅。既葬而返，即祭以安。甫畢三虞，爰及卒哭。哀雖有節，情則無窮。聊備菲儀，祇薦成事。尚饗。」

祔

案：祔者，猶屬也。以孫祔於祖者，蓋爲孫與祖同昭穆，故以孫連屬於祖也。祔祭者，告其祖考以當遷他位，而告亡者以當入此位也。蓋祠堂之制，四龕並列，一有遞遷，則遷其高祖，而曾祖入高祖之廟故室，祖入曾祖之故室，新死入祖之故室。三虞後而卒哭，卒哭後而即祔者，以其孝子不忍使其親一日無所歸依也。父則祔于父之祖考，母則祔于祖妣。祔父則設祖考妣二位，祔母則設祖妣一位而已，卑不敢援尊也。若喪主非宗子，則宗子主祭降神初獻，喪主亞獻。異居則宗子爲告于祖牌位，而祭畢則焚之。

案：《儀禮·士虞禮》記「明日以其班祔」，謂卒哭之明日也，班，次也。且禮之祔祭，各以昭穆之班祔於祖廟，有祭即而祭之也。既遷喪而後遷於新廟，故此謂之祔。

案：王庭相云：《士喪禮》「卒哭明日而祔」，祔者，祔於祖也。以未有廟，故祔食於祖，喪畢而後遷廟，禮也。鄭氏練而遷，《書儀》祥而遷，《開元禮》禫而遷，其不同何也？曰：「禮無明訓，儒者各以己意斷之矣。」然則今也宜何從？曰：「張子有云，君薨三年，喪畢吉禘，然後因其祫祭。祧主藏於夾室，新主遂入於廟。鄭氏練而遷，喪事方中，《書儀》祥而遷，似亦尚早，不若《開元禮》禫祭既畢，遂行祧遷之禮。主人既已從吉，祧主安於別室，新主亦正其位，乃於情理宛轉不遽。是故三年除喪而後遷，亦以體新主不忍遽祧祖考之孝也。」

案：《朱子全書》：「先王制禮，本緣人情，吉凶之際其變有漸，故始死全用事生之禮，既卒哭祔廟然後神之。然猶未忍盡變，故主復於寢而以事生之禮事之也。此其禮文見於經傳者不一，雖未有言其意者，然以情度之，知其必出於禮無疑矣。」

卒哭明日而祔。卒哭之祭既徹，即陳器具饌。陳器於祠堂，堂狹即於廳事，或他所隨便。祔父則設父之祖考妣二位，當中，南向，西上。設亡者位於其東南，西向。若母則惟設祖妣一位，亡者一位。具饌每位一卓，又于香案裏置一卓，上盛牲俎，設酒瓶玄酒瓶于阼階上，火爐湯瓶于西階上，其餘並同。卒哭在祠堂，則設一卓在西階，上盛新主。若在他所，則設二卓在西階，上一盛祖考妣櫝，一盛新主櫝牌。

厥明夙興，設蔬果、酒饌。並同卒哭。質明，主人以下哭於靈座前。主人兄弟皆倚杖於階下，入哭盡哀而止。

案：此謂繼祖宗子之喪，其世適當爲後者主喪，乃用此禮。若喪主非宗子，則皆以亡者繼禰之宗子主此。祔祭禮注云：祔於祖廟，宜使尊者主之也。詣祠堂，奉神主或神牌出，置於座。祝軸簾啓櫝，奉所祔祖考之牌主，置於座内。執事者奉祖妣之牌主置於座，西上。若他所則置於西階上卓子上，然後啓櫝。若喪主非宗子，而與繼祖之宗異居，則宗子爲告於祖而設虚位以祭，祭訖則已。還奉新牌主入祠，置于座。主人以下還詣靈座所哭，祝奉牌主櫝詣祠堂西階上卓子上，主人以下哭從，至門止哭，祝啓櫝出牌主如前儀。若喪主非宗子者，則唯喪主主婦以下還迎。行禮照司馬《書儀》儀後行之。

儀節：序立，服重者在前，輕者在後，男東女西。主人非宗子，則宗子主祭，主人立宗子右。宗子若於亡者爲尊長，則不拜也。參神，鞠躬拜，凡四。興，平身，降神，盥洗，帨巾，詣香案前跪，上香，酹酒，俯伏，興，拜。凡二。興，平身，進饌。祝以饌進，執事佐之。初獻禮，詣顯曾祖考妣神位前跪，祭酒，奠酒，俯伏，興，拜。凡二。興，平身，跪。主人以下皆跪，讀祝，主人之左，東向跪讀。俯伏，興，拜。凡二。興，平身，詣顯考神位前，母則云妣，放此。跪，祭酒，奠酒，俯伏，興，拜。凡二。興，平身，跪，主人以下皆跪，讀祝，主人之左，南向跪讀。俯伏，興，拜。凡二。興，平身，復位。又就祖位。亞獻禮，詣顯曾祖考妣神位前跪，祭酒，奠酒，俯伏，興，拜，凡二。興，平身，詣顯考神位前，母則云妣。跪祭酒，奠酒，俯伏，興，拜。凡二。興，平身，復位。終獻禮，如亞。復位，侑食。執事以注遍斟滿盞中酒。主人以下俱出，下簾，祝噫歆，祝當門北面立，作聲者三。卷簾，復位。主人以下皆復舊位。點茶，告利成。祝立西階上，東面曰：利成。辭神，鞠躬拜，凡四。興，平身，焚祝文，納牌主。祝先納祖考妣於龕中，次納亡者牌主於西階卓上，匣之。奉新牌主返靈座，主人以下哭隨，舉哀。至靈座中安牌主訖，哭之。禮畢。若禮行於廳事，則改「納牌主」云「奉神牌返祠堂」。如神主亦云「主人送至祠堂」，奉納訖，後回西階卓奉新牌。

祝文

祔父。維〇〇〇年歲次月朔日辰，嗣曾孫某敬以潔牲粢盛清酌，適于顯曾祖考某官處士府君，躋祔孫某官處士。尚饗。

祔母。維○○○年歲次月朔日辰，曾孫某敬以潔牲粢盛清酌，適于顯曾祖妣某封某氏孺人，躋祔孫婦亡者某封某氏。尚饗。

亡者。維○○○年歲次月朔日辰，孤、哀子某敬以清酌哀薦祔事于顯曾祖考某官府君。母云顯曾祖妣某封孺人。尚饗。

小祥

案：祥，祭名，謂之祥者，以漸從吉之義。《士虞禮記》期而小祥，自喪至此不計閏凡十三月，即初忌也。子於父母練服，期功緦麻已除服者來與祭，皆素衣服。未葬者不可祭。行除服至葬畢虞祭、卒哭、祔後，舉練祥祭以行之。

案：期而小祥，喪未畢而稱祥，不幾于幸其死乎？蓋祥者，多異之兆，所謂裁祥也。親死已期，時物一變，孝子因變而祭以安之。再祭時物又變，祭亦如之。此從孝子愛日之心，發其遇變之懼，制禮者其義甚深。説經家第以吉祥目之，何未之思也？又《三年問》：問何以至期，曰：「至親以期斷。」是何也？曰：「天地則已易，四時則已變矣。其在天地之中者，莫不更始焉，是以象之也。」「然則何以三年？」曰：「加隆焉爾也，焉使倍之，故再期者也。」

案：敖繼公曰：「三年之喪，至期而凶服或有所除，故謂之祥。再期而祭，祝辭乃曰祥事。則此未得正，謂之祥也，故以小言之。自此以下之祭，皆於祖廟，特祭新死者，不復及其顯祖，與祔異。」

案：萬斯大云：卒哭祔祭，繼三虞而行，故日與尸不更筮，賓不更宿。小祥之去祔，大祥之去小祥，爲日遠矣。日也，尸也，賓也，無不筮不宿可知。考《虞禮記》第云期而小祥，曰薦此常事，又期而大祥，曰薦祥事，不著二祥之禮。此當倣《特牲饋食禮》爲節，自筮日筮尸宿賓，以至於獻兄弟及私臣内兄弟，則小祥之節也。自筮日筮尸筮賓，以至於賓主黨旅酬交錯，則大祥之節也。特冠服用練祥所宜，不如特牲禮冠端玄爾。

案：丘濬云：《家禮》於設次陳練服下既曰男子以練服爲冠，而不言冠之制。又曰去首絰負版辟領衰，而不言別有所著。今考之《韵書》，練，漚熟絲也，意其以練熟之布爲冠服，故謂之練焉。古人因其所服，遂以爲小祥之冠。《雜記》云：三年之練冠，亦條屬右縫。注謂三年練冠，小祥之冠也。則小祥別有冠明矣。《服問》云：三年之喪既練矣，則服其功衰。《雜記》亦云：有父母之喪尚功衰。注謂三年喪練後之衰升數與大功同，故云功衰也。則小祥別有衰明矣。又《檀弓》云：練，練衣黄裏、縓緣、葛腰帶、繩屨。注：練衣，中衣之承衰也。葛腰帶，用葛爲腰絰也。繩屨，用麻繩爲屨也。又《喪服小記》曰：練皆腰絰、杖、繩屨。今擬冠別爲練，其制繩武條屬右縫，一如衰冠，但用稍麤熟麻布爲之。其服制則上衰下裳，一如大功衰服，而布用稍麤熟麻布爲之，不用負版適衰。腰絰用葛爲之，屨用麻繩爲之，父杖用竹，母杖用桐如故。又案温公《書儀》，謂今無受服及練服。小祥則男子除首絰及負版辟領衰，婦人長裙不令曳地。蓋不復別有所製，唯仍其舊而已。冠上去首絰，服上去負版等三物，婦人之服只去長裙曳地。噫，古禮以小祥爲練，小祥而不製練服可乎？故今擬爲練服如右，及擬婦人服制亦用稍麤熟麻布爲之，庶稱練之名云。

前期一日，主人以下沐浴，陳器具饌。主人帥衆丈夫灑掃滌濯，主婦帥衆婦女滌釜鼎，具祭饌，他皆如卒哭禮。設次陳練服。丈夫婦人各設次於别所，置練服於其中，惟父杖用竹，母杖用桐。如若從簡便，不用練服，男子則去首絰、負版、辟領、衰，婦人截長裙不令曳地，去腰絰。應服期者改吉服，然猶盡其月，不服金珠錦繡紅紫。唯爲妻者猶服禫，盡十五月而除。厥明夙興，設蔬果酒饌。並同卒哭。質明，祝出牌主，主人以下入哭。皆如卒哭，但主人倚杖於門外，與期親各服其服而入。若已除服者來預祭，亦釋去華盛之服。皆哭盡止。乃出就次，易服。

儀節：祝出神牌。神主。主人以下入，舉哀。哀止，就次，易服。易服已畢，各具新服。序立，舉哀，哀止，自此以後儀節並同卒哭之儀。若有他故，至小祥未葬，奠而不祭，儀節並同朔望之儀。又如夫主妻喪，兄主弟喪，易服訖，服白布衣巾行禮。大祥禫祭亦然。再如當有重喪，謂值父之小祥而遇母喪，不當祭，葬畢可祭。居母喪值父喪亦然。當祭遭輕喪，有可祭而不可祭，謂父母之喪將行二祥之祭，適有異遇期功、緦麻之喪，則待彼殯訖，乃可祭。蓋以吉凶不可相干故也。

二祥祝文

前曰：「日月不居，奄及小、大祥。夙興夜處，小心畏忌。不惰其身，哀慕不寧。敬設菲儀，薦此常、祥事。伏望鑒歆，庶昭誠意。尚饗。」

又體

前曰：「歲月驚迫，奄及小、大祥。攀慕永遠，重加屠裂。敬設菲儀，薦此常、祥事。伏望鑒歆，庶昭誠意。尚饗。」

未葬文

前曰：「三月而葬，已有定期。期而小祥，斯爲常制。故有踰期，不能如禮。兹適一周，甫丁初忌。聊備菲儀，恭伸奠獻。尚饗。」

妻妾文

前曰：「日月不居，小、大祥奄至。感愴弗勝，思念曷已。聊備菲儀，載陳常、祥事。尚饗。」

大祥

案：《士虞禮記》又期而大祥，曰薦此祥事。又，復也。自喪至此不計閏凡二十五月，即第二忌辰也。大祥祭變常言祥者，亦是常事也。《儀禮》注：一變猶小，再變則大。《禮·喪記》：棄杖者，斷而去之於隱者。注：杖於喪服爲重，大祥之後棄，必斷截之使不堪用，而棄於幽隱之處，不使人褻踐之也。

前一日沐浴，陳器具饌。皆如小祥。設次，陳禫服。案：《説文》：黲，淺黑青也。今世無垂脚幞頭之制，擬有官者用白布裹帽、白布槃領袍、布帶，無官者用白布巾、白直領衣、布帶，婦人純用素衣履。告遷於祠堂。陳器如吉禮朔日之儀。別設一卓子于其東，置凈水、粉盞、刷子、筆硯于其上，以俟改題先代神主或神牌。

儀節：主人指祠堂前。序立，盥洗，啓櫝出。神主神牌。參神，鞠躬拜。凡四。興，平身，降神，盥洗，帨巾，詣香案前跪，上香，酹酒，俯伏興，拜，凡二。興，平身，斟酒。主人執注，遍斟于酒盞中。畢，少退立。主婦點茶。茶點畢，與主人並立。鞠躬，拜。凡二。興，平身，主婦復位。主人不動。跪。主人以下皆跪。讀祝，俯伏，興，拜。凡二。興，平身，請主。神牌亦然。主人進奉主于卓子上，執事洗其當改字，別塗以粉，候乾。其親盡者，用紙裹之，暫置卓上。題牌主。命善書者改題曾祖考妣爲高祖考妣，又改祖考妣爲曾祖考妣，又改考妣爲祖考妣。畢。遷主牌，主人自奉其牌主遞遷而西，虛東一龕以俟新主。少退立。鞠躬拜，凡四。興，平身，復位，辭神，鞠躬，拜，凡四。興平身，焚祝，禮畢。

案：虛東者，以始高曾祖居於西上，禰在東下也。若置顯祖當中，高在東，曾在西，祖在西，禰在東，則宜虛東一龕。

祝文

維〇〇年歲次月朔日辰，嗣、裔孫某敢昭告于

某官府君
某氏某封
某官府君
某氏某封
某官府君
某氏某封
某官府君
某氏某封

位前曰：「古人制禮，祀只四代。心雖無窮，分則有限。茲以先考某官府君大祥已屆，禮當遷主入祠堂，某

官府君某氏某封親盡，神主當祧，某官府君某氏某封神主改題爲高祖，某官府君某氏某封神主改題爲曾祖，某官府君某氏某封神主改題爲祖。世次迭遷，不勝感愴。敬以菲儀，用伸虔告。尚饗。」

案：祝文神主止書官封稱呼，而不書高、曾、祖、考妣者，是時高祖親盡，曾祖祖考妣神主未改題故也。《喪服小記》：父母並喪，則先葬母而不虞祔，以待父喪畢而後祔。今擬若父先死，則用此告遷儀節。若父在母先死，則是父爲喪主，惟祔於祖母之櫝，不必告遷也。待父百年之後，然後用此儀節告遷，而於祝文「大祥已屆」下添入「及先妣某封某氏先亡，祔於祖妣，於禮遷入祠堂之上」。若父先亡，已入祠堂，而後母亡，只告先考一位，其祝文曰：「兹以先妣某封某氏，大祥已屆，禮當祔於先考並享，不勝感愴。」餘並同。

厥明行事，大祥禮皆如小祥之儀。各易以禫服，維祝文改「小祥」曰「大祥」，改「常事」曰「祥事」。畢，祝奉新牌主入于祠堂。主人以下哭從，如祔之序。至祠堂前哭止。

儀節：序立以下至辭祠以上，其儀節並同，小祥惟辭神後添。舉哀，焚祝文，祝奉新神主或神牌入祠堂。主人以下哭從，至祠堂安神主或神牌。安置于櫝。哀止，鞠躬拜。凡二。興，平身，禮畢。徹靈座，斷杖棄之平處，及冠絰各項俱於門外焚之亦可。奉遷主埋於墓側。

案：丘濬曰：祥祭後陳器具饌如朔日之儀。用卓子陳廳事，質明，主人奉安親盡之主於卓子上。

案：《語類》問祧主，朱子曰：「天子諸侯有太廟夾室，則祧主藏於其中。今士人家無此，祧主無可置處。《禮記》說藏於兩階，今不得已只埋於墓所者。」

儀節：序立，如常儀。參神，鞠躬拜。凡四。興，平身，降神，盥洗，帨巾，詣香案前跪，上香，酹酒，俯伏，興，拜。凡二。興，平身，斟酒，主人點茶。畢，並立。主婦鞠躬拜。凡二。興，平身，主婦復位。主人不動。跪。皆跪。讀祝，俯伏，興，拜。凡二。興，平身，復位，辭神，鞠躬拜。凡四。興，平身，焚祝文，送主。執事者用盤盛主捧之，主人自送至墓側。埋主，埋畢四拜而回。案楊氏附注引朱子他日與學者書，既祥而徹几筵，其主且當祔於祖父之廟，俟三年喪畢合祭而後遷。蓋有取於横渠「祫祭後奉祧主于夾室」之説也。而楊氏亦云，俟告祭前一夕，以薦告遷主畢，乃題神主，厥明合祭畢，奉神主埋于墓側，奉遷主新主各歸於廟。夫所謂「合祭」者，即横渠所謂「祫祭」也。《家禮》時祭之外，未嘗合祭。若即是時祭，又不知設新主位於何所。今不敢從，且依《家禮》爲此儀節者，庶幾不失云。

祝文

維〇〇年歲次干支月朔日，第五世孫某敢昭告于

五世祖考某官府君

祖妣某氏某封

位前曰：「古人制禮，祀止四代。心雖無窮，分則有限。神主當祧，不勝感愴。敬以菲儀，百拜告辭。尚饗。」

又高氏告祔遷祝文曰：「年月日，孝曾孫某，罪積不滅，歲及免喪。世次迭遷，昭穆繼序。先王制禮，不敢不至。」

禫

《儀禮·士虞禮記》中月而禫。

注：中，猶間也。禫，祭名也。與大祥間一月，自喪至此，凡二十七月。禫之言澹澹然平安意也。

案：敖繼公云：中如中夜之中，謂半之也。中月者，祥之後半月，其相去蓋十五日也。如以乙丑日祥，則或以己卯禫矣。《記》曰：三年之喪，二十五月而畢。其此之謂歟？

案：《通典》杜佑議曰：中月而禫，鄭玄以中月爲間月，王肅以中月爲月中，致使喪期不同，制度非一。歷代學黨，議論紛紜。宗鄭者，則云祥之日鼓素琴。孔子彈琴笙歌，乃省哀之樂，非正樂也。正樂者，八音並奏，使工爲之者也。宗王者，案《禮記》云，三年之喪再周，二十五月而畢。又《檀弓》云，祥而縞，是月禫，徙月樂。又魯人有朝祥而暮歌者，子路笑之，夫子曰：踰月，則其善也。又夫子既祥五日彈琴而不成聲，十日而成笙歌，又祥之日鼓素琴，以此證無二十七月之禫也。夫人倫之道，以德爲本，至德以孝爲先。上古喪期無數，其仁人則終身滅性，其衆庶有朝喪暮廢者，則禽獸之不若。中代聖人，緣中人之情，爲作制節，使過者俯而就之，不及者跂而及之，至重者斬衰以周斷。後代君子居喪，以周若駟之過隙，而加崇以再周焉。《禮記》云：再周之喪，二十五月而畢。至於祥禫之節，其文不備。先儒所議，互有短長。遂使歷代習禮之家，翻爲聚訟，各執所見，四海不同。此皆不本禮情而求其禮故也。夫喪本至重以周斷，後代崇加以再周，豈非君子欲重其情而彰孝道者也？何乃惜一月之禫而不加之，以膠柱於二十五月者哉？或云孝子有終身之憂，何須過聖人之制者。二十七月之制，行尚矣。遵鄭者乃過禮而重情，遵王者則輕情而反制，斯乃孰爲孝乎？且練祥禫之制者，本於哀情，不可頓去而漸殺也。故《間傳》明云再周而大祥，素縞麻衣，中月而禫。禫而纖，無所不佩。中，猶間也，謂大祥祭後間一月而禫也。據文勢足知除服後一月服大祥服，後一月服禫服。今約經傳，求其適中，可二十五月終而大祥，受以祥服，素縞麻衣。二十六月終而禫，受以禫服。二十七終而吉，吉而除，徙月樂，無所不佩者，夫如此求其情而合乎禮矣。

案：司馬氏曰：「所謂中月而禫者，蓋禫祭在祥月之中也。歷代多從鄭說。今律勑三年之喪，皆二十七月而除，不可違也。」

案：《語類》朱子曰：「二十五月祥後即禫，當如王肅於是月禫、徙月樂之説爲順。今從鄭氏之説，雖禮宜從厚，然未爲當。喪禮當從《儀禮》爲正，喪禮只二十五月，是月禫，徙月樂。又曰中月而禫，猶曰中一以上而祔。《漢書》亦云間不一歲，即鄭注《儀禮》爲是。杜佑亦從此說。但與《檀弓》所云是月禫及踰月異旬之説不合。今既以二十七月爲期，此等不須細討，其哀足矣。」

案：車垓云：《禮》曰大祥之後，中月而禫。鄭氏曰：中，間也。朱子曰：間一月也。自初喪至此不計閏，凡二十七月，謂如正月大祥。方二十五月祥祭之後，即服禫服，至於二月則二十六月也。又及乎三月，然後方滿二十七月，却於三月之内，選十一日行禫祭禮，是則謂二十七月而禫祭也。間月而禫者，正謂祥祭與禫祭相間一月也。踰月從吉者，禫祭雖畢，孝子猶未忍遽即吉也，故又服此禫服，盡此月之終。至於次月改朔，然後除禫服，服吉服而行吉事，是則所謂踰月從吉也。踰月云者，蓋以改朔爲月，非以三十日爲月也，故禮云徹晦至朔爲踰月。已上皆從鄭氏之説也。喪稱三年者，實計二十七月，而謂之三年者，蓋以年辰計之，而不以月日計之也。謂如子年亡者，至丑年而小祥，又至寅年而大祥。既跨涉於子丑寅三年者，故謂之三年也。

案：柴紹炳《禫説》，禮有祥禫之分，自漢以來，學者解説不同。鄭玄以禫在二十七月，王肅以禫在二十五月。爲鄭學者，援《儀禮》云「中月而禫」，中月者間一月也，故二十五月大祥，間一月則二十七月矣。爲王學者，中月者禫在月中，引《禮》云「三年之喪二十五月而畢」，又《檀弓》云「祥而縞，是月禫，徙月樂」是也。唐杜佑折中兩家之義，以爲君子教孝，禮寧從厚，以禫服二十七月終而吉，徙月樂，於義爲得矣。其説猶未悉也。夫大祥之爲再期，時則二十五月，疇人所知。若禫則有服，與祭之别焉。禫服者於大祥除喪之後，猶有餘哀，故服介凶吉之間。《檀弓》所謂「祥而縞，是月禫」，《間傳》所謂「又期而大祥，素縞麻衣」是也。是月禫者，謂大祥之後，則服禫服，禫服者，素縞麻衣是也。禫祭者服終而釋吉，卜日以祭。案《唐韵》釋曰：禫者，除服祭也。鄭玄曰禫者淡淡平安之意，此指禫祭非言服也，即《儀禮》所謂中月而禫，《間傳》所云禫而纖無所不佩是也。纖者吉服，正與《魯論》去喪無所不佩之義同。蓋既祭而釋吉，故禫服曰是月，禫祭曰中月。由此言之，再期而大祥，復間一月而禫。要以二十七月爲斷矣。案《會典》載《品官喪禮》，本《性理》《家禮》之説，曰期而小祥，設次陳練服，再期而大祥，設次陳禫服。大祥後中月而禫，卜日祭而釋吉焉。石梁王氏二十七月禫祭，徙月則樂矣。徙月者二十八月，其禫祭不言設次陳服者，蓋小祥即易練服，大祥即易禫服，禫祭即易吉服，此正合於禫而纖無所不佩之義。然禫祭在二十七月，卜吉則行，不限於何旬也。卜日而祭，祭已則釋吉矣。所以知禫而釋吉，不踰二十七月者，蓋古者不獨三年之喪有禫，爲母妻服期者亦有之。故《雜記》曰：「十一月而練，十三月而祥，十五月而禫。」《家禮》亦云，伯叔無禫，十三月而除，母妻有禫，十五月而畢。夫十三月而除者，期喪也，故當不踰是也。知期之不踰十三月，則禫之不踰十五月也審矣。知期之禫不踰十五月，則大喪之禫之不踰二十七月也又審矣。或曰：禮，禫除斷以二十七月，乃今律制官吏服闋必滿二十七月計日而除何歟？蓋律禮相爲表裏，然法主畫一，故仕進者寧使日月匝而後闋，以杜浮競爾。若依禮，禫除固已許之矣，何則？品官喪禮載於《會典》，與律例並行，皆令甲之書也，詎謂非制邪？昔子路笑朝祥而暮歌者，夫子曰：「爾責於人，終無已夫。」朱元晦亦曰：「禫説當從王肅，於禮爲合。夫聖賢豈居於薄哉，禮貴得中，不必求過。」今欲執法家之議，而於鄭氏間月之禫復有餘訾，恐未爲平論也已。

大祥之後中月而禫，前一月下旬卜日。下旬之日擇來月三旬各一日，或丁或亥，設卓子于祠堂門外，置香爐、香盒、环珓、盤子于其上。先擇次月上旬之日，主人具素服，詣祠堂，薰珓，祝辭曰：「嗣子某，將以來月某日，祗薦禫事于先考某官府君或妣某封。敢告。」下卜珓，即擲珓于盤，以一俯一仰爲吉。得吉則止。若不吉更卜中旬之日，又不吉則卜下旬之日，又不吉用忌日。照是月中某日終者用之。既得吉，詣先考神位前，鞠躬拜，凡二。興，平身，焚香，斟酒，跪告辭曰：「嗣子某，將以某日，祗薦禫事，卜既得吉。敢告。」俯伏，興，平身，復位。鞠躬拜。凡二。興，平身，禮畢。闔門退。

前期一日，沐浴設位，陳器具饌。設神位於靈座故處也，如大祥之儀。厥明行事皆如大祥之儀。儀節：主人以下具素服詣祠堂。焚香，跪告辭曰：「嗣子某，將祗薦禫事，敢請先考神牌、神主出就正寢。」俯伏，興，拜，凡二。興，平身，奉牌主就位。祝奉主櫝于西階卓子上，出神主神牌。序立，舉哀。哀止，降神，盥洗，帨巾。自此以後至辭神並同大祥儀。辭神。鞠躬拜。凡四。興，平身，舉哀，哀止，焚祝文。送神牌或神主，納牌主。禮畢。

若無祠堂，牌主原置在寢者，前日只陳設具饌，厥明行事，照同大祥之儀。

祝文父母妻文用

父母文曰：「痛惟我親，奄棄塵世。初喪已畢，重服已除。禫制有期，追遠無及。孝思弗替，情本無窮。爰備菲儀，祗薦禫事。尚饗。」

及妻文曰：「痛惟賢壼，久捐塵世。初喪已畢，重服已除。禫制有期，追遠無及。爰用菲儀，奠此禫事。尚饗。」

始飲酒食肉，而復寢。始飲澹酒食乾肉，乃寢床。

喪儀容體

《玉藻》：喪容纍纍，色容顛顛。視容瞿瞿梅梅，言容繭繭。

案：此一節居喪容貌言語瞻視之儀。喪容瘦瘠纍纍然，顏色憂思顛顛然，不舒暢也。瞿瞿驚遽貌，梅梅謂微昧也。繭繭猶緜緜，聲氣微細也。陳祥道云：喪容纍纍，總言之也。色視及言，悉言之也。顛顛，憂思之貌。梅梅，於義無取，意當爲晦，亦以哀者故視之不明也。

案：方慤曰：纍如纍紲之纍，言憂心有所拘繫。《家語》言喪家之狗，亦曰纍然者，以此。色容顛顛，言其色之顛毁，而不能立也。《問喪》所謂如壞牆然者，以此。言容繭繭者，謂憂營於內，而言不能繹也。

案：陸佃云：顛顛，摧殞貌。梅梅，悲酸貌。繭繭，未有緒之貌。張則瞿瞿，收則梅梅。經曰見似目瞿。

《檀弓》：喪事欲其縱縱爾。注：趨事貌。吉事欲其折折爾。注：安舒貌。故喪事雖遽不陵節，吉事雖止不怠。故騷騷爾則野。注：謂太疾。鼎鼎爾則小人。注：謂太舒。君子蓋猶猶爾。注：謂疾舒之中。

案：縱縱者，給於趨事之貌。折折，從容中禮之貌。喪事雖急遽，而不可陵躐其節次，吉事雖有立，而待事之時亦不可失於怠惰。若騷騷而太疾，則鄙野矣。鼎鼎而太舒，則小人之爲矣。猶猶而得緩急之中，君子行禮之道也。

《間傳》：斬衰貌若苴，齊衰貌若枲，大功貌若止，小功、緦麻容貌可也。此哀之發於容體者也。疏：苴是黧黑色。止，平停不動也。大功轉輕，心無斬刺，故貌不爲之變，又不爲之傾，若止於二者之間。小功、緦麻其情既輕，哀聲從容於理可也。

案：孝子之情，在內者既極其哀，則形於外也亦爲之不美，故斬衰則服苴以表之。故曰所以省其內而見諸外，以其所表如此，而貌亦宜如之，故曰斬衰貌若苴。枲亦苴也，蓋謂壯麻爾，其爲布，稍精於子麻。上言斬衰服苴，則齊衰而下服枲矣。且齊衰既以緝而齊其下爲義，則其服緝之枲固亦宜矣。其服如此，貌亦宜如之。故曰齊衰貌若枲，以其哀既殺於斬衰，故貌不若苴之惡也。

《雜記》子貢問喪，子曰：「敬爲上，哀次之，瘠爲下。顔色稱其情，戚容稱其服。」疏：顔色稱其情，當須毀瘠。戚容稱其服，當須憔悴也。

案：敬者足以盡禮，故爲上。哀者足以盡情，故次之。瘠者足以盡容，故爲下。顔色在乎面目，而面目者情之所見也，故顔色稱其情，戚容兼乎四體者，服之所被也。故戚容稱其服，顔色稱其情者，以外稱內也。戚容稱其服者，以本稱末也。情有悲哀隆殺之别，服有齊斬重輕之殊。外不稱内之隆殺則爲僞矣，本不稱末之輕重則爲野矣。

高子皋之執親之喪也，泣血三年，注：言泣無聲如血出。未嘗見齒，注：言笑之微也。君子以爲難。注：言人不能然。

案：泣者，謂目有淚。凡人號哭之時，目有淚出，子皋雖當不哭，時默思其親，目亦有淚如血之出，經三年之久如此。人大笑，則齒本見，微笑則齒見。未嘗見齒，言未嘗微笑也。

哭踊

《儀禮·喪服傳》，斬衰哭，晝夜無時。既虞，朝一哭夕一哭而已。既練哭無時。疏：哭有三無時。始死未殯已前，哭不絶聲。既殯已後，卒哭祭已前，阼階之下爲朝夕哭，在廬中思憶則哭，二無時。既練之後，無朝夕哭，唯有廬中或十日，或五日，思憶則哭，三無時也。朝一哭夕一哭而已者，此當士虞禮卒哭之後。彼云卒哭者，謂卒去廬中無時之哭，唯朝夕於阼階下哭。無時哭外，唯此卒哭之後，未練之前，是有時之哭，故云。《檀弓》辟踊，哀之至也。有算爲之節，文也。注：算，數也。疏：撫心爲辟，跳躍爲踊。孝子喪親，哀慕至懣，男踊女辟，是哀痛之至極也。若不裁限，恐傷其性，故辟踊有算爲準節。準節之數不一，每一踊三跳，三踊九跳爲一節。故《雜記》云：公七踊，大夫五踊，士三踊。方慤曰：有算則有節，有節則有文，無節則質，故謂之節文。

孔子曰：「伯母叔母疏衰，踊不絶地，姑姊妹之大功，踊絶於地。如知此者，由文矣哉，由文矣哉。」注：由，用也，言知此踊絶地不絶地之情者，能用禮文矣。能用禮文哉，美之也。伯母叔母者義也，姑姊妹骨肉也。

案：陸佃云：疏衰、大功，文也。踊絶不絶，情也。伯叔母之喪文至而情不至者。姑姊妹之喪文不至而情至者。知此也者，則凡於禮知由於内也。

案：喪禮有情有文。誠於中者，情也。形於外者，文也。伯母叔母之疏衰期，其文隆於大功矣。然義服之情輕於骨肉，故踊不絶地，其哀淺也。姑姊妹之大功九月，其文殺於疏衰矣，然骨肉之情重於義服，故踊絶於地，故哀深也。知此二者，則知哀之淺深，由乎其中之情也，豈由乎其外之文矣哉？

《間傳》：斬衰之哭，若往而不反。齊衰之哭，若往而反。大功之哭，三曲而偯。小功、緦麻，哀容可也。此哀之發於聲音者也。注：三曲，一舉聲而三折也。偯，聲餘從容也。疏：斬衰之哭，一舉而至氣絶，如似氣往而不却反聲也。哀容可者，言小功、緦麻其情既輕，哀聲從容於理可也。

案：往而不反者，言氣欲絶而不能生也。偯則哀之餘聲也，夫哀之所感天性然也。《孝經》言喪親哭不偯。故至此大功始有偯也。哀容則其哀從容而不迫。

《孟子》：華周、杞梁之妻善哭其夫而變國俗。

注：華周，華旋也。杞梁，杞殖也。二人齊大夫，死於戎事者，其妻哭之哀，城爲之崩。國俗化之，則效其哭。

飲食

《儀禮·喪服傳》：斬衰，歠粥，朝一溢米，夕一溢米。既虞，食疏食，水飲。既練，始食菜果，飯素食。

案：溢，一手所握也。握容溢，必有溢於外者，故云溢米。素，猶故也，謂復平生時食也。

喪食雖惡，必充飢，飢而廢事，非禮也。飽而忘哀，亦非禮也。視不明，聽不聰，行不正，不知哀，君子病之。故有疾，飲酒食肉，五十不致毁，六十不毁，七十飲酒食肉，皆爲疑死。

注：君子病之者，病猶憂也，疑死疑猶恐也。

案：禮所以制中，飢而廢事，飽而忘哀，皆非中道，皆以爲非禮。然送死者，所以當大事也，則飢而廢事尤爲非禮矣。是故君子病之，以其不足以當大事也。

父母之喪，既虞卒哭，疏食水飲，不食菜果。期而小祥，食菜果。又期而大祥，有醯醬。中月而禫，禫而飲醴酒。始飲酒者，先飲醴酒，始食肉者，先食乾肉。

疏：大祥之節，食醯醬，則小祥食菜果之時，食鹽酪也。若不能食者，小祥食菜果之時，得用醯醬也。故《喪大記》云小祥食菜果以醯醬。此云禫而飲醴酒食肉，《喪大記》云祥而食肉者，異人之説，故不同也。醴酒味薄，乾肉又澀，所以先食之，以喪初除，孝子不忍即御醇厚之味，故飲醴酒食乾肉也。

《雜記》：三年之喪，如或遺之酒肉，則受之必三辭，主人衰絰而受之。注：受之必正服，明不苟於滋味。

疏：衰絰而受之者，而不得食也，尊者食之，乃得食肉，猶不得飲酒。故《喪大記》云「不辟梁肉，若有酒醴則辭」是也。如君命，則不敢辭而薦之。注：薦於廟，貴君之禮。

案：飲食居喪茹素，非爲亡者作福，乃是人子痛哀其親，不忍飲酒食肉爾。俗造素食，反奢於葷，尤不可也。素者，淡薄之云爾。大概不問葷素，但是美味皆不當入口。痛念之至情，自不安也。唯衰老之人，須得滋味，適養者少用以資之，不純於枯淡，亦不可恣食盛饌及宴樂也。

言語

《雜記》：三年之喪，言而不語，對而不問。

注：言，言己事也，爲人説爲語。疏：謂大夫、士言而後事行者，得言己事，不得爲人語説也。有問者得對，而不得自問於人。此謂與有服之親者行事之時。若與賓客疏遠者言，則《間傳》云「斬衰唯而不對，齊衰對而不言」是也。

《曲禮》居喪不言樂，注：非其時也。《孝經》言不文。注：不爲文飾。

案：《白虎通·德論》：喪禮不言者何？思慕盡情也。言不文者，指謂士民也。

《間傳》：斬衰唯而不對，齊衰對而不言，大功言而不議，小功、緦麻議而不及樂，此哀之發於言語也。

注：此謂與賓客也。唯而不對，侑者爲之應耳。言謂先發口也。又議者，謂陳説非時事也。疏：禮，斬衰之喪，但稱唯而已，不對其所問之事。侑者爲之對，不旁及也。齊衰但對其所問之事，不餘言也。大功但言説他事，不與人論議相問答時事之是非也。緦、小功得議他事，但不能聽及於樂者也。

拜稽顙

《檀弓》孔子曰：拜而后稽顙，頹乎其順也。注：此殷之喪拜也。頹，順也，先拜賓，順事也。稽顙而后拜，頎乎其至也。此周之喪拜也。頎，至也，先觸地無容，哀之至也。三年之喪，吾從其至也。注：重者尚哀戚，自期如殷可。

疏：拜者，孝子拜賓也。稽顙者，觸地無容，頹然不逆之意。拜是爲賓，稽顙爲己，前賓後己，頹然而順序也。頎，惻隱貌。先觸地無容，後乃拜賓，是爲親痛深惻隱之至也。

案：拜以禮賓，稽顙以自致。謂之順者，以其先加敬於人，而後盡哀於己，爲得其序也。頎者，惻隱之發也。謂之至者，以其哀常在親，而敬暫施於人，爲極自盡之道也。夫子從其至者，亦與其易也寧戚之意耳。

拜稽顙，哀戚之至隱也。稽顙，隱之甚也。注：隱，痛也，稽顙觸地無容。疏：孝子拜賓之時，先爲稽顙，而后拜者，哀戚之至痛。就拜與稽顙二事之中，稽顙爲痛之甚。

案：方慤曰：孝子哀痛之容，有若手之辟，足之踊，口之哭，目之泣，鼻之洟，固非一類，特不若稽顙之爲甚爾。

《雜記》：爲妻父母在，不杖不稽顙。注：尊者在，不敢盡禮於私喪也。

案：萬斯同曰：「諸家以不杖不稽顙屬之於父，以不稽顙屬之於母者，《儀禮》不杖期篇言父在則爲妻不杖，足知母在可杖，但不可稽顙，故諸家據此立文也。然此但主適子而言，衆子則否。」

母在不稽顙。稽顙者，其贈也拜。注：言獨母在，於贈拜得稽顙，則父在贈拜不得稽顙。疏：父没母在稍降殺於父。有他人以物來贈己，其恩既重，其謝此贈之人時爲拜得稽顙，故云其贈也拜。

案：贈，謂人以物來贈己，助喪事也。母在雖不稽顙，唯拜謝此贈物之人則可以稽顙，故云稽顙者，其贈也拜。一説贈謂以物送别死者，即《既夕禮》所云贈用制幣也。

《喪服小記》爲父母長子稽顙。注：喪尊者及正體，不敢不盡禮。大夫吊之，雖緦必稽顙。注：尊大夫，不敢以輕待之。婦人爲夫與長子稽顙，其餘則否。注：恩殺於父母。疏：重服先稽顙而後拜，父母長子並重，其餘期以下先拜後稽顙也。此謂平等來吊，若大夫吊士，雖是緦麻之親，亦必先稽顙而後拜也。婦人爲夫與長子，亦先稽顙而後拜，其餘否者，謂父母也，以受重他族，其恩減殺於父母。

案：陳祥道曰：「稽顙，猶稽首也。禮非至尊不稽首，則喪非至重不稽顙矣。然有非至重而稽顙者，非以其至親，則以吊者之尊也。故爲妻稽顙，以至親也，大夫吊之雖緦必稽顙，以吊者之尊也。婦人雖父母不稽顙，所稽顙者夫與長子而已，以所受於此者重，則所報於彼者殺也。

案：《朱子語類》：問稽顙而後拜，拜而後稽顙之義，朱子答曰：「兩手下地曰拜。拜而後稽顙，先以兩手伏地如常，然後引首向前叩地。稽顙而後拜，開兩手先以首叩地，却交手如常。頓首亦是引首少叩地，稽首是引首稍久在地。稽者，稽留之意。稽顙而後拜，謂先以頭至地，而後下手，此喪拜也。若拜而後稽顙，則今人常用之拜也。稽顙而後拜，稽顙者首觸地也矣。」

廬室

《喪大記》：父母之喪，居倚廬不塗，寢苫枕凷。君爲廬宮之，大夫、士襢之。注：宮，謂圍障之也。襢，袒也，謂不障。疏：謂於中門之外東牆下，倚木爲廬。但以草夾障，不以泥塗之也。寢苫枕凷者，謂寢卧於苫，頭枕於凷。宮之者，謂廬外以帷障之如宮牆。襢之者，其廬袒露不帷障也。案：《既夕禮》注云：倚木爲廬，在中門外，東方，北户。

既葬，柱楣塗廬，不於顯者，君、大夫皆宮之。注：不於顯者，不塗見面。疏：既葬情殺，故柱楣稍舉，以納日光。又以泥塗避風寒。不於顯者，言不塗廬外顯處。大夫、士既葬，得皆宮之者也。

凡非適子者，自未葬以於隱者爲廬。注：不欲人屬目，蓋廬於東南角。既葬猶然。疏：庶子既非喪主，不欲人屬目，故於東南角隱影處爲廬。經雖云「未葬」，其實葬竟亦然也。

《間傳》：父母之喪，居倚廬，寢苫枕塊，不説絰帶。齊衰之喪，居堊室，芐翦不納。大功之喪，寢有席。小功、緦麻，床可也。此哀之發於居處也。父母之喪，既虞卒哭，柱楣翦屏，芐翦不納。期而小祥，居堊室，寢有席。又期而大祥，居復寢。中月而禫，禫而床。注：芐，今之蒲苹。疏：謂以蒲苹爲席，翦頭爲之，不編納其頭而藏於内也。斬衰居倚廬，齊衰居堊室，論其正爾。亦有斬衰不居廬者。《雜記》云：大夫居廬，士居堊室。是士服斬衰而居堊室也。亦有齊衰不居堊室者。《喪服小記》云：父不爲衆子次於外者。注云：自若居寢是也。

《曲禮》：有憂者側席而坐，有喪者專席而坐。疏：憂，謂親有病。側猶獨也。獨席，謂獨坐不舒他面席。憂不在接人故也。案《聘禮》云：公禮賓，公側授醴。是側猶特也，專猶單也。吉時貴賤有重席之禮。若父母始喪，寢苫無席。卒哭乃有，芐翦不納。自齊衰以下，始喪而有席，並不重降居處也。

案：呂大臨曰：「側席，坐不安也。專席，不與人共坐也。有憂者行不能正履，則坐不能安席可知矣。有喪者致於哀慕，心不二事，則不與人共處可知矣。居倚廬，非喪事不言。既練，居堊室。不與人居，皆專席之義也。先儒以側爲特，以專爲單，既無所據。而以側爲特，如禮所謂側降受之類，所訓雖可，然與專席無別，則不可以特訓側也。」

《問喪》：成壙而歸，不敢入處室，居於倚廬，哀親之在外也。寢苫枕塊，哀親之在土也。故哭泣無時，服勤三年，思慕之心，孝子之志也，人情之實也。

案：聶崇義《三禮圖説》云，唐大曆年中，有楊垂撰《喪服圖説》，廬形制及堊室幕次序列次第云：設廬次于東廊下，無廊於牆下北上。凡起廬，先以一木橫於牆下，去牆五六尺，卧於地爲楣。即立五椽於上，斜倚東墉上，以草苫蓋之。其南北面，亦以草屏之。向北開門，一孝一廬，門簾以衰布，廬形如偏屋。其間容半席，廬間施苫凷。其廬面爲堊室，以墼壘三面，上至屋。如於牆下，亦如偏屋，以瓦覆之。西向户，室施薦爲木枕。室南爲大功幕次，次中施蒲席。次南又爲小功、緦麻，次施床，並西户。如諸侯始起廬門，門外便有小屏，餘則否。其爲母與父同。爲繼母、慈母不居廬，居堊室。如繼母有子，即隨子居廬。爲妻，準母其堊室及幕次。不必每人爲之，共處可也。婦人次於西廊之下。

案：《爾雅》云：地謂之黝，牆謂之堊。或曰：「父喪既祥，而母亡，適居父喪，而祖父母亡，適居祖父喪，而母亡，其所居有異乎？」禮輕者包重者，特父喪既祥，而母亡，則毁堊室立廬，是包輕也。適之於祖，所以繼體也。父喪既廬，而祖父母亡，宜别立廬，以受吊者，示傳重也。居祖父喪而母亡，二喪殊位，則亦宜别立廬也。「然則父爲長子，出後之子爲父母，出妻長子爲父母與爲出嫁母，庶子爲其母，所居有辨乎？」曰：謂父爲長子，不被髮不徒跣，爲次於内，不歠粥，立廬於内可也。凡杖者則廬，廬則禫。爲人後者，爲父母不杖，則堊室而不廬可也。出妻之子，非廬於母之家，則廬於别室可也。父亡母嫁，有服而已，不廬可也。庶子父在爲其母，不禫不廬矣。若君母在，亦不廬也。然《小記》云父不爲衆子次於外，則長子固次於外矣。或曰：「聞喪而不得奔，可以立廬乎？」廬者，所以示哀之發於居處也。其設不必爲殯也，則聞喪而不得奔，不可不廬於其所居也。

老疾居喪

《曲禮》：居喪之禮，頭有創則沐，身有瘍則浴。有疾則飲酒食肉，疾止復初。不勝喪，乃比於不慈不孝。注：勝，任也。疏：不勝喪，謂疾不食酒肉，創瘍不沐浴，毁而滅也。不留身繼世，是不慈也。滅是違親生時之意，是不孝也。比者，此滅性本心實非爲不孝，故此比也。朱子曰：「下不足以傳後，故比於不慈，上不足以奉先，故比於不孝也。」

案：吴澄曰：不勝喪，謂哀過不能堪，將至於廢事，甚則至於滅性也。此本是慈孝其親而然，然毁而不能存其父母所生之身，雖曰慈孝，而與不慈不孝者一也。蓋居喪固當致其哀，然毁瘠不可形見於外，視聽不可衰損於前。平時不沐浴不酒肉，若有創有瘍有疾，則亦許其沐浴與酒肉。俟疾既止，乃復其舊，然此皆年五十以下强仕者所行。若五十血氣漸衰，則雖無疾與創瘍，其哀毁視强壯亦當減殺，故曰不致毁也。

《雜記》：孔子曰：「身有瘍則浴，首有創則沐，病則飲酒食肉。毁瘠爲病，君子弗爲也。毁而死，君子謂之無子。」注：毁而死，是不重親。

《檀弓》：曾子曰：喪有疾，食肉飲酒，必有草木之滋焉，注：加以香味者，爲其疾不嗜食。以爲薑桂之謂也。注：云草木滋者，謂薑桂也。下云薑桂之謂，是解上草木之滋，故以記。

案：薑者草之滋，桂者木之滋，酒肉之外又有草木之滋，亦慮不勝喪。

《曲禮》：五十不致毁，六十不毁，七十唯衰麻在身，飲酒食肉，處於内。注：所以養衰。老人五十始衰也。疏：致，極也。五十始衰者，居喪許有毁，不得極羸瘦。六十轉更衰甚，都不許毁。

案：養老之政，自五十始。血氣既衰，養道所以不可闕。居喪有不能任，故爲之節也。致毁之食，饘粥也。不毁之食，蔬食水飲也。衣服居處、哭泣之節稱之，不致毁則食，食而不食粥矣。不毁則食不疏，而有醯醬者矣。七十之制，所變衰麻服，餘無變。

《喪大記》：五十不成喪，七十唯衰麻在身。注：成猶備也。所不能備，謂不致毁，不散送之屬也。疏：致毁，謂致極哀毁。散送，謂絰帶垂散麻。《玉藻》云：五十不散送。注云：謂送喪不散麻。

《内則》：八十齊衰之事弗及也。自七十以上唯衰麻爲喪。

案：陳澔云：或有死喪之事，唯備衰麻之服而已。其他禮節，皆在所不責也。

《問喪》：然則秃者不免，傴者不袒，跛者不踊。非不悲也，身有錮疾，不可以備禮也。

案：方慤曰：「秃則頂無飾，故不免，免則頂露矣。傴則形褻矣，跛則足不正，故不踊，踊則是勞矣。」

婦人居喪

《問喪》：婦人不宜袒，故發胸、擊心、爵踊，殷殷田田，如壞牆然，悲哀痛疾之至也。注：爵踊，足不絶地也。疏：爵踊，似爵之跳，其足不離於地。如壞牆，言將欲崩倒也。

案：爵踊，猶莊子所謂爵躍。如壞牆然者，言其不可枝梧。殷殷，踊也。田田，懇惻也。

《喪服小記》：婦人爲夫與長子稽顙，其餘則否。

案：陳祥道曰：「婦人移天於夫，而傳重於長子，故雖父母者不稽顙，所稽顙者夫與長子而已矣。」

《坊記》：寡婦不夜哭。

《雜記》：婦人非三年之喪，不踰封而吊。

《喪大記》：婦人迎客送客，不下堂，下堂不哭。注：婦人所有事，自堂及房。非其事處而哭，猶野哭也。疏：婦人質，故送迎敵者不下堂。有君夫人吊，則主婦下堂至庭，稽顙而不哭也。

婦人不居廬，不寢苫。喪父母，既練而歸。期九月者，既葬而歸。注：歸者，謂歸夫家也。

《檀弓》：帷殯非古也，自敬姜之哭穆伯始也。

穆伯之喪，敬姜晝哭。文伯之喪，晝夜哭。孔子曰「知禮矣」。

案：方慤曰：「經曰寡婦不夜哭，蓋遠嫌之道當然爾。穆伯夫也，故晝哭而不嫌於薄。文伯子也，故晝夜哭而不嫌於厚。」

案：章望之《曹氏女傳》：曹氏者，吾同郡尚書郎修古之幼女也。公天聖中累更御史，持憲無阿回，言事失職，知閩之興化軍，期年而卒。曹氏以室居未嫁，父既没，其故僚率吏民錢三十錢萬致之柩前曰：「以供窆葬之用。」夫人陳氏將受之，女曰：「制家之用，惟其家之酌。初吾父入司朝廷，出涖民政，約於奉身，廉於臨人。今其亡矣，葬之豐儉，請以吾家具之。苟將受私遺焉，惟他人忍之，我弗忍也。」母因是請而使辭焉。其故僚復謂之曰：「葬先公弗資，是則亦聞命矣。願以異日嫁公女焉，可無拒也。」女曰：「俾用於喪，尚不敢取。今欲備吾之嫁，是使妾幸父喪而自醜也，人之聞之謂如何哉？吉凶有常禮，男女有常位。妾有大罰，父没而喪存焉。不以此時哀戚，而遽謀嫁幣，不亦亂常禮乎？以室中而受門外之私賄，不亦亂常位乎？妾不才，以先人之靈，幸而卒有所歸，則有妾之紡績之備，何敢以是自誘哉？願弗聞二三君子之命也。」逆不受。夫婦人事勤儉恭敬則良矣，曾無賢者之責也。此何特異也？彼貪殘之夫，好財瀆貨，死則已爾，惡復悔悟邪？方朝廷發貪冒之禁，防制執事之人，如維縶之械繫之，尚有濫狀相望於敗辱者，爲不少矣，卒惟無怍焉。有如曹氏專修父志，而不有所累哉。孟子曰「聞伯夷之風者，頑夫廉懦夫有立志」，曹氏近之矣。雖然厚於義，而薄於利者，人之常行也。詩書不聞而尚廉孝，固賢矣。其里人曾孝基得斯説來告，則未知其年與名。

童子居喪

《玉藻》：童子不裘不帛，不屨絇，無緦服。聽事不麻，無事則立主人之北，南面。見先生，從人而入。注：皆爲幼小，不備禮也。雖不服緦，猶免深衣。無麻，往給事也。裘帛温，傷壯氣也。絇，屨頭飾也。疏：童子雖當室，與族人爲禮，有恩相接之義，故遂服本服之緦爾。不當室，則情不能至緦，故不服也。雖不緦，猶着免深衣，無絰以往給事。鄭注猶免者，謂未成服而來也。《問喪》云不當室不免者，謂成服之後也。主人，喪主也。此童子來聽使，若有事則使之。若無事時在旁，謂在主人之北，南面而立。先生，師也。童子不能獨爲禮者，若往見師，則隨成人而入也。

案：方懿曰：「不裘，即不衣裘裳是也。不帛，即不帛襦袴是也。不屨絇，未拘之以行戒也。不服麻，則以幼未能勝絰故也。」

案：陸佃曰：童子於有喪者之家，當事則不麻，爲其幼也，故謂之聽事而已。《少儀》曰：童子曰聽事。

《雜記》：童子哭不偯，不踊不杖，不菲不廬。注：童子未成人，不能備禮也。當室則杖。疏：《問喪》云：童子當室，則免而杖。當室，謂十五以上。若世子生則杖。故《曾子問》云子衰杖，成子禮是也。皇氏云：童子當室則備。此經中五事問喪之免而云杖，舉重言也。

《喪大記》：子幼則以衰，抱之人爲之拜。

案：徐氏曰：「幼子爲主，不能拜，則衣之以衰，使人抱之，而人代拜之也。」

守禮，廬於墓側。

案：古廬居之制，在中門之外，寢苫枕塊，蓋始終不越於殯宫而已矣。故儒者之論，以廬墓爲禮之過。然予以爲，天下之禮，始於人情，人情之所至，皆可以爲禮。孝子不忍死其親，徘徊顧戀於松楸狐兔之間而不能歸，此可以觀其情之至。而禮之所本，昔者聖人之爲喪禮，而取諸大過。嗟夫天下之事，苟至於過，皆不可以爲禮。而獨於愛親之心，則不可以紀極。故聖人以其過者爲禮，蓋所以用其情爾。孟子曰：「親喪固所自盡禮也。」信哉，庾黔婁等之倫是已。語曰：「挈缾之志，守不假器。」綱常之在天地，亦賴有守之者也。仍録喪制守禮云。

《庾黔婁傳》：父易在家遘疾，黔婁忽心驚，舉身流汗，即日棄官歸家。時易疾始二日，醫云：「欲知差劇，但嘗糞甜苦。」易泄利，黔婁輒取嘗之，味轉甜滑，心愈憂苦。至夕稽顙北辰，求以身代。俄聞空中有聲曰：「徵君壽命盡，不復可延。汝誠禱既至，政得月末。」及晦而易亡，黔婁居喪過禮，廬於墓側。

《梁書》：張稷字公喬，母遘疾，年十一侍養，衣不解帶。或竟夜不寢，及終毁瘠，杖而後起。父永及適母繼殂，六年廬於墓側。

《南史》：劉覽以所生母憂，廬於墓。再期不嘗鹽酪，食麥粥而已。隆冬止着單布衣，家人慮不勝喪，中夜竊置炭於床下。覽因温得寐，及覺知之，號慟歐血。

《梁宗室傳》：蕭脩性至孝。年十一丁所生徐氏艱，自荆州反葬。中江遇風，前後部伍，多致沈溺。脩抱柩長號，血淚俱下，隨波摇蕩，終得無佗。葬訖，因廬墓次。先時山中多猛獸，至是絶跡。野鳥馴狎，棲宿檐宇。武帝嘉之，以班告宗室。

任昉爲竟陵王記室參軍，以父憂去職。性至孝，居喪盡禮。服闋，續遭繼母憂，每一慟絶，良久乃蘇。因廬於墓側，哭泣之地，草爲不生。昉素强壯，腰帶甚充，服闋後不復可識。

《孝義傳》：甄恬數歲喪父，哀感有若成人。家人矜其小，以肉汁和飯飼之，恬不肯食。年八歲常問其母，恨生不識父，遂悲泣累日。忽若有見，言其形貌，則其父也。時以爲孝感。家貧養母，常得珍羞。及母亡居喪，廬於墓側。詔旌門閭，加以爵位。

《隱逸傳》：顧歡母亡，水漿不入口六七日。廬於墓次，遂隱不仕。於剡天台山，開館聚徒，受業常近百餘人。歡早孤，讀《詩》至「哀哀父母」，輒執書慟泣。由是受學者廢《蓼莪》篇，不復講焉。

紐因父母喪，廬於墓側。負土成墳，周武帝表其閭，授甘棠令。子士雄喪父，復廬於墓側，負土成墳。隋高祖聞之，嘆其父子至孝，下詔褒揚，號其居爲累德里。

徐孝肅蚤孤，不識父，及長問其母父狀，因畫工圖其形，構廟置之而定省焉，朔望享祭。養母至孝。母老疾，孝肅親易燥濕，憂瘁歷歲，見者愍焉。母終，孝肅茹蔬飲水，盛冬單衰，毁瘠骨立。祖父母父母墓，皆負土成墳。廬於墓所垂二紀，被髮徒跣，以終其身。弟備德卒，其子處默，亦廬於墓，世稱孝焉。

李翹居父喪，廬墓側。德宗敦遣歸第，一夕復往。

梁文貞少從軍守邊，逮還親已亡，自傷不得養，即穿壙爲門，晨夕汎埽，廬墓左。

《舊唐書》：張志寬丁母憂，負土成墳，廬於墓側，手植柏檜百餘株。高祖聞之，遣使就吊。授員外散騎常侍，賜物四十餘段，表其門閭。

元德秀母亡，廬於墓所。食無鹽酪，藉無茵席。

汴州孝女李氏年八歲，父卒，柩殯在堂十載，每日哭臨無限。及年長，母欲嫁之，遂截髮自誓，請在家終養。及喪母，號毀殆想滅性。家無丈夫，自營棺槨。州里欽其至孝，葬者千餘人。葬畢廬於墓側，蓬頭跣足，負土成墳，手植檜柏者千餘株。按察使薛季昶列上其狀，有制特表門閭，賜以粟帛。

劉寂妻夏侯氏，字碎金。父長雲爲監城縣丞，因疾喪明，碎金乃求離其夫，以終侍養。經十五年，兼事後母，以至孝聞。及父卒，毀瘠殆不勝喪，被髮徒跣，負土成墳，廬於墓側。每日一食，如此者積年。貞觀中，有制表其門閭，賜以粟帛。

种放母卒，水醬不入口三日，廬於墓側。

趙抃居母喪，廬於墓三年不宿於家。縣榜其所居里爲「孝悌」。徐積母終，號慟嘔血，絶而復蘇，哭不輟聲，水醬不入口七日。廬墓三年，卧苫枕塊，衰絰不去體，雪夜哀號伏墓側。

陳敏年十一，廬親墓，有芝産於冢。

《金史》：劉政母喪，負土成墳。鄉鄰欲佐其勞，政謝之。廬於墓側者三年，防禦使以聞。

權僅十歲遭父喪，哀毀幾絶。母終，躬負土封樹，廬墓三年。仁宗嘉其孝，召拜文華殿大學士。子倫領鄉薦，學行脩明，養親二十年，親終隱居，教授不仕。倫子字，亦篤孝道。父病字侍湯藥，寢不解帶。既葬，廬墓負土，樹木成林，晨昏哀泣。母卒，合殯亦如之。州守以聞，旌表其門。

孫毓，武陟人，登洪武丙子鄉試，後代祖父行戍十有四年，母喪廬墓，躬負甎土築墳，人稱其孝。

張諫，赤水衛人，登進士，授行人。丁母憂，哀毀骨立。廬墓三年，父卒亦如之。

畢鸞，井陘人，父爲莒州學正，卒於官。鸞時年少，窮不能歸喪，遂藁葬於莒，奉母暨幼弟歸井陘。時以父骨未葬爲恨，與人言輒涕淚交下不止。暨母卒，哭踊幾絶，水醬不入口者四日。乃諭弟曰：「母没無事於養，我其歸父骨以葬。」遂衰絰銜哀，徒步負父骨歸，躬營冢壙。既事，乃廬墓側，朝夕哀哭之。後鸞舉進士，歷官參議，弟登鄉薦。

羅瑋，吉水人，母喪廬墓三年，所杖竹倚壁復生枝葉。

龐景華，上元人，母疾作痢，景華嘗糞甜苦，謂妻曰：「糞苦，母不死矣。」果復瘳。鄰大爇近所居，籲天曰：「我母老矣，願天留此終餘年。」風返火息，人以爲孝感所致。詔旌其門。母終，廬於墓側。

劉珝，壽光人，歷官東閣大學士。性至孝，雖貴，左右奉養無所不至。父性嚴，或以他怒不食，輒引諸孫嬉戲於前，必得一笑乃已。每受賜，物必先緘奉，得書即跪而讀之。母没，廬於墓側，其後父没，復廬於墓側三年。後老疾卒，鄉人號其居曰「仁孝里」，建祠祀之。

熊翀，性至孝。既貴，父母相卒，哭之骨立，廬墓側，薦奠如生。每忌辰必謝客獨寢，曰：「禄養不及，可恨也。」至生日曰：「我母有難時也，惡乎樂？」訖其身如此。後仕至尚書。

何鑑，新昌人，仕至兵部尚書。天性孝友，兩居憂制，痛恨不及，時奉湯藥，哀毁骨立。出廬墓左，凡墓上竹木皆手栽樹。

喪制守禮下

案：守禮下，謂期功以下之喪能盡禮者，有守之亦並採録。

《北史》：魏崔孝芬兄弟六人，孝義慈厚。弟孝演、孝政先亡，孝芬等哭泣哀慟，絶肉蔬食，容貌毁瘠，見者傷之。

房景伯弟亡，蔬食終喪，期不内御，憂毁之容，有如居重。其次弟景先亡，幼弟景遠期年哭臨，亦不内御。鄉里爲之語曰：「有義有禮，房家兄弟。」

趙弘志事兄弘安，同於事父，所得俸禄皆送兄處。及兄亡，哀毁禮。馮元常，閨門雍肅，雅有禮度，雖小功之喪，未嘗寢於私室。李元素少孤，奉長姊，友敬加於人。及其姊没，沈悲遘疾，上疏懇辭職，從之。

杜式方季弟從郁，少多疾病，式方每躬自煎調藥饍，飲非經式方之手不入口。及郁夭喪，終年號泣，殆不勝情。

《朱子語類》云：吕與叔誌一婦人墓云：「凡遇功緦之喪，皆蔬食終其月。」此可法。

《盧邁傳》：邁每有功緦喪，必容稱其服，而情有加焉。從父弟起喪還洛陽，過都，邁奏請往哭之盡哀。時執政自以宰相尊，五服皆不過從問吊，而邁不徇時，議者重其仁而亮云。

墓塋樹立異木獸碣

案：《封演見聞記》：秦漢以來，帝王陵前，有石麒麟、石辟邪、石馬之屬，人臣墓前，有石羊、石虎、石人、石柱之屬，皆所以表飾故壟，如生前之儀衛。後漢太尉楊震，葬日有大鳥之祥，因立石鳥像於墓。《風俗通》云：《周禮》方相氏，葬日入壙毆罔象，罔象好食亡者肝腦，人家不能常令方相立於側，而罔兩畏虎與柏，故墓前立虎。或説秦穆公時，陳倉人掘地有物若羊，將獻之，道逢二童子謂曰：「此名爲蝹，常在地中，食死人腦。若殺之，以柏東南枝捶其首。」由是墓側皆樹柏。此上兩説各異，未詳孰是。案《禮經》云：天子墳高三雉，諸侯半之，大夫八尺，士四尺。又天子樹松，諸侯樹柏，大夫樹楊，士樹榆。《説文》云：天子樹松，諸侯樹柏，大夫榆，士楊。案《禮經》，古之葬者，不封不樹，後代封墓而又樹之。《左傳》云：「爾墓之木拱矣。」又曰：「樹吾墓檟。」孔聖卒，弟子各自他方，持其異木，樹之於墓。蓋殷周以來，墓樹有尊卑之制，不必專以罔象之故也。《風俗通》又云：汝南彭氏墓頭立石人石獸。田宅老母到市置數片餌，暑熱行疲，息石人下，遺一片餌。客來，見道行人，因謂之云：石人能愈病，人來謝女。轉相告語，頭痛摩石人腹，病者多自愈。因言得其福，乃號曰「石賢士」。輜軿轂擊，帳帷絳天，絲竹之音，聞數十里，數年稍自休歇。樵子云：「石門子墓，古之道邪？」答曰：「古不崇墓，况損人功而爲觀乎？非古也。」盧思道《西征記》云：新鄉城西有漢桂陽太守趙越墓，墓北有碑，碑有石柱。東南有亭，以石柱爲名。然墓前石人、石獸之屬，自漢代而有之矣。

《集古録》：漢宗資墓，天禄辟邪。字在墓前石獸膊上，一曰天禄，一曰辟邪，篆書。墓在今鄧州南陽界中。

生壙

《檀弓》公叔文子升於瑕丘，蘧伯玉從。文子曰：「樂哉，斯丘也。死則吾欲葬焉。」蘧伯玉曰：「吾子樂之，則瑗請前。」

《漢書》注：壽藏，謂冢壙也，稱壽者取其遠久之意。

《荀子》：子貢倦於學，告於孔聖曰：「願有所息。」孔聖曰：「生無所息，望其壙，睪如也，宰如也，墳如也，鬲如也，則知所息矣。」

《唐書·姚勗傳》：勗終夔王傅，自作壽藏於萬安山南原崇塋之旁，署兆曰「寂居穴」，墳曰「復真堂」，中剟土爲床，曰「化臺」。而刻石告於後世。勗，文獻公崇之玄孫。

《唐書》：李適敕其子曰：「霸陵原西視京師，吾樂之，可營墓樹十檜焉。」及未病時，衣冠往寢石榻上，置所譔《九經要句》及素琴。時士貴其達。

《五代史》：唐司空圖豫爲冢棺。遇勝日，引客坐壙中，賦詩酌酒。客或難之，圖曰：「君何不廣邪？生死一致，吾寧暫游此中哉。」

陶穀《蕉窗雜記》：右補闕王正己四十四致仕，豫製棺，題曰永息庵，置諸寢室。人勸移之僻地，曰：「吾欲日見之，常達死相，滅除貪愛耳。」壽七十八，無疾而逝。

王闢《澠水燕談》：本朝王樵，淄川人，自號贅世翁。豫卜爲窌，名繭室，中置石榻，刻石其上曰：「生前投軀，以虞不備。没後寄魄，以備不虞。」

薄葬

《檀弓》：成子高寢疾，成子高，齊大夫國成伯高父也。慶遺入請曰：「子之病革矣，如至大病則如之何？」注：遺，慶封之族。子高曰：「吾聞之也，生有益於人，死不害於人。吾縱生無益於人，吾可以死害於人乎哉？我死則擇不食之地而葬我焉。」注：不食，謂不墾耕也。

案：方慤曰：「子高之愛人可知矣。觀公叔文子樂瑕丘而欲葬者，則子高之所得不亦多乎？」

案：《後漢書・光武紀》，建武七年詔曰：「世以厚葬爲德，薄葬爲鄙，至於富者奢僭，貧者單財，法令不能禁，禮義不能止，倉卒乃知其咎。其布告天下，令知忠臣、孝子、慈兄、悌弟薄葬送終之義。」

案：《趙咨傳》：咨將終，告其故吏朱祇、蕭建等，使薄斂素棺，藉以黄壤。棺中置土，以藉其尸。欲令速朽，蚤歸后土，不聽子孫改之。迺遺書敕子胤曰：「夫含氣之倫，有生必終，蓋天地之常期，自然之至數。是以通人達士，鑒兹性命，以存亡晦明，死生爲朝夕，故其生也不爲娱，亡也不爲戚。夫亡者元氣去體，貞魂游散，反素復始，歸於無端。既已消仆，還合糞土，土爲棄物，豈有性情，而欲制其厚薄，調其燥濕邪？但以生者之情，不忍見形之毁，迺有掩骼埋窆之制。《易》曰：古之葬者，衣之以薪，藏之中野。後世聖人易之以棺椁，棺椁之造自黄帝始。爰自陶唐，逮於虞夏，猶尚簡朴，或瓦或木。及至殷人，而有加焉。周室因之，制兼二代，復重以牆翣之飾，表以旌銘之儀，招復含斂之禮，殯葬宅兆之期，大夫三日而殯，三月而葬。棺椁周重之制，衣衾稱襲之數。大夫五十稱衣。其事煩而害實，品物碎而難備。然而秩爵異級，貴賤殊等。自成康以下，其典稍乖。而至於戰國，漸至積陵，法度衰毀，上下僭雜。終使晉侯請隧，謂掘地爲埏道。陳大夫設參門之木，宋司馬造石椁之奢。爰暨暴秦，違道廢德，滅三代之制，興淫邪之法。國貲糜於三泉，人力單於酈墓，玩好窮於糞土，伎巧費於窀穸。自生民以來，厚終之敝，未有若此者。雖有孔子重明周禮，墨子勉以古道，猶不能禦也。止也。是以華夏之士，争相陵尚，違禮之本，事禮之末，務禮之華，棄禮之實。單家竭財，以相營赴，廢事生而營終亡，替所養而爲厚葬。豈云聖人制禮之意乎？《記》曰：喪雖有禮，哀爲主矣。又曰：喪與其易也，寧戚。今則不然。并棺合椁，以爲孝愷，豐貲重襚，以昭惻隱，吾所不取也。昔舜葬蒼梧，二妃不從。豈有匹配之會，守常之所乎？聖主明王，其猶若斯，況於品庶，禮所不及。古人時同即會，時乖則別，動静應禮，臨事合宜。王孫裸葬，墨夷露骸，皆達於性理，貴於速變。梁伯鸞父没卷席而葬，身亡而反其尸，彼數子豈薄至親之恩，亡忠孝之道邪。況我鄙闇，不德不敏，薄意内昭，志有所慕。上同古人，下不爲咎，果必行之，勿生疑異。恐爾等目厭所見，耳諱所議，必欲改殯，以乖吾志。故遠采古聖，近揆行事，以悟爾心。但欲制坎，令容棺椁，棺歸即葬，平地無墳，勿卜時日。葬無設奠，勿留墓側，無起封樹。於戲！小子其勉之哉，吾蔑復有言矣。」朱祇、蕭建送喪到家，子胤不忍父體與土并合，欲更改殯。祇、建譬以顧命，於是奉行，時稱咨明達。

石苞終制，延陵薄葬，孔子以爲達禮。華元厚葬，《春秋》以爲不臣。古之明義也。自今死亡者，皆斂以時服，不得兼重，又不得飯含，爲愚俗所爲，又不得設床帳、明器也。定窆之後，復土滿坎，一不得起墳栽樹。昔王孫裸葬矯時，其子奉命，君子不譏，況於合禮典者邪？諸子遵之。

案：顔之推《家訓・終制篇》：「死者人之常分，不可免也。吾年十九，值梁家喪亂，其間與白刃爲伍者，亦常數輩。幸承餘福，得至於今。古人云：五十不爲夭。吾已六十餘，故心坦然，不以殘年爲念。先有風氣之疾，常疑奄然，聊書素懷，以爲汝誡。先君先夫人，皆未還建鄴舊山，旅葬江陵東郭。承聖末，啓求揚都，欲營遷厝。蒙詔賜銀百兩，已於揚州小郊卜地燒甎，便值本朝淪没流離如此，數十年間，絶於還望。今雖混一，家道罄窮，無由辨此奉營資費，且揚都汙萊，無復孑遺，還彼下濕，未爲得計。自咎自責，貫心刻髓。計吾兄弟，不當仕進，但以門衰，骨肉單弱。五服之内，旁無幾人，播越他鄉，無復資廕。使汝等沈淪厮役，以爲先世之耻，故靦冒人間，不敢墜失。兼以北方政教嚴切，全無隱退者故也。今年老疾侵，儻然奄忽，豈求備禮乎？一日放臂，沐浴而已，不勞復魄，斂以常衣。先夫人棄背之時，屬世荒饉，家塗空迫，兄弟幼弱，棺器率薄，藏内無甎。吾當木棺二寸，衣帽已外，一不得自隨。床上唯施七星板，至如蠟弩牙、玉豚、錫人之屬，並須停省。糧甖明器，故不得營，碑誌旒旐，彌在言外。載以鼈甲車，襯土而下，平地無墳。若懼拜掃不知兆域，當築一堵低牆，於左右前後，隨爲私記。靈筵勿設枕几，朔望祥禫惟下白粥清水乾棗，不得有酒肉餅果之祭。親友來餟酹者，一皆拒之。汝曹若違吾心，有加先妣，則陷父不孝，在汝安乎？其内典功德隨力所至，勿刳竭生資，使凍餒也。四時祭祀，周孔所教，欲人勿死其親，不忘孝道也。求諸内典則無益焉，殺生爲之，翻加罪累。若報罔極之德，霜露之悲，有時齋供，極盡忠信，不辱其親，所望於汝也。孔子之葬親也，云『古者墓而不墳。某東西南北之人也，不可以弗識也』，於是封之崇四尺。然則君子應世行道，亦有不守墳墓之時，况爲事際所逼也。吾今羈旅，身若浮雲，竟未知何鄉是吾葬地，唯當氣絶便埋之耳。汝曹宜以傳業揚名爲務，不可顧戀朽壤，致湮没也。」《舊唐書·魏徵傳》：徵薨，太守給羽葆、鼓吹、班劍四十人，賻絹布千段，米粟千石，陪葬昭陵。及將祖載，徵妻裴氏曰：「徵，平生儉素，今以一品禮葬，羽儀甚盛，非亡者之志。」悉辭不受，竟以布車載柩，無文彩之飾。

厚葬

案：古之厚葬者，不可悉數。厚葬而遭發掘，亦不可悉數。以其非喪禮所聞，故不盡載。舉此數端，而厚葬之謬，亦可概見矣。

《家語》：季平子卒，將以君之璠璵斂，注：案昭公初出于乾侯，平子行君事嘗珮璠璵，欲用以斂。贈以珠玉。案：禮，當葬，主人贈玄纁各二，而不以珠玉。孔子爲中都宰，聞之，歷級而救焉。曰：「送死而以寶玉，是猶暴尸於中原也。其示民以姦利之端，而有害於死者，安用之？且孝子不順情以危親，忠臣不兆姦以陷君。」乃止。

《論語》：「顔淵死，門人欲厚葬之。子曰：『不可。』門人厚葬之。子曰：『回也視予猶父也，予不得視猶子也。非我也，夫二三子也。』」

《江表傳》：孫皓左夫人張氏死，皓葬于苑中，大作冢。使工匠刻柏作木人内冢中，以爲兵衛；以金銀珍玩之物送葬，不可稱計。已葬之後，皓治喪於内，半年不出。國人見葬大奢麗，皆謂皓已死，所葬者是也。

葛洪《抱朴子》：吴景時，戍將於廣陵掘諸冢，取版以治城，所壞甚多。復發一大冢，内有重閤，户扇皆柩轉可開閉。四周爲徼道通車，其高可以乘馬。又鑄銅爲人數十枚，長五尺，皆大冠朱衣，執劍列侍靈座，皆刻銅人背後石壁，言殿中將軍，或言侍郎常侍，似王公之冢。破其棺，棺中有人，髮已班白，衣冠鮮明，面體如生人。棺中雲母厚尺許，以白玉璧三十枚藉尸。兵人輩共舉出死人，以倚冢壁，有一玉長一尺許，形似冬瓜，從死人懷中透出墮地，兩耳及鼻孔中皆有黃金，如棗許大。此則骸骨有假物而不朽之效也。

晉愍帝建興中，曹嶷發齊景公及管仲冢，尸並不朽，繒帛可服，珍寶巨萬。

陸翽《鄴中記》：永嘉末，盗發齊桓公墓，得水銀池金蠶數十箔，珠襦、玉匣、繒彩不可勝數。

《元典章》：至大元年十二月，龍興路奉江西行省劄付備袁州路備録事司申照略案牘涂全周呈，嘗觀聖經有曰：「葬也者，藏也。藏也者，欲人之弗得見也。衣足以飾身，棺周於衣，椁周於棺，土周於椁。」又觀《漢史》則曰：「仲尼孝子，延陵慈父，其葬骨肉，皆微薄矣。非苟爲儉，誠便於體。」德彌厚者葬彌薄，知愈深者葬愈微。邱隴彌高，發掘必速。夫聖賢豈不欲厚葬其親？厚之者，適所以薄之也。竊見江南流俗，以侈美爲孝。凡有喪葬，大其棺椁，厚其衣衾，廣其宅兆，備存珍寶、偶人、馬車之器物，亦有將寶鈔藉尸斂葬，習以成風。非惟甚失古制，於法似有未應。每見厚葬之家，不發掘於不肖之子孫，則開鑿於强竊盗賊。令死者暴骸露尸，良可痛哉。如蒙備申上司禁治，今後喪葬之家，除衣衾棺椁依禮舉葬外，不許輒用金銀、寶玉、器玩裝斂。違者以不孝坐罪，似望無起盗心，少全孝道。惜生者有用之資，免死者無益之櫬。若準所言，誠爲敦厚風化。呈乞照詳。府司看詳，涂全周所言，理宜禁約，事干通例，乞照詳。

案：厚葬之害，著論爲葬送之制，名曰篤終，其言曰：司馬石椁，不如速朽，季孫璠璵，比之暴骸。文公厚葬，《春秋》以爲華元不臣。王孫親土，《漢書》以爲賢於秦始。如令魂必有知，則生死異制。如其無知，則空奪生用，捐之無益，是招露形之禨，加亡者之毒也。其言可謂至痛切矣。然當時所謂厚葬，蓋謂珠玉之飾，含齋之物，器用寶貨之藏也。今人皆無是矣。衾絞韜冒之屬，尚不必備，又況所謂玉鏤金匣金蠶玉犬者乎？乃往往有苦於乞財，數十年不能克葬者，則何也？緇黄之懺度，不敢以廢也。侍從之偶俑，不敢以闕也。夾道之幡幔鐃吹，不敢以不盛也。賓客之酒食衣物，不敢以不豐也。其甚者徵歌選舞，雜以百戲，非是則以爲朴。結繒縛帛，以象樓觀，非是以爲陋。於是嘲轟咿啞之聲，豔麗詭異之飾，雜還衢路，充斥原野。婦孺擁觀，嘆駭踊抃，而後快於心焉，而後爲能葬其親焉。富者破産而逐新，貧者舉息而蹶赴。一日之費，十年節約而不能償也。一家之喪，百家奔走而交相病也。高位縱任而不之禁，旁觀恬習而忘其非。人之欲葬其親者，耻其不備，忍於累年暴露而不惜焉。亦甚可傷也已。何不即今之所謂厚葬者而深思之。是何者有益於親之身乎？無益於親而爲之，徒欲悦觀者之目而已。古之厚葬，誠昧於理，其心猶欲爲親也。今乃終天永訣之會，盛陳娱樂詭麗之具，以爲美觀，徒博婦孺一時之咍笑，不近於侮其親矣乎？且其所擬，象而塗飾者，未必其親之生平所宜有也。不有陷其親於僭矣乎？本欲自致於親，而適成其侮且僭，何如反而約諸禮之爲得乎？夫子嘗言喪具矣，曰：「稱家有無，有勿過禮。苟無矣，縣棺而封。」又曰：「啜菽飲水盡其歡，斯之謂孝。斂首足形，還葬而無椁，稱其財，斯之謂禮。」斯言也，誠千古葬者之大經矣。

四禮略集卷之四

返葬

《檀弓》：太公封於營丘，比及五世，皆反葬於周。注：太公受封留，爲太師，死葬於周。子孫不忍離也，五世之後，乃葬於齊。齊曰營丘。君子曰：「樂樂其所自生，禮不忘其本。」古之人有言曰：「狐死正丘首，仁也。」注：正丘首，正首丘也。仁，恩也。疏：狐死所以正首而嚮丘者，丘是狐窟穴根本之處。雖狼狽而死，意猶嚮此丘，是有仁恩之心也。今五世反葬，亦仁恩之心者也。

《晉陽秋》：譙周泰始六年卒，詔賜朝服一具，衣一襲，錢十五萬。周息熙上言，周臨終屬熙曰：「若國恩賜朝服衣物者，勿以加身，當還舊墓。道險行難，豫作輕棺，殯斂已畢，上還所賜。」詔還衣服，給棺直。

大中五年，兖州瑕丘縣人鄭神佐女，年二十四。先適馳雄牙官李玄慶，神佐亦爲官健，戍慶州。時黨項叛，神佐戰死。其母先亡，無子女，以父戰没邊城，無由得還，乃翦髮壞形，自往慶州，護父喪還。至瑕丘縣進賢鄉馬青邨與母合葬。便廬於墳所，手植柏檜。節度使蕭淑以狀奏之曰：「伏以閭里之中，罕知禮教。女子之性，尤昧義方。鄭氏女痛結窮泉，哀深陟岵，投身沙磧，歸父遺骸，遠自邊陲，得還閭里。克彰孝理之仁，足厲貞方之節。」詔旌表門閭。

凡出外或遊或仕而卒者，自初終至哭奠儀節，皆如前。詳見喪禮。制喪具。入棺後，即作銘旌、大轝、竹格、功布，其餘明器等物，至家始備。告啓期。擇定行期，預告親友。

啓行前一日，因朝奠以遷柩告。

儀節：就位，有親者主喪，則服其服入就位。無，則僚友主之。祝盥洗，帨巾，焚香，斟酒，跪告辭曰：「今擇以來日遷柩就轝，將還故鄉。敢告。」俯伏，興，平身，復位。點茶，鞠躬拜。凡二。興，平身，禮畢。

厥明，因朝奠以遷柩就轝。

儀節：是日清晨，役夫納轝於庭。就位。各具其服。祝盥洗，帨巾，焚香，斟酒，跪告辭曰：「今日遷柩就轝。敢告。」俯伏，興，平身。點茶，鞠躬拜。凡二。興，平身，徹靈座，遷柩就轝。施扃加楔，令極牢固。主人從柩哭。

發引。男左女右，隨柩後行。若陸行，則途次。遇時上食，行朝夕奠。如行舟，則設靈座銘旌，朝夕上食哭奠。儀節並同上食。

迎柩。未至家前一日，預遣人報知在家者，急於去家十里便處，設幄具奠以待。至日，五服之人，各服其服，至幄次哭。

儀節：有服者，以服爲次序。就位，舉哀，祝盥洗，帨巾，焚香，斟酒，跪告辭曰：「今靈輀遠歸，將至家，親屬來迎。敢告。」俯伏，興，平身，點茶，鞠躬拜，凡四。興，平身。

主人以下男女步哭，隨柩後行。

柩至家。

凡死者乃長子，或尊屬，則由中門而入，安柩于中堂。餘由便門而入，各安于所居。若家在郭內，有門禁，禁不許入者，則設次于郭外便安之處。置靈座于柩前，設奠。

儀節：就位，有服者，各服其服入。祝盥洗，帨巾，焚香，斟酒，跪告辭曰：「靈輀遠歸至家。敢告。」俯伏，興，平身。點茶，舉哀，鞠躬拜。凡四。興。

相吊。卑者皆向尊者前，相向跪哭，如成服之儀。受吊。如奔喪儀。自後朝夕哭奠，治葬、發引、虞祔各節，俱如常儀。

客葬

《檀弓》：延陵季子適齊，於其反也，其長子死，葬於嬴、博之間。注：季子名札。季子讓國居於延陵，因號焉。嬴、博，齊地。孔子曰：「延陵季子，吴之習於禮者也。」往而觀其葬焉。注：往吊之。其坎深不至於泉，其斂以時服。既葬而封，廣輪揜坎，其高可隱也。注：示節也。輪，從也。隱，據也。封，可手據，謂高四尺所。既封，左袒，右還其封且號者三。曰骨肉歸復于土命也，若魂氣則無不之也，而遂行。孔子曰：「延陵季子之於禮也，其合矣乎！」

案：季子其時，奉君命出使，而有私喪，不敢將其尸柩以歸，只得葬於齊地。坎深不至於泉，則不至於太深。斂以時服，則不至於太厚。廣輪揜坎，則不至於太大。其高可隱，則不至於太高。左爲陽，故袒之以變吉。右爲陰，故還焉以示凶。骨肉爲陰，則降而聚，故言復歸於土。命謂造化流行生死萬物者，人之骨肉，資坤而成。既生之後，漸漸長大，及其死也，歸而藏焉，復反於土。漸漸朽腐，與土爲一，此造化流行之命使然，故云命也。若其魂氣資乾而始，死則游散混於天氣之中，無所不之也。父子一體，死者葬齊，生者還吴，兩相離訣，永不親近，深可愍傷。然其魂氣無所不之，父子一氣能相感通。父在吴，則子之魂氣亦在於吴，實不疏遠也。聊以自寬慰耳。「號者三」八字爲一句，謂圍繞其封邱以行而且號哭也。三是記其圍繞之匝數，非計其號哭之聲數也。足行、口哭二事兼并，圍繞之行既止，而後號哭之聲亦止。非謂但哭三聲者也。

《張霸傳》：霸蜀郡成都人也，爲會稽太守。後被徵，四遷爲侍中，卒年七十。遺詔諸子曰：「昔延陵使齊，子死嬴博，因坎路側遂以葬焉。今蜀道阻遠，不宜歸塋，可止此葬，足藏齒髮而已。務遵速朽，副我本心。人生一代，但當畏敬於人。若不善加己，直爲受之。」諸子承命，葬於河南梁縣，因遂家焉。

謝承《後漢書》：崔瑗爲濟北相，光禄大夫杜喬爲八使，徇行郡國，以贓奏瑗。徵詣廷尉，瑗上書自訟，得理出。會病卒，臨終顧命子實曰：「夫稟天地之氣以生，及其終也，歸精於天，還骨於地。何地不可藏形骸？勿歸鄉里。」實奉遺命，遂留葬洛。

《舊唐書》：白居易遺命不歸下邽，可葬於香山，如滿師塔之側。家人奉命而葬焉。

安金藏神龍初喪母，寓葬於都南闕口之北，廬於墓側，躬造石墳、石塔，晝夜不息。原上舊無水，忽有湧泉自出。又有李樹盛冬開花，犬鹿相狎。本道使盧懷慎上聞，敕旌表其門。

改葬

案：《明會典》：凡有改葬者，必具事聞官，俟允乃行之。卜宅，將改葬者，吉服卜宅兆，其餘如葬卜宅兆之儀。已擇地可葬者，治棺，制服，設衾斂、制大轝、竹格、功布、幃幕，皆如始葬之儀。

案：《葬書》云：一，家無故自陷；二，家上草木枯死；三，家有淫亂風聲；四，男女忤逆顛狂，竊盜刑傷；五，人口、六畜死絶，田蠶、家産耗散，官事不息。有此五者，方當議改。

案：《風水類記》云：開見三瑞者，勿改。一見生龍蛇氣物，二見紫藤交繞棺木，三見水珠泡色如乳温，或有氣如露，穴中乾燥，而無水蟻。此並吉也。

案：改葬并服製。《儀禮》云：改葬緦。鄭康成云：「謂墳墓以他故崩壞，將亡失柩者也。親見尸柩，不可以無服。」《穀梁傳》云：「改葬之禮，緦，舉下緬也。」注云：緬，猶遠也。下謂服之最輕者也，以其遠，故其輕也。韓文公改葬者，山崩水湧毀其墓。故葬而禮不備者，若文王之葬王季，以水齧其墓。魯隱公之葬惠公，以有宋師太子少葬，故有闕之類是也。王草堂云：改葬，係不得已，原爲先靈起見。世有貪謀風水，希圖自利，不顧遺魄不安，輕于遷改者，不孝之罪莫逭矣。然其服，子思則云：「父母改葬，緦而除。」謂改葬時，當服緦麻六百縷之服。葬畢即除，非服緦麻三月之服者也。

案：《政和禮》改葬：將改葬，先於墓所，隨地之宜，張白布帷幕，南向開户。其日内外諸親皆至墓所，各就便次。主人以下，及妻妾子女，俱緦麻服。周親以下，素服。丈夫於墓東，西向。婦人於墓西，東向。皆北上。婦人障以行帷，俱立哭盡哀，卑者再拜。祝立於羡道南，北向。内外哭止，祝三聲噫嘻，啓以改葬之故，内外又哭盡哀，權就別所。掌事者開壙訖，内外又就位哭如初。掌事者設席於墓下，舉柩出，置於席上。内外俱隨哭，於墓所分東西位，如常儀。祝以功布拭棺。掌饌者設饌於柩南。主人盥手，以琖跪奠酒，再拜訖，少頃，徹奠，進柩車於帷門外，南向。升柩於車，遂詣幕所，内外俱哭。掌事者先設床於幕下，有枕席，周設帷。柩車至帷門外，丈夫柩東，婦人柩西，俱立哭。掌事者舉柩入，設床，柩東舉尸出，置於床，南首，遂斂如大斂之儀。乃設靈座於吉帷内幕下西廂，東向。乃葬，將引柩，告曰：「以今吉辰，用即宅兆。」不設祖奠，無反哭，無方相魌頭，餘如常葬之儀。既葬，就吉帷靈座前一虞。虞如常儀。其祝辭云：「維年月朔日辰，孝子某敢昭告于考某官封謚改遷幽宅。禮畢終虞。夙夜匪寧，啼號罔極。敬以清酌庶羞，祇薦虞事。尚饗。」既虞，主人以下出就別所，釋緦服及素服而還。掌饌者徹饌及徹靈座。

前期一日告于祠堂。或未有祠堂，宜寢室設告。

儀節：序立，男左女右。啓櫝出牌主。出所當遷葬之牌主。參神。衆拜，凡四。興，平身，降神。盥洗。主人詣香案前，跪，上香，酹酒。盡傾于茅沙上。俯伏，興，拜。凡二。興，平身，主人斟酒，主婦點茶，鞠躬拜。二人並拜，凡二。興，平身，主婦復位。主人不動。跪。主人以下皆跪。告辭曰：「今以某考或妣，體魄托非其地，恐有意外之患，驚動先靈，不勝憂懼。將卜以是月某日，改葬於某所。敢告。」俯伏，興，平身，鞠躬拜。凡二。興，平身，復位。辭神，鞠躬拜。凡四。興，平身，納牌主，禮畢。

擇日開塋域，祠土地。遂穿壙作灰隔，皆如始葬之儀。

祠土地儀節：行禮者，以主人主之。告者吉服入。就位，鞠躬拜，凡二。興，平身，盥洗，詣神位前，跪，上香，斟酒，酹酒，取盞傾少許於神位之前。獻酒。復斟酒，置於神位前。俯伏，興。少退立。讀祝。跪讀之左。復位，鞠躬拜。凡二。興，平身，焚祝文。禮畢。

祝文

維年歲次干支幾月干支朔越幾日干支，府縣社某官姓名敢昭告于土地尊神曰：「今爲某親某官姓名，宅兆不利，將改葬於此，神其保佑，俾無後艱。敬用菲儀，仰祈照鑒。尚饗。」

至日，於舊墓祠土地。儀節如前。曰：「茲有某親某官，卜宅茲地，恐有他患，將啓窆遷於他所。敬以菲儀，祇薦於神，神其佑之。尚饗。」

執事者於舊墓所張白布幕開户向南，布席其下。爲男女位次。

厥明，內外諸親皆至，各就次。主人兄弟服緦麻服，餘皆素服。男子于墓東，西向。婦人于墓西，東向。俱以北爲上。爲位哭盡哀。

告啓墓用卓子設酒注酒盞及蔬果飯食。

儀節：序立，舉哀。哀止，鞠躬拜。凡二。興，平身，詣墓道前跪，焚香，酹酒，奠酒，俯伏，興，拜。凡二。興，平身，復位。祝噫嘻三聲。祝告辭曰：「某官某人，葬於茲地。歲月滋久，體魄不寧。今將改葬，伏惟尊靈，不震不驚。敢告。」舉哀，鞠躬拜，凡二。興，平身。哀止，禮畢。役者開墳訖，舉棺置於幕下席上。侍下洗手，舁尸置於斂床，安于布絞上，用净絲綿裹之。結絞先結直者，後結横者。乃入棺，子孫婦女共舉尸置棺中。收其衾之垂裔者，蓋棺仍覆以衾。舉哀。主人主婦憑哭，盡哀。徹去舊奠。

遷柩就轝。祝跪告辭曰：「今請遷柩就轝。敢告。」乃設奠，如常儀。

儀節：就位，舉哀，祝盥洗，焚香，斟酒，奠酒，跪告辭曰：「靈輀既載，往即新宅。敢告。」俯伏，興，平身。點茶，鞠躬拜。凡二。興，平身。

發引。上加竹格。男女哭隨，如始喪發引之儀。未至，執事者先設靈幄、靈座，在墓道西，南向，有椅卓。前置香案。爲男女位次。柩至，執事者先布席于壙前，南向。柩至脱載，置席上，北首。主人男女各就位哭。男東女西，相向而哭。

乃窆

儀節：横杠，執事者先用木横杠灰隔之上。主人輟哭，下棺加灰隔，實以土。

祠土地於墓左。儀節如前。

祝文

曰：「今爲某官，建兹宅兆，神其佑之，俾無後艱。敬用菲儀，仰祈鑒止，萬載佳城，榮昌奕世。伏惟尚饗。」

既葬畢，就幕所靈座前，行虞祭。

儀節：序立，舉哀。哀止，降神，盥洗，帨巾，詣香案前跪。上香，酹酒，俯伏，興，拜凡二。興，平身，復位，進饌。初獻禮，跪祭酒，奠酒，皆跪，讀祝，俯伏，興，鞠躬拜。凡二。舉哀，哀止。興，平身。復位。亞獻禮，跪祭酒，奠酒，俯伏，興，拜，凡二。興平身。終獻禮，跪祭酒，奠酒，俯伏，興，拜，凡二。興平身，侑食點茶，辭神，鞠躬拜，凡四。興，平身，焚祝文。禮畢。

維年歲次干支幾月干支朔越幾日干支，某親某敢昭告于某親某官府君前曰：「新改幽宅，禮畢終虞，夙夜靡寧，啼號罔極。敬用菲儀，祇薦虞事。尚饗。」

祭畢，徹靈座。主人以下出就別所，釋緦麻服，素服而還。

復告於祠堂

儀節：如前。告辭曰：「嗣孫某，今以某親某官，體魄托非其地。已於今月某日，改葬於某所。事畢，敢告。」餘如前。

速葬

案：《喪服小記》云：報葬者，亦報虞。三月而後卒哭。報，謂爲赴，急疾之義，謂家貧或以他故，不待三月而葬者。既疾葬，亦疾虞。虞以安神，不可緩也。虞而卒哭，自有日數之哀殺，故。《開元禮》於卒哭之禮，必俟三月耳。

遲葬

案：《喪服小記》云：三年而後葬者，必再祭。其祭之間，不同時而除喪。言孝子以事故不得及時治葬，中間練祥時月，以尸柩尚存，不可除服。令葬畢必舉練祥兩祭，但此二祭仍作二次舉行，不可同在一時。如此月練祭，則男子除首絰，婦人除腰絰。次月祥祭，乃除喪服也。

衣冠葬

案：堪《書陶孝子傳》：常州城陷，民陶某父爲賊驅去。及官軍復城，父亡不知其所。某於寓近營冢壙，葬父冠裳，旦墓哭臨。

案：《西園聞見録》，楊敬歸德衛人，父昱洪武間陣亡，敬方十歲，聞訃，即哭踊。每思求父遺骸，不果，乃取衣冠，葬於先塋之次。事母文氏極孝。敬聞戰陣事，輒流涕不已。時人以至孝稱之。母卒，哀毁踰禮。方斂在堂，鄰不戒火，將及柩，敬仰天大哭，俄反風息火。鄉里異之。受旌。而其子愍舉人，仕至知州。

案：顧謝《孝子傳》：孝子名廣。父忠，出賈梁宋，聞神仙遐舉事，志竊慕之，遂遊名山不歸。廣屢年尋覓，竟不可得。迨母氏以天年終，乃具父衣冠，招魂以窆焉。哀慕之心，至老不替。

變禮

案：《雜記》：大功之末，可以冠子，可以嫁子。父小功之末，可以冠子，可以嫁子，可以取婦。己雖小功，既卒哭，可以冠、取妻。下殤之小功，則不可。注：此謂可用吉禮之時，父大功卒哭而可以冠子嫁子，小功卒哭而可以取婦。己大功卒哭而可以冠子，小功卒哭而可以取妻。必偕祭乃行也。下殤小功齊衰之親除喪而後可爲昏禮。凡冠者，其時當冠，則因喪而冠之者也。

案：陸佃曰：父小功之末，謂小功服之在父行者。若從祖父母、從姊妹，從祖父祖母、從祖祖姑是也。大功之末在卑行者，若孫及從父兄弟，從父姊妹，兄弟之子婦是也。己雖小功，既卒哭可以冠取妻，言主冠取者，雖在可以主之域，然其冠取者若小功未卒哭，亦不可也。

案：禮以喪冠者，雖三年之喪可也。既冠於次，入哭踊（三）者三，乃出。注：言雖者，明齊衰以下皆可以喪冠也。始遭喪以其冠月，則喪服因冠矣。非其冠月，待變除卒哭而冠次廬也。

案：曾子問曰：「將冠子。冠者至，揖讓而入，聞齊衰大功之喪，如之何？」孔子曰：「內喪則廢，外喪則冠而不醴，徹饌而掃，即位而哭。如冠者未至則廢。如將冠子而未及期日，而有齊衰大功小功之喪，則因喪服而冠。」注：冠者，謂賓及贊者。內喪，同門也。不醴，不醴子也。廢吉禮而因喪冠，俱成人之服也。又「除喪不改冠乎？」孔子曰：「天子賜諸侯大夫冕弁服於大廟。歸設奠，服賜服，於斯乎有冠醮無冠醴。父没而冠，則已冠掃地而祭於禰，已祭而見伯父叔父，而後饗冠者。」注：酒爲醮。冠禮醴重而醮輕。此服賜服酌用酒，尊賜也。不醴，明不爲改冠，改冠當醴之。饗，謂醴之也。

案：曾子問曰：「女未見廟而死，則如之何？」孔子曰：「不遷於祖，不祔於皇姑，婿不杖不菲。」菲，草屨也。「不次。」次，哀次也。「歸葬于女氏之黨，示未成婦也。」孔子曰：「女在途，而女之父母死，則女返。」注：今既在途，則非在室矣，則止用奔喪之禮，而爲父母服期。

案：曾子問曰：「親迎，女在途，而婿之父母死。如之何？」孔子曰：「女改服布深衣縞總以趍喪。」恐亦有礙。《開元禮》除服之後，束帶相見，不行初昏之禮。趍喪後，事皆不言之，何也？曰：趍喪之後，男居外次，女居内次，自不相見。除喪之後，束帶相見，於是始入御。開元之制，必有所據矣。又案曾子問：「取女有吉日而女死，如之何？」孔子曰：「婿齊衰而弔，既葬而除之。夫死亦如之。」服用斬衰，恐今亦難行也。曰：「未見難行處，但人自不肯行。」

案：親迎，男女遭喪之禮，曾子問之詳矣。今有男就成於女家，久而未歸。若婿之父母死，女之奔喪如之何？若女之父母死，其女之制服如之何？曰：「此原頭不是，且做在途之禮行之可也。然既嫁，則服自當降，既除而歸夫家耳。」

案：曾子問：「昏禮既納幣，有吉日，女之父母死，則如之何？」注：吉日，取女之吉日。孔子曰：「婿使人弔。如婿之父母死，則女之家亦使人弔。」如未有吉日，而獨不當弔乎？曰：（曰）恐〔無〕不弔之理。

辨疑

案：禮，喪主奉祀，與諸書書札名字，全在嫡妻之子。設或嫡妻早往無子，則繼室之子，雖幼小也，不得易。庶子雖老長，且又富貴榮顯，不容苟冒。黄氏端節曰：《家禮》以宗法爲主，所謂非嫡長子，不敢祭其父。皆此意也。至於冠昏喪祭，莫不宗法行其間云。又案藍田吕氏曰：「凡祭，皆宗子主之，謂父之嫡妻長子也主父之祭。顯祖之世，長孫主祖之祭。若無嫡子，則次主之。」朱子曰：「宗子只得立嫡，雖庶屬長子立弗得。若嫡子死無人，則嫡親弟亦是庶嫡也，是庶子不得立也。如無嫡子孫，則繼室之子，繼室又無，乃立庶子。亦必該母次第而來，無致混亂。」由此觀之，則主喪奉祀，全在嫡子無疑矣。

案：《辨定》：喪主主奠，謂死者之嫡子也。無則嫡孫承重專奉饋奠，衆子雖尊弗主。答親友柬書，承重孫姓名泣血稽顙。

案：禮，古人繼嗣。凡無子者，許令同宗昭穆相當之姪承繼先儘同父周親，次及大功、小功、緦麻。如無方許擇立遠房及同姓爲嗣。若立嗣之後，却生親子，其家産並許與立均分，並不許乞異姓爲嗣。立同姓者，亦不得尊卑失序，以亂宗族。

案：張栻曰：原民之生與萬物並於天地之間，父天而母地，本一而已，而於其身，莫不有父母之親，兄弟之愛，以至於宗支之屬。釐分縷析，血脉貫通，分雖殊而本實一。此性之所具，而天之所爲也。聖人有作，立姓以別其系，嚴宗以敬其承，亦因夫性之自然，理之所不可易者而已。苟惟强離其所系，而合於其所不可合，是豈性也哉？是故神不歆非祀，而民不祀非族，以此防民。而春秋之世，猶有身諸侯而立異姓，以涖祭祀，如鄫子之爲者。聖人書之曰：「莒人滅鄫。」謂其先無血食之理也，豈不深切著明哉？

或問：「高祖生曾祖兄弟兩房。長房生二子，長曰甲次曰乙。第二房生三子，長曰丑，次曰寅，季曰卯。三子俱未嗣，將何如？」曰：「以長房次子乙繼之。」曰：「繼其長耳，寅卯兩子何繼乎？」曰：「以本房分次第，應繼者繼之。」「長房之長子甲，老又未嗣，而次子乙已繼許次房祖久矣。將何如？」曰：「以乙之長子丙復繼之。」曰：「乙之子丙，雖長出於庶，丁雖少出於嫡。又何如？」曰：「禮廟薦嫡婦點茶。即此觀之，以嫡繼嫡，復何疑乎？庶子雖長，不與明矣。」

或問：「祖父生孟仲季三房，孟與季俱無嗣。仲房生三子，長曰甲係庶出。數月庶氏亡，孟之妻乳育成長。次曰乙，係嫡出。少曰丙，係繼室所生，已出繼季房。不兩年而仲房又卒，後祖父母終，其承重主喪奉祀，應屬何人？」答曰：「仲房第二子乙也。」客曰：「不有長子甲耶？且又孟之妻乳育成長，以乙承重，斷無是理。」答曰：「禮有嫡而後有庶。若使庶反勝正嫡，是日月更迭而虧矣。況禮祠堂祭祀，係嫡孫主鬯，嫡婦點茶。雖伯叔老長，尤歸此兩人。不特此也，謂之庶并不入祠堂配祀。以此觀之，仲之子乙承重主喪奉祀決矣。此庶子雖居長，爲孟之妻乳育成長，亦不得而僭焉。」

或問：「祖父母生父叔兩人。父爲嫡子，叔則庶出。嫡祖母與父皆先卒，庶祖母後卒，嫡孫有承重否？」曰：「古者庶母有子，則嫡子與衆子義服緦麻。今制齊衰杖期，禮固詳矣。若嫡孫承重，則未有此議，但各公處此斟酌緦麻。至如柬帖，則左邊先書嫡氏孫某拜，更不言服式。次右邊書孤哀子某泣血稽顙。未詳當否，姑此書之，以俟後酌。」

或問：「祖父娶祖母，生父叔三人。祖母先卒，繼娶祖母生三子，父叔兄弟該六人。父居長，先卒，祖父又終，長子之子承重固矣。衆子柬帖當如何寫？」答曰：「孤子某等承重孫某泣血稽顙是也。」客曰：「若斯寫孤子，則忘前祖母，寫孤哀，則又失繼祖母矣。彼此不安，似屬兩難。不若寫承重一行，孤哀一行，孤子又一行等泣血稽顙爲妙。」答曰：「諺云躐過床頭父母恩，繼母即母也，斷不可寫孤哀。縱寫，亦前母一族可已。此情交盡，理亦宜然。」

或問：「繼母死，《家禮》載齊衰三年，當矣。若繼母又死，父仍再娶，年紀少於元昏長子，或三年五年十年，數數有之。至是繼母又死，元昏長子壽高數載，亦齊衰乎？」曰：「泣血稽顙，執杖主喪，孝至三載，與生母同。安得不齊衰乎？且父娶繼母雖一至十，無論有生無生，皆母面也。若以長子壽高，而妻之弟姪即弟姪，知禮亦以天倫爲重，而敢故違《家禮》乎？」曰：「老弱如何任事？」曰：「若果老弱，則於當事時躬行上香，白之於靈前。乃着其長孫代行之。長孫少小，然後率其弟任之。此不惟無違於禮，正所以事死父於猶生者也敬之。」

或問：「嫡妻無子，第二妾與第三妾俱有子。適值第三妾死，喪柬當何書之，以別有嫡與第二妾俱在？」答曰：「禮，大夫爲妾服緦麻。然而大夫降服止緦麻，士庶不降，小功可知也。眷功服弟姓名，期衰晚生姓名收淚頓首，期衰哀子姓名泣血稽顙。」或問：「嫡母在，庶母先死。嫡庶之子，柬書何如？」答曰：「長幼有所異。如嫡母長子，書期衰生姓名收淚拜，率弟姓名泣血稽顙。」或問：「嫡母無所出。生母庶母也，行卒柬札當何以書？」答曰：「某不孝，罪逆深重，不自殞滅，禍延副妣，奄忽告殂，叩地呼天，靡所逮及。致此北堂垂白，左右罔周。過蒙尊慈俯賜厚襚，存歿均感，敬復以書。」

或問：「母子客居，並無親戚。不幸子喪，鄰舍以街坊故，或送襚儀。喪柬當何以書？」答曰：「應屬母氏，其柬書云：氏弗德，禍延孤頑，骨肉頓割，甚爲不堪。過蒙尊慈俯賜厚襚，存歿戴德。侑謝未遑，敬書以復。仰祈鑒諒，不勝哀感。某門反服箕帚婦某氏收淚襝衽拜。」

或問：「長子遠行，衆子在家。父母終，其能主喪葬否？」答曰：「衆子亦孝子也。衆子不主，將屬何人，以裹其事哉？但奉魂帛與出葬捧主行禮幾款。還歸長子之子，如長子之子幼，則以衆子之長子代之。柬書俱主長子，不可以遠行而忽之。」

或問：「高祖至本身五代孫也，世遠服竭。不幸而祖終，其主喪與服色何以行之？」曰：「宗孫承重。又以宗孫所稱至尊輩者服期服，循序而下，或功或緦，儀禮一如近祖。期衰承重之服，期月而止，稱大祥矣。」曰：「柬書承重，仍孫姓名，收淚稽首拜。」

或問：「妾母之稱何如？」曰：「恐也只得稱母，他無可稱。在經只得稱妾母，不然無以别於他母也。」又問：「吊人妾母之死，合稱云何？」曰：「恐也只得其子平日所稱而稱之。或曰五峰稱妾母爲少母，南軒亦然。案《爾雅》亦有少姑之文，五峰想是本此。」

附喪論

案：曾子問曰：「並有喪，如之何？何先何後？」子曰：「喪先輕後重。並有父母喪者，則先葬母。其奠也，虞也，先重而後輕，先父後母，禮也。」《喪小記》云：父母之喪，偕同時也，先葬者不虞祔，是先葬母不爲母設虞祔也。葬母之明日，即治父葬，待虞祔畢，然後爲母虞祔也。其喪服從父服也。蓋葬祭有先後，然後禮舉而神享焉。今人葬祭同在一時者，而母喪用桐杖之制廢矣。

或問「居重喪遇重」。言父喪未盡，而遭母喪，則當除父喪之時如大祥當除服也。自服除喪之服，以行大祥之禮畢，即服母喪之服。若母喪未葬，而值父之二祥，則不得以服祥服也。居母喪遭父喪亦然。

或問「居重喪遇輕喪」。言父母之喪未除，而遭兄弟之喪，雖緦麻之輕，亦當往哭。成服日制其服而哭之，月朔設位于别室，服其〔服〕而哭之。既畢反重服，其除之也，亦服輕服。若除重喪而輕服未除者，則服輕服以終其餘日。又如父母之喪未葬，聞兄弟之喪，在遠者亦於他室哭之。至明日之朝，着己本喪之服，入殯宫行奠禮畢，即出脱己本喪之服，着新死者未成服之服，而即昨日他室所哭之位哭之。既畢反重服。餘成服制服、月朔設位並同。

或問「居輕喪遇輕喪」。如居妻子之喪，而遇兄弟之喪。雖緦麻之喪，亦可往吊。餘以此類推。

案：李敬子云：「居喪欲嚴内外之限，奠殯於廳上，庶幾内外不相通。」周舜繖云：「終喪不入妻室，雖漢之武夫亦能。吾稍知義理當不待防閑之嚴而自不忍爲矣。」曰：敬子説是古人殯於西階之上，設椅廬於庭中，皆在中門之外者也。

案：敬子云：「以爲主喪者，既葬當居家。蓋神已歸家，則家爲重。若念不能忘，却令弟輩宿墓，時一展省可也。」程子先生論古人直是誠寔處最可觀也。又質之於舜繖云：廬墓一節，雖不合古人之制，而孝子不忍死其親，戀守松楸，盡禮難矣。如黔婁、張稷、何鑑罕有矣。某既聞此二説，不欲更遂初志。日則即在家間中門外别室，更常令二三弟居宿墳庵。某時時展省，未知可否？曰：「墳土未乾，時時展省，何害於事？若立廬墳，情禮兩可。」

違禮，居喪釋服。

《曲禮》：席蓋重素不入公門，苞屨扱衽厭冠不入公門。

案：席蓋者，喪車蓋也。重素，衣裳皆素，遭喪之服也。苞屨，藨蒯之草，所爲齊衰屨也。扱衽者，親始殂，則扱上衽也。厭伏者，喪冠，厭帖無梁，此五服喪所着也。

《律文》：期親尊長喪，喪制未終，釋服從吉，杖一百。大功以下，尊長各遞減二等，卑幼各減一等。

案：《疏議》云：「期親尊長，謂祖父母，曾高父母，亦同伯叔父母姑，兄姊夫之父母，妾爲女君。喪制未終，謂未踰期月。釋服從吉，杖一百。大功尊長，未踰九月，釋服從吉，杖八十。小功尊長，未踰五月，釋服從吉，杖六十。緦麻尊長，未踰三月，釋服從吉，笞四十。其於卑幼釋服從吉，各減當色尊長一等。出降者，謂姑姊妹本服期，出嫁九月，若於九月内釋服從吉者，罪同期親尊長科之。其服數止準大功之月，餘親出降準此。若有殤降爲七月之類，亦準所降之月，爲服數之限，罪依本服科之。其妻既非尊長，又殊卑幼，在《禮》及《詩》比爲兄弟，即是妻同於幼矣。

案：《詩》曰：「哀哀父母，生我劬勞。欲報之德，昊天罔極。」又古人云：「樹欲靜而風不寧，子欲養而親不在。」每一展誦之，輒不禁肝腸寸斷，淫淫雨泣也。乃彼之人，當親在堂，不知承歡孝養。或聽枕畔之言，或乖兄弟之好，或子富而親貧，或親懦而子逆。以致淒凉遲暮，飲泣衰年。及一旦遘親之變，又不知哀痛徬徨，居喪盡禮。或泛營齊事，或厚款親賓，惟務華盛爲榮施，但以酒食相徵逐。此固從前陋規，當致慨於有道者也。然昔之人哀毁雖不足於内，容服猶致飾於外，故出入必衰麻在身，慶賀必杜門不往，尚存餼羊之意，曾未嘗以麤鄙爲醜也。乃今則大異焉。服飾喬妝，嘻笑自若，噫，竟不思此身何自而來，今親殂之謂何而淪胥以溺至於此也？亦嘗怪而叩之，則解曰：今則類然也。竊觀國朝稽古定制，及明清律文喪服諸條，煌煌典制，何嘗不教人以孝，而禁人持服耶？不惟不禁，而且違犯者得大罪。奈何彼之居喪者，服用絹絲，黑青玄色，無日不釋服，無日不從吉，而且無筵宴不參預耶？又期功緦麻之戚，非其伯叔則其昆姪，非其妻子則其懿親。今自初喪以後，一概置而不持，白衣素巾猶昔，逍遥城市。遂使識者咨嗟嘆息，逝者飲恨黄泉，豈不悲哉？蓋總緣孝衰於父母，因而菲薄於衆親，第恐相觀而化習以成俗，久之而世風頹敗，綱常滅絶。伊誰之責歟？我愬世人，趁父母康健之時，思古人愛日之誠，承顔順志，力行孝道。富貴則累裀列鼎，貧賤則菽水承歡。萬一親遭不幸，不敢導彼寢苫枕塊，泣血三年，且止勉彼白衣素巾，挨熬歲月。從來行孝之家，墓産芝蘭，樹生連理，子孫賢善，奕世簪紳。其不能者，不有人非，必有鬼責。清夜思之，寧不愧耶？伏祈仁人孝子，達禮高賢，念罔極之深恩，感風木之餘恫，遵律文之制典，輓晚世之頹波，互相勸勉，持服報親。世道幸甚，人心幸甚。

四孤論

案：《通典》：或爲《四孤論》曰：遇兵飢荒有賣子者，有棄溝壑者，有生而父母亡，無緦麻親，其死必也。有俗人，以五月生子，妨忌之不舉者。有家無兒，收養教訓成人，或語汝非此家兒。禮，異姓不爲後，於是便欲還本姓，爲可然不？博士田瓊議曰：「雖異姓不相爲後，禮也。」《家（禮）〔語〕》曰：『絶嗣而後他人，於理爲非。』今此四孤，非故廢其家祀。既是必死之人，他人收以養活，且褒姒長養於褒，便無常也。其家若絶嗣，可四時祀之於左右邊，或特立宫别祭父母也。有子可以爲後，所謂神不歆非類也。」大理王朗議曰：「收捐拾棄，不避寒暑，且救垂絶之氣，而肉必死之骨，可謂仁過天地，恩踰父母者也。吾以田議是矣。」王脩議曰：「當須分别此兒有識未有識耳。有識以往，自知所生，雖創更生之命，受育養之慈，枯骨復肉，亡魂更存，當以生活之恩報公嫗，不得出所生而背恩情。報生以死，報施以力，古之道也。」軍謀達叔議曰：「此四孤者，非其父母不生，非遇公嫗不濟。既生既育，由於二家，棄本背恩，實之未可。子者父母之遺體，乳哺成人，公嫗之厚恩也。棄絶天性之道，而戴他族，不爲逆乎？鄭伯惡姜氏，誓而絶之，君子以爲不孝。及其復爲母子，《傳》以爲善。今宜謂子竭其筋力，報於公嫗育養之澤。若終，爲報父在爲母之服，别立宫宇而祭之，畢己之年也。《詩》云：『父兮生我，母兮鞠我。』今四子服報如母，不亦宜乎？愛敬哀戚，報恩備矣。」崔凱《喪制駁》曰：「以爲宜服齊衰周，方之繼父同居者。」司徒廣陵陳矯，字季弼，本劉氏養於陳氏。及其薨，劉氏弟子疑所服，以問王肅。答曰：「昔陳司徒喪母，諸儒陳其子無服，甚失理矣。爲外祖父母小功，此以異姓而有服者。豈不以母之所生，反重於父之所生，不亦左乎？爲人後者，其婦爲舅姑大功。婦，他人也，猶爲夫故，父母降一等。祖至親也，而可以無服乎？推婦降一等，則子孫宜依本親而降一等。」宋庾蔚之曰：「四孤之父母，是事碍不存養子，豈不欲子之活？推父母之情，豈不欲與人爲後而苟使其子不存耶？如此則與父命後人亦何異？既爲人後，何不戴其姓？神不歆享非類，蓋舍己族，而取他族爲後。若己族無所取後而養他子者，生得養己之老，死得奉其先祀。神有靈化，豈不加其功乎？唯所養之父自有後，而本親無嗣者，便當還其本宗，奉其宗祀。服所養父母，依繼父齊衰周。若二家俱無後，則宜停所養家，依爲人後服其本親例，降一等。有子以後，其父未有後之間，别立室以祭祀是也。」

釋道制服

案：《金史》：唐制開元二年，勅道士女冠伽尼不拜二親。是爲子而忘其生，傲親而徇於末。自今以後，並聽拜父母，其有喪紀輕重及尊屬者，禮數一準常儀。

案：二氏之徒，自以出家離俗，不爲親屬制服，彼其本教固然也。而使之行服，雖非二氏之本教，其於敦厚人倫，化導異類，固甚盛心也。第不知唐之世，曾以此條載之於律。觀開元特頒此詔，則律文不載可知矣。至明之定律，以此條入之，豈不尤爲度越前王哉？有司教之責者，弗徒以虚文視之，而違者一繩以法罪之，庶幾扶翼世教之一端云耳。

喪期

案：乾學云：讀禮始喪期何也？曰：古民質，無有喪期。後代聖人因天地萬物有終始而爲之制，其説以期爲斷。父至尊，母至親，故加隆以盡孝子之恩，加之則倍，故再期也。《喪服小記》云：「再期之喪，三年也。期之喪，二年也。九月七月之喪，三時也。五月之喪，二時也。三月之喪，一時也。」喪期盡於此矣。《三年問》云：「三年之喪，何也？」曰：「稱情而立文，因以飾群。」又曰：三年之喪，人道之至文者也，夫是謂之至隆。是故因貴賤親疏之節，而定爲再期、期年、九月、五月、三月之期。有再期、期年、九月、五月、三月之期，而制爲斬衰、齊衰、大功、小功、緦麻之服。古今不能損益，百王不能同異。聖人所以經緯萬端，皆從此始也。其統紀在三年之喪。三年之喪，達喪也，禮所自生也。親親之中，有尊尊長長之道焉。或引而近之，或推而遠之，以三爲五，以五爲九，上遡高祖，下迄玄孫，旁及三從兄弟，而後親親之道以畢。三年之喪其本根，餘則其枝葉也。然枝葉凋則本根苞矣。故三年之喪，不祭不吊人，不與人饋奠。而於輕服之親，必服其服而往。篤親厚終之誼，有不知其所以然者也。《詩》曰：「凡民有喪，匍匐救之。」孔子謂無服之喪，可以施四國畜萬邦。凡民之喪，尚欲賙恤，况於親乎？故治天下國家者，於喪紀也，必慎之重之。自戚以及疏，由本以及末，如網在綱，有條不紊。民之所由生，禮爲大。禮主於敬，不可忽也。子貢問喪，孔子曰：「敬爲上，哀次之。」王戎、阮籍之徒，非不哀也，而猖狂無忌憚，至爲名教罪人，則亦不敬而已矣。

斬衰三年

子爲父母。子之妻同。女在室并已許嫁者，及已嫁被出而反在室者同。

子爲繼母，爲慈母，爲養母。子之妻同。繼母，謂父之後妻也。慈母，謂妾子無母，父命他妾養之者。養母，謂自幼過房與人者，即爲人後者之所後母也。

庶子爲嫡母，爲所生母。庶子之妻同。

嫡孫爲祖，及高曾祖父母承重。嫡孫妻同。爲人後者承重同。

妻爲夫，妾爲家長同。

齊衰杖期

嫡子衆子爲庶母。嫡子衆子之妻同。庶母，謂父妾之有子者。如無子，不得以母稱矣。

子爲嫁母，謂親生母，父殁而改嫁者。

子爲出母，謂親生母，父在而被出者。

夫爲妻，父母在不杖。

嫡孫，祖在爲祖母承重。

父母爲嫡長子，及嫡長子之妻，及衆子，及女在室者，及爲子爲人後者。

祖爲嫡孫。

齊衰不杖期

繼母爲長子、衆子。

前夫之子從繼母改嫁與人，爲改嫁繼父。

姪爲伯叔父母，即父之親兄弟，及父親兄弟之妻，爲己之親兄弟，及親兄弟之子與女在室者。

孫爲祖父母，孫女雖適人不降，庶孫爲生祖母。慈母養母孫同。

爲人後者，爲本生父母。

女出嫁爲父母。

女在室，及雖適人而無夫與子者，爲其兄弟姊妹，及兄弟之子，兄弟之女在室者。

女適人，爲兄弟之爲父後者。

婦爲夫親兄弟之子，及女在室者。

妾爲家長之父母。

妾爲家長之正妻。

妾爲家長之長子，衆子，與其所生子。

爲同居繼父而兩無大功以上親者。

齊衰五月

案：《儀禮》所無，見於《舊唐書・儀禮志》：貞觀十四年，因修禮官奏事之次，言及喪服。帝曰：「喪禮有親重而服輕者，皆許奏聞。」於是侍中魏徵、禮部侍郎令狐德棻等奏：「曾祖父母，舊服齊衰三月者，今請加爲齊衰五月。」詔從之。

案：吕柟曰：夫五月者，小功之服也。何以不歸之小功？將爲尊者服也，不敢以卑者服服之耳，故稱齊衰，尊祖也。古無齊衰五月，爲曾祖父母者何？曰：尊祖也。何以齊衰五月也？曰：期嫌於祖則已重，齊衰三月嫌於高祖則已輕。齊衰五月，古者三月，非所以達曾孫之志也。曾孫女雖適人不降者何？明不可無祖也，祖而不可降也。曾孫適人，而遇服曾祖者，天下之難得也，惡乎而可降耳？

曾孫爲曾祖父母，女孫雖適人不降。

齊衰三月

玄孫爲高祖父母。

女孫雖適人不降。

爲繼父先同居今不同居，自來不曾同居者無服。

爲同居繼父而兩有大功以上親者。

大功九月

祖爲衆孫，及孫女在室者。

祖母爲嫡孫衆孫，及孫女在室者，生祖母爲庶孫。慈養祖母同。

父母爲衆子婦，及女之已嫁者。慈母養母爲其子婦同。

伯叔父母爲姪婦，及姪女已出嫁者。謂姪婦，兄弟子之妻也。謂姪女，兄弟之女也。

妻爲夫之祖父母。

妻爲夫之伯叔父母。

爲人後者爲其兄弟，及姑姊妹在室者。既爲人後，則於本生親屬服皆降一等。

夫爲人後，其妻爲夫本生父母。

爲己之同堂兄弟，及姊妹在室者，即伯叔父母之子女也。

爲姑及姊妹之已嫁者，姑即父之姊妹，姊妹即己之親姊妹也。

爲己兄弟之子爲人後者。

女出嫁爲本尊伯叔父母。

女出嫁爲兄弟，及兄弟之子。

女出嫁爲姑姊妹，及兄弟之女在室者。

小功五月

爲伯叔祖父母，謂祖之親兄弟也。

爲同堂伯叔父母，謂之祖堂兄弟也。

爲同堂姊妹之出嫁者。

爲再從兄弟，及再從姊妹在室者。

爲同堂兄弟之子及女在室者。

爲祖姑在室者，謂祖之親姊妹也。

爲堂姑之在室，謂父之同堂姊妹也。

爲兄弟之妻。

祖爲嫡孫之婦。

爲兄弟之孫，及兄弟之孫女在室者。

爲外祖父母，即母之父母。

爲母之兄弟姊妹。兄弟即舅，姊妹即姨。

爲姊妹之子，即外甥也。

婦爲夫兄弟之孫，即姪孫，及夫之兄弟之孫女在室者，即姪孫女也。

婦爲夫之姑，及夫之姊妹在室者，與出嫁同。

婦爲夫兄弟之妻。案此夫兄弟之妻，即娣姒也。長婦謂次婦曰娣，次婦謂長婦曰姒，俗所謂姆嬸也。

婦爲夫同堂兄弟之子，及女之在室者。

女出嫁爲本尊堂兄弟，及堂姊妹之在室者。
爲人後者爲其姑，及姊妹已嫁者。
夫爲妾服緦麻。然而大夫降服，止緦麻。士庶不降，小功可知。
祖母爲嫡孫衆孫婦。
曾祖父母爲曾孫曾孫女，高祖父母爲玄孫玄孫女。
祖爲衆孫婦。

緦麻三月

爲乳母。
爲族曾祖父母，即曾祖之兄弟，及曾祖兄弟之妻。
爲族伯叔父母，即父者再從兄弟，及再從兄弟之妻。
爲族兄弟，及族姊妹在室者，即已三從兄弟姊妹同高祖者。
爲族曾祖姑在室者，即曾祖之姊妹。
爲族祖姑在室者，即祖之同堂姊妹。
爲族姑在室者，即父之再從姊妹。
爲族伯叔祖父母，即祖同堂兄弟，及同堂兄弟之妻。
爲兄弟之曾孫，及曾孫女在室者。

爲兄弟之孫女出嫁者。
爲同堂兄弟之孫及孫女在室者。
爲再從兄弟之子及女在室者。
爲從祖姑及堂姑，及己之再從姊妹出嫁者。從祖姑即祖之親姊妹，堂姑即父之堂姊妹。
爲同堂兄弟之女出嫁者，即堂姪女。
爲姑之子，即父姊妹之子。
爲舅之子，即母兄弟之子。
爲兩姨兄弟，即母姊妹之子。
爲妻之父母，妻亡而別娶亦同。
爲外孫男女同，即女之子女。
爲兄弟孫之妻，即姪孫之妻。
爲同堂兄弟子之妻，即堂姪之妻。
爲同堂兄弟之妻。
婦爲夫高曾祖父母，及夫之從祖姑在室者。
婦爲夫之堂伯叔祖父母，及夫之堂祖姑在室者。夫之堂姑，即夫之伯叔父母所生也。
婦爲夫之同堂兄弟，及夫同堂兄弟之妻。

婦爲夫之再從兄弟之子及女在室者。

婦爲夫同堂兄弟之女出嫁者。

婦爲夫同堂兄弟之妻，即堂姪婦。

婦爲夫同堂兄弟之孫及孫女在室者。

婦爲夫兄弟之曾孫，即曾姪孫女同。

女出嫁爲本宗伯叔祖父母，及從祖姑在室者。

女出嫁爲本宗再從伯叔父母，及堂姑出嫁者同。

女出嫁爲本宗同堂之姊妹出嫁者。

女出嫁爲本宗堂兄弟之子及女在室者。

爲人後者爲本生外祖父母。

袒免

案：袒者，謂去上服也。免，以尺布括髮，乃喪服之極輕者也。凡同五世祖族屬，在緦麻絶服之外者，皆爲袒免。親遇喪葬，則素服、尺布纏頭可也。

雙峰車氏袒免服圖

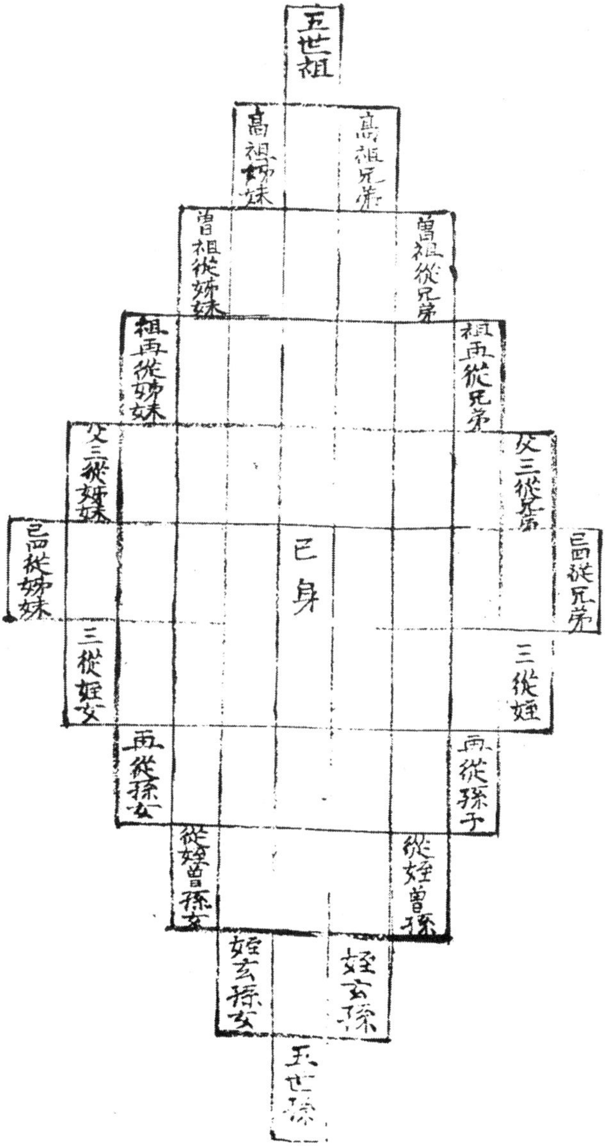
五世祖
高祖兄弟
高祖姊妹
曾祖從兄弟
曾祖從姊妹
祖再從兄弟
祖再從姊妹
父三從兄弟
父三從姊妹
己四從兄弟
己四從姊妹
己身
三從姪
三從姪女
再從孫子
再從孫女
從姪曾孫
從姪曾孫女
姪玄孫
姪玄孫女
五世孫

殤服

凡年十九至十六爲長殤，十五至十二爲中殤，十一至八歲爲下殤。應服期者，長殤降服大功九月，中殤七月，下殤五月。如應服大功以下，以次降等。不滿八歲，爲無服之殤，哭之以日易月。生未三月則不哭也。男子已娶，女子許嫁，皆不爲殤。

案：禮無七月之服，惟殤有之。殤之中又惟中殤有之，則長殤降一等，下殤降二等，中殤則無定。其在大功之殤，則中從上，而降一等。在小功之殤，則中從下，而降二等。降二等者，固與小功之服同。其降一等者，不可與大功之服同。故特設七月以處之，誠先王盡愛盡倫之善制者也。

案：《儀禮》有三殤之服，漢晉迄元皆因之，《明集禮》亦仍其制。至改制《孝慈録》，盡去殤服不載，而清律因之。士夫遭此變者，既不可盡用成人之禮，又不可竟安於無服，不得已多依倣古禮行之。要亦禮以義起者矣。

朋友

案：《儀禮・喪服記》：朋友，在他邦袒免。又言朋友麻。注云：吊服加麻，其服素弁環絰，疑衰布裳。既葬除之。古人之朋友，不可謂不厚矣，然在五服之外也。至朱子《家禮》，直列之於緦麻三月之内。不已過乎？曰：緦麻之與吊服加麻，名異而實不異也。吊服加麻者，原用緦之絰帶，此其同者一也。緦用七升半之布，七升半本敖繼公説，疑衰也。而朋友之吊服疑衰，亦用七升半之布，此其同者二也。緦以三月爲期，大夫士之吊，亦以三月爲期，而言既葬除之，此其同者三也。朱子亦猶行古之道也，何謂已重乎？且古之篤於友誼者，如管鮑、王貢輩，分雖列於友朋，情實等於骨肉。直以兄弟之服服之，亦不爲過，而況於緦服乎？其他若眭夸之於崔浩，則有素服受吊之舉。韓愈之於孟郊，則有設位會哭之事。李商隱之於劉蕡，則有不敢哭寢門之句。此其情發於中，特無由加服焉爾。寧以緦麻之服，而謂其已重乎？若夫往來徵逐之徒，酒食談讌之侶，則固非吾所謂朋友，又何服之有？

或問：「禮言朋友麻，而律文無之。何也？」曰：「吾聞之同門爲朋，同志爲友。古之爲朋友者，其將與之交也，則有始相見之禮。其既與之交也，則有終身同道之恩。蓋慎於初而厚於繼也如此。夫惟始慎之，繼厚之，故没則哭於寢門之外，加麻三月。今交道廢矣。彼之憧憧往來者，飲食而已爾，博弈語笑而已爾。有善不能相勉，有過不能相規，此則孔子謂之『所知』，曾子謂之『相識』者也，非朋友也。而顧欲之加麻，不已重乎？夫朋友之服，不在五服之内，故律文略之。後之學者，緣情義之深淺厚薄，而加折衷焉可也。」

師不制服

案：《檀弓》：事師，無犯無隱，左右就養無方，服勤至死，心喪三年。疏：事師無犯，是同親之恩。無隱，是同君之義。師所以成我，無犯與親同，無隱則與親異。無隱與君同，無犯與君異。喪三年則與君親同，無服則與君親異。師之有喪，不始於古，蓋先王之變禮歟。心喪之説，始見於此，蓋以師恩深重，不可以制服，又不可竟以無服處之，故雖外無衰絰之制，内實存哀痛之心。如子之所以戚父者，此寔專爲無服而恩重者設，非概施於有服之人，蓋以外既有服，則内之哀戚所不必言。故凡有服者，皆無心喪之制也。後世服期服，而不得遂其三年者，率行心喪。此雖非古人制禮之本意，然禮以義起，先王亦許。

案：程子云：「師不立服，不可立也。當以情之厚薄，事之大小處之。如顏子學一孔聖，雖斬衰三年可也。自後之學，自鄉而國，至於成人，其師也多。若其制服，則終身之喪未盡。故以成己之功，與君父並，其次各有淺深，稱其情而已。下至曲藝，莫不有師，豈可以一概制服也。」

案：《辨定》：古人師喪，能盡可法。孔聖歿三年之外，門人治任將歸，入揖於子貢，相嚮而哭，皆失聲然後歸。子貢反築室於場，獨居三年，然後歸。漢魏晉人，以師喪去官者，如延篤、孔昱、劉焉、王朗、郭禹，並見于史。荀淑卒，李膺時爲尚書，自表喪師。鄭康成卒，自郡守以下，嘗受業者，衰絰而赴千人。桓榮爲朱普師，侯巴爲師揚雄，皆負土成墳。明潤之師俞觀光，俞無子，次尹山而卒，潤之迎其尸奠于家，葬祖塋，祭享惟隆。王草堂云：「今師不成師，弟子不成弟子。然豈無視猶父而視猶子鑑焉？」

律服圖

案：服圖之作，蓋出於前哲議禮之家，集當世現行之律文規式垂後。仍綴而輯之，期以便於觀覽者也。

九族五服正服之圖

凡嫡孫父卒為祖父母承重服斬衰三年若為曾高祖父母承重服亦同祖在為祖母止服杖期

高祖 即太太公 太太婆

曾祖 即太公太婆

謂曾祖之兄弟及妻 族曾祖父母緦麻 即太伯公婆 太叔公婆

祖父 即公婆

謂祖之親兄弟及妻 伯叔祖父母小功 即伯公婆 叔公婆

謂祖之同堂兄弟及妻 族伯叔祖父母緦麻 即公之伯叔兄弟

父 斬衰

謂父之親兄弟及妻 伯叔父母期年 即伯伯姆姆 叔叔嬸嬸

謂父之伯叔兄弟及妻 堂伯叔父母小功

謂父之再從兄弟及妻 族伯叔父母緦麻 即父同曾祖兄弟

己

謂己之親兄弟 兄弟期年 兄弟妻小功

謂同祖伯叔兄弟 堂兄弟大功 堂兄弟妻緦麻

謂再從叔伯兄弟 再從兄弟小功 再從兄弟妻緦麻 即同曾祖兄弟

謂三從兄弟 族兄弟緦麻 族兄弟妻無服 即同高祖兄弟

長子期年 長子婦期年

謂兄弟之子 姪期年 姪婦大功

謂同祖伯叔兄弟之子 堂姪小功 堂姪婦緦麻

謂再從兄弟之子 再從姪緦麻 再從姪婦無服 即同曾祖兄弟子

嫡孫期年 嫡孫婦期年

謂兄弟之孫 姪孫小功 姪孫婦緦麻

謂同祖伯叔兄弟之孫 堂姪孫緦麻 堂姪孫婦無服

謂孫之子 曾孫緦麻

謂兄弟之曾孫 曾姪孫緦麻 曾姪孫婦無服

謂曾孫之子 玄孫緦麻

凡男為人後者為本生親屬孝服皆降一等惟本生父母降服不杖期父母報服同

父母 齊衰三月				
父母 齊衰五月	謂曾祖之姊妹 即太姑婆 族曾祖姑 在室緦麻 出嫁無服			
母 齊衰不杖期	謂祖之親姊妹 即姑婆 從祖祖姑 在室小功 出嫁緦麻	謂祖之同堂姊 妹即父之伯叔 族祖姑 姊妹在室緦 麻出嫁無服		
母 三年	謂父之親姊妹 姑 在室期年 出嫁大功	謂父之伯叔 姊妹 堂姑 在室小功 出嫁緦麻	謂父之再從姊 妹即父同曾祖 族姑 在室緦麻 出嫁無服	
身	謂己之親姊妹 姊妹 在室期年 出嫁大功	謂同祖伯叔 姊妹 堂姊妹 在室大功 出嫁緦麻	謂父之伯叔兄 弟之女即曾祖 再從姊妹 姊妹在室小功 出嫁緦麻	謂三從姊妹即 同高祖姊妹 族姊妹 在室緦麻 出嫁無服
衆子期年 衆子婦大功	謂兄弟之女 姪女 在室期年 出嫁大功	謂同祖伯叔兄 弟之女 堂姪女 在室小功 出嫁緦麻	謂再從兄弟之 女即同曾祖兄 弟之女 再從姪女 在室緦 麻出嫁無服	
衆孫大功 衆孫婦緦麻	謂兄弟之孫女 姪孫女 在室小功 出嫁緦麻	謂同祖伯叔兄 弟之孫女 堂姪孫女 在室緦麻 出嫁無服		
曾孫婦無服	謂兄弟之曾 孫女 姪曾孫女 在室緦麻 出嫁無服			
玄孫婦無服				

凡姑姊妹女及孫女在室或已嫁被出而歸服並與男子同出嫁而無夫與子者爲兄弟姊妹及姪皆不杖期

凡同五世祖族屬在緦麻絕服之外皆爲袒免親遇喪葬則服素服尺布纏頭

妻為夫族服圖

夫為祖父母及曾高祖父母承重者並從夫服

夫高祖 緦				
夫曾祖 緦	夫族曾祖父母 無服			
夫祖 即夫之公婆	夫伯叔祖父母 緦麻 即夫之伯公婆 叔公婆	夫族伯叔祖父母 無服		
舅 即公 斬衰	夫伯叔父母 大功 即夫伯伯姆姆 叔叔嬸嬸	夫堂伯叔父母 緦麻	夫族伯叔父母 無服	
妻為夫 斬衰三年	夫兄弟及妻 小功 即夫兄曰伯 夫弟曰叔	夫堂兄弟及妻 緦麻	夫再從兄弟 無服	夫族兄弟 無服
長子婦期年 長子期年	夫姪期年 夫姪婦大功	夫堂姪小功 夫堂姪婦緦麻	夫再從姪 緦麻	
孫 大功	夫姪孫小功 夫姪孫婦緦麻	夫堂姪孫 緦麻		
曾 緦	夫曾姪孫 緦麻			
玄 緦				

父母 麻

父母 麻

父母 大功

姑 即婆 三年

夫爲妻 齊衰杖期 父母在不杖

衆子期年

衆子婦大功

孫婦緦麻

孫 麻

孫 麻

夫曾祖姑 無服

夫祖姑 即夫之姑婆 在室緦麻 出嫁無服

夫親姑 即夫之姑 小功

夫姊妹 即姑 小功

夫姪女 在室期年 出嫁大功

夫姪孫女 在室小功 出嫁緦麻

夫曾姪孫女 緦麻

夫堂祖姑 無服

夫堂姑 在室緦麻 出嫁無服

夫堂姊妹 緦麻

夫堂姪女 在室小功 出嫁緦麻

夫堂姪孫女 緦麻

夫族姑 無服

夫再從姊妹 無服

夫再從姪女 在室緦麻 出嫁無服

夫族姊妹 無服

夫爲人後其妻爲本生舅姑服大功

妾爲家長族之圖服

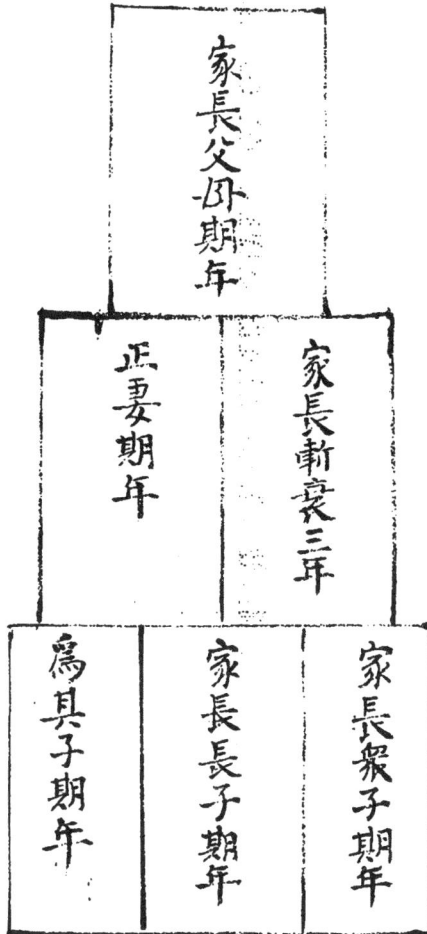

家長父母期年

家長斬衰三年	正妻期年

家長衆子期年	家長長子期年	爲其子期年

出嫁女爲本親降服之圖

高祖父母 即太太公太太婆 齊衰三月

曾祖父母 即太公太婆 齊衰五月

祖兄弟 即伯公叔公 緦麻	祖父母 即公婆 期年	祖姊妹 即姑婆 在室緦麻出嫁無服

父堂兄弟緦麻 即父之伯叔兄弟	伯叔父母大功 即伯伯姆姆 叔叔嬸嬸	父母期年	父姊妹大功 即姑	父堂姊妹 即同父之伯叔姊妹 在室緦麻出嫁無服
堂兄弟小功 即同祖伯叔兄弟	兄弟大功	己身	姊妹大功	堂姊妹 即同祖伯叔姊妹 在室[illegible]出嫁緦麻

堂姪緦麻 即同祖伯叔兄弟之子	兄弟子 即姪 大功	兄弟女 姪女 大功	堂姪女緦麻 即同祖伯叔兄弟之女

外親服圖

母祖父母
即母之公婆
無服
母之兄弟
即舅
小功
外祖父母
即外公外婆
小功
母之姊妹
即姨
小功
堂舅之子
無服
舅之子
謂之內兄弟
即姑舅兄弟
緦麻
己身
兩姨之子
即兩姨兄弟
緦麻
堂姨之子
無服
舅之孫
無服
姑之子
謂之表兄弟
即姑舅兄弟
緦麻
姨之孫
無服
姑之孫
無服

妻親服圖

	妻祖父母 即妻之公婆 無服		
妻之姑 無服	妻父母 即丈人丈母 緦麻	妻伯叔 無服	
妻之姊妹 即姨 無服	己身 爲婿 緦麻	妻兄弟及婦 即舅舅母 無服	妻外祖父母 無服
妻姊妹子 無服	女之子 外孫 緦麻	妻兄弟子 無服	
	女之孫 無服		

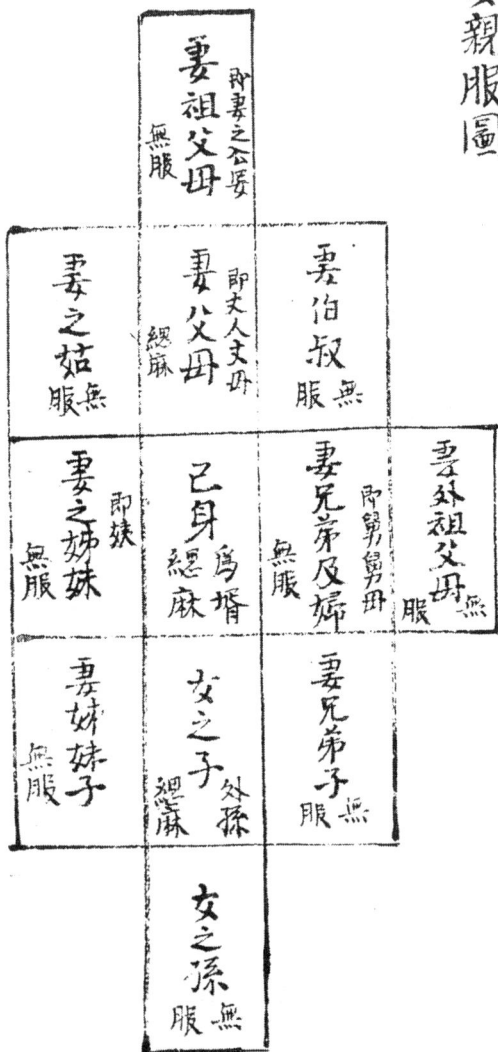

三父八母服圖

同居繼父
兩無大功親謂繼父無子己身亦無伯叔兄弟之類 期年
兩有大功親謂繼父有子孫自己亦有伯叔兄弟之類 齊衰三月

不同居繼父
先曾與繼父同居今不同居 齊衰三月
自來不曾隨母與繼父同居 無服

從繼母嫁
謂父死繼母再嫁他人隨去者
齊衰杖期

養母
謂自幼過房與人
斬衰三年

嫡母
謂妾生子稱父之正妻
斬衰三年

繼母
謂父娶後妻
斬衰三年

慈母
謂所生母死父令別妾撫育者
斬衰三年

嫁母
謂親母因父死再嫁他人
齊衰杖期

出母
謂親母被父出
齊衰杖期

庶母
謂父有子妾 嫡子衆子齊衰杖期
所生子斬衰三年

乳母
謂父妾乳哺者即奶母
緦麻

案：《讀禮通考》：陳瑚三父八母説，舊稱三父，俱謂繼父而以同居爲一條，始同居今不同居爲一條，又以原不同居爲一條。《會典》删去原不同居一條，而以從繼母嫁父易之(子)。余皆不能無疑焉。夫原不同居則已無服，自不當以父名之矣。《會典》删之是也，然易之以從繼母嫁父，則又出於尋常思慮之外矣。蓋三父之號，不知始自何時。但就八母例之，既不遺其生母，則三父之號，亦必無遺其生父之理。以余揆之，或是生父、嗣父、繼父三條耳。生父之斬衰三年不必言，若爲人後則當以嗣父之存没、出嗣之早暮，爲本生之隆殺。嗣父存則服本生杖期，心喪三年。嗣父没則仍服本生三年。身未離襁褓而爲人後，則服本生杖期。身既成立，而因通族公議，理當嗣立者，則同服三年。此皆酌於天理人情之至者也。然更當以宗之大小爲隆殺。小宗立於大宗，則不當稱嗣父而稱宗父。又不必論其出嗣之早暮，而一當以祖宗之統爲重，服宗父三年本生杖期可也。大宗立於小宗，則理當同服三年之喪，而隆殺之權，一準前議可也。至繼父之服，自當以同居不同居爲别。同居而受教養之恩，如《儀禮·喪服篇》所云云，則齊衰杖期。繼父有子，則不杖期。始同居今不同居，則齊衰三月。若從繼母嫁父，則又不幸中之不幸，其受恩極重者，義服齊衰三月可也。不然則無服矣。八母中出母降服杖期亦當有辨。母出而尚守居者，是義與廟絶，情猶未與廟絶也，當加以喪三年。母出而再嫁，是情義兩絶也，服杖期猶疑過重，當從古人三月之制。又案徐乾學云：三父八母之説，出《元典章》，詳玩其圖多難解矣。禮服考之，擬訂五父十三母圖附後，以備採擇。

徐乾學擬訂五父十三母之圖

同居繼父	所後父	父	本生父	不同居繼父
繼父與己身兩無大功之親 齊衰不杖期 如兩有大功之親 齊衰三月	爲人後者爲所後父 斬衰三年	斬衰三年	爲人後者爲本生父 齊衰杖期	謂先同居今不同居 齊衰三月 如元不同居則無服

所後母	嫡母	母	繼母	本生母
爲人後者謂所生母 斬衰三年	妾生子謂父之正室曰嫡母 斬衰三年	斬衰三年	謂父之繼室同親母 斬衰三年	爲人後者謂本生母 齊衰杖期

養母	慈母	生母	庶母
謂自幼過房與人 斬衰三年	妾子無母父命他妾無子 斬衰三年	庶子爲所生母 斬衰三年	嫡子衆子爲父妾有子者 齊衰杖期

從繼母嫁	嫁母	出母	乳母
前夫之子從繼母改嫁爲改嫁繼母 齊衰不杖期	即親母因父死改嫁他人 齊衰杖期	即親母被父出 齊衰杖期	即奶母 緦麻

原陳祥道禮書吉凶冠式

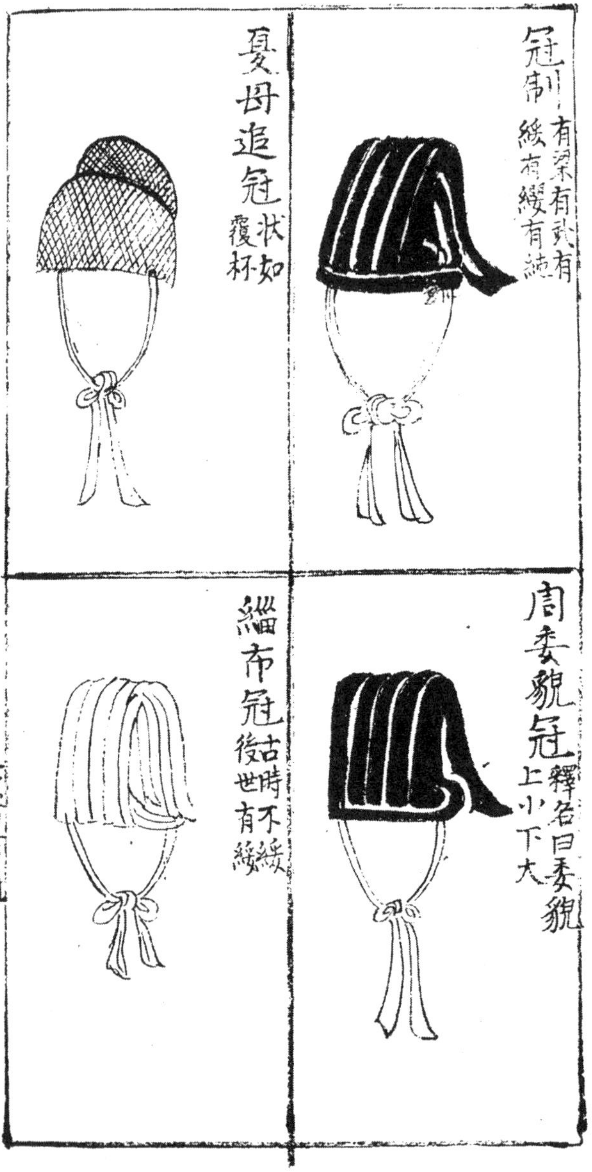

右皆吉冠

子姓冠 縞冠玄武其制厭

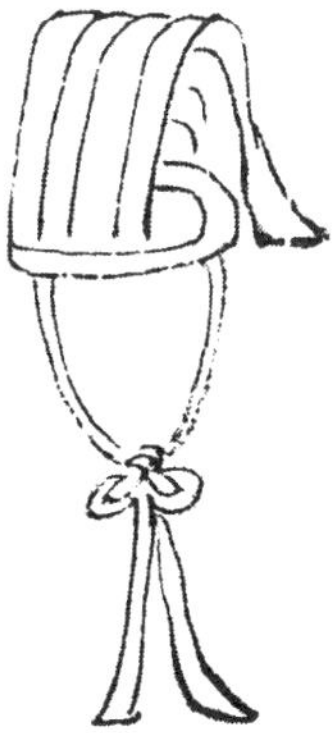

大白冠 其制厭不緌

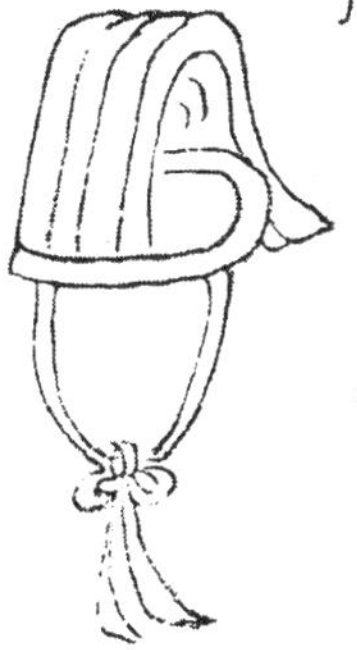

既祥冠 縞冠素紕其制厭無緌

案讀禮徐乾學云此書本載喪禮所以及於吉冠者因陳氏用之禮書不列喪冠圖欵知喪冠不可不知吉冠故也

是書案：古人之禮，至後廢失，猶存什一者，喪禮而已。即古儒先之論説，亦於喪禮頗詳。蓋送死人之大事，爲人子者自有同心也。今是編輯，不論禮之沿革，説之同異，莫不盡載。蓋禮非一家之禮，則説當備諸家之説。若必專主其一，而概棄其餘，何以折衷至理，厭服群心？故匪獨古人之典制不敢少遺，即末俗之陋習，亦不敢或漏。凡以資人之採擇，庶幾送死之禮得以考鏡焉。

四禮略集卷之五

祭禮

案：《禮統》云：凡治人之道，莫先於禮。禮有五經，吉凶軍賓嘉，莫重於祭。祭者，察也。察，至也，言人事至於神也。祭祀者，報本追遠也。追思不及之養，而繼以未盡之孝也。又曰：身致其誠信，誠敬之謂盡，盡之謂敬，敬盡然後可以事神明。此祭之道也。又按崔子曰：「祭祀之興，肇于太古。未有火食，祭以毛血。未有麯蘗，祭以玄酒。及神農舉火，始有燔肉羹飯。又有猪羊生祭，及玄酒潤錢。是重古禮也。祭之先日，曰思先人志意喜好，預爲之備。所以謂生敬養死敬享是也。又宜早不宜晏，則精明之至可以交於神明，亦使鬼神便于鑒享。若至日中，大非祀典。且今之人，但知庶品之豐，儀文之備，曰能盡祭祀之禮也，而於誠敬何有？縱或有之，不過勉强於一時，豈能動溟漠感鬼神？必先素有暗室屋漏之學，以孝弟爲之根本，一其心志，緊其氣體，肅其衣冠，澄其念慮，聚得自己精神，方可與祖考精神相接。若其爲人，平日不率祖父之教，生前不盡孝養，死後雖列五鼎三牲，終日百拜，瀝血投誠，追思感慕，其爲先祖者，孰肯與之交接，而歆享之也耶？

案：五禮祭者屬吉，有受福之義。孔子曰：「祭則受福。」蓋賢者之祭也，必受其福，非世之所謂福也。

福者，備也。備者有順之名也，無所不順之謂備，言内盡於己，而外順於道。忠臣以事君，孝子以事親。其才也，上則順於鬼神，外則順於君長，内則以孝於親，如此之謂備。能備然後能祭，是故賢者之祭也，致其信誠與其忠敬，奉之以物，道之以禮，安之以樂，恭之以時，明薦之而已，不求其爲，此孝子之心也。《公羊傳》曰：「亟則黷，黷則不敬。君子行祭也，敬而不黷。疏則怠，怠則忘。士不及茲四者，則冬不裘，夏不葛。」蓋思念親之祭也。

案：程子曰：「冠婚喪祭，禮之大者，而人都不理會。豺獺皆知報本，況於人乎？」余嘗考《禮書》曰：家必有祠，祠必有牌主。月朔必薦新，時祭用仲月。冬至祭始祖，立春祭先祖，季秋祭禰，忌日遷牌主，祭于正寢。凡事死之禮，厚如事生。祭祀之報，本于人心。故聖人制禮，以成其德耳。豺獺能祭，且其性然也。

或問：祭禮，古今不同，行之甚難。朱子曰：「有何難行？但以誠敬爲主。祭儀隨家豐儉，一羹一飯皆可。只要自盡其誠。」程汝諧云：「孝子事親，生前一菽一水，既可承歡。歿後一飯一羹，亦可設祭。但辦一片誠心，祖考靈神，自能見諒。貧士不能具祭享之儀，竟有經年不登先人邱隴者，豈禮也哉？」王草堂云：「祭宜豐厚，爲富貴之家苟簡從事者誠也。亦隨宜者，爲貧賤之十不祭失禮者告也。但各有攸宜，當執一不通矣。」

案：《辨定》祭：品明器從俗也。邵康節云：「春秋祭祀，宜酌古今之禮行之，亦焚紙錢。」程伊川怪問之，答曰：「明器之義，脱有一非，豈孝子慈孫之心乎？」朱子曰：「籩豆簠簋之器，乃古人所用，故當時祭享皆用之。今以燕器代祭器，常饌代俎肉，楮錢代幣帛，是亦以平生所用，是謂從宜也。」晁氏曰：「紙錢始于殷長史，漢以來里俗稍以紙寓錢，至唐王璵，乃用祠祭。以紙寓錢亦明器也。」孔子曰：「事死如事生，事亡如事存。」今明器宜象生平所用也。

案：《通考》：周顯德間，百官設祭楮錢，大若盞口，餘令雕印字文。文之黄曰泉臺上寶，文之白曰冥遊亞寶，則金銀楮錠及錢者，亦始於五代時矣。

祭祀祖考神祇説

案：《朱子家語》云：人家子孫負荷祖先許多基業，此心便與祖考之心相通。《祭義》所謂春祀秋嘗者，亦以春陽來，則神亦來，秋陽退，則神亦退，故於是時而設祭。初聞聖人，亦只是略爲禮，以達吾之誠意。後來遂加詳密。且天子祭天地，諸侯祭山川，大夫祭五祀，皆自家精神抵當得他過，方能感召得他來。祖先之氣，他氣雖散，他根却在。這裏盡其誠敬，則亦能呼召得他氣聚在此。如水波漾，後水非前水，後波非前波，然却通只是一水波。子孫之氣，與祖考之氣，亦是如此。但有子孫之氣在，則他便在，然不是祭祀時，如何得他聚？古人自始死吊魂復魄，立重設主，便是常要接續他些子精神在這裏，其氣亦自在，只是以我之氣承接其氣，才致精神以求之，而便來格，便有來底道理。古人於祭祀處極重，大抵人之氣傳於子孫，猶木之氣傳於實，此實不泯，則其生木雖枯毁無餘者，而其氣之在此者，猶自若也。

在人鬼神論

案：《朱子家語》曰：天道流行，發育萬物，有理而後有氣。雖是一時都有，畢竟以理爲主，人得之以有生。氣之清者爲氣，濁者爲質。知覺運動，陽之爲也；形體，陰之爲也。氣曰魂，體曰魄。《淮南子》云：魂者陽之神，（魂）〔魄〕者陰之神。所謂神者，以主乎形氣也。人所以生，精氣聚也。人只有許多氣，須有個盡，時盡則魂氣歸於天，形魄歸於地而死矣。人將死時，熱氣上出，所謂魂升也。下體漸冷，所謂魄降也。此所以有生必有死，有始必有終。夫聚散者氣也，若理則泊在氣上，初不是凝結，自爲一物。但人分上所合當然者便是理，不可以聚散言也。然人死雖終歸於散，然亦未便散盡，故祭祀有感格之理。先祖世次遠者，氣之有無可知，然祭祀者，既是他子孫，畢竟只是一氣，所以有感通之理。然已散者不復聚，釋氏却謂人死爲鬼，鬼復爲人，如此則天地間，常只許多人，來來去去，不由造化生生，必無是理。至如伯有爲厲，伊川謂別是一般道理，蓋其人氣未當盡而强死，自是能爲厲。子産爲之立後，使有所歸，遂不爲厲，亦可謂知鬼神之情狀矣。魂屬木，魄屬金，所以說三魂七魄者，是金木之數也，非有寔長存之氣魄者。又須知其未始不長存耳，鬼神便是精神魂魄。程子所謂「天地之功用，造化之迹」，張子所謂「二氣之良能」，非性之謂也。故祭祀之禮，以類而感，以類而應。若性則又豈有類之可言耶？然氣之已散者，既化而無有矣。其根於理而日生者，則固藹然而無窮。故蔡氏謂我之精神，即祖考之精神，蓋謂此也。

鬼神總論

案：鬼神者，不過陰陽消長而已。亭毒化育，風雨晦冥皆是。在人則精是魄，魄者鬼之盛也，氣是魄，魄者神之盛也。精氣聚而爲物，何物而無鬼神？遊魂爲變魂，遊則魄之降可知。死則謂之魂魄，生則謂之精氣。以一氣言，則方伸之氣，亦有伸有屈。其方伸者神之神，其既屈者神之鬼。既屈之氣亦有屈有伸，其既屈者鬼之鬼，其來格者鬼之神。人祖考氣散爲鬼矣，子孫精誠以格之，則洋洋如在其上，如在其左右，豈非鬼之神耶？鬼神固是以理言，然亦不可謂無氣。所以先王祭祀，或以燔燎，或以鬱鬯，以其有氣，故以類求之耳。横渠云：「鬼神者，只是自家氣，自家心下思慮。纔動這氣，即敷於外，自有所感通。」

祠堂

案：祠制，必先立於正寢之東。正寢，即廳堂也。東乃生氣之所，故立于此。庶幾事死如事生之意。凡祠屋不拘何向，皆以前爲南，後爲北，左爲東，右爲西，照此行禮。且古人廟制不見於經，而士庶之家，亦有不得爲者，故時以祠堂名之。夫君子營設祠堂，所以盡報本反始之心，尊祖敬先之意，寔各家之首務，裕後之初基矣。

祠堂爲四龕，以奉先世牌主，高祖居中第一龕，曾祖亦居中第二龕，祖居左而禰居右。旁親以其班祔。案：祔者，附也，謂不得專享其祀，但附之于祖，以受食而已。凡昭祔昭，穆祔穆，如曾祖兄弟無後者，無昭穆可祔不祭。于高祖伯叔父母祔之。伯叔祖父母祔于曾祖。妻若兄弟，及兄弟之妻，祔于祖。子姪祔于禰，即孫于祖龕也。其牌或主列于龕之兩旁，男左女右，不用櫝亦可。若姪之父異居，立祠堂者，則遷其牌主而從之。若孫死而祖在，則祔何處？曰：案禮，宜祔于曾祖龕。妻死而夫之祖母在亦然。晨謁參告，朔望時祭，皆於正寢。五世則遷，其原高祖牌主者，至此爲五代之牌主。親盡當祧，則遷其牌主，而埋於墓側焉。如改題牌主，原舊題曾祖者，改題爲高祖。舊題顯祖，改題爲曾祖。舊題考者，改題爲顯祖。仍奉考妣新牌主，入祀於祠堂。禮則然也。而俗猶闕如。余竊倣爲祠屋一二間，舊有神主仍其舊。無則爲神牌，恭書職銜謚號。無龕以幃障之，以時上下。晨謁不能必，參告勿怠，正至朔望則參。前一日灑掃齋宿，厥明夙興，敬設羌茶，焚香四拜，辭神而退。又如出入必告，近出瞻禮而行，歸亦如之。或經宿而歸，則焚香再拜。又凡有事者，皆告可也。俗節則獻。凡民俗所尚者，食如角黍，而其節之所尚，薦如蔬果，禮如正至朔望之儀。必稱其情。禰祭忌祭，父廟曰禰。禰者，近也。惟長子得祭，支子不得祭。當如禮也。五世以上之祖，據禮則遷。若牌位於其家，主其祭薦。每值諱日，則率其血屬而拜之。致敬致誠，如有見乎其位，聞乎其聲。此皆盡志之事也。贊子孫者作，能行古人之道，得其意而盡其文也。

案：《禮》云：齋明盛服，以承祭祀，厥有旨也。凡有事於祠堂者，勿以祖先之遠近而二其敬，勿以具饌之豐儉而分其誠。蓋誠于內者，心之敬也，誠于外者，容之正也。雍雍肅肅，不忒其儀，瞿瞿皇皇，如在其上。斯可以接于神明也。不知者反是。或有垢面裸身，趨陪堂上，穿衣短褐，傴僂堦前。至於鄉鄰之來往，朋友之祼將，則衣巾整飾，容服裝嚴，無乃厚於其所薄，而薄于厚乎？可不慎諸。又《祭統》云：及時將祭，君子乃齋。齋于外者，所以防其物也。齋于內者，所以慎其心也。沐浴更衣，凡諸凶穢之事，皆不可與。此古人之戒法也。及如盛服者，不在花麗也。有名位者，宜用公服。士庶衣巾，惟貴者莊敬耳。

案：祠祭，君子之祭也。必自親莅之，或有故則使子孫攝之可也。蓋自親莅之者，致其如在之誠。有故者，謂疾病也，或不得已之事。己既不克，時又不可失，則使子孫攝行可也。

四世并祭圖

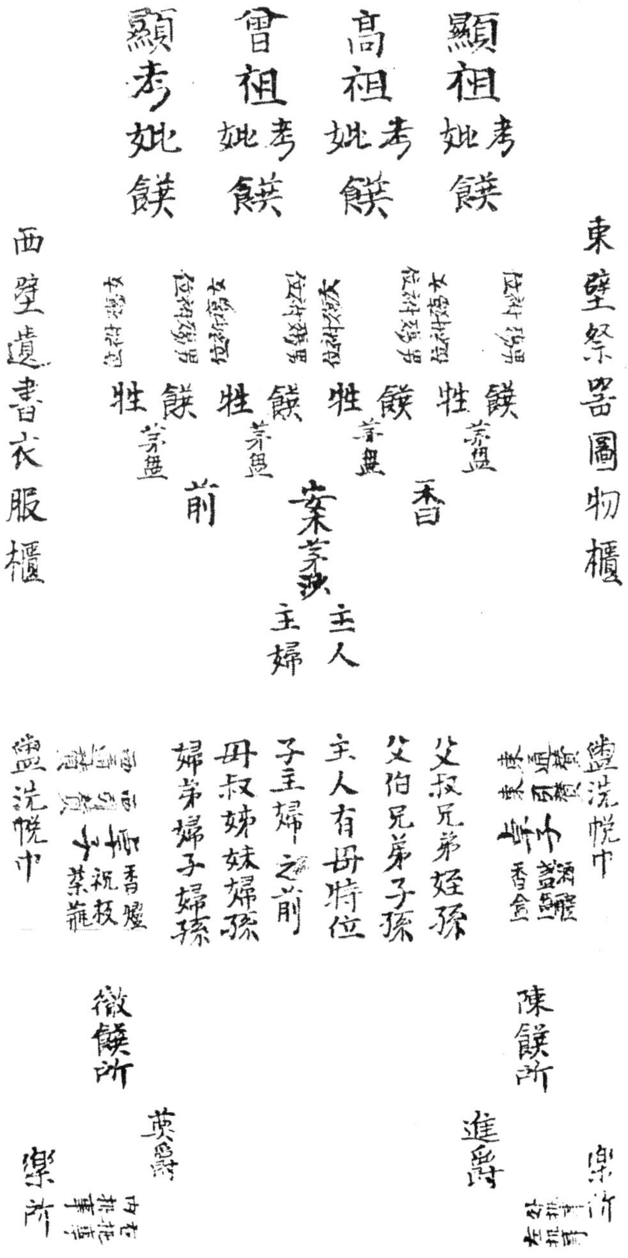
顯祖考妣饌
高祖考妣饌
曾祖考妣饌
顯考妣饌
東壁祭器圖物櫃
西壁遺書衣服櫃
香
案
前
茅沙
主人
主婦
盥洗帨巾
父叔兄弟姪孫
父伯兄弟子孫
主人有母特位
子主婦之前
母叔姊妹婦孫
婦弟婦子婦孫
盥洗帨巾
陳饌所
徹饌所
進爵
奠爵
樂所
樂所

時祭

案：高氏云：有牲曰祭，無牲曰薦。大夫牲用羊，士牲用豚，庶人無常牲。春薦韭，夏薦麥，秋薦黍，冬薦稻。韭以卵，麥以魚，黍以豚，稻以雁，取其新物相宜也。每四仲月初旬，或丁或亥，只用分至日亦可。擇日既定，主人詣祠堂，焚香四拜，跪告曰：「玄孫某將以本月某日，祗薦歲事于祖考。既得日，敢告。」四拜興。

案：《禮》曰：春曰祠，猶食也。春初始生，孝子思親，繼祠而食之，故曰祠。夏曰礿，薄祭也，以麥始熟可礿，故曰礿。秋曰嘗，嘗者先辭也，秋穀成者非一，黍先熟可薦而嘗新，故曰嘗。冬曰蒸，蒸者衆也，萬物畢成，所薦衆多，芳芬具備，此故曰蒸。

案：司馬温公云：《王制》：士大夫有田則祭，無田則薦。注：祭以首時，薦以仲月。

案：《祭義》云：君子將祭，慮事不可以不豫。近時具物，不可以不備。兹祭器之禮，倘或欠墜，故行禮之家，必先旬日具備。

案：何氏云：「祠祭以有事爲榮，以嚴肅爲事。宜擇族中子弟四五人習學唱禮，不維使卑者得伸其敬，而冥頑有所感發矣。雖幼稚者，亦可漸知禮儀耳。故凡祭時，各宜虔誠端肅，儼如祖考之臨其上。聽贊禮者唱聲静方下，聲静方起，庶不致參差。此宜先期演習也。」

案：《禮》云：家祠祭祀，必以宗子爲主。設或宗子出仕，與夫肄業商賈，客居于外，時祭不及抵家者，以次代之。祝文尤要注明幾世孫某有事于外，支孫某攝行祀事。此不惟敬宗，寔所以尊祖也。然則宗子爲一族之尊，則於詩書禮數規法，决不可毫有差忒，慎之重之可也。若反是者，不得稱尊，爲呂朱列先儒疾之。

前期三日，齋戒。前期一日，設位，陳器，省牲，滌器，具饌。厥明行事。主人以下，盛服入祠堂。盛服不在花麗。有名位者，宜用公服，庶人深衣幅巾。貧者雖布素之衣，浣潔即是，惟貴莊敬耳。其白衣冠不可與祭。如有服者，易以墨衰，方可從事。盥洗，啓櫝，焚香，跪告辭曰：「玄孫某，今以仲某之月，有事于高曾祖考。敢請神牌或神主，出就正寢，恭伸奠獻。」俯伏興。執事者盛牌主，主人率家衆前導至中堂，奉神牌神主就位。主人奉考神牌主，主婦奉妣神牌主，子弟奉袝牌。畢皆降。

行禮儀節

序立，宗子宗婦居中，男序宗子之右，女序宗婦之左。同輩者並列，先一輩進前一步，子姪輩退後一步，孫輩又退後一步。不許參差混亂。參神，鞠躬拜。凡四。興，平身，降神，盥洗。主人及執事者皆盥。詣香案前，跪。主人焚香。左右執事奉香爐香盒就案前旁，跪授于主人。主人以香盒三封，將入于爐，使香氣濃馥。仍捧加額，再授執事，奉置案上。酹酒。酹，以酒沃于茅沙。執事一人跪于主人之左，進盤盞，主人受之。一人跪于主人之右，斟酒于盞。畢，二人俱起。主人左手執盤，右手執盞，加額，盡傾于茅沙。盞授執事。俯伏，興，拜。凡二。興，平身，復位，進饌。或肉或魚。主人主婦逐位自進，子弟分進祔位。後同。行初獻禮。主人升，執事者斟酒于盞。每位各一人捧盞盤從之。詣高祖考妣神位前，跪，祭酒。執事者跪奉酒，主人受之，傾少許之于茅沙上。奠酒，執事受之，捧置高祖考妣位前。俯伏，興，平身。詣曾祖考妣神位前，跪，祭酒，如前。奠酒。執事受之，捧置曾祖考妣位前。俯伏，興，平身。詣顯祖考妣神位前，跪，祭酒。如前。奠酒。執事受之，捧置顯祖考妣位前。俯伏，興，平身。詣顯考妣神位前，跪，祭酒。如前。奠酒。執事受之，捧置顯考妣神位前。俯伏，興，平身，復位。詣讀祝位跪，以下皆跪，讀祝。跪讀于主人之左。讀畢，敬置于案上香爐之右。俯伏，興，拜。凡二。興，平身，復位，分獻。兄弟之長者，分獻各祔位。奉饌。進粉食或麵食。行亞獻禮。並同初獻，但不讀祝。奉饌。進羹湯米飯者。行終獻禮。儀同亞獻。侑食。通斟諸位酒，令滿，蓋强勸鬼神，使饗之之義也。鞠躬拜。凡二。興，平身，主人以下皆出，闔門。無門則垂帷幕。男左女右，俱少休傾。闔門者，古禮所謂厭也。鬼神居尚幽暗，闔門下帷幕者，欲使鬼神厭飲也。祝噫歆。祝當北向，作咳者三。蓋將啓户所以警覺神也。啓門。啓帷。各復位，獻茶。主人主婦分進于四代考妣。卑幼分進于祔位。飲福受胙。飲福者，其祝承祖考之命，賜主祭者以酒，而期以福禄也。受胙者，胙，酢也。《儀禮》尸酢曰賜胙，祖考以是相答酢于子孫也。跪。執事取神位酒，詣主人之右，立授于主人。受酒，祭酒。少傾于地。嘏辭。祝曰：「祖命工祝承致多福無疆于汝孝孫。來汝孝孫，使汝受禄于天，宜嫁于田，眉壽永年，勿替引之。」嘏，音服，福也，大也，乃祝爲尸致福于子孫之辭。承，猶傳也，傳致祖考致望子孫以大福之義也。來讀作釐，釐陽也。勿，猶無也。替，廢也。引，長也，言無廢止也，時常如是者也。啐酒。略嘗少許。受胙。執事取四代神前羌榔幾口，盛盒將授于主人，主領嘗之。俯伏，興，拜，凡二。興，平身，復位，辭神，鞠躬拜。凡四。興，平身，焚祝，送牌主。送牌主歸于祠堂，如來儀納之。徹饌，禮畢。

案：《家禮》有利成之儀。利，猶養也，言養禮畢也。而謂之告利成者，嫌于諷尸使去，而易其辭也。今祭無尸，故去此節。

祝文

維○○幾年歲次干支某月干支朔干支越某日干支，玄孫某官姓名敢昭告于

顯高祖考某官府君

顯高祖妣某封某氏

顯曾祖考某官府君

顯曾祖妣某封某氏

顯祖考某官府君

顯祖妣某封某氏

顯考某官府君

顯妣某封某氏

位前曰：「歲序流易，維此仲春、夏、秋、冬，追感歲時，不勝永慕。敬以潔牲粢盛，清酌庶品，祗薦歲事，暨屬籍

諸靈祔食。尚饗。」

又體

位前曰：「爲有春、夏、秋、冬薦，必告禮也。恭惟

先祖，詩禮傳家，簪纓衍胄，有此耳孫。仰憑

鼻祖，追遠感時，弗勝永慕。茲適春、夏、秋、冬天，敬陳禮數。願鑒丹誠，錫之純祜，桂蕚聯芳，蘭枝競秀。前

烈靈光，後昆垂裕，永永仁基，延延福祚，寔賴列先陰扶之德也。暨屬籍　諸靈同格祔。尚饗。」

徹餕。主婦還監徹酒之在盞，主人監分祭胙于親屬。

儀節：祭畢，主人主婦于堂中坐，南向。有尊長者，則依序立。序立，諸子諸婦並爲一列，男左女右，立于階下。鞠躬拜，凡四。興，平身，長者一人奉執酒盞詣尊座前，當兩席間跪。若子姪則坐受之，弟則起而立。祝辭曰：「祝事既成，祖考嘉享，伏惟尊親，備膺五福，保族宜家。」祝畢，以盞授執事者，置於尊者之前。俯伏，興，平身，復位。與衆男皆拜。鞠躬拜，凡四。興，平身。告諭主人告諭曰：「祝事既成，五福之慶，與女曹共之。」畢。鞠躬拜，凡四。興，平身，禮畢。然後衆丈夫餕于外，衆婦女餕于內，如世俗儀。

案：王氏云：凡祭主，當盡受敬之誠而已。薦享之味，貴乎新潔，稱家有無。太豐則近乎僭侈，太儉則近乎迫隘，昔君子所不取。惟豐儉適中，可以常守禮。有力則或一羊或一豕，前期一日宰之，如儀致祭。無力則庶饈，否則市肆售之亦可。人之貧富不同，富者易爲，貧者難辨。若必拘牲牢品物，必因此廢孝祀之禮，甚不可也。切不可厚自奉而薄其祖先。戒之戒之。

出入必告

主人主婦近出，入大門瞻禮而行。經旬以上，則先命弟子開中門行禮。餘人出入皆如此儀，但不開中門。

儀節：主人立于階下，鞠躬拜。凡二。興，平身。詣香案前，跪，焚香，告辭。曰：「某年月日，孫某將遠出于某所。敢告。」歸則云：「歸自某所。敢見。」俯伏，興，拜。凡二。興，平身，禮畢。

正至朔望則參

儀節：主人以下，各具盛服。序立，盥洗，啓櫝，降神，詣香案前，跪，焚香，酹酒，俯伏，興，拜。凡二。興，平身，復位。參神，鞠躬拜。凡四。興，平身，詣神位前，跪，斟酒，點茶。讀祝，俯伏，興，拜。凡二。興，平身，復位，辭神，鞠躬拜。凡四。興，平身，焚祝。禮畢，閉櫝而退。若無祝，則告辭。

正旦文

三陽開泰，一氣回春。謁祠拜賀，慶洽神人。庶饈是具，簠簋是陳。仰祈鑒降，福祿重申。敢告。

冬至文

今以冬至，一陽之始。報本禮崇，敢忘所自。敬用菲儀，祗薦歲事。仰祈鑒歆，永延福祉。敢告。

朔望告辭

今以某月朔望日，盥薦明馨。仰垂鑒格，庶表微誠。敢告。

望日不設酒，惟點茶。儀節：序立，盥洗，詣香案前，跪，焚香，點茶，告辭，俯伏，興，拜。凡二。興，平身，復位，辭神，鞠〔躬〕拜，凡四。興，平身，禮畢。

俗節則獻

謂清明、端陽、中元、中秋、重陽、十月朔、臘日、除夕。

儀節並同正至朔日之儀。

清明告辭

維此三月，節届清明。新烟初賜，薄禮將誠。仰祈昭鑒，保佑康平。敢告。

端陽告辭

維兹仲夏，節届端陽。恭陳蒲醴，祇薦馨香。伏祈鑒格，錫以康常。敢告。

中元告辭

時維七月，節届中元。敬陳微禮，仰達諸尊。惟神鑒格，保佑子孫。敢告。

中秋告辭

維兹八月，節届中秋。式遵禮節，祇薦庶饈。一誠聊寓，百福是遒。敢告。

重陽告辭

時維九月，節届重陽。式遵節序，祇薦馨香。神其來格，受福無疆。敢告。

十月朔告辭

維兹十月，序屬小春。月晦已往，日朔又新。敬將誠意，祇薦藻蘋。仰祈來格，福禄重申。敢告。

臘日告辭

維兹臘月，序屬窮冬。歲已云暮，禮之所終。敬陳薄菲，聊寓微衷。一堂萃聚，百福來崇。敢告。

除夕告辭

維兹除夕，送故迎新。舊符已换，薄禮載陳。仰祈保佑，慶衍長春。敢告。

有事則告

儀節同上

誕生謁告

始生之辰，今日甫至。感父母之劬勞，荷列先之蔭庇。無任孝思，特申禮意。伏望鑒歆，永膺福祉。敢告。

疾病叩告

近沾某病，藥石未痊。深懷憂惕，仰叩列先。願祈默佑，疾病痊安。身體康泰，福壽長延。敢告。

疾病痊安謝告

曩因沾病，仰叩列先。早蒙庇佑，幸獲安痊。蠲茲吉日，奉獻微虔。伏祈鑒降，福壽長延。敢告。

新居謁告

築室初完，新基已廠。薄禮恭陳，仰祈默相。門户平康，丁財大旺。歌聚於斯，福禄永享。敢告。

分娩臨期預告

曰某之婦某，臨月解懷，預先虔告。仰祈保護，轉女成男。臨盆有慶，母子團圞。起居安吉，生養遂成。寔賴列先默相之德。敢告。

初祖

冬至祭始祖維繼始祖之宗得祭。

案：程子云：「此厥初生民之祖，冬至一陽之始，故象其類而祭之。」丘氏謂遷居此地之祖，及初有封爵者。案厥初生民之祖，則神氣邈遠，不相感通，恐非士庶人所得祭，當以始遷始封爲是。今若所居遷徙不常，及先世原無封爵，則當以所知者爲始祖。以紙牌書顯始祖考某官府君神位、顯始祖妣某氏某封神位，位于堂中，南向。質明，主人盥洗詣香案前，焚香，跪告辭。告畢，行降神禮。此祭及下先祖祭，乃伊川先生以義起者。朱子謂始祖之祭似禘，先祖之祭似祫。當初也祭，後覺似僭，皆不敢祭。今以義度之，祭始祖所以追報功德，祭先祖所以聯合族人，似皆人情所不容已者。況一歲一舉，其制既異于禘祫，而且儀物各從其分，亦無僭禮之嫌也。

案：《文獻通考》：光武建武二十六年，詔問張純禘祫之禮，純奏《禮説》云：三年一閏，天氣小備。五年再閏，天氣大備。故三年一祫，五年一禘。父爲昭，南向，子爲穆，北向。父子不並坐，而孫從王父。禘之爲諦，諦諟昭穆，尊卑之義也。禘祭以夏四月，陽氣在上，陰氣在下，故正尊卑之義也。祫祭以冬十月，五穀成熟，物備禮成，故此合聚飲食也。

案：楊愼云：「冬至祭始祖，立春祭先祖，程子説也。朱子作《家禮》，多取温公。而此二祭，則用程子焉。」楊氏謂朱子初年亦常行之，後覺似僭不敢祭。然朱子于《小學》書，亦既載程子斯言，借曰《家禮》未成之書，而《小學》則已成矣，不刊去之，必有其説。

儀節

就位，降神，詣盥洗所，盥手帨巾。詣香案前，跪，上香，告辭曰：「裔孫某，今以冬至，有事于顯始祖考妣，敢請尊靈降居神位，恭伸奠獻。」俯伏，興，平身，燎脂。主人以脂蒿燎于爐炭上。少（脚）〔却〕，鞠躬拜。凡二。興，平身，復位，詣酒樽所，酌酒，詣香案前跪，酹酒，俯伏，興，拜。凡二。興，平身，復位，參神，鞠躬拜。凡四。興，平身，進饌。初獻禮。左執事斟酒于二盞，主人詣神位前，執事捧從。詣顯始祖考妣神位前跪，祭酒，奠酒。俯伏，興，拜。凡二。興，平身，復位，展祝，詣讀祝位跪，皆跪，讀祝，俯伏，興，拜。凡二。興，平身，復位。分獻奉饌。亞獻禮，詣顯始祖考妣神位前，跪。祭酒，奠酒，俯伏，興，拜。凡二。興，平身，復位，分獻奉饌。終獻禮。並同亞獻。侑食，鞠躬拜。凡二。興，平身，皆出，闔門，祝噫歆，啓門，復位，獻茶，飲福，詣飲福位，飲福受胙，俯伏，興，拜。凡二。興，平身，復位，辭神，鞠躬拜。凡四。興，平身，焚祝，焚牌位，徹饌。禮畢。

祝文

維〇〇幾年歲次干支，月朔日干支，裔孫某等，敢昭告于

顯始祖考某官府君

顯始祖妣某封某氏

位前曰：「今以仲冬，陽至之始。追惟報本，禮不敢忘。敬以潔牲柔毛，粢盛醴齊，祗薦歲事。尚饗。」

立春祭先祖圖

兩列，左昭右穆相向，以北爲上。每考妣前設一卓，或多則每列各設長卓。又於堂中設一卓于香案之北，近裏盛饌俎牲。卓南設香案，前列炭爐、酒架、火爐、盥盆之類。一一如時祭之儀也。

先祖

立春祭先祖

大宗之家第二世以下祖，及小宗之家高祖以上，所謂先祖，維繼始祖繼高祖之宗得祭。

案：程子云：「初祖以下高祖以上之祖也。立春生物之始，故象其類而祭之。」前三日齋戒，前一日陳器。厥明，設蔬果酒饌，以紙牌書第幾世顯祖考妣神位。凡初祖以下，各照世次作紙牌。及有主者，至祭時請主出。考左妣右，分列亦可。將祭，主人率家衆詣祠堂焚香，跪告曰：「世孫某，兹以立春，合祭先祖于正寢。敢請列祖考妣，同伸奠獻。」告畢，敬捧牌主，至中堂，依序陳列。其他牌主在别室者，皆倣此。

案：《家禮》引程子謂祭初祖以下高祖以上之祖，則自高祖以下四時常祭者，不復與也。今擬併高曾祖考祭之，所以然者，蓋專爲合族以居者設也。凡其子姓在序拜奔走之列此者，其祖考皆在焉，不分近遠親疏，皆合享於一堂。合祀死者，所以萃聚生者矣。

案：《語録》云：先祖之祭，似亦可行。今且人家同居止四代，固不必行此祭。其有合族以居，累世共爨，生者同居而食，死者異席而祭，恐難以萃會人心于孝享之義也。宜于立春之日，中設先祖考妣于堂中。自先祖而下，考左妣右，分爲兩列。每年一行，庶幾累世不分者，得以萃聚群心，總攝衆志，孝祖睦族于悠久云。

儀節並同始祖之祭

祝文

維〇〇幾年幾次干支某月干支朔幾日干支，第幾世孫某某同族等，敢昭告于

先祖考某官府君

先祖妣某封某氏

位前曰：「今以立春，生物之始。追惟報本，禮不敢忘。敬以剛鬣之儀，明水醴齊，祗薦歲事。

二世祖考某官府君，二世祖妣某封某氏孺人，以下世次並祝，至高祖止。凡我宗親，咸茲合食。尚饗。」

禰

父廟曰禰。禰，近也。凡爲子皆得祭，支子不得祭。

季秋祭禰

案：程子云：「季秋成物之始，亦象其類而祭之也。」

案：古禮，禰之祭，支子不得行。蓋謂季秋成物之始也。若夫兄弟異居，往遠仕宦他方，聽如朱子所言，紙牌標記爲位，祭畢焚之可也。忌祭亦如之。及時節奉鮮之獻，行之恐亦無害。

案：《儀注》云：前一日下旬卜日，若不卜則擇日。于收成之後祭之。前三日齋戒，前一日設位，陳器具饌。敬設二位，若母存止設一位。厥明盛服，詣祠堂考妣櫝前跪焚香，告辭曰：「嗣子某，今以季秋成物之始，有事於考妣。敢請神牌神主出就正寢，恭伸奠獻。」告畢，俯伏，興，平身。執事以盤盛牌主，主人前導，衆親從之。至正寢，主人奉考牌，主婦奉妣牌，恭置于座行禮。

儀節並同時祭之儀但嘏辭惟改「祖」字爲「考妣」字，存如下句云云亦然。

祝文

維○○幾年歲次干支月干支朔日干支，嗣子某，敢昭告于

顯考某官府君

顯妣某氏孺人

位前曰：「今以季秋，成物之始。感時追慕，昊天罔極。敬以粢醴庶饈，用伸奠獻。尚饗。」

忌日

案：忌日，謂先人死者之初日也。《禮記》云：君子有終身之喪，忌日之謂也。晦庵曰：先王制禮，所以懼賢者之過，愚者之不及也。孝子之心，豈禮所得而盡載乎？然則終身之喪，不可不勉。前一日齋戒，蓋齋之曰內慎其心，外防其物，思其起居，思其笑語，思其志意，思其飲食，思其教化。其日衣巾素服以居，不飲酒，不食肉，寢於外，蓋思親之至，若將見之也。俗於日太羹玄酒，畢集賓朋，此散盡哀敬之意，非禮甚矣。雖然禮有往來，不可不答，次日可也。有曰生於泥不染於泥，此之謂也。

案：《通考》：「《丁晉公談録》：艾仲孺侍郎言仲孺嘗聞祖母當于歸時，衣笥中得黑黲衣。妯娌骨肉皆驚駭而詰之，云：「父母將此令候翁家私忌日著此衣出慰之。當時者士族之家猶有此禮，今之世固未嘗聞也。」

或問：「人家逼狹，未有祠堂，惟有寢室。奉祀列先同此，值諱忌日，告設如何爲是？」曰：「禮從宜。前一日變服，焚香預告曰：『今以某親遠諱之辰，敢請降居神位，恭伸追慕。』告畢，俯伏。務在敬誠，至日先

謁列先，後行忌禮。不必移設亦可。」

或問：「人在旅中，適臨諱忌。於所舍炷香加額可否？」曰：「這般微細處，古人不曾説。若是無大礙於義理，行之亦無妨。」或問：「母喪未除，而值考之忌日。設告如何得妥？」曰：「宜別設靈座告之，不可以配于後。蓋吉凶不相參也。」

案：《顏氏家訓》曰：忌日不樂，正以感慕罔極，惻愴無聊，故不接外賓，不理衆務也。所以盡思親之誠，伸終身之慕。晦庵先生，凡值先代忌日，着黲黑巾衫，必早起，出主於中堂，行三獻禮，闔門蔬食。此士大夫所當法也。故曰：君子有終制之喪，有終身之喪，有斯須之喪。終制之喪，三年是也。終身之喪，忌日是也。斯須之喪，吊日是也。夫天之道，陰陽不同時，則當寒而燠者，逆道也。人之理，哀樂不同日，則忌日接賓談笑如故者，逆理也。君子愛人以德，其勿咎哉。

前一日齋戒，設位，陳器，具饌。厥明夙興，設蔬果、酒饌。主人以下變服。高曾祖考妣衣用青素，祖考妣用烏冠白衣，考妣用白冠白衣。即入祠堂，盥洗，啓櫝，焚香，跪，告辭曰：「今以某親遠諱之辰，敢請神牌或主出就正寢，恭伸追慕。」舉哀，哀止，遠忌則否。俯伏，興，平身。執事以盤盛主，導至中堂，奉置于座。仍行忌禮。

儀節

序立，參神。衆拜。鞠躬拜。凡四。興，平身，降神，盥洗，帨巾。詣香案前，跪，上香，酹酒。俯伏，興，少却，鞠躬拜。凡二。興，平身，復位，進饌。初獻禮，詣酒注所斟酒，詣先考妣神位前，跪，祭酒，奠酒。俯伏，興，平身，復位。展祝，詣讀祝位跪，皆跪，讀祝。讀畢，置于香爐之右。俯伏，興，平身，少却，舉哀。哀止。惟顯考妣與祖考妣。鞠躬拜。凡二。興，平身，復位，分獻。亞獻禮，詣酒注所斟酒，詣神位前，跪，祭酒，奠酒，俯伏，興，平身，復位，分獻。終獻禮，詣酒注所斟酒，詣神位前跪，祭酒，奠酒，俯伏，興，平身，復位，分獻，進飯侑食。遍斟各盞。鞠躬拜。凡二。興，平身。主人以下皆出，下帷。祝噫歆，卷帷，復位，點茶，執事薦置位前。辭神，鞠躬拜。凡四。興，平身，焚祝。禮畢，送牌主歸祠堂。徹饌。

祝文

維○○幾年歲次干支月干支朔日干支，嗣子某，敢昭告于

顯考某官府君

位前曰：「歲序流易，諱日復臨。追遠感時，昊天罔極。恭備菲儀，用伸奠獻。敬奉

顯妣某氏孺人配食。暨

屬籍殤祔，咸茲來格。尚饗。」

母忌祝文云云，嗣子某敢昭告于

顯考某官府君，

顯妣某氏孺人

位前曰：「歲序流易，恭值尊妣諱日復臨。追遠感時，昊天罔極。爰備菲儀，虔伸奠獻。暨

屬籍殤祔，咸茲來格。尚饗。」

案：張氏《齊家寶要》云：配食者，配合也，蓋夫婦得合食也。凡祭父配母於後，祭母配父於前。高曾祖考妣亦然。告稱嗣孫某于祖，玄孫某于高祖，曾孫某于曾祖。但祝文自祖以上者，改「昊天罔極」爲「弗勝永慕」，旁親者改「追遠感時」爲「不勝感愴」。又「尚饗」之後，親屬卑幼，悉以類推。祝文隨時變易，務在盡情。且有事於卑，而及於尊者，未爲得宜。不若祭考妣之日，必先告内外列祖，然後奉祭考妣，想亦得宜。祭祖考妣者，其文下著「敬暨考妣伯叔嬸姑」，此是有事於尊，而及於卑可也。再如支子，仕宦他方，值親諱日，其告文稱「介子某」，或孫稱「介孫某」。

生日之祭

謂親生辰之日也。案馮善《家禮集説》：《家禮》親生辰無祭。鄭氏云祭死不祭生。今俗皆有祭，及觀義門鄭氏《麟溪集》，四月一日乃始遷祖初生之辰，奉神牌於有序堂上行一獻禮。此爲可據。竊念親在生辰既有慶禮，没遇此日，能不感慕？如死忌之祭者可也。

案：顧湄《生忌説》：宣德間有馮善者，著《家禮集説》有生忌之文，存既有慶，没寧敢忘？竊以爲非禮也。賈公彦云：「言忌者，以其親亡忌難，所以哀死也。」故死乃曰忌，生安得謂之忌哉？又見義門鄭氏《家儀》云：「生日之祭，《家禮》俱無。今以事亡如事存之禮推之，似不可少。以吉服就中堂位雙設，行一獻禮。」蓋馮善生既有慶二語本此《家儀》，乃元人鄭泳所著，合司馬氏《書儀》、朱子《家禮》損益成書。既曰《家禮》俱無，又曰「似不可少」，則亦以臆説，未敢自信。且不曰生忌，而曰生日之祭，似爲近古。

前一日齋戒，設位陳器。質明夙興，設蔬果、酒饌。主人吉服入祠堂，盥洗，啓櫝，焚香，跪告辭曰：

「今以某親降生之辰，敢請神牌或主出就正寢，恭伸追慕。敢告。」俯伏興，平身，以盤盛牌主奉置于堂。行禮儀節並同禰祭之儀。

告文

曰：「歲序流易，生辰復臨。存既有慶，歿寧敢忘。敬設菲儀，用伸奠獻。敢告。」

附人子生辰

案：《隋書·高祖紀》：仁壽三年夏五月，詔曰：「哀哀父母，生我劬勞。欲報之德，昊天罔極。但風樹不靜，嚴敬莫追。霜露既降，感思空切。六月十三日是朕生日，宜令海内爲武元皇帝、元明皇后斷屠。」

案：真〔德〕秀曰：「人子之於生日，苟無父母，當以忌日之禮自處。唐太宗以萬乘之主能行之，況學者而可昧此乎？」今北人有以生日爲母難日，祀其父母者，蓋思此身之所從來，有申吾追慕之情，良是也。程子亦云：「人無父母，生日當倍悲痛，更安忍置酒張樂爲樂？」欲人之自省切矣。」

墓祭

案：禮，展墓之禮，經固有明文。子路贈顔淵曰：「去國則哭於墓而後行，反其國不哭，展墓而入。」展墓者即後世之所謂拜埽也。桑梓之植，栝棬之澤，人子猶不敢忘，況親之體魄所藏，豈有終歲不省而能恝然者？故拜埽不可闕。拜埽既不可闕，則薦以時物，將其懿誠，亦禮之緣情而生，由義以起者。故蔡邕謂上陵之禮雖煩，而不可省。而朱子《家禮》亦載寒食墓祭之儀，致其怵惕之意。行墳塋，省封樹，翦荆棘，培土壤，爲禮之變而不失其正者也。

案：吴氏曰：「墓安而神魄安，廟安而神魄聚。人子之所以孝其親者，兩端而已。葬之日，送形而往之墓。蓋其可見而疑其無知者，敬藏之而不忍見其亡。葬之後，迎精而返於家，蓋其不可見而疑於無知者，敬收之而如或見其存。方其迎精而返於室也，一旬五祭，而不爲數，猶恐其未聚也。及其除喪，而遷於祠堂，一歲四祭，而不敢疏，惟恐其或散也。家有祠，祠有主，野有墓，墓有冢，禮之宜也。」

案：劉氏云：「人之死者，葬形原野，與世隔絶。孝子追慕之心，何有極限？當寒暑變遷，益用倍感。是宜省謁墳墓，以寓時思之敬。今寒食上墓，雖禮經無文，世世相傳，浸以成俗。上有萬乘有上陵之祭，下自庶民有上墓之祭。其祭品稱家貧富，務在誠潔而已。洋洋在上，安得不鑒我心，歆我祭祀乎？」

案：朱子嘗書《戒子》曰：「此見墓祭土神之禮。吾爲先人，託體原野而祀之。禮儀誠潔，以盡吾寧親事神之意，宜厚可也。」

或問：「祀土神，如何不在墓祭之前，且在墓祭之後？」曰：「吾爲吾親，來薦歲事，專誠在墓。土神後祭，蓋有吾親，然後有神。」

案：經云：每歲立□省祭亦可。

三月上旬擇日，今俗用清明日。前一日齋戒，整具，禮物金銀、紙錠、香酒、芙榔、茶品，及刀鋾等。厥明洒掃。

主人率子弟就墓所，奉行塋域。行二拜禮。環繞省視，除其草棘，奉培新土，完訖。再行二拜，布席陳禮于墓前。

儀節

序立，如家祭儀。參神，鞠躬拜。凡四。興，平身。跪，焚香。酹酒，斟酒，告辭曰：年月日，嗣子某或嗣孫曾孫玄孫某或介子某，敢昭告于某親府君孺人墓前曰：「千載松楸，頻年雨露。雨露既濡，曷勝感慕。爰茲展省，齋禮是具。九京可作，是饗是顧。敢告。」俯伏，興，拜。凡二。興，平身。點茶，辭神，鞠躬拜。凡四。興，平身。或有告文，則焚。禮畢。

祀告土神

布席，陳設禮品于墓左。俗禮忌用雞，俟後查究。

儀節

就位，降神，跪，上香，酹酒。盡傾于地。俯伏，興，參神，鞠躬拜。凡二。興，平身。跪，斟酒，告辭曰：年月日，某縣社姓名，敢昭告于本山土地尊神前曰：某躬脩歲事，于某親府君孺人尊墓，維時保佑，寔賴神庥。敬以菲儀，奉伸奠獻。敢告。俯伏，興，拜。凡二。興，平身，辭神，鞠躬拜。凡四。興，平身。或有告文，則焚。禮畢。

遣子入學告祠堂

儀節：序立，盥洗，帨巾，啓櫝，參神，鞠躬拜。凡四。詣香案前跪，焚香，斟酒，點茶，告辭曰：「年月日，某之長次子某或孫某，初學啓蒙。具陳清酌，伏願鑒歆，默扶振作，學習文章，聰明廣博，德業俱優，科名早擢。敢告。」俯伏，興，拜。凡二。興，平身，復位。辭神，鞠躬拜。凡四。興，平身，闔櫝，禮畢。

有子應鄉試告祠堂

儀節如前。告辭曰：「年月日，某之長次子或孫某從事史經，粗知學問。茲届科期，入場應試。伏望俯垂呵護，俾朱衣點頭，青眼閱卷，文章中選，科第聯登。敢告。」

有子應會試告祠堂

儀節如前。告辭曰：「年月日，某之長次子或孫某，學問粗疏，濫叨鄉薦。玆届會科，登程赴選。伏望俯垂呵護，俾朱衣點頭，春風得意，玉陛傳臚，金泥報喜。敢告。」

試中秀才謁禮祠堂

儀節：序立，盥洗，啓櫝，參神，鞠躬拜，凡四。興，平身，詣香案前跪，降神，上香，酹酒，俯伏，興，平身。少却，鞠躬拜。凡二。興，平身，復位。行初獻禮，詣酒樽所斟酒，詣神位前跪，祭酒，獻酒，俯伏，興，平身，復位，詣讀祝位跪，讀祝，俯伏，興，拜。凡二。興，平身，復位，分獻。行亞獻禮，詣酒樽所斟酒，詣神位前跪，祭酒，獻酒。俯伏，興，平身，復位，分獻。行終獻禮。並如亞獻。獻茶，辭神，鞠躬拜。凡四。興，平身，焚祝，闔櫝，徹饌，禮畢。

祝文

曰：「某以某年月日，鄉試預中秀才。奉承先訓，得遊庠序。餘慶所及，不勝感慕。敬以菲儀，用伸虔告。尚饗。」

試中舉人謁禮祠堂

儀節如前。

祝文

曰：「某以某年，鄉試預中舉人第幾名。奉承先訓，得登賢書。餘慶所及，弗勝感慕。敬以菲儀，用伸虔獻。尚饗。」

試中進士榮歸謁祭祠堂

儀節如前。

祝文

曰：「某以某年，會試中式第幾名，庭試第幾甲幾名，恩賜進士及第，或賜同進士出身。奉承先訓，得雋南宮。餘慶所及，弗勝感慕。敬以菲儀，用伸虔獻。尚饗。」

授官

儀節如前。

告辭曰：「某以某年月日，蒙恩授爲某官。奉承先訓，獲霑禄位。餘慶所及，不勝感慕。敬以菲儀，用伸虔告。敢告。」

受封

親能義方教子，子能揚名顯親。朝廷養士，恩深祖先。積善世久，幸遇茲典，何以祇承。遥謝闕庭，告知家廟。

儀節：前一日，本家設誥案於正廳中，設香案于誥案之南。其日彩亭鼓樂。如無彩亭，用盤獻，一人捧前行。受誥官前行。誥將至。受封者出大門外迎接。命婦服冠服，接迎于門內。候誥輿。或彩亭，或盤獻。入門。隨至廳前。各就拜位。執事者于輿内捧誥置於案。贊禮者贊。鞠躬，五拜，三叩頭。如命婦，不必叩頭。捧誥入受封，并受誥官具香燭等禮品。詣家祠。贊唱就位，鞠躬，拜凡四。興，平身，詣香案前跪，焚香，酌酒，祭酒，獻告辭。維年月日，玄孫某，敢昭告于家祠歷代尊靈曰：「某之子某，以某年月日，仰荷皇仁，推恩所生，誥封某爲某官，某氏爲某封，奉承先訓，獲受恩榮。餘慶所及，不勝感慕。敬以菲儀，用伸虔告。敢告。」俯伏，興，拜。凡二。興，平身，復位。辭神，鞠躬，拜。凡四。興，平身。或祝則焚。禮畢。

受誥官及命婦，出正廳坐。長子、衆子、諸婦及孫，行四拜賀禮。

追贈

朝廷推恩封贈，皆許請誥，敬録焚黄。蓋以孝治天下，亦恤臣子之私也。恭承恩命，梓里生光，慶溢門閭，顯榮父母。所行之禮，不宜簡也。朱子曰：「近日焚黄行之墓次，不知于禮何據？張魏二公只告于廟，疑爲得體。但今世皆告於墓，恐未免隨俗耳。」兹擬改題于廟，焚黄于墓，儀節在後。

案：《大清會典》云：恭遇覃恩告廟，諏吉致齋。陳設均如時祭，先期别書制辭一通，祭日進爵祝讀告辭後，以追贈誥。主人奉考牌主，卑者奉妣牌主，俟於廟門外。宣制者一人，以同姓或戚屬已仕者朝服奉制入廟門。主人率族姓跪接，隨至階下序立。考東妣西，族姓重行立其後，皆北面。宣制者升東階，至香案前，南向立。主人以下皆跪。宣制畢，主人奉牌主率族姓行三跪九叩禮。宣制者奉安神案南正中，降階出。主人奉牌主詣神案前，改題新贈爵位。奉牌主復位，退各就拜位。再進爵，三進爵，受福胙如時祭。禮畢，焚黄之。

家祠改題

前一日齋宿，設位陳設。令善書者，以黄紙録制書月日，照誥軸，寫誥辭、祝文各一通。齊備香燭于贈之牌主龕前，旁設盥洗、帨巾，以便請牌主。又設題牌主香案于正廳東，西向。别置一卓子于側，備净水、刷子、膠粉、盞、新筆、墨硯于上。旁用盆炭少許，以便改題牌主。再設神位正席于堂中，贈主或牌每位一席。總設一香案，置茅沙盆。設宣制位于香案左，南向。設讀祝位，設主人以下拜位。别設一卓子于阼階，列酒注、盤盞、獻饌，其祭品豐儉隨家。阼階下設盥洗、帨巾，立贊引及各執事。西階之下置一卓子，設火爐、茶盞，以俟行禮。

儀節：祠内點香爐，主人以下隨分盛服、仕服、青錦鏽。主人詣祠堂序立。男左女右。盥洗，帨巾，啓櫝。惟啓所贈之櫝。出牌或主。主人出考牌，主婦出妣牌。復位，詣香案前，跪，焚香，告辭曰：「嗣子某或次曰介子某，祗奉制書，追贈顯考某銜府君、顯妣某銜某人。恭請神牌或主改題奉祀，出就正寢，用伸祭告。敢告。」請神牌或主。執事者以盤盛捧之。主人前導至正寢，安于卓子上。執事以刷子洗去粉面舊字，或粘舊紙奉揭焚之。别粘新紙，或塗新粉，稍近火，俟粉乾，或粘糊紙，始題。勿去奉祀名。題牌或主。命善書者改題所贈官封爵位于牌面。又如主式有前面有陷中，改題改前面不改陷中。牌主題畢，以所洗之水灑于壁上。凡題官封與初喪題主不同。奉牌主。執事以盤盛捧之。主人奉考牌，主婦奉妣牌。前導至堂，各置正席椅上。易錦鏽，吉用，候行祭告禮也。

序立，男左女右。若仕者有父兄，則父兄主祭，仕者立本位。參神，鞠躬拜。凡四，以下皆拜。興，平身，降神，盥洗，帨巾。詣香案前，跪，上香，酹酒。盡傾茅上。俯伏，興，拜。凡二。興，平身，復位，進饌，行初獻禮。詣神位前。如贈二代或三代，則詣某考妣位前。如有前母者，則先前母，次及母，但以顯妣某氏以別之。跪。執事以盞授于主人。祭酒。少傾茅上。奠酒。執事者接盞，置考妣位前。俯伏，興，平身，復位。詣讀祝位，跪。以下皆跪。讀祝。跪讀主人之左。宣制詞，俯伏，興，拜。凡二。興，平身，復位，行亞獻禮。仕者行之。詣盥洗所，盥洗，帨巾，詣神位前，跪。執事以盞授于仕者。祭酒，奠酒。如前。俯伏，興，平身，復位，行終獻禮。父兄主祭，如初獻禮。詣神位前，跪。執事以盞授于主人。祭酒，奠酒，俯伏，興，平身。復位，侑食，温酒斟滿，正箸飯上。鞠躬，拜。凡二。興，平身，復位，獻茶。辭神，鞠躬拜。凡四。興，平身，焚祝。其所録制書黄紙者，留待墓上焚用。禮畢。

主人主婦照前儀奉牌主入櫝。安訖，然後擇日行焚黄禮。

墓上焚黄

墓所先搭廠或帳棚，陳設祭禮，預備祝板，寫祝文二通，一墓祭文，一土神祭文。香爐、燭臺並爵盃，每位三隻酒注，及禮品、金銀、錠紙。是奉黄制書于彩亭内，鼓樂前導至墓所。先祀土地之神，然後告墓。

祀土地神

儀節：就位，降神，盥洗，帨巾。詣香案前，跪，上香，酹酒盡傾于地。俯伏，興，參神，鞠躬拜。凡二。興，平身，跪。初獻酒，讀祝。跪讀主人之左。俯伏，興，平身。跪，亞獻酒，俯伏興，平身。跪，終獻酒，俯伏，興，平身，辭神，鞠躬拜，凡二。興，平身，焚祝文，禮畢。

祝文

維○○年歲次干支月朔日辰，縣社某官姓名，敢昭告于本山土地尊神曰：「某祇奉制書，追贈某親府君爲某官、某親某封某氏爲某封。維兹也窀，寔賴神庥。遵典昭事，敢有弗虔。蘋藻雖微，庶將誠意。惟神歆鑒，永奠厥居。尚饗。」

焚黄儀節

序立，主人以下各就位。若仕有父兄，則父兄主祭，仕者立本位。錦鏽吉服，有公服者公服。參神，鞠躬拜，凡四。興，平身，降神，盥洗，帨巾，詣香案前。古人用潔席於墓設禮，今人或用卓椅或香案，隨便。跪，上香。酹酒。即酹墓地。俯伏，興，拜。凡二。興，平身，復位。初獻禮，詣神墓前，跪。執事以盞者授主人。祭酒。少許于地。奠酒。置在位前。俯伏，興，平身，復位。詣讀祝位，跪。以下皆跪。讀祝。跪讀主人之左。宣制詞。贊禮聲音洪亮者一人之香案前，面東立，宣讀。俯伏，興，拜。凡二。興，平身，復位。亞獻禮。仕者行之。詣盥洗所，盥洗，帨巾。詣神墓前，跪。執事以盞授于仕者。祭酒，奠酒，俯伏，興，平身，復位。終獻禮，父兄主祭，如初獻禮。詣神墓前，跪。如前。祭酒，奠酒，俯伏，興，平身，復位，侑食，鞠躬拜。凡二。興，平身，點茶，焚黄。執事捧所録制書黄紙，遞就案前并祝文焚之。辭神，鞠躬拜。凡四。興，平身，禮畢。

祝文

維〇〇幾年歲次干支月朔日辰，孝男某官某，敢昭告于

顯考某官府君。

顯妣某封某氏

前曰：「某奉承先訓，竊禄于朝。仰荷

皇仁，推恩所生。乃於某月某日

誥贈考爲某官、妣爲某封。惟是音容日遠，追養靡從。祇奉

命書，且喜且悲。敬録以焚，倍加哀隕。今以清酌庶羞，用伸虔告。敢告。」又如外官則云「叨有禄位」，再贈

則云「加贈」，受勑則改「誥」爲「勅」，隨宜用之。若次子仕而奉贈，曰「孝子某」爲「介子某官奉命敢昭告于」。

若追贈祖考妣，改「推恩所生」爲「推恩及祖」。下同

祀竈府神

案：《月令》曰：孟夏之月，其祀竈。《白虎通》云：竈者，火之主，人所以自養也。夏日主長養萬物，故祭之。又如歲暮祀竈者，何也？曰古有五祀，獨大夫以上得祭之，故必順時以祭于夏。今庶人惟許祭竈，必俟成功而報之，故於歲暮祭之。

案：《感應真定》曰：竈者，五祀之一，而具五行之全德，司十干之變化，以濟其用。以爲範圍絪緼元氣，保合太和，化生萬物，主持人命，故曰東厨司命。黄帝竈君，以司一家良賤之命，在天爲五帝直符，在地爲五音太歲，在人爲五音竈君。常將世間善惡事狀每至月晦奏聞，陰陽二景記之黑簿。明察如是，凡事要宜修省，不敢懈怠。古人所重歲暮祀竈，隨宜齋饌。用紙牌書司竈尊神，置竈上焚香再拜，跪告曰：「今日歲暮，歲請司竈尊神，出寢就祭。敢告。」奉迎紙牌，敬置寢堂行禮。又如人家有設静院，日夜奉祀。是日夙興，盥洗、焚香拜，跪告曰：「今日歲暮，敢請降居神位，恭伸祀獻。敢告。」然後行禮。

儀節：就位，迎神，鞠躬拜，凡四。興，平身，盥洗，帨巾，詣神位前跪，上香，俯伏，興，平身。跪，初獻

酒，執事捧獻置神位前。讀祝，或告辭。俯伏興，拜，凡二。興，平身，跪。亞獻酒，俯伏，興，平身。跪，終獻酒，俯伏，興，平身，復位，辭神，鞠躬拜，凡四。興，平身，焚祝。告辭則否。禮畢。

祝文

維○○幾年歲次干支月朔日辰，府縣社某姓名，敢昭告于

本居司竈尊神位前曰：「歲云暮矣，一家康吉。享茲火食，寔賴神庥。若時報事，罔敢弗虔。菲禮將誠，惟　神歆顧。尚饗。」

有事必禱告文

曰：「一家司命，五祀居先。凡關休戚，莫不燭焉。今爲某事，敬設禮筵，冒陳衷悃，仰叩神前。願祈保佑，五福兼全。敢告。」

入宅告文

曰：「德隆司火，舉家憑照耀之恩。神可通天，合室藉幫扶之力。茲因入宅，敬獻菲儀。伏望降福降祥，人物康阜，曰富曰貴，門户平寧。敢告。」

祀土地神

案：《白虎通》云：王者所以有社者何？爲天下求福報功也。又曰：王者自親祭社者，以社者土地之神也。土生萬物，天下之所主也。尊重之，故自祭也。禮曰：王者二社，爲天下立社曰大社，自立其社曰王社。大社爲天下報功，王社爲京師報功。祖先之體魄藏山林，固當祀其主以報之。至於祖先之神接於

廟祔，亦必有主之者，而獨不知所以報之可乎？四時之祭土地，亦爲吾祖先報功焉耳。

案：《朱子大全》云：有四時祭土地。夫墓祭者，祭后土也。時祭者，祭土地也，亦禮之宜矣。每季仲月擇日，及歲暮布席陳饌。春于所居之東，夏南、秋西、冬北，隨宜齋饌。

儀節並同祀竈之儀

祝文

土地尊神位前曰：「維此仲春夏秋冬，歲功云始。夏云「時物長茂」，秋云「歲功將就」，冬云「歲功告畢」。若時昭事，夏秋冬則改「昭」爲「報」。敢有弗虔。蘋藻雖微，庶將誠意。惟神鑒格，永奠厥居。尚饗。」歲暮則改「維此仲月」爲「歲律將更」，「歲功云始」爲「幸兹得安」。

起屋告文

曰：「澤益家人，四序引惟康之貺；豐恒大有，千年憑保定之恩。兹因竪造吉辰，敬展虔祈誠悃。伏願尊靈默佑，厚德宏敷。俾其宅第興隆，人物昌盛。敢告。」

入宅告文

曰：「坤輿多發育，一門憑奠定之功；土德播生成，合室賴幫扶之力。兹因入宅，敬設菲儀。伏望鑒歆，錫之純嘏。安仁安宅，有土有財。老幼康寧，人物樂利。敢告。」

祀門神

入宅告文

曰：「赫赫厥聲，一室之往來有賴；洋洋在上，同人之出入攸關。兹因入宅吉辰，敬達虔祈誠意，仰憑呵護，錫以康常，出入亨通，往來貞吉。敢告。」

商賈開張店肆祀神儀節同上　告文

土地興旺福德尊神，招財進寶童子，和合利市僊官，值日受事功曹位前曰：「利攸宜於南北東西，仰神功之保佑。財畢集於秋冬春夏，憑聖德之匡扶。兹因發兑，敬設菲儀，伏望鑒臨，庶昭誠意。俾其往來買賣，水陸平寧，貨府貿遷，利源洋溢。敢告。」

醫士祀神儀節同上

告文

歷代先聖，群僊上真，天醫使者治病功曹位前曰：「仁術弘敷，景神功之赫赫；靈丹普施，仰聖德之巍巍。兹因發藥，恭獻菲儀，伏願鑒臨，庶昭誠意。俾其望聞問切，認症無差，佐使君臣，投劑有凖。回生起死，憑大化于無言；救弱就安，躋斯人于壽域。病隨藥散，財與福來。敢告。」

百藝祀先師儀節同上　告文

先師位前曰：「才高出類，智邁先知。藝雖有用，各適其宜。緬懷靈祐，敬獻菲儀。仰祈鑒降，錫以純禧。敢告。」

田家稼禾苗祀神儀節同上　告文

先農尊神曰：「參天贊化，相地因時。風雨順調，蝗蟲害息。苗不耘而自長，草不除而自無。秀寔連阡，禾麻告熟。仰足事而俯足育，歲咏豐登；國以泰而民以安，人歌利樂。敬陳菲禮，仰鑒微誠。敢告。」

祀當年行譴諸尊神儀節同上

子年周王行譴天瘟行兵之神李曹判官

丑年趙王行譴三十六傷行兵之神曲曹判官

寅年魏王行譴木精行兵之神蕭曹判官

卯年鄭王行譴石精行兵之神柳曹判官

辰年楚王行譴火精行兵之神表曹判官

巳年吴王行譴天耗行兵之神許曹判官

午年秦王行譴天耗行兵之神王曹判官

未年宋王行譴五盜行兵之神林曹判官

申年齊王行譴五廟行兵之神宋曹判官

酉年魯王行譴五嶽行兵之神巨曹判官

戌年越王行譴天伯行兵之神城曹判官

亥年劉王行譴五瘟行兵之神元曹判官

祝文

維〇〇幾年歲次干支月朔日干支，府縣社姓名，敢昭告于

今年某王行譴尊神

明年某王行譴尊神

位前曰：「除辰送臘，春日迎祥。特薦菲誠，必告禮也。恭惟　二位尊神，聰明令德，正直英資。奉　天分掌塵寰，萬國仰蔭庇幫扶之澤；贊化迭司歲令，四序權慘舒動靜之宜。恭值代之候，聊陳迎送之儀，仰干　玄聽，默錫純禧，災殃隨冬雪以消除，正享平康之慶；富貴向春花而啓發，滋培盛大之基。禎祥悉集，福禄永綏。寔賴　尊慈默相之德也。敢告。」

小學開心禮

安清齋云：凡童幼入學，擇吉月日，請德行博學者，方可受教。又如先聖誕生，庚子日冠昇，壬戌日皆所敬避。又忌胞胎月中法曰：用木板薄小一片，净絹三尺五寸包板，三尺以象三才，五寸以象五行。貴者用明珠，庶人用明鏡。朱筆硯黄紙等物，置于卓子之左，及帨巾者。其禮品貴者用牲，庶人用雄鷄，或三或一，及鯉魚四尾，金銀錠紙香燭美酒具足。前一日齋戒，至日厥明陳設禮品，行禮如儀。

儀節：就位，盥洗，帨巾，焚香迎禮，鞠躬拜，凡四。祭人童子共拜。興，平身。行初獻禮，詣先聖位前跪，獻酒，俯伏興，平身，復位，詣讀祝位跪，皆跪，讀祝，俯伏興，拜凡二。興，平身，復位。行亞獻禮，詣先聖位前跪，獻酒，俯伏興，平身，復位。行終獻禮，詣先聖位前跪，獻酒，俯伏興，平身，復位。童子詣卓子前跪，師祝曰：「進于傳集，五臟開明，聞一知十。」祝畢，以黄紙朱筆書符：開身，開心，除穢，洗净。以新汲水浸

明珠明鏡，將此符字焚入水珠，使童子飲之。童子復位，鞠躬拜，凡四。興，平身，跪。師以板朱書「天賜聰明，聖扶功用」等字，授于童子。童子兩手捧受，加額，焚祝。童子謝尊師，鞠躬拜，凡四，各皆共拜。興，平身。禮畢。

祝文

維〇〇幾年歲次干支月朔日干支，府縣社姓名親子或親孫姓名，敢昭告于

先聖師位前曰：「初入小學，必告禮也。茲阮某有親子某或親孫某，行庚千歲，年存童穉，望向儒門。恭陳微禮，仰達

主尊。願祈心性聰明，廣見聖賢之域。俾之文章學習，洞開奧旨之源，科名早占，福禄永存，寔賴匡扶之德也。敬暨

先賢先儒列位格祔。尚饗。」

士子春秋禮　告文

恭惟

先聖師，德配天地，道冠古今。定《禮》删《詩》，邁古今而首出；傳道設教，揭日月以常昭。公大道而育英才，七十子之裁成可仰；繼往聖以開來學，千億年之教澤如新。茲值三春、秋之候，敬申百拜之儀。伏願灑杏壇之化雨，澤濟文人；颺泗水之春風，香傳書府。夙承者聯登科甲，繼起者早列膠庠。師和弟而文藻日新，幼與童而聰慧辰啓。書香不輟，教思無窮。　敬暨

先賢列位

先儒列位，同格祔。尚饗。

祀文昌帝君　告文

恭惟

帝君，華陰毓秀，潼水鍾靈。位列天垣，接薪傳於往聖。星羅北極，垂道統於後儒。洵哉人物權衡，允矣文章

司命。緬懷靈祐，敬獻菲儀。仰望鑒臨，庶昭誠意。伏惟尚饗。

祀城隍祈福誕神

前一日齋戒，陳設祭器，預告儀節。就位，盥洗，帨巾，焚香，鞠躬拜，凡四。詣尊神位前，跪獻酒，執事告辭曰：節屬春、夏、秋、冬天，例有祈福，恭逢尊誕。敬用微儀，預先虔告。敢告。俯伏興，拜，凡二。興，平身，復位，辭神，鞠躬拜，凡四。興，平身，禮畢。

正祭儀節：執事者各司其事，糾察祭物。執事二人，捧燭前導，引祭主上入祠内，察問禮物具足，再引祭主降于庭西，復舊位。瘞毛血。毛以示物，血以告殺。宰牲者一人取其毛血，埋之于外。無則否。詣盥洗所，盥洗，帨巾，陪祭員就位，祭官就位，詣香案前跪，上香。左右執事二人，捧香爐香盒，並詣跪授祭官。祭官捧領焚香，加額，再授于執事，進置案上。俯伏興，平身，復位，迎神，鞠躬拜，凡四。興，平身。行初獻禮，詣酒樽所。司樽者舉冪酌酒，祭官酌酒，執事捧酒前導，祭官從之。詣尊神位前跪，祭官執事皆跪。進爵，獻爵，執事授酒于祭官，祭官受此加額，再授于執事捧獻。俯伏，興，平身，復位，展祝，詣讀祝位跪，皆跪，讀祝，跪讀祭主之左。俯伏興，拜，凡二。興，平身，復

位，均獻。左右有配祀者，分獻。如無勿唱。亞獻禮，詣酒樽所，司樽者舉冪，酌酒，詣尊神位前跪，進爵，獻爵，如前。俯伏，興，平身，復位，均獻。終獻禮，如亞獻儀。飲福，内執事取羌椰五口、福酒一盞，盛于盤，捧出立授主祭者。詣飲福位跪，主跪。飲福受胙，俯伏，興，拜，凡二。興，平身，復位，謝尊神，鞠躬拜，凡四。興，平身，焚祝。禮畢。

祈福文

位前曰：「例有祈福，必告禮也。恭惟尊神，氣符山嶽，德具陰陽。聰明正直，睿智温良。捍除災患，錫以禎祥。春、夏、秋、冬天節屬，肅薦馨香。仰祈昭鑒，俾壽而昌。尚饗。」

春夏秋冬神誕文

位前曰：「恭逢尊誕，必告禮也。日行東陸，序屬春天。日行南陸，序屬夏天。日行西陸，序屬秋天。日行北陸，序屬冬天。恭逢誕降，敬設儀筵。仰祈照鑒，庶達微虔，民康物阜，福禄長延。尚饗。」

封贈神祀

嘉隆九年六月日，欽奉神敕，侍中學士良堂范先生儀著，因録存之，以備觀覽。

係欽迎至儀門外，告辭云：「兹欽奉勅書，加封美字。敢告。」祭員二人奉神扆降堦預先排設，或代用神香瓶亦得。迎接。勅至，奉神扆于廟堦之左面，向西。勅案從中門而入，奉神扆隨勅案由左入。安置勅案訖，奉神扆復舊位。令善書者以黄紙敬録勅書、祝文各一通，然後行焚黄禮。

儀節：陪祭員就位，獻祭員就位，迎神，鞠躬拜，凡四。興，平身，盥洗，帨巾，詣香案前跪，上香，俯伏興，平身，復位。初獻禮，詣酒樽所，司樽者舉冪，酌酒，詣尊神位前跪，進爵，獻爵，俯伏，興，平身，復位，展祝，詣讀祝位跪，皆跪，讀祝，宣勅，案前西向東立宣讀。俯伏興，拜，凡二。興，平身，復位。亞獻禮，詣酒樽所，司樽者舉冪酌酒，詣尊神位前跪，進爵，獻爵，俯伏興，平身，復位。終獻禮，詣酒樽所，司樽者舉冪酌酒，詣尊神位前跪，進爵，獻爵，俯伏，興，平身，復位，焚黄，焚祝，辭神，鞠躬拜。凡四。興，平身。禮畢。

祝文

位前曰：「焚黄必告，禮也。　恭惟

尊慈，天潢衍派，玉牒留芳，聲靈赫濯，功德茂隆。歷世以來，薦加祀典。兹迎奉登秩，加封美字，敬録以

啓。伏望

光膺顯號，永錫玄禧。凡此下民，並受其福。敢告。」

出行江禮儀節如前祀土地儀　告文

尊神覃恩海内，廣大其天。維舟維楫，利涉巨川。渡經寶埠，敢擅行船。爰陳微禮，虔告惟先。仰祈

默佑，萬慶全焉。於昭尚饗。

施濟孤亡　告文

衆孤壇前曰：生而又化，蓋猶夜旦之必然；教有度陰，亦是顯微之一理。悲夫衆孤等，夢已黄粱，跡

居黑世。或男女老幼，未同苦海之超；或孤獨困窮，猶外慈航之濟。茫茫星遠天高，耿耿霜侵霧噎。念彼歲時饑渴，孰不興布施之思？憐渠道路漂流，孰不起哀矜之意？東西南北，聽其自來。菜粥冥衣，敬之以禮。後先次序，同歆潦草之筵。陰護呵扶，尚迓康常之祉。於惟昭告。

附集諸家日課趍吉便覽

逐月吉日月橫看去一日直看下

	正	二	三	四	五	六	七	八	九	十	十一	十二
天德百事吉	丁	申	壬	辛	亥	甲	癸	寅	丙	乙	巳	庚
月德百事吉	丙	甲	壬	庚	丙	甲	壬	庚	丙	申	壬	庚
天德合百事吉	壬	巳	丁	丙	寅	己	戊	亥	辛	亥	申	乙
月德合百事吉	辛	己	丁	乙	辛	己	丁	乙	辛	己	丁	乙
天喜百事吉，宜結婚	戌	亥	子	丑	寅	卯	辰	巳	午	未	申	酉
天富百事吉，宜造葬	辰	巳	午	未	申	酉	戌	亥	子	丑	寅	卯
天成	未	酉	亥	丑	卯	巳	未	酉	亥	丑	午	巳
吉慶	酉	寅	亥	辰	丑	午	卯	申	巳	戌	未	子
陰德	酉	未	巳	卯	丑	亥	酉	未	巳	卯	丑	亥

福生	酉	卯	戌	辰	亥	巳	子	午	丑	未	寅	申
月恩百事吉	丙	丁	庚	己	戊	辛	壬	癸	庚	乙	甲	辛
生氣百事吉，宜修造	子	丑	寅	卯	辰	巳	午	未	申	酉	戌	亥
普護百事吉	申	寅	酉	卯	戌	辰	亥	巳	子	午	丑	未
益後百事吉，宜嫁娶	子	午	丑	未	寅	申	卯	酉	辰	戌	巳	亥
續世同前	丑	未	寅	申	卯	酉	辰	戌	巳	亥	午	子
要安百事吉	寅	申	卯	酉	辰	戌	巳	亥	子	午	未	丑
五富百事吉	亥	寅	巳	申	亥	寅	巳	申	亥	寅	巳	申
天財	辰	午	申	戌	子	寅	辰	午	申	戌	子	寅
地財	巳	未	酉	亥	丑	卯	巳	未	酉	亥	丑	卯
明星百事吉，宜造葬	申	戌	子	寅	辰	午	申	戌	子	寅	辰	午
驛馬	申	巳	寅	亥	申	巳	寅	亥	申	巳	寅	亥
解神	申	申	戌	戌	子	子	寅	寅	辰	辰	午	午
六合百事吉	亥	戌	酉	申	未	午	巳	辰	卯	寅	丑	子
三合百事吉	午戌	未亥	申子	酉丑	戌寅	亥卯	子辰	丑巳	寅午	卯未	辰申	巳酉

金堂	辰	戌	巳	亥	午	子	未	丑	申	寅	酉	卯
敬心	未	丑	申	寅	酉	卯	戌	辰	亥	巳	子	午
青龍黃道	子	寅	辰	午	甲	戌	子	寅	辰	午	申	戌
明堂執儲	丑	卯	巳	未	酉	亥	丑	卯	巳	未	酉	亥
金櫃黃道	辰	午	申	戌	子	寅	辰	午	申	戌	子	寅
玉堂陽道	未	酉	亥	丑	卯	巳	未	酉	亥	丑	卯	巳
司命陽道	戌	子	寅	辰	午	申	戌	子	寅	辰	午	申
聖心	亥	巳	子	午	丑	未	寅	申	卯	酉	辰	戌
吉期	卯	辰	巳	午	未	申	酉	戌	亥	子	丑	寅
寶光	巳	未	酉	亥	丑	卯	巳	未	酉	亥	丑	卯
六儀	辰	卯	寅	丑	子	亥	戌	酉	申	未	午	巳
禄庫	辰	巳	午	未	申	酉	戌	亥	子	丑	寅	卯
天醫宜治病	戌	亥	子	丑	寅	卯	辰	巳	午	未	申	酉
天倉	寅	丑	子	亥	戌	酉	申	未	午	巳	辰	卯
福德	辰	巳	午	未	申	酉	戌	亥	子	丑	寅	卯
支德	未	申	酉	戌	亥	子	丑	寅	卯	辰	巳	午

天福百事吉　春己戊　夏庚辛壬癸　秋乙甲　冬丁丙

天赦百事吉　春戊寅　夏甲午　秋戊申　冬甲子

天貴百事吉　春甲乙　夏丙丁　秋庚辛　冬壬癸

歲德百事吉　甲年在甲　乙年在庚　丙年在丙　庚年在庚　辛年在丙
丁年在壬　戊年在戊　己年在甲　壬年在壬　癸年在戊

福厚　春寅　夏巳　秋申　冬亥

大紅砂　春戊子　夏辰巳　秋午未　冬甲戌

旺日　春甲寅乙卯　夏丙己丁午　秋庚申辛酉　冬壬子癸亥

母倉　春亥子　夏寅卯　秋辰戌丑未　冬申酉

相日　春巳午　夏辰戌丑未　秋亥子　冬寅卯

天恩百事吉　甲子　乙丑　丙寅　丁卯　戊辰　己卯　庚辰　辛巳
壬午　癸未　己酉　庚戌　辛亥　壬子　癸丑

天瑞百事吉　戊寅　庚寅　己卯　辛巳　壬子

大明吉日百事吉　甲辰　甲申　乙卯　乙巳　乙未　丙辰　辛亥　辛酉　丙午　丁丑　庚申
丁亥　己未　己酉　庚戌　辛未　癸酉　壬辰　壬午　壬寅　壬申

鳴吠吉日 五姓安葬之神

壬申 癸酉 壬午 甲申 乙酉 丙申 丁酉
壬寅 丙午 己酉 庚申 辛酉 庚午 庚寅 上下相呼

鳴吠對日 金鷄鳴玉犬吠

丙寅 丁卯 丙子 辛卯 甲午
庚子 壬子 癸卯 甲寅 乙卯 亡靈安穩

逐月凶日

	正	二	三	四	五	六	七	八	九	十	十一	十二
天罡百事忌	巳	子	未	寅	酉	辰	亥	午	丑	申	卯	戌
天吏至死	酉	午	卯	子	酉	午	卯	子	酉	午	卯	子
天瘟忌修造治病	未	戌	辰	寅	午	子	酉	申	巳	亥	丑	卯
天賊忌竪造動土	辰	酉	寅	未	子	巳	戌	卯	申	丑	午	亥
地賊忌造葬動土	丑	子	亥	戌	酉	申	未	午	巳	辰	卯	寅
受死忌起造百事	戌	辰	亥	巳	子	午	丑	未	寅	申	卯	酉
殺主書謂訛神，俗今忌用	巳	子	未	卯	申	戌	丑	亥	午	酉	寅	辰
月破	申	酉	戌	亥	子	丑	寅	卯	辰	巳	午	未
月刑	巳	子	辰	申	午	丑	寅	酉	未	亥	卯	戌

月殺忌出行、納財	丑	戌	未	辰	丑	戌	未	辰	丑	戌	未	辰
月害	巳	辰	卯	寅	丑	子	亥	戌	酉	申	未	午
披麻殺忌嫁娶、入宅	子	酉	午	卯	子	酉	午	卯	子	酉	午	卯
月厭忌嫁娶	戌	酉	申	未	午	巳	辰	卯	丑	寅	子	亥
厭對忌嫁娶、造作	辰	卯	寅	丑	子	亥	戌	酉	申	未	午	巳
災殺	子	酉	午	卯	子	酉	午	卯	子	酉	午	卯
歸忌忌入宅、嫁娶	丑	寅	子	丑	寅	子	丑	寅	子	丑	寅	子
往亡忌出行、嫁娶	寅	巳	申	亥	卯	午	酉	子	辰	未	戌	丑
荒蕪百年忌	巳	酉	丑	申	子	辰	亥	卯	未	寅	午	戌
游禍	巳	寅	亥	申	巳	寅	亥	申	巳	寅	亥	申
大耗百事忌	申	酉	戌	亥	子	丑	寅	卯	辰	巳	午	未
天刑黑道	寅	辰	午	申	戌	子	寅	辰	午	申	戌	子
朱雀黑道　忌入宅、開門	卯	巳	未	酉	亥	丑	卯	巳	未	酉	亥	子
白虎黑道　忌修造、嫁娶、埋葬	午	申	戌	子	寅	辰	午	申	戌	子	寅	辰
天牢黑道	申	戌	子	寅	辰	午	申	戌	子	寅	辰	午
玄武黑道　主女人私情、盜失財物	酉	亥	丑	卯	巳	未	酉	亥	丑	卯	巳	未

勾陣黑道	亥	丑	卯	巳	未	酉	亥	丑	卯	巳	未	酉
冰消瓦解	巳	子	丑	申	卯	戌	亥	午	未	寅	酉	辰
八座地破	亥	子	丑	寅	卯	辰	巳	午	未	申	酉	戌
勾絞百事凶	亥	午	丑	申	卯	戌	巳	子	未	寅	酉	辰
月虛忌開張	丑	戌	未	辰	丑	戌	未	辰	丑	戌	未	辰
土符忌動土	丑	巳	酉	寅	午	戌	卯	未	亥	辰	申	子
土府忌動土	寅	卯	辰	巳	午	未	申	酉	戌	亥	子	丑
土瘟忌動土	辰	巳	午	未	申	酉	戌	亥	子	丑	寅	卯
土忌忌動土	寅	巳	申	亥	卯	午	酉	子	辰	未	戌	丑
重喪忌喪葬、婚姻	甲	乙	己	丙	丁	己	庚	辛	己	壬	癸	己
重服忌喪葬、婚姻	庚	辛	戊	壬	癸	戊	甲	乙	己	壬	癸	己
犯殺	巳	子	未	卯	申	戌	丑	亥	午	酉	寅	辰
連葬忌喪葬	子	寅	辰	午	申	戌	子	寅	辰	午	甲	戌
雷降	寅	丑	戌	巳	辰	亥	申	未	卯	子	酉	午
殺師	亥	戌	酉	申	未	午	巳	辰	卯	寅	丑	子
殃敗凡事少用	卯	寅	丑	子	亥	戌	酉	申	未	午	巳	辰

人隔忌嫁娶進人口	酉	未	巳	卯	丑	亥	酉	未	巳	卯	丑	亥
神隔忌祭祀祈福	巳	卯	丑	亥	酉	未	巳	卯	丑	亥	酉	未
冠廉大殺　忌牧養大畜	戌	巳	午	未	寅	卯	辰	亥	子	丑	申	酉
小耗	未	申	酉	戌	亥	子	丑	寅	卯	長	巳	午
天雷	子	寅	辰	午	申	戌	子	寅	辰	午	申	戌
天狗忌祭祀、嫁娶	辰	巳	午	未	申	酉	戌	亥	子	丑	寅	卯
小紅沙百事忌	巳	酉	丑	巳	酉	丑	巳	酉	丑	巳	酉	丑
天火忌起造蓋屋	子	卯	午	酉	子	卯	午	酉	子	卯	午	酉
地火	戌	酉	申	未	午	巳	辰	卯	寅	丑	子	亥
六不成忌起造求昏	寅	午	戌	巳	酉	丑	申	子	辰	亥	卯	未

五虛忌開張	春巳酉 丑日	夏申子 辰日	秋亥卯 未日	冬寅午 戌日
正四廢凡事忌	春庚申 辛酉	夏壬子 癸亥	秋甲寅 乙卯	冬丙辰 丁巳
八風日忌行舟	春丁丑 己酉	夏甲申 甲辰	秋辛未 丁未	冬甲寅 甲戌
四忌四窮忌入宅、分居、嫁娶	春八龍 甲子 乙亥	夏七鳥 丙子 丁亥	秋九虎 庚子 辛亥	冬六蛇 壬子 癸亥
四耗忌出行開市	春壬子	夏乙卯	秋戊午	冬辛酉

天地轉殺忌動土　春乙卯　辛卯　夏丙午　戊午　秋辛酉　癸酉　冬丙子　壬子

四時大墓　春乙未日　夏丙戌　秋辛丑　冬壬辰

魯班殺忌竪造　春子　夏卯　秋午　冬酉

斧頭殺忌起造　春辰　夏未　秋酉　冬子

地囊忌造葬　庚子　癸丑　甲子　己卯　戊辰　癸未　丙寅　丁巳　戊子　庚子　辛未　乙未
庚午　癸未　甲寅　己丑　戊午　癸巳　丙申　丁卯　戊辰　庚辰　辛酉　乙酉

三殭殺日　忌喪葬百事　每月初五十四二十三是也

三喪殺日　忌喪葬　春辰　夏未　秋戌　冬丑

太陽密日　忌喪葬　房虛星昴是重喪　建破平收是重服

天地重服　忌喪葬　每月己亥日是也

天比地冲如本命　子忌　午丑忌　未寅忌　申卯忌　酉辰忌　戌午忌　子未忌　丑申忌
寅酉忌　卯戌忌辰

十二直注解宜忌

建屬水。建者，健也，乃健旺之氣也。

宜祭祀、産室、解宅、出行、入孝、冠帶、參官、泥舍。忌起工、動土、開倉、作竈、行船、造葬。

除屬火。除者，乃除舊生新之象也。

宜祭祀、祈福、上表、安宅、出行、牧養、交易、求醫、解除、祀竈、罷服。

滿屬木。滿者，乃豐亨豫大益之義也。

宜産室、掃舍、牧養、裁衣、出行、栽植、入倉、求財、祈福、合帳。忌動土、移徙、竪造、服藥。

平屬金。平者，乃繩糾齊一之義，平常之謂。

宜泥墻、平基、産室、祭祀、作竈、動土、竪造。忌開渠、忌葬、栽植

定屬水。定者，死氣也。

宜祭祀、入學、祈福、裁衣、結婚、求嗣、牧養、置碓、冠帶、交易、上梁、上官、出行。忌詞訟。

執屬金。執者，乃固執之義，亦曰執持操守之義也。

宜祈福、祭祀、進表、求嗣、畋漁、捕捉、結婚、立券、上梁。忌入宅、開倉、行船、牧養、納財。

破屬木。破者，乃剛旺破敗之義也。

宜治病、破壞。百事俱忌。

危屬金。危者，乃危險之義，高大之衆，荒唐之謂。

宜祭祀、祈福、入學、裁衣、進表、結婚、捕捉、畋獵、安床、立券、交易。忌登高、伐木、行船。

成屬土。成者，乃結果成就之義，事有成就之機，和合之義也。

宜祭祀、祈福、入學、結婚、嫁娶、裁衣、産室、栽植、解宅、牧養、安碓、立券、交易、求醫、出行、豎造。忌詞訟。

收屬水。收者，乃收天下之溟也，有收成之義，又爲藏納之象。

宜捕捉、畋獵、納財、産室、栽植、祭祀、入學、嫁娶、修倉、牧養。忌豎造、安葬、出行、針刺。

開屬木。開者乃天下也，保生氣之位，最宜架造。

宜祭祀、祈福、納表、安宅、入學、裁衣、結婚、收養、開井、砌碓、立券、交易、産室、栽植、上梁、出行。忌動土、安葬。

閉屬金。閉者，乃牢固之義也。

宜祭祀、祈福、求嗣、牧養、立券、交易、納財、安床、設帳、補墻。忌針刺、栽植、祀竈、豎造、移徙、動土。

九天玄女排定日辰吉凶定局便覽之圖

直看日辰，橫推時列。圈者爲吉，點者爲凶。

子	丑	寅	卯	辰	巳	午	未	申	酉	戌	亥
牌	牌	牌	牌	牌	牌	牌	牌	牌	牌	牌	牌

子午　大進　財帛　天兵　天赦　雷兵　大退　地雷　大乙　空亡　虚耗　亨通　進益

甲寅申日○金匱○天德○明堂○少微鎖神黑道○司命○玉堂○青龍○明堂、黑道、朱雀

辰戌　福德　六合　天德　吉利　寡宿　天獄　不遇　右輔　天貴　天官　孤辰　黑道

丑未　天兵　福德　空亡　大進　黑道　玉堂　破敗　空亡　亨通　勾陣　天兵　天赦

乙卯酉日○吉利○玉堂○金匱○天貴、白虎○少微、天牢、玄武、大退、黑道○青龍○富貴

巳亥　六合　月仙　福德　天德　地兵　吉利　時害　天獄　月仙　地獄　大乙　明堂

子午　雷兵　虚耗　地兵　朱雀　福德　禄元　大進　亨通　天兵　貴人　青龍　大退

丙寅申日○青龍○明堂、天刑、黑道○月仙○天德、白虎○少微、黑道、黑道○吉利、勾陣

辰戌　福德　明輔　孤辰　天獄　金匱　寶光　天殺　天開　時破　天赦　大乙　地獄

丑未　地兵　大退　空亡　虚耗　不禺　破敗　天兵　天德　雷兵　玄武　地兵　玄武

丁卯酉日○鳳輦、地獄○天乙○明堂、天開、黑道○金匱○天赦、黑道○玉堂、天牢、黑道

巳亥　月仙　孤辰　貴人　明輔　辰害　朱雀　福德　進益　天殺　少微　五鬼　天訟

子午　空亡　玄武　大退　勾陣　天兵　大退　雷兵　富貴　地兵　破軍　白虎　少微

戊寅申日、大進、虚耗○司命、黑道○青龍、黑道○金匱○福德○金匱○寶光、天殺○進益

辰戌　黑道　黑道　鳳輦　地獄　大乙　天赦　月仙　六合　寡宿　六合　時害　天開

丑未　大進　福德　天兵　吉利　空亡　大退　地兵　明堂　虛耗　空亡　亨通　進益
己卯酉日〇玉堂〇金匱〇月德〇天獄〇青龍、黑道〇禄元〇勾陣、天刑、天訟〇金匱〇寶光
巳亥　少微　財帛　月仙　天赦　大乙　地獄　貪狼　福星　貴人　寡宿　福德　天德
子午　天兵　天赦　雷兵　大進　地兵　貴人　鳳輦　空亡　大退　亨通　玄武　富貴
庚寅申日〇金匱〇寶光、白虎〇玉堂〇鳳輦〇大乙〇天官〇貴人〇福德、天訟〇月仙〇天德
辰戌　天乙　六合　天殺　少微　月仙　吉利　福星　明堂　月仙　寡宿　貴人　三合
丑未　雷兵　虛耗　福德　吉利　黑道　虛耗　大進　富貴　天兵　天赦　吉利　大退
辛卯酉日〇鳳輦、勾陣〇黃道〇明堂、天刑、天訟〇金匱〇天德〇貴人〇玉堂〇月仙、黑道
巳亥　月仙　地獄　貴人　明輔　空亡　朱雀　福德　寶光　少微　天開　羊刃　玄武
子午　玄武　大退　空亡　虛耗　福德　破敗　天兵　進益　雷兵　大退　空亡　吉利
壬寅申日、天牢〇貴人〇司命、勾陣〇青龍、黑道〇少微〇天赦〇金匱、白虎、天殺〇少微
辰戌　地兵　富貴　鳳輦　地獄　大乙　天殺　天開　五合　福德　鎖神　黑道　禄元
丑未　空亡　虛耗　大退　福禄　月仙　大退　進益　孤辰　空亡　破軍　亨通　進益
癸卯酉日〇司命、勾陣、玄武〇明堂〇六合、朱雀〇金匱〇富貴、白虎、五鬼〇玉堂　少微
巳亥　大進　地獄　黑道　明輔　天兵　黑道　月仙　寶光　雷兵　鎖神　大乙　天開

江湖尺牘風暴日期水陸行忌

正月	初九日　二十九
二月	初七　二十三　二十九
三月	初三　初七　十五　二十三　二十八
四月	初一　初八　二十五
五月	初五　十三　二十
六月	十二　十九　二十四
七月	初八
八月	十四　二十二
九月	初九　二十七
十月	初五　二十
十一月	十四　二十七
十二月	初八　二十四

這等月日，凡遇暴期，如本日不發，必是前後三五日發。併遇箕翼壁軫四宿，亦主大風，水陸行之宜慎，勿爲迂忽也。

管窺風雨氣占

日始出有暈氣如車蓋，在日上者，其日雨日。上下有黑氣如蛟龍者，必有風雨。

雲氣如黑蛇冲日其下，有大雨。

月初生，色黃多晴，色青多雨，色潤白者大雨。黃雲氣蔽北斗，明日雨。白雲掩北斗，三日雨。青雲氣掩北斗，五日雨。天無雲而斗上下獨有雲，五日大雨。日入後有白光如氣自地至天直入北斗，其夜必有大風。

許真君占六十甲子日陰晴訣

甲子日雨丙寅止。乙丑日雨丁卯止。丙寅日雨即日止。

丁卯日雨夕止。戊辰日雨夜半止。己巳日雨立止。

庚午日雨辛未止。辛未日雨戊寅止。壬申日雨即止。

癸酉日雨甲戌止。甲戌日雨即時止。乙亥日雨即日止。

丙子日雨立止。丁丑日雨夕止。戊寅日雨即時止。

己卯日雨立止。庚辰日雨即止。辛巳日雨癸未止。

壬午日雨即止。癸未日雨甲申止。甲申日雨即止。

乙酉日雨丙戌止。丙戌日雨夕止。丁亥日雨即時止。

戊子日雨庚寅止。己丑日雨壬辰止。庚寅日雨即時止。

辛卯日雨癸巳止。壬辰日雨辛丑止。癸巳日雨夕止。

甲午日雨即時止。乙未日雨丁酉止。丙申日雨夕止。
丁酉日雨己亥止。戊戌日雨辛丑止。己亥日雨即時止。
庚子日雨甲辰止。辛丑日雨壬寅止。壬寅日雨即時止。
癸卯日雨立時止。甲辰日雨即止。乙己日雨丙午止。
丙午日雨即時止。丁未日雨立止。戊申日庚戌雨止。
己酉日雨辛亥止。庚戌日雨即時止。辛亥日雨癸丑止。
壬子日雨癸丑止。癸丑日雨即時止。甲寅日雨立時止。
乙卯日雨丙辰止。丙辰日雨丁巳止。丁巳日雨即時止。
戊午日雨立止。己未日雨即時止。庚申日雨甲子止。
辛酉日雨即時止。壬戌日雨立時止。癸亥日雨即止。

嫁娶全集

案：嫁娶之日，世論紛紜。略取乾坤兩造，禄貴拱親。男女締卦，補救推尋。夫星乘令，天嗣通根。天帝天后，配合日辰。生旺有氣，則琴瑟静好，螽斯振振，瓜瓞延延。宜擇不將，天德、月德、天月二德合、三合、六合、月恩、益後、續世、六儀、天喜、天恩、天赦、天福等吉，最忌月厭、厭對、歸忌、往亡、八龍、九虎、七鳥、六蛇、四忌四窮、紅艷、流霞、受死、披麻、孤辰、寡宿、四離、四絶、破日、亥日、月忌、月窮等忌。又及新人進門拜堂，忌向天狗頭尾之方。

女命支	子	午	丑	未	寅	申	卯	酉	辰	戌	巳	亥
大利月	十二	六	十一	五	二	八	正	七	四	十	三	九
小利月	正	七	十	四	三	九	十二	六	五	十一	二	八
妨公姑	二	八	九	三	四	十	十一	五	六	十二	正	七
妨父母	三	九	八	二	五	十一	十	四	七	正	十二	六
妨夫身	四	十	七	正	六	十二	九	三	八	二	十一	五
妨女身	五	十一	六	十二	七	正	八	二	九	三	十	四
男厄年	未	丑	申	寅	酉	卯	戌	辰	亥	巳	子	午
女產年	卯	酉	寅	申	丑	未	子	午	亥	巳	戌	辰

女命干	甲	乙	丙	丁	戊	己	庚	辛	壬	癸
真夫星	辛	庚	癸	壬	乙	甲	丁	丙	己	戊
	未	辰	巳	寅	卯	戌	亥	申	酉	午

真天嗣	丙	丁	戊	己	庚	辛	壬	癸	甲	乙
	寅	亥	戌	酉	申	未	午	巳	辰	卯
冲夫星	丁	丙	己	戊	辛	庚	癸	壬	乙	甲
	丑	戌	亥	申	酉	辰	巳	寅	卯	子
冲天嗣	壬	癸	甲	乙	丙	丁	戊	己	庚	辛
	申	巳	辰	卯	寅	丑	子	亥	戌	酉
流霞殺	酉	戌	未	申	巳	午	辰	卯	亥	寅
紅艷殺	午	申	寅	未	辰	辰	戌	酉	子	申
死	酉	寅	酉	寅	子	巳	卯	申	午	亥
天嗣墓	戌	丑	戌	丑	丑	辰	辰	未	未	戌
絶	亥	子	亥	子	寅	卯	巳	午	申	寅
生	子	巳	卯	申	午	亥	酉	寅	酉	寅
夫星祿	酉	申	子	亥	卯	寅	午	巳	午	巳
旺	申	酉	亥	子	寅	卯	巳	午	巳	午

天嗣											
生	寅	酉	寅	酉	巳	子	申	卯	亥	午
禄	巳	午	巳	午	申	酉	亥	子	寅	卯
旺	午	巳	午	巳	酉	申	子	亥	卯	寅

四季忌日　春甲子　乙亥曰八龍　夏丙子　丁亥曰七鳥
秋庚子　辛亥曰九虎　冬壬子　癸亥曰六蛇

天狗遊方　立春艮　春分震　立夏巽　夏至離
立秋坤　秋分兑　立冬乾　冬至坎

太白遊方忌迎婚　一日震　二日巽　三日離　四日坤　五日兑　初一、十一、廿一至廿九同忌
六日乾　七日坎　八日艮　九日中　十日天　初十、二十、三十在天無忌

天狗頭尾主無嗣　春頭酉尾卯　夏頭午尾子　秋頭卯尾酉　冬頭子尾午　頭殺公姑克子息尾兩夫

女命支	子	丑	寅	卯	辰	巳	午	未	申	酉	戌	亥
冲腹	午	未	申	酉	戌	亥	子	丑	寅	卯	辰	巳
三刑	卯	未	申	子	辰	寅	午	戌	巳	酉	丑	亥
六害	未	午	巳	辰	卯	寅	丑	子	亥	戌	酉	申
三殺	未	辰	丑	戌	未	辰	丑	戌	未	辰	丑	戌
孤辰	寅	寅	巳	巳	巳	申	申	申	亥	亥	亥	寅

寡宿	戌戌丑丑丑辰辰辰未未未戌
刦殺	巳寅亥申巳寅亥申巳寅亥申
朱雀殺	壬申辛巳庚寅己亥戊申丁巳六日是朱雀到坤宜硃書鳳凰粘坤方制之吉
四離絶日	春分秋分夏至冬至前一日離立春立夏立秋立冬前一日絶
帶馬殺	申子辰女忌用寅日　亥卯未女忌用巳日 寅午戌女忌用申日　巳酉丑女忌用亥日
嫁娶凶方	甲乙日午　丙丁日申　戊己日戌　庚辛日子　壬癸日寅
帝后吉日	天帝正月起寅順行十二宮天后寅午戌月丙亥卯未月甲申子辰壬巳酉丑月庚

逐月不將嫁娶吉日

案不將者，蓋取干支比和，名爲不將日也。書云陰陽不將，乃得吉昌。

正月丙子己卯丁卯辛卯庚子	二月丙子庚子乙丑丁丑己丑庚戌丙戌
三月乙酉丁酉	四月甲子丙子戊子甲申甲戌戊戌
五月甲戌甲申丙戌戊戌丙申癸未乙未	六月甲申乙酉乙未癸未甲戌癸丑壬戌戊戌
七月壬午癸未甲申甲午乙未戊午	八月壬午甲申戊午甲午戊辰壬辰甲辰
九月辛卯庚子辛未壬午癸未戊午癸巳癸卯	十月己卯辛卯庚午壬寅庚辰庚寅戊寅
十一月丁丑己丑辛丑庚辰壬辰	十二月戊寅壬寅甲寅戊辰己巳癸巳乙卯

協紀較正逐月嫁娶吉日

正月　丁卯庚午辛未丙子己卯壬午辛卯
壬辰甲午丁酉丙午壬子丙辰戊午

二月　乙丑辛未甲戌丁丑
癸未己丑甲辰

三月　癸酉丙子丁丑戊寅壬午戊子
丁酉庚子壬寅己酉壬子丁巳

四月　丙寅乙丑庚午癸酉辛巳乙酉庚寅辛卯辛丑
丙申丁酉戊戌庚子己酉辛酉庚戌乙卯甲子

五月　丙寅辛未甲戌戊寅癸未甲申丙戌庚寅
乙未丙申壬寅丁未戊申庚戌丙辰壬戌

六月　甲子丁卯己卯癸未甲申辛卯
乙未癸卯甲辰己酉乙卯

七月　甲子己巳壬申丙子壬午甲申戊子癸巳
戊戌癸卯乙巳戊申壬子丁巳戊午壬戌

八月　乙丑己巳辛未丁丑癸未庚戌
己丑癸巳乙未乙巳丁巳

九月　丁卯寅午丙子己卯辛巳壬午丙戌戊申
辛卯壬辰甲午丙申癸卯丙午戊午

十月　甲子丙寅丁卯庚午戊寅己卯甲申乙酉
庚寅辛卯甲午庚子壬寅甲辰己酉乙卯

十一月　戊辰壬申丁丑甲申庚寅癸丑
壬辰丙辰辛丑壬寅戊寅

十二月　庚午癸酉乙酉庚寅癸巳
丁酉乙巳己酉乙卯辛酉

新人房中面向吉方

甲木女　坐乾方主長壽艮乙宜子孫甲進田
乙木女　坐丙乙宜子孫甲主長壽艮主諧老
丙火女　坐艮方宜子孫巽主長壽丙主諧老
丁火女　坐乙艮壽巽宜子孫丁進田丙益公姑

戊土女　坐巽方長壽艮進田莊坐丙宜子孫
己土女　坐辛宜子孫丙富貴巽諧老丁益公姑
庚金女　坐癸坤宜子孫庚辛長壽巽主諧老
辛金女　坐庚辛長壽癸坤宜子孫巽主諧老
壬水女　坐坤富貴乾宜子孫壬進田癸益公姑
癸水女　坐甲壬宜子孫癸主長壽乙主諧老

安葬全章

凡擇安葬吉日，先明龍穴坐向兼某分金，大利化命年庚，及祀主生年不相冲克。課取月日時，補龍扶山，相主造命，與山家符合，宜太陽、太陰、貴人、禄馬、三德、冠宫吊替、臨山到向爲主，次以鳴吠吉日、鳴吠對日、大明吉日、天富、天恩、明星、吉慶等吉。其諸家吉凶難以盡述，在選擇者之權衡耳。最忌者八殺與坐冲太歲。太歲壓祀主并坐三殺陰府，次及重服、重喪、太陽密日、白虎黑道、三喪、三彊、地賊、連葬、地囊、開日等凶。

補龍

案：補龍者，如子龍當求申、子、辰年月日時三合以補之。又如申年、子月、辰日，或子年、辰月、申日三合成局吉。或申年、辰月，或辰年、申月，與子龍三合成局亦可，餘皆倣此。

三合例申子辰三合成水局。亥卯未三合成木局。寅午戌三合成火局。巳酉丑三合成金局。

太陽是星中天子，至貴至尊，照臨山向，百殺潛伏，竪造、安葬、修方用之，福有攸歸。

太陰乃星中后妃，德柔體順，佐太陽以宣化，繼日而夜明，到山到向，能制諸凶殺，普化吉祥。

月太陽

亥雨水　驚蟄　戌春分　清明　酉穀雨　立夏　申小滿　芒植　未夏至　小暑　午大暑　立秋　巳處暑　白露　辰秋分　寒露　卯霜降　立冬　寅小雪　大雪　丑冬至　小寒　子大寒　立春

案：日躔，每月中氣過宮。雨水日，行亥宮初度，是爲娵訾之次。春分日，行戌宮初度，是爲降婁之次。穀雨日，行酉宮初度，是爲大梁之次。小滿日，行申宮初度，是爲寔沉之次。夏至日，行未宮初度，是爲鶉首之次。大暑日，行午宮初度，是爲鶉火之次。處暑日，行巳宮初度，是爲鶉尾之次。秋分日，行辰宮初度，是爲壽星之次。霜降日，行卯宮初度，是爲大火之次。小雪日，行寅宮初度，是爲析木之次。冬至日，行丑宮初度，是爲星紀之次。大寒日，行子宮初度，是爲玄枵之次。依中氣是太陽也。

日太陽

太陽在子用子日，太陽在丑用丑日，餘例推。

時太陽

寅時太陽在寅，宜扦寅山向。卯時太陽在卯，宜扦卯山向。餘例推。

案：用日太陽不如用月太陽，用月太陽不如用時太陽。蓋以日太陽有其名而無其位，月太陽有其位而無其形，時太陽臨其位而得其體也。

太陰歌

三辰六巳八午升　十一二未十三申
十六七酉十八戌　廿一廿二是亥神
廿三四五子時出　廿六七分丑起程
廿八九晦寅宮覓　一二加來卯上輪
逐日尋辰加卯起　太陰光照壓凶星

蓋用太陰者，乃取其光華，在天照耀，以酉起丑止，非但十三至十七此五日爲美，即初六七日二十六七亦美也。

初一二日卯牌出海
初三四五日辰牌出海

自前月二十八至初五共八日，此時月光無，幾不可用。

初六七日巳牌出海，酉時到丁未山向，戌時到坤申山向，亥時到庚酉山向。

初八九十日午時出海，酉時到丙午山向，戌時到丁未山向，亥時到坤申山向，子時到庚酉山向。

十一二日未牌出海，酉牌到巽巳山向，戌時到丙午山向，亥時到丁未山向，子時到坤申山向。

十三四五日申牌出海，酉時到乙辰山向，戌時到巽巳山向，亥時到丙午山向，子時到丁未山向。

十六七日酉牌出海，酉時到甲卯山向，戌時到乙辰山向，亥時到巽巳山向，子時到丙午山向，丑時到丁未山向。

十八十九二十日戌牌出海，酉時到艮寅山向，戌時到甲卯、亥時到乙辰山向，子時到巽巳山向，丑時到丙午山向。

二十一二十二日亥牌出海，戌時到艮寅山向，亥時到甲卯山向，子時到乙辰山向，丑時到巽巳山向。

二十三四五日子牌出海，子時到甲卯山向，丑時到乙辰山向。

二十六七日丑牌出海，丑時到甲卯山向，寅時到乙辰山向。

二十八二十九日寅時出海。

自二十八至初五共八日無光，用若十五六日遇太陽太陰對望時刻合到山向吉莫大焉。

右照依各日出海之時，即將此時加於掌上。卯位順數，便知太陰某時到某山向矣。然曰酉時起丑時止者，酉時太陽既入地而月有光，寅時日將出而月無光，故起於酉止於丑也。

陽貴人例

庚戊見牛甲見羊　乙猴己鼠丙雞鄉
丁猪癸蛇壬逐兔　六辛逢虎貴爲陽

陰貴人例

甲貴見牛庚戊羊　乙貴在鼠己猴方
丙猪丁雞辛騎馬　壬蛇癸兔覓陰陽

五虎年遁月訣

甲己丙寅乙庚戊　丙辛庚寅丁壬壬
戊癸甲寅正月起　歲干五虎此遁真

選擇宋鏡曰：歲命貴人禄馬冠宮吊替山向皆吉，在甲内最爲有力，甲外次之。先以五虎遁尋歲貴係何干支，次以月建入中宮，順尋歲貴在何宮，即以吉論。如乙丑年六月建癸未扦乾坎二山，先以本年五虎遁起戊寅順數。甲申爲真陽貴，戊子爲真陰貴。次以月建癸未入中宮順遁，甲申在乾是陽貴，到乾宮戊子在坎是陰貴，到坎宮則乾坎二山扦之則吉。（餘皆倣此。）

又如禄馬同此例推。貴人與禄馬取用不同，要在分辨陰陽。陽貴人冬至後用之有力，冠在陽宮尤有力。（乾坎艮震陽宮。）陰貴人夏至後用之有力，冠在陰宮尤有力。（巽離坤兑陰宮。）

葬書云：太歲貴人禄馬能壓一切凶星，貴人爲上，禄馬次之。

天禄例

甲禄在寅乙禄卯　丙戊禄巳丁巳午

庚禄居申辛禄酉　壬禄在亥癸禄子

天馬例

寅午戌年馬在申　巳酉丑年馬在亥

申子辰年馬在寅　亥卯未年馬在巳

通書云：馬到山頭人富貴，禄到山頭旺子孫。若逢禄馬一齊到，千祥百福自駢臻。

秘竅云：貴人所臨之宫最怕刑衝，禄馬所臨之地又忌空亡，宜詳之可也。

貴人禄馬忌落空亡

甲子旬中空戌亥　甲午旬中空辰巳

甲申旬中空午未　甲戌旬中空申酉

甲辰旬中空寅卯　甲寅旬中空子丑

貴凶

甲命 甲寅日陽貴空 甲申日陰貴空　乙命 乙亥日陽貴空 乙卯日陰貴空　丙命 丙子日陽貴空 丙寅日陰貴空　丁命 丁卯日陽貴空 丁丑日陰貴空

戊命 戊午日陽貴空 戊子日陰貴空　己命 己未日陽貴空 己卯日陰貴空　庚命 庚申日陽貴空 庚寅日陰貴空　辛命 辛亥日陽貴空 辛卯日陰貴空

壬命 壬子日陽貴空 壬寅日陰貴空　癸命 癸丑日陽貴空 癸卯日陰貴空

禄空

甲命忌甲辰日　乙命忌乙巳日　丙命忌丙申日　丁命忌丁亥日　戊命忌戊戌日

己命忌己丑日　庚命忌庚辰日　辛命忌辛巳日　壬命忌壬申日　癸命忌癸亥日

馬空

申子辰命忌甲辰戊申壬子日　巳酉丑命忌乙丑己巳癸酉日

寅午戌命忌甲戌戊寅壬午日　亥卯未命忌乙未己亥癸卯日

山命貴空

子山命忌乙卯己未日　丑山命忌甲寅戊午庚申日　寅山命忌辛亥日　卯山命忌壬子癸丑日

巳山命忌壬寅癸卯日　午山命忌辛卯日　未山命忌甲申戊子庚寅日　申山命忌乙亥己卯日

酉山命忌丙子丁丑日　亥山命忌丙寅丁卯日

山命禄空

子山命忌癸亥日　寅山命忌甲辰日　卯山命忌乙巳日　巳山命忌丙申戊戌日

午山命忌丁亥己丑日　申山命忌庚辰日　酉山命忌辛巳日　亥山命忌壬申日

山命馬空

寅山命忌甲辰戊申壬子日　巳山命忌乙未己亥癸卯日

申山命忌甲戌戊寅壬午日　亥山命忌乙丑己巳癸酉日

案：空亡有吉有凶，金火山遇之吉，水土山遇之凶，或逢太陽太陰到山，遇空是無雲遮蔽，處處光明，金空則鳴，火空則發，豈能爲害乎？外此有生旺會拱之法，如寅山命用甲辰日空，若山命失令，日時休因，則忌。又有陽日空陽，陰日空陰，亦當深究窮理，不可不知。楊公云：春土夏金秋遇木，三冬逢火是真空，此之謂也。

三德叢集局

案：三德者，是謂天德、月德、歲德也。天德，乃陰陽盛德，吉神之首，名曰堯星，凡事用之均叶大吉。倣此丁山用正月，坤山用二月吉。月德，乃四旺處，爲德所在，萬福成集，百事並吉，爲福更大。倣此丙山用正、五、九月吉。歲德，乃天地極福之神，陰陽感動之位，百事用之均叶吉昌，倣如用甲己年吉，且叢集者會聚一山也，山向逢之最吉。

甲己年六月三德同在甲　乙庚年十二月三德同在庚　丙辛年九月三德同在丙　丁壬年三月三德同在壬

八殺言乾坎艮震巽離坤兑，八卦之龍在八純卦於鬼爻。

坎龍坤兔震山猴，子龍水忌辰土剋，忌辰年月。坤龍土忌卯木剋，忌卯年月。震龍木忌申金剋。忌申年月。辰爻八純爲鬼，他倣。

巽鷄乾馬兑蛇頭。巽龍木忌兑金。乾龍金忌午火，酉龍金忌巳火。

艮虎離猪爲曜殺。艮龍土忌寅木。午龍火忌亥水。以上向及年月並尅龍。八卦龍方在鬼爻，他龍不在。

犯之墓宅一齊休。以上八卦龍若誤犯等向及年月者，陽宅陰墳並皆凶也。學者不可不知。

太歲

子年太歲在子不可向子　丑年太歲在丑不可向丑

寅年太歲在寅不可向寅　卯年太歲在卯不可向卯

以下類推。案：太歲可坐不可向，故吉莫吉於坐太歲，凶莫凶於向太歲。蓋太歲宜合宜補，故可坐。不宜冲，不宜閗，故不可向。然有坐之而見禍者，亦有坐之而獲福者，須要太歲方上太陽太陰貴人、禄馬、三德等星，得三四同到者爲福最捷。

太歲壓祀主

其法以葬日入中宫順尋，太歲與祀主命同到本山，不可用。假如午山子向，丁巳年祀主丙寅人，若用丁丑日是太歲壓。

三殺

申子辰年巳劫殺午灾殺未歲殺

亥卯未年申劫殺酉灾殺戌歲殺

寅午戌年亥劫殺子灾殺丑歲殺

巳酉丑年寅劫殺卯灾殺辰歲殺

案：三殺可向不可坐，非真可向也。蓋三殺必宜用克制向則可用，故曰可向。在山則不宜制，制三殺則尅倒坐山，故曰不可坐。制法，用三合局制之。倣如巳午未方正火殺也，宜用申子辰月日時水局制之。申酉戌方正金殺也，宜用寅午戌月日時火局制之。亥子丑方正水殺也，宜用辰戌丑未四季土月日時制之。卯寅辰正木殺也，宜用巳酉丑月日時金局制之。又要本命與太歲、禄馬、貴人、太陰太陽以照臨之，乃可制伏，否則不可輕忽，慎之可也。

正陰府

甲己年艮巽　乙庚年兑乾　丙辛年坎坤

丁壬年乾離　戊癸年坤震

傍陰府

甲己年丙辛　乙庚年丁壬　丙辛年戊癸

丁壬年甲己　戊癸年乙庚

此名陰府太歲，甲己年不可扦巽艮丙辛山，凶。餘以此例推。

百歲壽終入殮逐日吉牌

子日　丑寅卯申酉牌吉，餘凶

丑日　寅卯亥午申酉牌吉，餘凶
寅日　卯辰午申酉子牌吉，餘凶
卯日　丑午未亥卯子牌吉，餘凶
辰日　丑寅午未申牌吉，餘凶
巳日　丑寅午未申酉吉，餘凶
午日　寅卯未申酉牌吉，餘凶
未日　卯申酉亥牌吉，餘凶
申日　午酉亥子牌吉，餘凶
酉日　丑未亥子牌吉，餘凶
戌日　子丑寅未亥牌吉，餘凶
亥日　子丑寅未亥牌吉，餘凶

入殮牌忌凶殺

甲乙日　午牌忌長男并女　巳牌忌母　申牌忌妻
丙丁日　巳牌忌男女　申牌忌妻
戊己日　辰牌忌妻　午牌忌男女　申牌忌長男
庚辛日　丑牌忌長男　辰牌忌次男

壬癸日　　丑牌忌次男　　巳牌忌長男　　酉牌忌母女

入棺逐日吉牌

子日用甲庚時　丑日用乙辛牌　寅日用丁癸牌　卯日用壬丙牌　辰日用甲丁牌　巳日乙庚　午日用丁癸牌
未日用乙辛牌　申日用甲癸牌　酉日用丁壬牌　戌日用庚壬牌　亥日乙辛

逐月成服吉日

正月	壬子壬午丙午戊午五卯五酉
二月	五寅丙午癸丑五申
三月	甲子四卯乙酉癸酉丁酉五申
四月	甲子四卯五酉甲午庚午戊午
五月	五寅日五申俱吉
六月	甲子壬子四申四酉丙午戊寅壬寅甲寅
七月	甲子壬子四卯五酉
八月	丙寅壬寅庚寅戊寅五申
九月	甲子四卯四酉四午
十月	戊子甲子庚子五卯五未四酉
十一月	甲子五寅五申

十二月　四午四辰四申甲子丁卯癸卯

向上等月吉日，不犯重喪、伏喪、三喪及天地官符大小月建與白虎雷霆殺占中宮。

禳鎮重喪凶殺用白紙函一個，用黃紙硃書四字置函内，放于棺上同出大吉。

正二六九十二月書六庚天刑　三月書六辛天延
四月書六壬天牢　五月書六癸天獄
七月書六甲天福　八月書六乙天德
十月書六丙天威　十一月書六丁天陰

斬草破土吉日

宜甲子、丙寅、丁卯、丙子、庚寅、辛卯、癸卯、壬子、甲寅、乙卯十日鳴吠對上吉外，乙丑、癸丑、壬寅、己卯、壬辰、戊辰、丙午、壬午、庚午、乙未、甲申、壬申、丁酉、癸酉、丙戌俱可通用。

破土安葬禳鎮凶法

以手虛書「陰陽開泰」等字，開取地心土，以竹尖畫四角地，土中以紙自封迎置生氣方，不可露見天日着，不可用鐵器取地心土，若開穴成穴訖，以刀畫穴中福穴等字。又男則以筆硃書于紙，天福穴、生福穴、龍福穴、伏福穴。女則以筆硃書地福穴、人福穴、伏福穴。又畫四縱五横符，及河圖洛書。這紙穴中地面上置河圖，中置四縱五横符，尾置洛書。然後下棺，此乃高駢葬法鎮凶也。四縱五横，一名九龍符，及河圖洛書，用之安葬大吉。河圖書法，亥子一六水歸北，寅卯三八木東榮，巳午二七南火焰，申酉四九西金精，辰戌丑未數同屬，推來五十穩生成。又洛書書法，離納己戴九九數，坎納戊履一一數，震納庚左三三數，兑納丁右七七數，坤納乙爲肩二數，巽納辛爲肩回數，乾納甲爲足六數，艮納丙爲足八數。

九龍符

河圖

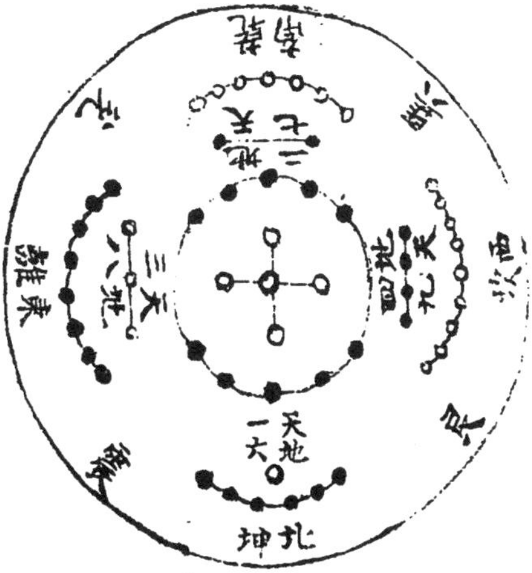

洛書

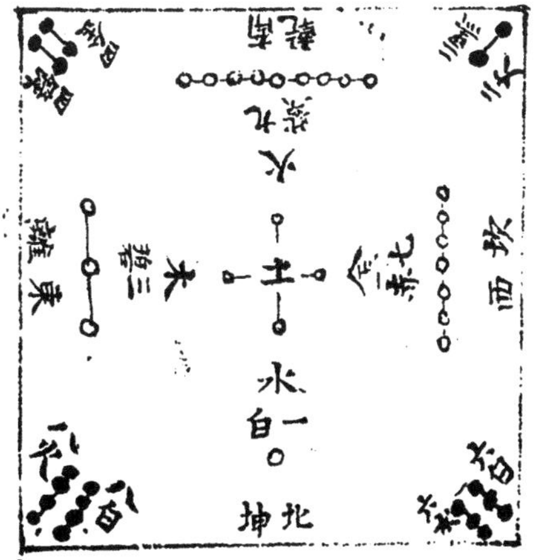

逐月除服吉日

正月	五卯吉日乙酉丁酉己酉辛酉癸酉
二月	甲寅丙寅戊寅庚寅五申
三月	乙卯丁卯辛卯癸卯丁酉辛酉癸四申丙午庚午
四月	乙卯丁卯辛卯癸卯五酉甲午庚午戊午
五月	甲寅丙寅戊寅庚寅壬寅五申
六月	甲寅丙寅庚寅壬寅甲申戊申壬申乙丁酉癸酉
七月	丙子壬子丁卯辛卯乙卯癸卯乙酉癸酉丁辛酉
八月	甲寅壬寅庚寅甲申丙申戊申庚申壬申
九月	乙卯丁卯辛卯癸卯甲午丙午庚壬午丙壬申四酉
十月	甲子戊子庚子甲午庚午五卯五酉
十一月	甲寅戊寅庚寅壬寅五申
十二月	甲寅丙酉庚寅壬寅乙卯丁卯辛癸卯甲丙午庚壬午

生墳壽木吉覽

宜正四廢、傍四廢、諸空亡六中旬空、伏斷日及本命長生、有氣等日吉，忌重喪、伏喪、受死、死氣、轉殺、月殺與虛破、平收日凶。旬空，空山則吉，空命則凶。

地盤式共十二層自内及外

一層天池。東西南北　天池者，羅經中之太極北也　二層八卦。乾坎艮震巽離坤兑。　三層八曜殺。

四層黄泉。丁庚向忌放坤，乙丙放巽，甲癸放艮，辛壬放乾，反覆亦忌。　五層正針二十四山。分金據爲准的，後兼三七，此層爲主。

六層七十二龍坐穴。　七層中針二十四山。

八層六十龍透地乘氣正五三七。艮正戊寅，辛亥正亥。　癸亥七亥三壬，己亥七亥三乾

九層謂正針一百二十分金，只取丙丁庚辛四字旺相，去孤虚空亡，於虚界空字也。

十層縫針二十四山。

十一層縫針一百二十分金，亦取旺相，去空亡，只取丙丁庚辛四字，餘者棄之，在虚界如戊己甲乙壬癸等，又如戊寅己卯之類，只存一百二十分金爲准。

十二層天星坐度言二十八宿分野疆界，每宿幾度分明二十八宿，周天三百六十五度，度有五行金木水火土，生入剋入比和則吉，生出剋出泄氣則凶。

角十三度七巽	亢九度七辰	氐十六度七乙	房六度七乙
心六度七卯	尾十八度五甲五卯	箕九度七寅	斗十三度七艮
牛七度七丑	女十一度五癸五丑	虚九度五癸	危十六度五壬
室十八度	壁十度五亥五壬	奎十八度	婁十二度

胃十五度　昴十一度　畢十六度　觜參九度申
井三十度未　鬼柳十三度　星六度　張十七度
翼二十度　軫十八度　以上二十八宿纏度多少備用

正針二十四分金坐穴度纏天星便覽

內盤　外盤

坐壬向丙兼亥巳三分七丙壬正針丁巳丁亥縫針辛巳辛亥癸亥水穴坐室二度吉向翼三度吉
坐壬向丙兼子午三分七壬丙正針辛巳辛亥縫針丁巳丁亥甲子金穴坐危十二度吉向翼一二三度
坐丙向壬兼亥巳三分七壬丙正針丁巳丁亥縫針辛亥辛巳癸巳水穴坐翼四度向室二度
坐丙向壬兼子午三分七丙壬正針辛巳辛亥縫針丁亥丁巳甲午金穴坐翼四度向危十二度
坐子向午兼丙壬三分七子午正針丙子丙午縫針辛巳辛亥丙子水穴坐危三四度向張六度
坐子向午兼癸丁三分七子午正針庚子庚午縫針丙子丙午庚子土穴坐虛六七度向張一度
坐午向子兼壬丙三分七子午正針丙子丙午縫針辛巳辛亥丙午水穴坐張八度向危三四度
坐午向子兼癸丁三分七午子正針庚午庚子縫針丙午丙子庚午土穴坐星五度向虛六度
坐癸向丁兼子午三分七癸丁正針丙子丙午縫針庚子庚午壬子木穴坐女九度向柳十二度
坐癸向丁兼丑未三分七癸丁正針庚子庚午縫針丙子丙午乙丑金穴坐女二三度向柳十三度全美
坐丁向癸兼子午三分七丁癸正針丙子丙午縫針庚子庚午壬午木穴坐柳十二度向女九度

坐丁向癸兼丑未三分七丁癸正針庚子庚午縫針丙子丙午乙未金穴坐柳十二度向女一二三度

坐丑向未兼癸丁三分七丑未正針丁未丁丑縫針庚子庚午丁丑水穴坐牛一二度向井三十度

坐未向丑兼艮坤三分七丑未正針辛丑辛未縫針丁丑丁未辛丑土穴坐斗十七度向井三十度

坐未向丑兼癸丁三分七未丑正針辛未辛丑縫針丁未丁丑辛未土穴坐井三十度向斗十七度

坐坤向艮兼丑未三分七未丑正針丁未丁丑縫針庚子庚午丁未水穴坐井三十度向牛一二度

坐坤向艮兼丑未三分七坤艮正針丁未丁丑縫針辛未辛丑癸未木穴坐井十三度向斗八九度

坐艮向坤兼寅申三分七坤艮正針辛未辛丑縫針丁未丁丑甲申水穴坐井六度向斗一度

坐艮向坤兼寅申三分七艮坤正針辛丑辛未縫針丁丑丁未甲寅水穴坐箕八度向井六度

坐寅向坤兼丑未三分七艮坤正針丁丑丁未縫針辛未辛丑癸丑木穴坐斗二三度向井十三度

坐寅向申兼坤艮三分七寅申正針丙寅丙申縫針辛未辛丑丙寅火穴坐箕三四度向參九度

坐寅向申兼甲庚三分七寅申正針庚寅庚申縫針丙寅丙申庚寅木穴坐尾十三度向參一度

坐申向寅兼坤艮三分七申寅正針丙寅丙申縫針辛未辛丑丙申火穴坐參八九度向箕三四度

坐申向寅兼庚甲三分七申寅正針庚申庚寅縫針丙申丙寅庚申木穴坐參一度向尾十三度

坐甲向庚兼寅申三分七甲庚正針丙寅丙申縫針庚寅庚申壬寅金穴坐尾五度向畢十一度

坐甲向庚兼卯酉三分七甲庚正針庚寅庚申縫針丙寅丙申乙卯水穴坐尾一度向畢一度

坐庚向甲兼寅申三分七庚甲正針丙寅丙申縫針庚寅庚申壬申金穴坐畢十一度向尾五度

坐庚向甲兼卯酉三分七甲庚正針庚寅庚申縫針丙寅丙申乙酉水穴坐畢一度向尾一度

坐卯向酉兼辛乙三分七卯酉正針辛卯辛酉縫針丁卯丁酉辛卯木穴坐氐十二三四度向胃十二三度

坐卯向酉兼甲庚三分七卯酉正針丁卯丁酉縫針庚寅庚申丁卯火穴坐房一二度向昴五六度

坐酉向卯兼乙辛三分七卯酉正針辛酉辛卯縫針丁酉丁卯辛酉木穴坐胃十三度向氐十四度

坐酉向卯兼甲庚三分七卯酉正針丁酉丁卯縫針庚寅庚申丁酉火穴坐昴五六度向房一二度

坐辛向乙兼卯酉三分七辛乙正針丁酉丁卯縫針辛酉辛卯癸酉金穴坐胃五六度向氐三四度

坐辛向乙兼辰戌三分七辛乙正針辛酉辛卯縫針丁酉丁卯甲戌火穴坐婁十三度向亢六七度

坐乙向辛兼辰戌三分七辛乙正針辛卯辛酉縫針丁酉丁卯甲辰火穴坐亢六七度向婁十三度

坐乙向辛兼卯酉三分七辛乙正針丁酉丁卯縫針辛卯辛酉癸卯金穴坐氐三四度向胃五六度

坐辰向戌兼辛乙三分七辰戌正針丙辰丙戌縫針辛卯辛酉丙辰土穴坐角十一度向婁二度

坐辰向戌兼乾巽三分七辰戌正針庚辰庚戌縫針丙辰丙戌庚辰金穴坐角三度向奎十三度

坐戌向辰兼辛乙三分七辰戌正針丙戌丙辰縫針辛酉辛卯丙戌土穴坐婁二度向角十一度

坐戌向辰兼乾巽三分七戌辰正針庚戌庚辰縫針丙戌丙辰庚戌金穴坐奎十三度向角三度

坐巽向乾兼辰戌三分七乾巽正針丙辰丙戌縫針庚辰庚戌壬辰水穴坐軫十四度向奎三四度

坐巽向乾兼亥巳三分七乾巽正針庚辰庚戌縫針丙辰丙戌乙巳火穴坐軫七八度向壁八九度

坐乾向巽兼辰戌三分七乾巽正針丙辰丙戌縫針庚辰庚戌壬戌水穴坐奎三四度向軫十二度

坐乾向巽兼己亥三分七乾巽正針庚戌庚辰縫針丙戌丙辰乙亥火穴坐壁八九度向軫七八度

坐巳向亥兼乾巽三分七亥巳正針丁巳丁亥縫針庚辰庚戌丁巳土穴坐翼十九度向壁一度

坐巳向亥兼壬丙三分七亥巳正針辛巳辛亥縫針丁巳丁亥辛巳金穴坐翼十度向室十一度

坐亥向巳兼乾巽三分七亥巳正針丁亥丁巳縫針庚辰庚戌丁亥土穴坐壁一度向翼十九度

坐亥向巳兼壬丙三分七亥巳正針辛亥辛巳縫針丁亥丁巳辛亥金穴坐室十一度向翼十度

案：地盤分金，戀北指南，是內盤正針正子正午也。在七十二龍之內，見戊子戊午在上層。正子正午外盤見丙子丙午在中層，此言透地。地盤針指正方，自內層及中層，內正子正午中見戊子戊午，與外丙子丙午一皆貫之。外盤坐度子方見虛危二宿，並夾界爲准，午方見坐度張三度爲准。至若透地龍者，乃乘氣饒減，正五三七亦一貫而已。詳在乘氣，此段不易之法也。又言坐中用正向不可也，假如子午坐向兼癸丁三分內盤，正針一百二十分金，庚子庚午宜上接字肩。外盤縫針亦有一百二十分金，下宜接丙子丙午字肩，承上接下，方爲盡善。若不知此法，上正庚子庚午正字，下遇空亡虛界空字也，故不可貫。正字宜接邊字，內盤庚子庚午字肩，外盤丙子丙午接字肩，而內外兼該，方爲善理。若犯上正字，恐爲孤虛開殺正食處，故雖吉穴吉形，轉爲深害。經云：謬一毫差千里，差一字隔萬山，不可不慎。

抄四禮略集引

古人制禮，自身而家國天下，靡有不備。士庶人之禮，則冠婚喪祭，其大也，四者之書，聖經而外，儒先論撰多矣。予在内閣，日得觀所未讀書，凡有數十部。志欲集覽，公冗遂弗果。今年典興省，適因家慈壽禮，林莽之區，無書可考，水尾尹裴輝瑄出其家所集書示焉。予擊節大喜曰：裴家翁先得我心矣，此予志而未能也。是書裨補風化甚不淺鮮，草茅之間，苦無書籍，予其鋟之，以公諸同好。予亦倩人抄寫，爲邊城公暇之備覽云。

龍輯嗣德十五年，桃李月下九，翰林院侍講學士、領興化按察使護理巡撫關（下闕）

文公家禮存真

［越南］杜輝琬　撰
劉　剛
史德新　整理

《文公家禮存真》解題

[日]吾妻重二 佐藤瑞淵 撰 董伊莎 譯

《文公家禮存真》，寫本一册，全六十二葉。底本藏于越南漢喃研究院，圖書編號爲 VHv. 272。

著者杜輝琬（生卒年不詳），越南阮朝南定省大安縣（現南定省意安縣）羅岸社人。字園珪或圜圭，號新江。庚子年即阮朝的明命二十一年（一八四〇）聖祖帝時成爲舉人，辛丑年即紹治元年（一八四一）憲祖帝時中副榜。歷任翰林院檢討、平江府知府、監察御史、永隆省督學、禮部郎中、户部弁理，又獲授太常少卿爵號。著作除《文公家禮存真》外還有《祝祜歌》，另編有《南定祝祜歌格》和《字學求精歌》。詩文收録于《羅岸杜大家賦集》《羅岸杜大家詩文》和《新江文集》〔一〕。據《國朝鄉科録》，杜輝琬之父杜璟是一八一八年的舉人。杜輝琬之子杜瞭是一八七九

〔一〕 Trinh Khắc Mạnh：《ベトナム漢喃作者の字、號》（《越南漢喃作者的字和號》），*Tên tự, tên hiệu các tác gia Hán Nôm Việt Nam*, Khoa học xã hội 出版社，二〇〇二年，頁三七八。

年的進士，也是《文公家禮存真》的共著者。

此書是以《家禮》爲基礎，對喪祭二禮進行整理再編的漢文著作，有嗣德庚午（一八七〇）八月既望的序文。關於此書的宗旨，序中有如下敘述：

> 《文公家禮》自有正本，其於喪祭之禮，簡而易行，辭不待贊也。有明楊升庵、申閣老加之以詮注，衍之以儀節，畫蛇添足，寢失其真，如成服之文、題主之節，至有説不去處，世人於是始病其難行而入于《壽梅》矣。嗟乎，《壽梅》祝文對句，陋俚無論已。至若吉凶不辨，儒釋相參，尤失其禮之甚者。世之賢士大夫不爲不多，曾不一肯爲世留心，起而正之者，何耶？……乃取禮經及古今家禮諸書，朝夕探討，然後知《文公家禮》都從《儀禮》《記》中來，而諸家之得失異同，灼然無不悉見。……因命男璙摘編文公喪祭二禮，略加檃括，令其易行。至於諸家之説，有宜於今而不戾乎古者，亦不敢廢。顔曰《文公家禮存真》，又別爲《考正》一編附於後。書成，未敢問世，姑以示其子孫，臨時採而行之。庶幾不爲俗所惑，不至大失文公之意云耳。

這裏所説的「楊升庵」和「申閣老」是指明代的楊慎（一四八八—一五五九）和申時行（一五三五—一六一四），他們所增加的「詮注」、「儀節」是指崇禎年間刊行的《文公家禮儀節》八卷及萬曆二十七年（一五九九）刊行的《重刻申閣老校正朱文公家禮正衡》八卷。《文公家禮儀節》本是明代的丘濬所撰，但崇禎時刊行的《文公家禮儀節》卷首有楊慎（升庵）的序，卷一内題下又有「宋新安朱熹編／明成都楊慎輯」，因此該書應爲楊慎所編而非丘濬所編。《重刻申閣老校正朱文公家禮正衡》是福建建陽的書肆余氏自新齋借萬曆時内閣首輔申時行之名，由彭濱校補出版的。「閣老」是内閣大學士的别稱，余氏自新齋以申閣老（申時行）之名也出版過其他書籍〔二〕。

此二書都是坊刻本，在中國是相當普及的文本，但杜輝琬認爲其記述「畫蛇添足」，内容冗長而難以實行，因此人們開始使用胡嘉賓的《壽梅家禮》（下及）。但又指出《壽梅家禮》的祝文對句是「陋俚無論（倫）」，有「吉凶不辨，儒釋相參」的問題。所以杜輝琬不斷研究「禮經及古今家禮諸書」，同時讓兒子杜璙摘編「文公喪祭二禮」并加以概括，更附上一篇《考正》。書名「存真」意爲不羼雜俗禮和佛教，而是展示真正的儒教喪祭禮儀。

杜輝琬在這里批判的「壽梅」是指《壽梅家禮》，十八世紀末由越南的胡嘉賓撰寫。它是在《家禮》的基礎上參用字喃又采用俗禮而編成的簡易喪禮手册，在越南民間尤其鄉村最爲普及。早在《壽梅家禮》之前，在越南有關《家禮》的文獻有《捷徑家禮》和《胡尚書家禮》。《捷徑家禮》刊行於永盛三年（一七〇七），詳細情況不明。《胡尚書家禮》是胡士揚撰，刊行於永祐五年

〔二〕　謝水順、李珽：《福建古代刻書》，福建人民出版社，一九九七年，頁二五四之後。

（一七三九），是專門講述喪禮的手册，也用字喃進行解説，對越南社會産生過一定的影響。不過，此二書自《壽梅家禮》刊行後便不被重視，十九世紀時只有《壽梅家禮》一書流傳。然而，杜輝琬站在嚴謹的儒教知識分子立場，對《壽梅家禮》的淺薄庸俗和佛教元素抱有不滿，認爲其遠離了正確的禮儀，因而編撰了《文公家禮存真》。

關於序文中提及的中國文獻，彭濱校補的《家禮正衡》自十七世紀以後在越南的知識分子中廣爲流傳[二]。在此遭到批判的楊慎輯崇禎刊《文公家禮儀節》，在《文公家禮存真》本文中却有多處引用，可見其影響力相當大。正如序文所言，杜輝琬參考了古今諸多禮書并加以取捨選擇，力圖制定出規範適當的禮儀樣式。

本書的體例如下：

擡頭部分　　摘出《家禮》喪祭部分的重要條目。

原注　　專以《家禮》正文及《家禮》朱熹自注爲基礎加以注解。

略注　　根據杜輝琬的判斷簡略地添加必要的説明。

〔二〕〔日〕嶋尾稔：《〈壽梅家禮〉に關する基礎的考察（三）》（《關於〈壽梅家禮〉的基礎考察（三）》），《慶應義塾大學言語文化研究所紀要》第三十九號，二〇〇八年。

補注　根據越南的情況陳述私見并加以解説。

家禮考證　關於《家禮》記述的考證。根據《家禮》的記述批判越南的「世俗」，又試圖解決有關《家禮》記述的疑義。多引《儀禮》「士喪禮」、「士虞禮」，《禮記》「檀弓」、「喪大記」、「曾子問」等古禮進行論述是其特徵之一。

此外，杜氏還以「愚案」的形式批判越南的風俗，並把《家禮》和越南的情況進行相互對比，從中展示出了十九世紀中葉越南的《家禮》接受情況的一面，頗有意義。

總體來説，本書的特色有二：一是有忠於朱熹《家禮》的傾向；二是在一定程度上考慮了越南的習俗。這兩點看似互相矛盾，實則不然，因爲在越南社會中實施儒教禮制必須以現實的社會狀況爲基礎。此書在《壽梅家禮》之後出現，不僅批判《壽梅家禮》，還試圖重新制定儒家式禮制。這種越南新禮儀書的嘗試在東亞禮制史中可説是非常珍貴的。

目録

序

《文公家禮》自有正本，其於喪祭之禮，簡而易行，辭不待贊也。有明楊升庵、申閣老加之以詮注，衍之以儀節，畫蛇添足，寢失其真，如成服之文、題主之節，至有説不去處，世人於是始病其難行而入於《壽梅》矣。嗟乎，《壽梅》祝〔文〕對句，鄙俚無論已。至若吉凶不辨，儒釋相參，尤失其禮之甚者。世之賢士大夫不爲不多，曾不一肯爲世留心，起而正之者，何耶？蓋其親在，不忍讀禮；及至臨悲迷痛，未免付之村翁。禮之不明不行者，以此。余昔年游宦，聞喪而奔，藥欲嘗，斂欲見，俱已無及。呼天搶地，唯讀禮耳。乃取禮經及古今家禮諸書，朝夕探討，然後知《文公家禮》都從《儀禮》《記》中來，而諸家之得失異同，灼然無不悉見。沉潛反覆，粗得一二，嘗欲筆之書，未暇也。兹適有問禮者，相與論難，不覺有感于心。因命男璙摘編文公喪祭二禮，略加隱括，令其易行。至於諸家之説，有宜於今而不戾乎古者，亦不敢廢。顔曰《文公家禮存真》，又別爲《考正》一編附於後。書成，未敢問世，姑以示其子孫，臨事採而行之。庶幾不爲俗所惑，不至大失文公之意云耳。

嗣德庚午八月既望，羅岸杜輝琬圜圭序。

喪禮

初終

疾病，遷居正寢。既絶乃哭。

略注病甚，遷居正寢牀上，東首。受生氣也。戒内外安静。令人視手足。爲其不能自屈伸也。問遺言，書于紙。去舊衣，加新衣。置新緜于口鼻間，觀其動否，緜不動，則是氣絶。乃鋪席褥于地，扶病者居其上。以筯横口中，使不合，以待飯含。以帛或布，繫兩肩，及兩足、大指，待襲斂。以衾覆之。寢地者，人始生在地，冀其生氣復反也。男女哭擗無數。

復。

原注侍者一人，持死者之上衣曾經服者，左執領，右執腰，自屋前升脊中霤，北面招以衣，呼曰：「某人復。」凡三次。男子稱名或字及行第，婦人稱姓氏或行第，隨平日所稱呼。呼畢，卷衣自屋後下，入尸牀，微開其衾，以所卷衣覆尸上，復覆以衾。頃之，男女哭擗無數。上衣，謂有官則公服，無官則襴衫、深衣，即今俗所謂上蓋衣也。

乃易服不食。

原注妻子、婦妾皆去冠、被髮，男子徒跣。餘有服者皆去花飾。男爲人後者爲本生父母，及女子之已嫁者，則不被髮、徒跣。諸子三日不食。親戚鄰里以粥食之。

治棺。

原注其制方直，僅取容身。内外皆用灰漆。以錬熟糯米灰鋪其底，厚二寸。加以紙，紙上加七星薄版一片，其版長廣棺中可容者，鑿爲七孔，今俗鑿象北斗形。

立喪主、主婦、護喪、司書、司貨。訃告于親戚僚友。

原注喪主，謂長子；無，則長孫承重，以奉饋奠。其與賓客爲禮，則同居之親且尊者主之。主婦，謂亡者之妻；無，則主喪者之妻。護喪，以子弟能幹知禮者爲之，凡喪事皆稟之。司書、司貨，以子弟或使僕爲之。護喪、司書爲之發書；若無，則主人自訃親戚，不訃僚友。

沐浴　襲　奠　爲位　飯含

執事設幃及牀，遷尸掘坎。

略注執事以幃障内外，乃於寢牀上施席設枕，扶尸安于牀上，東首，微轉牀，縱置之，南首，覆以衾，其牀隔壁一尺。掘坎于庭外屏處潔地。

陳襲衣，沐浴、飯含之具。

原注以卓子陳于堂前東壁，南上。幅巾一、制如今之腰帽，或用細帽亦可。切不可用馬尾冠及髮網巾。充耳二、用白緜二塊，如棗核大，以塞耳。幎目帛、用熟絹方尺二寸，夾縫内充以絮，四角有繫于後結之。包手帛、用熟絹二幅，各長尺二寸，廣五寸以裹手，兩端各有繫。深衣及明衣裳、大帶、布履、勿用牛皮。袍襖、汗衫、布褥、袴、勒帛、裹肚、衾首之類，隨所用之多少。皆新製者，或常用亦可。又以卓子陳于堂前西壁下，南上。錢三文，或金珠。寘于小盒。米數百粒，以新水淅，令精。寘于盞。刀一、櫛一、沐巾一、浴巾二、上下體各用其一。囊一、以盛爪及髮。盆一。以盛餘水。執事煁沐浴湯。

乃沐浴，

原注侍者以湯入，主人以下皆出幃外，北面，俱哭。侍者沐髮，櫛之，晞以巾，櫛爲髻。束髮也。抗衾而浴，先澡其上身，次澡其下身，拭以巾，剪爪，盛于囊。候大斂，入于棺。其浴沐餘水，并巾櫛，棄于前所掘坎埋之。

襲。

略注侍者舉襲卓，移置沐浴牀之西，俟浴畢，悉去病辰〔一〕衣及招呼衣，易以新衣或澣濯之衣，衣衽皆向

〔一〕「辰」，《朱子家禮》原注作「時」，係避越南阮朝嗣德帝阮福時之諱。本書引書時「時」均改作「辰」，以下不一一出校。

左，不爲紐。未著幅巾、深衣、履。畢，還覆以衾。

乃設奠。主人以下爲位而哭。

原注執事者以卓子置脯醢，用脯醢者，蓋古人家常有之；如無，别用具饌數器亦可。安于尸東，當肩。祝乃盥手奠酒于卓上，而不酹，不焚香，罩巾。以巾覆酒醢之類。男坐于尸牀東，女坐于尸牀西，圖式見後。爲位而哭。孝子自是寢夜尸傍，席藁枕塊。

乃飯含。

略注侍者插匙于米盞，先入，置于尸西，撤枕，又以瞑目巾覆尸面。主人左袒，自前扱於腰之右，盥手，執盒以入，就尸東，由足而西，牀上坐，東面，舉幎目巾，以匙抄米，寘于尸口之右，并寘一錢，次左，次中，亦如之。若用金珠，不用錢。含訖，去楔齒，以手揉尸口，令合。主人襲所袒衣，復位。

侍者卒襲，覆以衾。

原注侍者先加幅巾，次充耳，次設幎目，次納布履，乃襲深衣，左衽，次結大帶，次設包手，乃覆以衾。

靈座　魂帛　銘旌

置靈座，設魂帛。

原注尸前設衣架，架前置椅，椅上置坐褥，褥上置衣，衣上置魂帛。椅前置卓，卓上置香爐、香合、酒盞、酒注、茶甌、菓合、菜楪之類。侍者朝夕設櫛頮音講，洗面也。奉養之具，皆如生辰。魂帛，以白絹爲之，上出其首，旁出兩手，下垂其餘爲兩足，取肖人形。

公文式　令式

設銘旌。

原注以絳帛爲之，廣終幅。三品以上，九尺；五品以下，八尺；六品以下，七尺。粉大書曰：「某官某公之柩。」無官，則隨生辰所稱。以竹爲杠而稍長，倚于靈座之右。

不作佛事。

略注勿信浮屠誑誘，於始死及七日、百日、期年、再期、除喪設場作會，爲死者滅罪惡。

執友親厚之人，至是入哭可也。

原注主人未成服，來哭者當服深衣，臨尸哭盡哀，出，拜靈座，上香，再拜，遂吊。主人相向哭盡哀。主人以哭對，無辭。

奠代哭　大小斂

愚按《家禮》，死之第二日小斂，第三日大斂。今并斂于第二日者，爲炎熱氣盛故也。若天氣凉寒，或製辨不及，依禮三日大歛可也。

厥明，注謂死之明日。執事設席，布大小歛衾及藉棺、充補。

略注執事布席于堂之西間廣處，南首，盥手，布藉棺于席上，次布大衾歛，次布小歛，歛上加衣，或顛或倒，但取方正，惟上衣不可倒。今人多用紙或緜爲充補具，則顛倒衣不必多用。

大歛圖

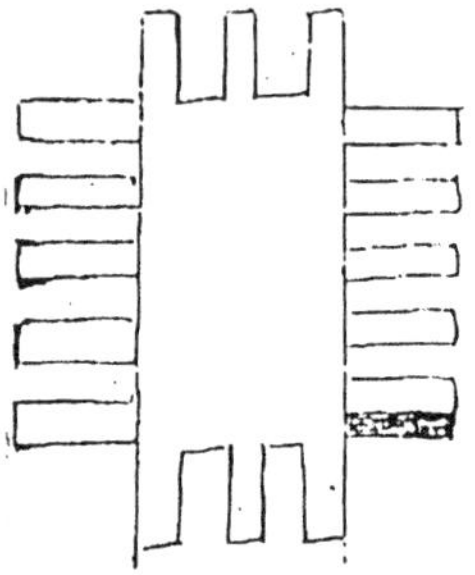

小歛圖

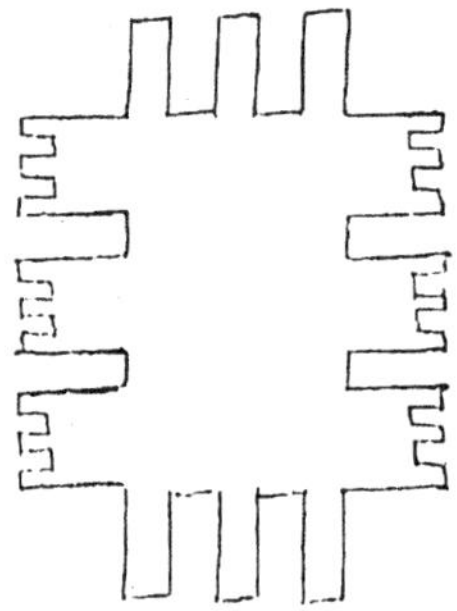

大歛直一横五，小歛直一横三。大歛之直者，與小歛之直者、横者，每頭裂爲三片。直者之長，取足以掩首至足，而結于身中。横者之長，取足以周身相結。

衾

用布或帛為之。今俗縫枕大小微短亦可。

藉首二片。厚一寸，高五寸，首橫九寸，足橫八寸五分。

圖

掩耳二片。長六寸五分，厚二寸五分，高五寸。

藉棺圖

藉棺用兩重布為之。

覆面一片，長活共枕香，厚一寸。

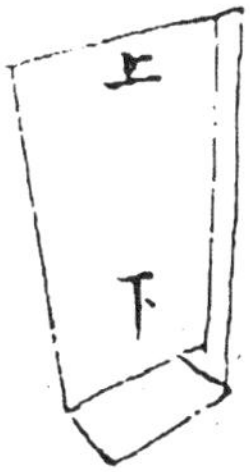

立足旁兩經，長一尺五寸，高五寸，上薄五分，下厚二寸五分。

枕一片，闊四寸，長六寸五分，厚一寸。

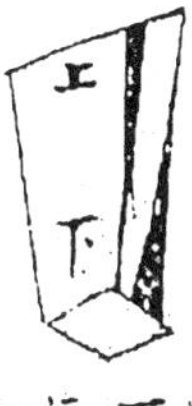

靠腰一片，長一尺三寸，上活七寸，薄五分，下活四寸，厚三寸五分。

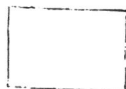

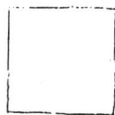

代哭不絶聲，使人更相代哭。

乃遷襲奠，遷襲奠及靈牀，置在一邊。

遂歛。

注執事盥手，先設充補之枕及藉背于前所布衾歛上，正中，南首，乃舉尸安于其上。遂加充補，先插耳，次包含，次藉首，次覆面，次藉腹，次插脛，次藉足，次覆脛，取其方正，其空缺處，卷衣塞之。然後以小歛衾掩之，先掩左，後掩右，次結小歛絞，先結直，後結横。又次結大歛衾，先左，後右，次結大歛絞，先結直者三，後結横者五。

主人主婦憑尸哭擗，袒、括髮、免髽音問戈。于别室。

原注括髮，謂麻繩撮髻，又以布爲頭𦃇也。免，謂裂布或絹廣寸，自頂前向交于額上，卻繞髻如著□頭也。髽，用麻繩撮髻。斬衰者，袒、括髮；齊衰者，皆袒、免于别室。婦人髽于别室。

舉棺入，置于堂中，

注執事先遷尸牀于東間，役者舉棺以入，置于堂中，南首，承以兩凳。

乃迎入棺，

注侍者與子孫、婦女，其兩手持藉棺舉尸納于棺内，南首，寔生辰所落齒髮及所剪爪于棺内四角，又揣空缺處，卷衣寔之，務令充寔，不可動摇，勿以金石置棺中，啓盜賊心。收藉棺，先掩足，次掩首，次掩左，次掩右，令棺中平滿。主人、主婦憑棺哭盡哀。婦人退入幕中。乃召匠加蓋、下釘，覆柩以衣。或未至三日而入棺者，則棺蓋未應緊閉。若盛夏，閉之可也。祝取銘旌，設附于柩東，復設靈座于故處，留人守之。

設靈牀于柩東，

原注牀、帳、席、枕、衣被之屬，皆如平生辰。

乃設奠。

略注執事先是設卓于阼階東南，置饌及盞注于其上，以巾罩之。設盥盆、帨巾于饌東。其東有臺，祝所盥；西無臺者，執事所盥。別以卓子設潔滌盆、新拭巾於其東，以備洗盞拭盞。此一節至遣並同。至是乃奠。《儀節》祝帥執事者。盥洗，舉奠案，升自阼階，置靈前。祝詣靈座前，焚香，洗盞。斟酒，奠酒，卑幼皆再拜，孝子不拜。罩巾，用罩巾奠饌。舉哀。

主人以下各歸喪次。

原注中門之外，擇陋室爲丈夫喪次，寢苫枕塊，不脱絰帶，不與人坐，非辰見父母也，不及中門。齊衰，寢席。婦人次于中門之内別室。或居殯側。

止代哭者。

厥明，謂死之第三日。乃奠。如前。

成服

四日，五服之人，各服其服，入就位，然後朝哭，相吊如儀。

楊《儀節》具服，五服各服其服，執杖。就位，男位柩東西向，女位柩西東向，各以服爲序。舉哀，相吊，男就祖父及諸父前跪哭，又就祖母及諸母前哭。女就祖母及諸母前哭，又就祖父及諸父前哭，如男子之儀。復位。

愚按家有尊長，如伯叔父母，或兄姊尚在，當依楊《儀節》行之。若欲從簡便，當依正《家禮》。男位靈座之東，西面，北上；女位靈座之西，東面，北上。相向而哭。宜省「男就諸父及諸母前哭，女就諸母及諸父前哭」一段。喪服制度並見圖。

朝夕注新奠至然後撤首奠

朝奠

楊《儀節》每日晨起，主人以下各服其服入。就位哭，尊長坐哭，卑幼立哭。侍者奉魂帛出就靈座，執事置蔬果脯醢，及羹飯茶酒匙箸于靈座前卓上。祝盥洗，焚香，斟酒，點茶，主人以下再拜，且拜且哭。禮畢，罩巾。

食辰上食，如朝奠。

夕奠。儀節如朝奠。畢，主人以下奉魂帛入就靈牀。

哭無辰。哀至則哭。朔日，則於奠設饌，肉魚麵米羹飯之類，比朝夕奠加盛。儀節如朝奠。

有新物則薦之。儀節如上食儀。

補權殯

按正《家禮》，無有權殯之文，懼螻蟻也。今人家隘狹，且有水火不測之患，當擇潔地寬廣之處權殯，柩外纍塹，塗之，多用灰炭，以避螻蟻，亦可。

吊 奠 賻

凡吊皆素服，奠用香、茶、燭、酒、果，賻用錢帛，具刺通名，入哭大奠訖，乃吊而退。

楊《儀節》無祭奠，用此儀。就位，吊者向座前立。舉哀，哀止，詣靈座前，上香，鞠躬拜，興，拜，興，平身。

楊《儀節》有祭奠，用此儀。序立，獨祭，則曰就位。舉哀，哀止，鞠躬拜，興，拜，興，平身，詣靈座前，焚香，跪，尊長不用此句。酹酒，奠酒，讀祝文，或讀奠賻狀，祝跪于賓之右。舉哀，俯伏，興，平身，若不跪，不用此句。復位，鞠躬拜，興，拜，興，平身，焚祭文，或焚狀。哀止，禮畢。補賓禮畢，護喪者延賓坐。主人杖，哭出，西向，隨意致辭，稽顙再拜。賓落一膝，展手策之，以表半答，亦隨意致辭而止。

祭文式

維

某年歲次某月干支越干支朔某日干支，忝親某官姓某等，謹以清酌庶饈之奠，致祭于　某親某官某公之柩，云云。尚饗！

賻奠狀文

具位姓某。

某物若干。

右謹專送上

某官某公靈筵，聊備賻儀。香茶酒食，則云奠儀。伏惟歆納。謹狀。

年　月　日，具狀姓某狀。

聞哀奔喪

始聞親喪，哭，易服，白布衫，繩帶，麻屨。遂行。望州縣鄉家皆哭。入門詣柩前，再拜，再變服，就位哭。初變如初喪，柩東西向坐，哭，又變服如大小斂。

後四日成服。與家人相吊。

若未得行，則爲位不奠。設椅一枚代柩，左右哭如儀。但不設奠。若喪側無子孫，則設奠。變服，亦以聞後之第四日。

在道至家，皆如上儀。若喪側無子孫，則在道朝夕爲位設奠。

若既葬，則先之墓哭拜。未成服者，變服於墓，歸家，詣靈座前，哭，拜，四日成服如儀。已成服者亦然，但不變服。

治葬

三月而葬，前期擇地之可葬者。擇日開塋音城[一]，祠后土。

原注主人帥執事於所得地掘穴，先掘四隅，出土壤於外，次掘其中，出土壤於南，乃於中及四隅各立標，擇遠親或賓一人，吉服告后土。設位於左之左，南向，設盞注、酒果、脯醢於前，設盥帨於東南。

楊《儀節》就位，告者立北向。鞠躬拜，興，拜，興，平身，盥洗，詣香案前，跪，上香，斟酒，酹酒，獻酒，俯伏，興，讀祝，跪於告者之左，東向。復位，鞠躬拜，興，拜，興，平身，禮畢。

祝文

維

某年歲次干支某月干支越干支朔某日干支，某官姓名，敢昭告于土地之神，今爲某官姓名，母則云某

[一]「城」，《朱子家禮》作「域」。

封某氏。營建宅兆，神其保佑，俾無後艱。謹以清酌脯醢，祇薦于神。尚饗。

遂穿壙，作灰隔，

原注穿地直下爲壙。穿壙畢，先布炭末於壙底，築堅，厚二三寸，然後布石灰、細沙、黄土拌匀者於其上，灰三分，二者各一可也，築堅，厚二三尺。别用薄版爲灰隔，如棺之狀，内以青瀝塗之，厚三寸許，中取容棺。墻高於棺四寸許，置於灰上。乃於四旁旋下四物，亦以薄版隔之，炭末居外，三物居内，如底之厚，築之既實，則旋抽其版進上，復下炭灰等而築之，及墻之平而止。

造銘[一]器、

略注刻木爲車馬、僕從、侍女，各執奉養之物，與牀帳、茵席、椅卓之類，皆象平生而小。

翣、

略注以木爲筐，如扇而方，兩角高，廣二尺，高二尺四寸，衣以白布，柄長五尺。黼翣，畫黼；黻翣，畫黻。百官皆用之。雲翣，畫雲。庶人用之。其畫皆以紫。

功布。

[一] 「銘」，《朱子家禮》作「明」。

朝祖

發引前一日，因朝奠以遷柩告。

楊《儀節》設饌如朝奠。五服之人就位，奉魂帛定靈座，祝盥洗，跪，斟酒，告辭曰：「今以吉辰遷柩，敢告。」俯伏，興，平身，主人以下舉哀，拜，凡二。平身，禮畢。

補成服後如權殯，至是發引，前一日以開殯告，儀節如遷柩奠，但告詞改遷柩字，仍舉回正寢中間南首，外設靈座如初，或置柩于靈座之西，亦可。

奉魂帛朝于祖。

原注此禮蓋象平生出必辭尊者也。

楊《儀節》將朝祖，主人以下輯杖位〔一〕。祝焚香，跪，告辭曰：「請朝祖。」俯伏，興，平身。祝以箱盛魂帛，執事奉奠及椅卓前行，銘旌次之，魂帛又次之，主人以下哭從。男由右，婦由左，重服在前，輕服在後。婦人皆蓋頭，至祠堂前。執事者先布席中間，祝奉魂帛置席上，北面。魂帛西設奠卓，東向。主人以下就位，男東女

〔一〕「位」，《朱子家禮》作「立」。

西，婦人去蓋頭。舉哀，哀止。奉魂帛還柩所。主人以下哭從。如來儀。安魂帛於靈座。主人以下舉哀。

補注原《家禮》奉柩朝祖，但以人家隘狹，難於遷轉，故□以魂帛代之。

遂遷于廳事。

補注今人家未必有廳與堂，其停柩處即是廳事，略移動可也。若有兩處者，合依禮行之。

楊《儀節》執事設幃於廳事。役者入，婦人退避。祝跪，告辭曰：「請遷柩於廳事。」俯伏，興，平身。役者舉柩，祝奉魂帛前導。右旋。主人以下哭從。如朝祖儀。布席，安柩，於席上南首。設靈座，設奠。于柩前南向。主人以下就位坐哭。藉以薦席。

乃代哭。

原注如未斂之前，以至發引。

親賓至賻奠〔一〕。如前儀。

陳器。

原注方相在前，役夫爲之，冠服道如士，執戈揚盾。四品以上，四目〔二〕；以下，兩目爲魌頭。次香案，次明器，以牀陳之。次銘旌，去趺執之。次靈車，以奉魂帛香火。次大轝。轝前有功布，旁有翣，使人執之。

〔一〕「賻奠」，《朱子家禮》作「奠賻」。
〔二〕「四目」下，《朱子家禮》有「爲方相」三字。

日晡，設祖奠。

原儀節饌如朝奠。主人以下就位，舉哀，哀止，祝盥洗，詣靈座前，跪，焚香，斟酒，祝告辭曰：「永遷之禮，靈神不留，今奉柩車，式遵祖道。」俯伏，興，平身，主人以下舉哀，再拜，平身，禮畢。

遣奠

厥明，遷柩就轝。

原注轝夫納大轝於中庭。脱柱上横扃。執事者輟〔一〕祖奠。祝北向跪，告曰：「今遷柩就轝，敢告。」遂遷靈座。置旁側，婦人退避。遷柩就轝。乃戴扃加楔，以索維之，令盡牢實。主人從柩哭降視載，婦人哭於帷中。祝率執事遷靈座于柩前，南向。

乃設奠，

原注饌如朝奠。唯婦人不在。奠畢，執事者徹奠。

楊《儀節》主人以下就位，舉哀，哀止。祝盥洗，詣靈座前，跪，焚香，斟酒，告辭曰：「靈輀既駕，往即幽宅，

〔一〕「輟」，《朱子家禮》注作「徹」。

載陳遣禮，永訣終天。」俯伏，興，平身。主人以下舉哀，再拜，禮畢。

祝奉魂帛升車，焚香。

原注別以箱盛主，置魂帛後。至是，婦人乃蓋頭出帷，降階立哭。守舍者哭辭盡哀，再拜而歸。尊長則不拜。

發引

柩行，

原注柩行如陳器之敘。

主人以下男女哭步從，

哭從如朝祖之敘，男由右，女由左。婦人以帛幕夾障之。

尊長次之，無服之親又次之，賓客又次之。

原注皆乘車馬。親賓或先待於墓所，或出郭哭拜辭歸。

及墓　下棺

未至，執事先設靈座。

注在墓道西，南向，有椅卓。

方相至，

注以戈擊壙四隅。

明器至，

注陳於壙南，北上。

靈車至，

祝奉魂帛就幄座，主箱亦置帛後。

遂置奠而退。酒、果脯醢。

柩至，

執事先布席於壙南，柩至，脱帶置席上北首。執事者取銘旌，去杠置柩上。

主人男女各就位哭。

男立於壙東，西向；女立於壙西，東向。皆比上。如在途之儀。

乃窆。

原注先用木杠横於灰隔之上。主人以下輟哭。審視乃用索四條穿柩底而下之，更不抽出，截其餘棄之。再整柩衣及銘旌，須令平正，俟後窆土，勿可卷去。

主人贈。

略注玄纁各壹疋，主人奉置柩旁，再拜稽顙。在位者皆哭盡哀。

加灰隔内外蓋，

原注先度灰隔大小，制薄版一片，旁距四墻取令脗合，至是加於柩上，更以油灰彌之，然後旋旋少灌瀝清於其上，令其速凝，即不透板，約已厚三寸許，乃加外蓋。

窆以灰，

原注三物拌勻者居下，炭末居上，各倍於底及四旁之厚，以酒灑而躡窆之，恐振柩中，故未敢築，但多用之，以俟其窆耳。

乃窆土而漸築之。

原注下土每尺許，即輕手築之，勿令震動柩中。

祠后土於墓左。

原注如前儀。

祝文

維某年歲次月朔辰，並同前，但云今爲某官窆兆，神其云云。

焚銘器及紙竹格。

正本藏銘器於壙邊便房，不焚，至於竹格亦不焚。

復寔以土而堅築之。

原注下土亦以尺許爲準，但須密杵堅築。

題主，

原儀節執事者設卓子于靈座東南，西向，置硯筆墨，對卓置盥盆帨巾。主人立於其前，北向。祝盥手出主，卧置卓上。使弟子善書者盥手，西向立，先題陷中，次題粉面。題畢，祝奉置靈座，而藏魂帛於箱中，以置其後，炷香斟酒，祝執板于主人之右，跪讀，畢，懷之，興，復位。主人再拜，哭盡哀，哀止。

題主式

父陷中則曰「故某官某公諱某字某第幾神主」，粉面曰「考某官封謚府君神主」，其下在旁曰「孝子某奉祀」；母陷中則曰「故某封某氏諱某字某第幾神主」，粉面曰「妣某封某氏神主」，旁亦如之。無官封則以生辰所稱爲號。按楊本，考妣字上加顯字。

祝文式

維年歲次月朔辰，孤子某，敢昭告于　某官封謚府君，形歸窀穸，神返室堂，神主既成，伏惟　尊靈，捨舊從新，是憑是依。母則改孤子爲哀子。

祝奉神主升車，

徹靈座，遂行。

原注魂帛箱在其後。主人以下哭從，如來儀。

主人以下奉靈車，在途徐行哭。

原注其反如疑，爲親在彼，哀至則哭。

至家，哭。

祝奉神主入，置于靈座。

注執事者先設靈座於故處。祝奉主入，就位，櫝之，并出魂帛箱置主後。

主人以下哭于廳事，

原注主人以下及門哭，入，升自西階，哭于廳事。婦人先入，哭於堂。

詣靈座前哭。

原注盡哀止。

有吊者拜之，如初。

原注謂賓客之親密者既歸，待反哭而復吊。

虞祭

原注葬之日，日中而虞。或墓遠，則但不出是日可也。

執事者陳器，具饌。

原注設盥盆、帨巾各二於西階，西南上，東盆有臺，巾有架，西者無之。凡喪禮皆倣此。置卓子於靈座之東，設注子及盤盞於其上。置卓子於靈座之西南，設祝板於其上。置蔬果盤盞於靈座前卓上，餚居內當中，酒盞在其西，醋堞居其東，菓居外，蔬居菓內，實酒于瓶。設香案居堂中，炷火於香爐，束茅聚沙於香案前。其〔一〕饌如朝奠，陳於堂門外之東。

祝出神主如座，主人以下皆入哭。

原注主人及兄弟倚杖于室外，及與祭者皆入，哭于靈座前。其位皆北面，以服爲列，重服居前，輕服居後。尊長坐，卑幼立。丈夫處東，西北〔二〕上；婦人處西，東上。各以長幼爲序。

降神，祝進饌，初獻，亞獻，終獻，侑食。主人以下皆出，祝闔門。祝啓，主人以下哭辭神。

楊《儀節》凡祝板臨祭，置于西卓子上；讀畢，置于案前香爐之左；祭畢，謁而焚之，在讀祝後。

通贊唱序立，出主，今指用禮生二人，一通贊，一引贊。舉哀，少頃。哀止。引贊唱盥洗，詣香案前，焚香，鞠躬拜，凡二。平身，降神，執事者二人皆洗手，一人開酒，實于注，西面立；一人取卓上盤盞捧之，東面立。跪，主人跪，執事二人亦向主人跪，執洗者以洗授主人；主人授注執之，斟酒于執事所捧之盞，斟訖，以注授執事者。酹酒，主人以左手取盤，右手執盞，盡傾于沙茅上，訖，以盤盞授執事者。俯伏，興，平身，少退。鞠躬拜，凡二。平身，復位。通參神，鞠躬

〔一〕「其」，《朱子家禮》作「具」。
〔二〕「北」字，《朱子家禮》注無。

拜，凡二。平身，進饌。祝以魚肉炙肝米麵食進列靈前卓子上次二行空處。初獻禮。主人進詣注于卓前，執注向北立。執事者一人，取靈座前盤盞，立主人之左。主人斟酒于盞中，訖，反注于卓子上。引詣靈座前，主人詣靈座前，執事者捧盞隨之。跪，主人跪。祭酒，執事者跪進酒盞，主人授之，三傾于沙茅上少許。奠酒，執事者捧盞靈座前。俯伏，興，平身，稍退後立。跪。通主人以下皆跪。引讀祝，祝執板立于主人之右，西向跪讀之。俯伏，興，平身。少退。通舉哀，主人以下，皆哭少頃。哀止。引鞠躬拜，凡二。平身，主人獨拜。復位。通亞獻禮。引詣靈座前，跪，祭酒，奠酒，俯伏，興，拜，凡二。平身，若主婦行禮，不跪不俯伏，立傾酒于地，四拜。復位。通終獻禮。引詣香案前，跪，祭酒，奠酒，俯伏，興，拜，凡二。平身，若親賓一人，或男或女，行禮如亞獻。復位。通侑食，子弟一人執注，就添盞中酒。主人以下皆出，主人立于門東，西向，卑幼丈夫在其後，重行北上。主婦立于門西，東向，重行北上。尊長休于他所。俱静肅以俟。闔門，執事者閉門，無門下簾，食頃。祝噫歆，祝當門北向，作咳聲者三。啓門，乃開門，卷簾。復位，主人以下復舊位。點茶，執事者進茶，置匙箸旁。告利成，祝立于主人之右，西向曰。辭神，主人以下皆拜。舉哀，拜哭。鞠躬拜，凡二。平身，哀止，焚祝文，納主，撤饌，禮畢。

祝文式

維年歲次干支月干支越干支朔日干支，孤子某敢昭告于若急葬，則云葬禮既成，爰及初虞云云。某考妣某官府君封孺人之靈曰：「日月不居，爰及初虞，夙興夜處，哀慕不寧，謹以潔牲柔毛粢盛庶品，哀薦祫事，尚饗！」

祝埋魂帛。

原注祝取魂帛，帥執事者埋于屏處潔地。若路遠，于所館行禮，必須三虞後至家埋之。

罷朝夕奠。

原注朝夕哭。哀至，哭如初。

遇柔日再虞，

原注乙丁己辛癸爲柔日。前期一日陳器具饌，夙興，設菜果酒饌，質明行事。若墓遠，亦于所館行之。

儀節祝文並同初虞，但改「初虞」爲「再虞」，「祫事」爲「虞事」。

遇剛日三虞。

原注甲丙戊庚壬爲剛日。若墓遠，途中遇剛日，且缺，須至家乃行之。

儀節祝文並同初虞，但改「再虞」爲「三虞」，「虞事」爲「成事」。

愚按文公正本，虞、卒哭及二祥，無有參神之文，其拜惟用再拜，亦無四拜之文，又不焚祝文。今酌用楊慎《儀節》。

卒哭

三虞後遇剛日卒哭。前期一日，陳器，具饌。厥明夙興，設蔬果酒饌。質明，祝出主，主人以下皆入哭。降神，主人主婦進饌，初獻，亞獻，終獻，侑食，闔門，啓門，辭神。

儀節通序立，出主，舉哀，哀止，降神。引盥洗，主人降階洗手。詣香案前，跪，上香，酹酒，傾于沙茅上。俯伏，興，拜，凡二。平身，復位。通參神，鞠躬拜，凡四。平身，進饌。主人奉魚肉，主婦奉麵米食，主人奉羹，主婦奉飯。初獻禮。引詣香案前，跪，祭酒，奠酒，執事者接盞置神主前。俯伏，興，拜，凡二。平身，稍退立後。跪。通主人以下皆跪，讀祝，執祝立于主人之左，東向，讀之畢。俯伏，興，平身。少退。通舉哀，主人以下皆哭少頃。哀止，鞠躬拜，凡二。平身，主人獨拜。復位。通亞獻禮。詣靈座前，跪，祭酒，奠酒，俯伏，興，拜，凡二。興，平身，若主婦行禮，則拜四拜，不用俯伏平身。復位。通終獻禮。引詣靈座前，跪，祭酒，奠酒，俯伏拜，二。興，平身，復位。通侑食，子弟一人執注，就添盞中酒。主人以下皆出，闔門，執事者閉門，無門下簾，少頃。祝噫歆，祝當門，北向，作咳聲者三。啓門，開門。復位，主人以下皆復位。點茶，執事者進。告利成，祝立西階上，東向曰。利成。辭神，舉哀，主人以下皆哭。鞠躬拜，四。平身，哀止，焚祝文，納主，徹饌，禮畢。

祝文並同虞祭，但改「三虞」爲「卒哭」，「哀薦成事」下云「躋祔于祖考某官府君，尚饗」，餘並同。所謂祖考，亡者之祖考也。

自是朝夕之間，哀至不哭。

原注猶朝夕哭。

祔

卒哭明日而祔。卒哭之祭既撤，即陳器，具饌。

厥明夙興，設蔬果酒饌。質明，主人以下哭於靈座前，主人詣祠堂，奉神主出，置於座。

儀節主人兄弟倚杖于階下，遂至靈座前哭止。詣祠堂，主人以下俱往。啓櫝，祝就啓祠堂所祔之祖考妣櫝。請主就座。出其主，置所設祖考妣位上。若行禮于他所，則跪告曰：「請主詣某所。」乃捧其櫝以行，至，置西階卓子上，然後啓櫝，請之就位。

還，奉新主入祠堂，置於座。

儀節主人以下自祠堂遂至靈座前。舉哀，祝奉新主詣祠堂，若在廳事，則曰「詣廳事」，祝奉櫝以行。主人以下哭從，男子由右，女子由左。重服在前，輕服在後。至門。哀止，祝乃以櫝置西階卓子上。啓櫝，參神，再拜。降神，鞠躬拜，二。興，平身，進饌。初獻禮。引詣顯考神位前，母，則云「妣」，後倣此。跪，祭酒，奠酒，俯伏，興，拜，二。興，平身。通跪，主人以下皆跪，讀祝，祝立主人之左，東向，跪讀之。俯伏，興。主人獨拜。引鞠躬拜，二。興，平身，復位。通亞獻禮。引詣祖考神位前，跪，祭酒，奠酒，俯伏，興，拜，二。興，平身；詣祖妣神位前，跪，祭酒，奠酒，俯伏，興，拜，二。興，平身；詣顯考神位前，跪，祭酒，奠酒，俯伏，興，拜，二。興，平身。通終獻禮。

其儀如亞獻。侑食，執事以注遍斟滿盞中。主人以下俱出，闔門，有門則閉；無門，下簾。祝噫歆，祝當門北面，作咳聲者三。啓門，主人以下復位，主婦點茶，告利成，祝立西階上東面曰。利成。辭神，鞠躬拜，四。興，平身，焚祝文，納主，祝先納祖考顯妣于龕中，次納亡者神主西階卓子，俱匣之。奉新主返靈座，主人以下從哭，舉哀，至靈座中安主訖，又哭之。禮畢。若禮行于廳事，則改納主云「奉神主返祠堂」，主人送至祠堂，納主訖，後回西階卓子上，奉新主。

祝文式

祔父維年歲次月朔日辰，孝孫某，謹以潔牲柔毛粢盛醴齊，適於顯曾祖考某官處士府君躋祔孫某官處士，尚饗！如用豕，則曰剛鬣；並用羊豕則曰柔毛剛鬣。

祔母維年歲次月朔日辰，以下至適於並同前。

顯曾祖妣某封某氏躋祔孫婦某封某氏，尚饗！

亡者維年歲次月朔日辰，以下至醴齊並同前。哀薦祔事于先考某官處士府君，母，則改云「先妣某封某氏」。

適於

顯曾祖考某官府君。母，則改云「曾祖妣某封某氏」。

小祥 初忌也。若已除服者來與祭，皆服素衣。

期而小祥。

原注　自喪至此，不計閏，凡十三月。

前期一日，主人以下陳器，具饌，

原注　主人率衆丈夫灑掃滌濯，主婦率婦女滌斧鼎，具祭饌。

設次，陳練服。

原注　丈夫、婦人各設次於別所，置練服於其中。男子以練服爲冠，去首絰、負版、辟領、衰；婦人截長裙，不令曳地，去腰絰。應服期者改吉服。然猶盡其月，不服金珠錦繡紅紫。唯爲妻者猶服禫，盡十五月而除。本無十五月注。

厥明夙興，設蔬果陳饌。並同卒哭。

質明，祝出主，主人以下入哭。乃出就次，易服，入哭，降神，三獻，侑食，闔門，啓神，辭神。

皆如卒哭之儀。

儀節　祝出神主，主人以下入，舉哀，主人以下期親，各服其服，倚杖哭于門外，少頃。哀止，就次易服，各出就次易服，畢，各具新服。序立，舉哀，哀止，降神。自後儀節同卒哭。祝文維年歲次月朔日辰，並如前，但云日月不居，奄及小祥，宿興夜處，小心畏忌，不隋其身，哀慕不寧，敢用潔牲柔毛粢盛醴齊，薦此常事，尚　饗！

止朝夕哭。原注惟朔望，未除服者會哭。

始食菜菓。

大祥第二忌日也。

再期而大祥。原注自喪至此，不計閏，二十五個月。

前期一日，沐浴，原注如小祥。

設次陳禫服，

遞遷於祠堂。原注陳器，如《通禮》朔儀日。別置一卓于其東，置净水、粉盞、刷子、筆硯于其上。

儀節序立，主人詣祠堂前。盥洗，啓櫝，出主，參神，鞠躬拜，興，拜，興，拜，興，拜，興，平身，降神，盥洗，詣香案前，跪，上香，酹酒，俯伏，興拜，二。平身，斟酒，主人執注遍斟于酒盞中，畢，少退立。主婦點茶，茶畢，與主人並立。鞠躬拜，二。興，平身，主婦復位，主人不動。跪，主人以下皆跪。讀祝，跪讀。俯伏興，拜，二。興，平身，請主，主人進奉主于卓子上，執事者洗其當改字，別塗以粉，候乾，其親盡以紙裹，暫置卓子上。題主，命善書者改題曾祖考妣爲高祖，又改祖考妣爲曾祖，又改考妣爲祖，畢。遷主，主人自奉其主遞遷而西，虚東一龕，以俟新主，少退立。鞠躬拜，興，拜，二。興，平身，復位，辭神，鞠躬拜，四。興，平身，焚祝文，禮畢。

祝文維　年歲次月朔日辰，孝孫某敢昭告于

某官府君、某氏某封，

某官府君、某氏某封，

某官府君、某氏某封，

某官府君、某氏某封，

兹以先考某官府君大祥已屆，禮當遷主入廟，某官府君、某氏某封親盡，神主當祧；某官府君、某氏某封神主改題爲高祖；某官府君、某氏某封神主改題爲曾祖；某官府君、某氏某封神主改題爲祖。世次迭遷，不勝感愴。謹以酒果，用伸虔告，尚　饗！

祝文神主止書官封稱呼，而不書高曾祖考者，蓋爲是辰高祖親盡，曾祖、祖、考妣神主未改題故也。

厥明行事，皆如小祥之儀。畢，祝奉主入於祠堂。儀節序立，以下至辭神。辭神，以其儀節並同小祥，惟辭改添。舉哀，焚祝文，祝奉新主入祠堂，主人以下哭從，至祠堂。安神主，安神主于櫝。哀止，鞠躬，拜。興，平身，禮畢。祝文並同小祥，但改「小祥」曰「大祥」，「常事」曰「祥事」。

徹靈座，斷杖棄之屏處，

奉遷主埋於墓側。

補祥祭後，陳器具饌，如朔日之儀。用卓子陳廳事上。質明，主人奉安親盡之主于卓子上。儀節序立，如常儀。參神，鞠躬拜，四。興，平身，降神，盥洗，詣香案前，跪，上香，酹酒，俯伏，興，拜，二。興，平身，主人斟酒，主婦復位，跪，讀祝，俯伏，興，拜，二。興，平身，復位，辭神，鞠躬拜，四。興，平身，焚祝文，送主，執事者用盤盛主捧，主人自送至墓側。埋主。祝埋畢始回。

祝文　維　年歲次月朔日辰，孝玄孫某敢昭告于

五世祖考某官府君、祖考某封某氏，古人制禮，祀止四代，心雖無窮，分則有限，神主當祧，不勝感愴，謹以酒果，百拜告辭，尚饗！

禫

大祥之後，中月而禫。

原注間一月也。自喪至此，不計閏，二十七個月。

前一月下旬卜日。或丁或亥。

原注設卓子于祠堂門外東，置香爐、香盒、珓珓、盤子于其上。主人西向。略儀節。主人具素服，于祠堂門外西向，兄弟次之，子孫又次之。炷香薰珓，主人將珓珓香烟熏。祝辭曰：「某將以來月某日，祇薦禫事於先考某官府君，尚饗！」下卜珓。擲珓于盤，以一俯一仰爲吉；不吉，卜中旬之日；又不吉，則用下旬。詣先考神位前序立，鞠躬拜，二。興，平身，主人向前正中。跪，焚香，告辭曰：「孝子某，將以來月某日，祇薦禫事于先考某官府君，卜既得吉，敢告。」俯伏，興，平身，復位，凡兄弟子孫者皆拜。鞠躬拜，二。興，平身，禮畢。若不得吉，則不用「卜既得吉」一句。由此儀節參用辰祭卜珓儀節補入。

前期一日，沐浴設位，陳器，具饌。

原注設神位於靈座故處，餘如大祥儀。設卓子于西階上。

厥明行事，皆如大祥之儀。

儀節主人以下，俱素服詣祠堂。焚香，跪，告辭曰：「孝子某，將祗薦禫事，敢請先考神位出就正寢。」俯伏，興，拜，興，拜，興，平身，奉主就位，祝奉主櫝于西階卓上。出主，祝出主置于座。通序立，舉哀，哀止，降神，盥洗，以後至辭神，並同大祥。辭神，鞠躬拜，四。興，平身，舉哀，哀止，焚祝文，送主，主人以下皆從。納主，禮畢。

祝文　維　年歲次月朔日辰，孤子某敢昭告于

顯考某官府君神主，禫制有期，追遠無及，謹以清酌庶饈，祗薦禫事，尚饗！」母，則改稱「先妣某封某氏」。

始飲酒食肉而復寢。移。　按此條舊在大祥下，今移此。

忌日

前一日齊戒，如祭禰之儀。設位，如祭禰之儀，但只設一位。陳器，如祭禰之儀。具饌。如祭禰之儀一分。

厥明夙興，設蔬菓酒饌。如祭禰之儀。質明，主人變服。禰，則主人兄弟黲紗幞頭，黲布衫，布裹角帶，以上則黲紗衫。旁親，則□紗衫。主婦特髻去飾，白大衣，淡黄帔。餘人皆去華盛之服。

詣祠堂，奉神主出就正寢。如祭禰之儀，但告辭云「今以某親某官府君遠諱之辰，敢請神主出就正寢，恭

仲追慕」，餘並同。

儀節序立，參神，再拜。降神，盥洗，詣香案前，跪，上香，酹酒，俯伏，興，再拜。平身，復位，進饌，主人奉魚肉或羹，主婦奉麪米食或飯。初獻禮，詣神位前，跪，祭酒，奠酒，俯伏，興，平身，跪，皆跪，讀祝，主人之左。俯伏，興，平身，舉哀，哀止，拜上，興，平身，復位，亞獻禮，詣或先考妣，或祖妣。神位前，跪，祭酒，奠酒，俯伏，興，再拜。平身，若主婦行禮，則拜四拜，不用俯伏平身。復位，終獻禮，詣神位前，跪，祭酒，奠酒，俯伏，興，再拜。平身，復位，侑食，主人以下皆出，闔門，祝噫歆，啓門，復位，點茶，告利成，立于主人之右。利成，辭神，鞠躬拜，凡二。平身，焚祝，納主，徹饌，禮畢。

祝文　維　年歲次月日，敢昭告于同前。

曰：「歲序遷易，諱日復臨，追遠感辰，不勝永慕，謹以云云祇薦常事，尚饗！」考妣，則改「不勝永慕」爲「昊天罔極」；旁親云「不勝感愴」。

禰

季秋祭禰。前一日下旬卜日。前一日，設位陳器，具饌。質明，盛服，詣祠堂，奉神主出就正寢。

儀節主人詣祠堂考妣櫝前。跪焚香，告辭曰：「孝子某，今以季秋成物之始，有事于考某官府君、妣某封某氏，敢請神主出就正寢，恭伸奠獻。」俯伏，興，奉主就位，參神，降神，進饌，三獻，侑食，闔門，啓門，受胙，辭神。

儀節序立，參神，鞠躬拜，四。興，平身，降神，盥洗，詣香案前跪，上香，酹酒，俯伏，興，拜，凡二。平身，復位，進饌，如卒哭儀。初獻禮，詣考妣神位前，跪，祭酒，奠酒，俯伏，興，平身，詣讀此宜省。祝位前，跪，主人以下皆跪，讀祝，在主人之左。俯伏，興，拜，二。復位，亞獻禮，詣考妣神位前，跪，祭酒，奠酒，俯伏，興，平身，復位，終獻禮，詣考妣神位前，跪，祭酒，奠酒，俯伏，興，平身，復位，侑食，主人執注斟神位前。復位，主人以下皆出，闔門，祝噫歆，啓門，主人以下復位，獻茶，飲福受胙，吊儀見後。詣飲福位，香案。跪，祝詣主人之左，東南向主人，嘏辭曰：「考命工祝，承致多福，無强於汝孝男，來汝孝男，使汝受禄於天，宜稼於田，眉壽永年，勿替引之。」飲福，酒，受胙，祝以胙受主人，主人領，受嘗之。鞠躬拜，二。興，平身，主人起，立于東階上，西向。告利成，祝立于西階上，東向曰。利成，復位，鞠躬拜，二。興，平身，辭神，鞠躬拜，四。興，平身，焚祝，送主，主人主婦皆送歸祠堂，如來儀。徹饌，禮畢。

祝文　維　年歲次月日辰，孝子某，敢昭告于　顯考某官府君、顯妣某封某氏，今以秋季成物之始，感辰追慕，昊天罔極，謹以潔牲剛鬣之儀，祗薦歲事，尚饗！

辰祭

辰祭用仲月。或丁或亥。前期一日，設位陳器，具饌。質明，奉主就位。

儀節是日，主人主婦詣祠堂前，盥洗，啓櫝，出主，詣香案前，跪，焚香，告辭曰：「孝孫某，今仲某之月，有事于高曾祖考妣，敢請神主出就正寢，恭伸奠獻。」俯伏興，平身，奉主就位，參神，降神，進饌，三獻，侑食，啓門，受胙，辭神，納主。

儀節通序立，參神，鞠躬拜，四。平身，降神。執事開酒取巾拭啓口。引盥洗，在東階。詣香案前，跪，上香，酹酒，俯伏，興，拜，二。平身，復位，進饌，如卒哭儀，各陳于神位前。初獻禮。引詣高曾祖考妣位前，跪，祭酒，奠酒，俯伏，興，平身。引詣讀祝位，跪。通主人以下皆跪，讀祝，跪主人之左。俯伏，興，拜，二。平身。引復位，分獻，兄弟之長者，分獻祔位。亞獻禮，詣高曾祖考妣位前，跪，祭酒，奠酒，俯伏，興，平身，復位，分獻，終獻禮。如亞獻。引侑食，主人執注，遍斟諸位前。復位。通主人以下皆出，闔門，祝噫歆，啓門，主人以下復位，獻茶，飲福，受胙。引詣飲福位，執事設酒于案，主人北面立。跪，祝取酒盞于香案前，詣主人之右，主人亦跪。受胙，祝以盞授主人。祭酒，少傾于地。啐酒，略嘗少許，祝取匙於諸位之飯各少許，以盤子盛詣主人左。通嘏辭曰：「祖考命工祝云云。」同祭禰儀，但改「孝男」爲「孝孫」。主人置酒席前地上。引俯伏，興，拜，二。平身，跪，受胙，祝以胙授主人，主人受飯嘗之，寔于左袂，挂袂于手指。卒飲，取所置酒卒飲之，以盞及飯授執事者。俯伏，興，拜，二。平身。若欲從簡，只詣飲福位，跪，嘏辭，飲福酒，受胙，俯伏，興，拜，二。平身。主人退立東階，西向，祝立西階東向。通告利成，祝曰。利成，在位皆拜。鞠躬拜，興，平身。主人不拜。引復位，辭神，鞠躬拜，四。平身，焚祝，送主，主人主婦皆升送主歸祠堂，如來儀納之。徹饌，禮畢。

祝文　維　年歲　月　日　辰，孝玄小子某官姓名，敢昭告于

顯高祖考某官府君、顯高祖妣某封某氏，顯曾祖考某官府君、顯曾祖妣某封某氏，顯祖考某官府君、顯祖妣某封某氏，顯考某官府君、顯妣某封某氏，曰：「歲序流易，辰維仲，或春夏秋冬。歲暮，改此句爲「歲律將更」。感追歲辰，不勝永慕，謹以潔牲粢盛庶品，祗薦歲事，以某親某官祔食，尚饗！」按《家禮》，四代各一祝文，又每位每詣。今俟省之，以從簡便。

襲含哭位之圖

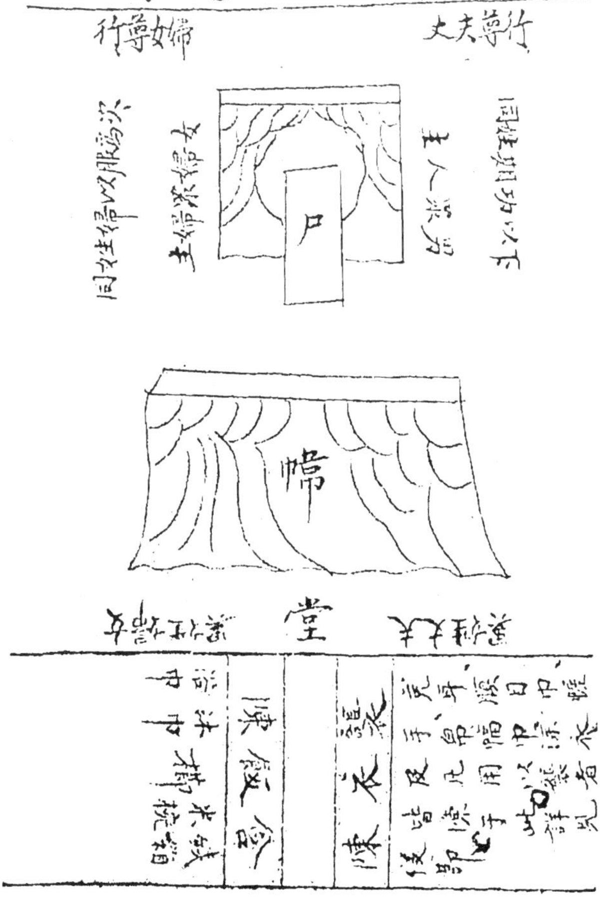

喪服制度

凡縫尺當取人中指中節，上下又角相去遠近爲一寸，又當量其人長短肥瘠以爲度。

斬衰用極粗生麻布；齊衰用次麤生布；杖期以下，以次而殺。

男冠、大功以上辟向右，小功以下辟向左。首絰、斬衰圓九寸；齊衰七寸；大功以下，以次而小；用單股。腰絰、斬衰用有子，齊衰以下用無子麻，皆用兩股。絞帶、斬衰用有子麻，圓三寸，齊衰以下，用布縫之，約寬四寸。衰服、衣縫邊幅向外，裳縫邊幅向內。身衣、二幅，各長四尺四寸。袂、即袖也，二幅，長與身衣齊。辟領、長一尺六寸，闊八寸。帶下、用布，高一尺，縫連身衣。衽、二幅，各長三尺五寸。衰、長六寸，廣四寸，綴當心。負版、方一尺八寸，縫衣後。裳、前三幅，後四幅。杖。服父用竹，服母用桐，下方上圓。

女衰、衣縫邊幅向外，裙邊幅向內。大袖、長至膝，長一尺二寸。長裙、前三幅，後四幅。蓋頭、三幅，長與身齊。腰絰。如男。

齊衰冠

斬衰冠

齊衰首絰
用無子麻為[illegible]圍圈七寸
大功以下以次而小

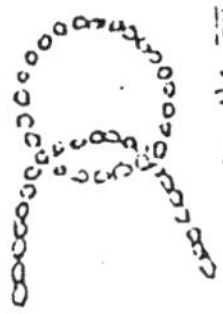
斬衰首絰
用有子麻為單股繩圈
圍九寸

小功以下
用無子麻大五寸餘如
斬衰而小

斬衰腰絰
用有子麻兩股相交
繩圍七寸餘

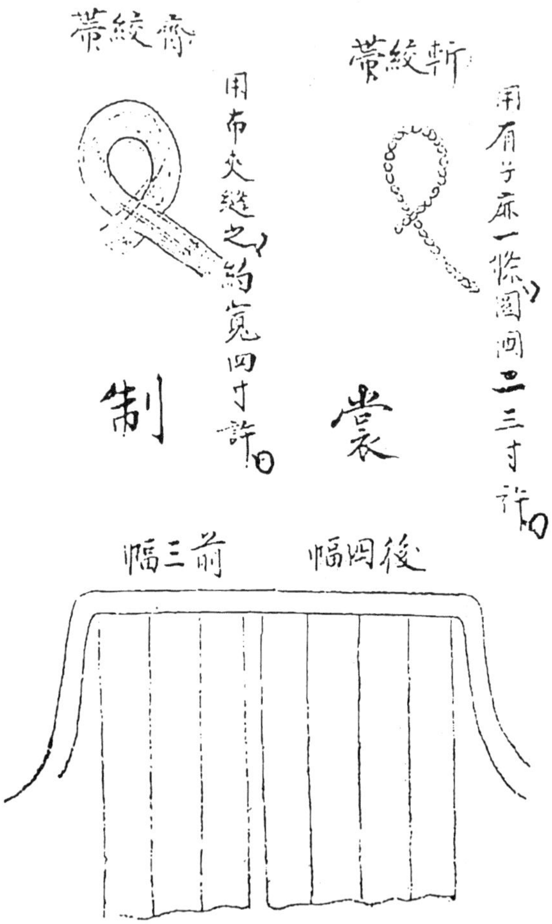
齊絞帶
用布夾縫之約寬四寸許
斬絞帶
用有子麻一條圍圓四三寸許
裳制
前三幅
後四幅

衰衣圖

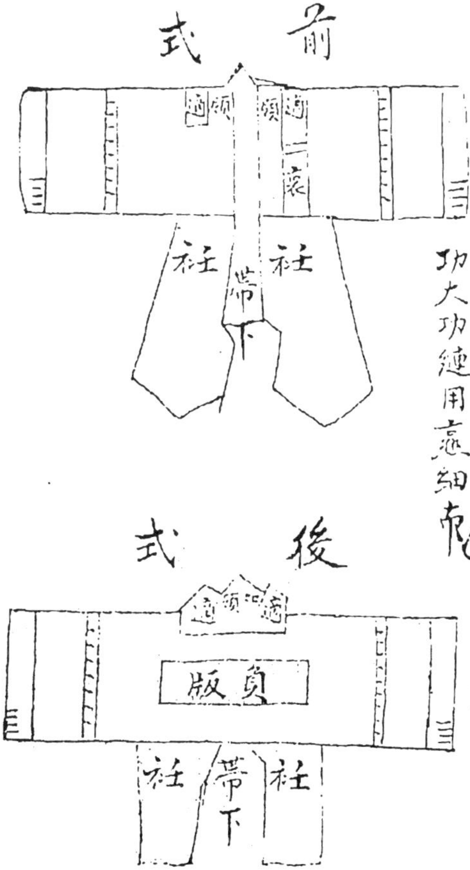

斬衰用盡粗生麻布，齊衰用次粗生布，杖期不杖期用次粗生布，小功大功緦用熟細布。

作主

程子曰：「作主用栗，或用堅木，亦可。趺方四寸，厚寸二分，鑿之洞底，以受主身。身高尺二寸，博三寸，厚寸二分，剡上五分爲圓首，寸之下勒前爲領而判之，四分居前，八分居後。領下陷中，長六寸，廣一寸，深四分。陷中書曰：「故某官某公某諱字某第幾神主。」合之，植于趺，下齊。竅其旁以通中，圓徑四分，取身厚三之一，居三寸六分之下，下距趺面七寸二分。以粉塗其前面。」

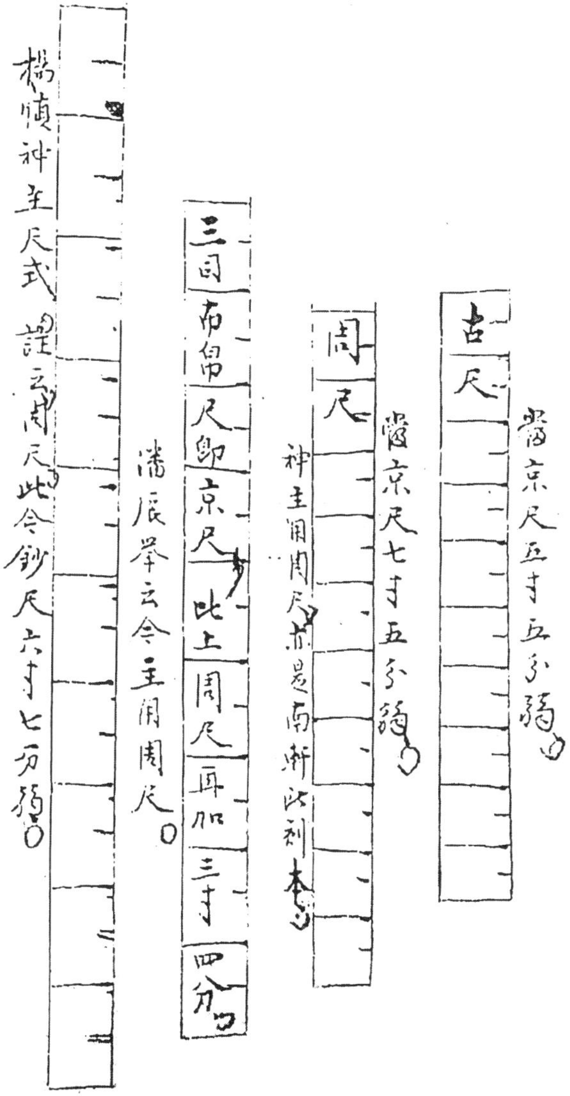
古尺
當京尺五寸五分弱○
周尺
當京尺七寸五分弱○
神主用周尺亦是南村改制本○
三司布帛尺卽京尺
比上周尺再加三寸四分○
潘辰舉云今主用周尺○
楊慎神主尺式
證云周尺比今鈔尺六寸七分弱○

神主全式

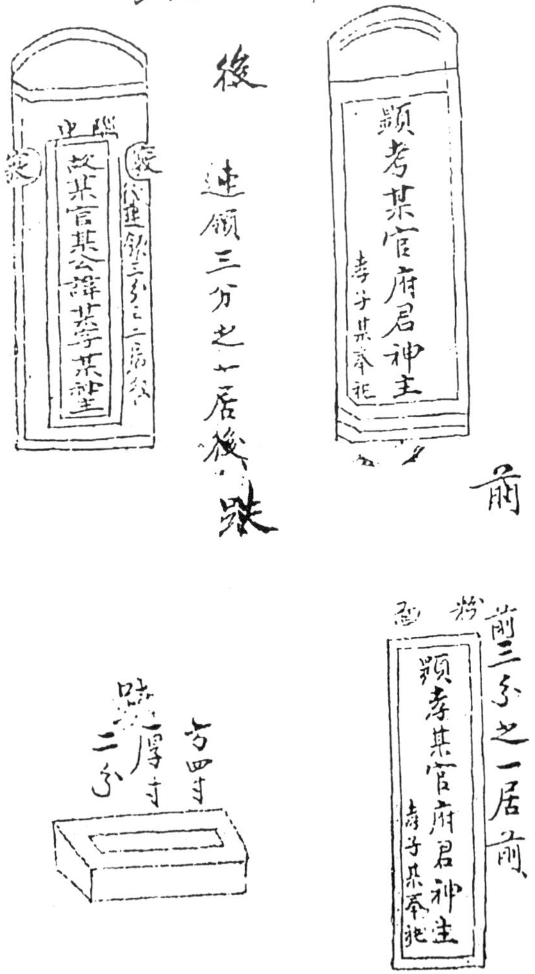
後
陷中
故某官某公諱某字某神主
連頷三分之一居後
趺
前
顯考某官府君神主
孝子某奉祀
粉面
前三分之一居前
顯考某官府君神主
孝子某奉祀
趺厚一寸二分
方四寸

座式、兩頭俱窟底蓋闊厚出令受其

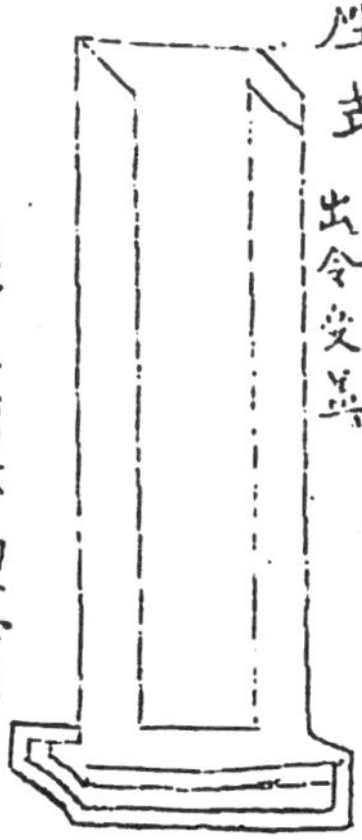

櫝式、平頂四直前作兩窟於開下作平底其座

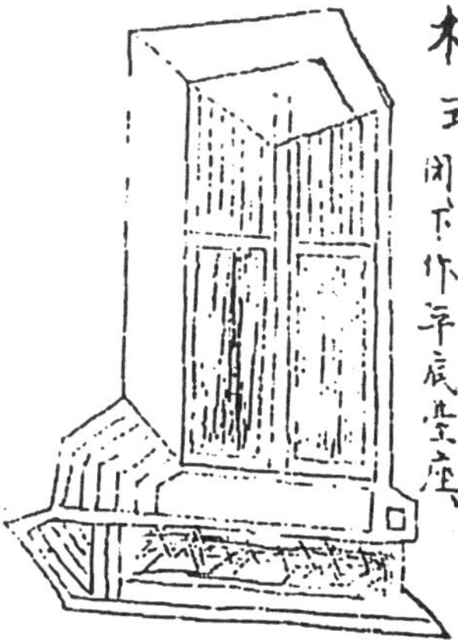

蓋式、四面直下、正闊厚俟、蓋皆以黑漆飾之、

壙前陳器圖

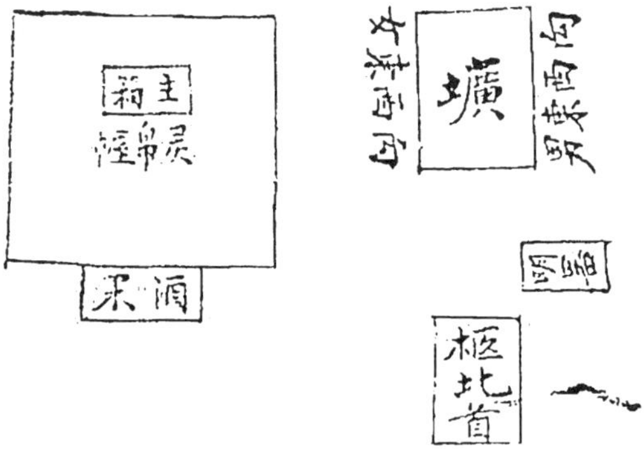

題主陳器圖

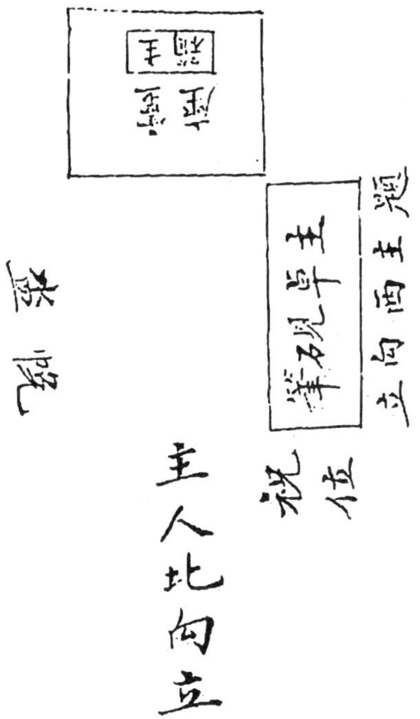

虞祭陳器圖

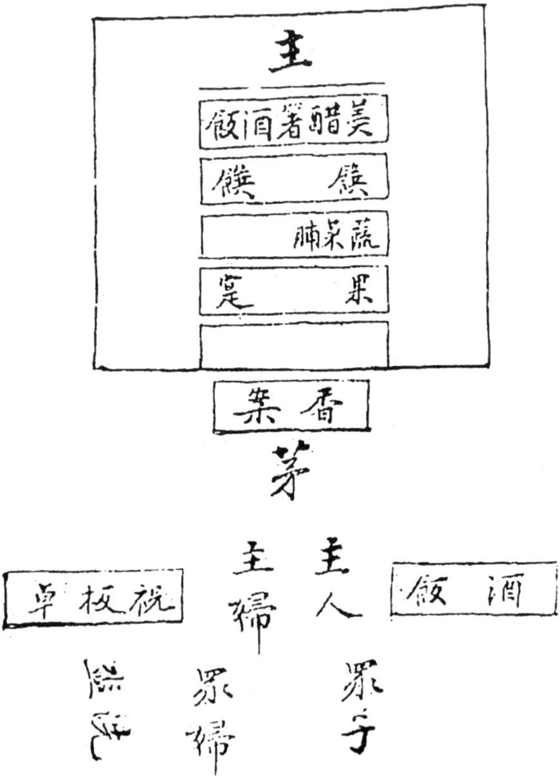

家禮考正

曰正本者，文公正本禮也；曰楊本者，楊慎輯文公禮也。

招呼

按楊本，地席，氣絶，扶居其上，然後舉哀呼復，久焉始遷于牀。考之《喪大記》，唯哭，先復，復而後行死事。今世俗未招呼而遽上牀，待招呼然後發哭，恐非禮意。

沐浴

今世俗男用七錢，女用九錢，買岐水，以五味香或白柹青豆煮之，不知所取何義。考之文公正本，唯曰「侍者以湯入」，而不云何水何香。按《喪大記》有云：「君沐粱，大夫沐稷，士沐。」當從古爲是。

斂衣

按正本，復衣不用斂；又考之《大記》，「復衣不以衣尸」；《士喪禮》，復衣初用以覆衣尸，浴則去之。愚謂復衣招呼之衣也。今世俗衣用奇數，不用偶數；又平生重襲之衣，不以入斂；是錯認復字爲複字。大誤。

握手

按正本，握手用帛，尺二寸，廣五寸，以裹手。劉氏注中掩之手纔相對，兩端各有繫，先以一端繞擥，音宛，手儀節。又以一端拘中指，反與繞擥者結於掌。儀節。今楊本改用二包裹手，亦便。

儀節

按楊本云：「特揭以示人，非用以贊唱。」今世俗都用贊唱，涉於吉祭。愚謂執事或不能熟記，使人執書，語以示之，庶不失禮。

祝文

按正本，自初喪至下壙，不用祝文，不忍死其親也。唯題主始用祝文，然亦懷而不焚，是趍于吉凶生死之間，禮之微意也。今世俗惑於申本，成服及設靈座，節節都用祝文，遂使題主後祝文懷而不焚，看有不通處。今擬未題主前奠文應省。又按正本儀節，無所謂焚祝者，至楊本始增之，蓋取《通禮》，朱子所謂「讀畢焚之」之句。

奠而不祭

按正本，遺奠、祖奠以前，其奠唯用脯醢酒果，獨朔奠始殷，蓋事死如事生也。今世俗於親始死，宰牲祭□贊唱，是忍死其親也。

魂帛

按正本，箱盛魂帛，高氏云椅上置褥與衣而加魂帛於上。愚謂箱者櫝也，如置主之箱也。今世俗作十字架，著衣符，裝飾如人形，涉於褻瀆，温公曾卞之義，求禮者不可不知。

銘旌

按正本，書「某官某公之柩」；考之《士虞禮》，銘曰「某氏某之柩」。今俗加大南或皇南故父或故母二字，是錯認題主陷中體式。又按正本，銘旌用絳帛，無所謂丹旐者。考之禮，《檀弓》：「綢練設旐，夏也。」《注》：「緇布，廣終幅，長八尺，旐也。」愚謂夏尚黑，故用緇；周尚赤，故絳之。丹旐，即銘旌也，唐鄭谷詩「瘴蒸丹旐濕」是也。再，黄廷堅詩有云「丹旐兩班班」，是挽兩喪歌也。今俗用丹旐二竿，男書「忠信」，女書「貞順」，不知何據，恐是沿襲之謬。

置銘旌

按正本，未大斂設於尸之西，既大斂設跗于柩東。今世俗或設于東而不知有西，或設于西而不知有東，謬於一處，是未之考也。補：請謚、括髮、經帶、竹杖、設奠、夏節、中元、吊奠、朝祖，並見下。

送柩

按正本，朝祖及發引，柩行主人哭從。今世俗主人先柩却行，若遮柩然，未知何據。

步從

按正本，男女步從，如朝祖之敍。考之朝祖，其行，男由右女由左，如此而至祠堂，便成男東左女西右之位。今楊本却注男左女右，則至墓未免顛倒。且按之《王制》，道路，男由右女由左。不知楊説何據，其誤也明矣。

音樂

按，喪主哀不用樂，獨下窆以皷爲節，《喪大記》所謂「母讙，以皷封」音窆，去。是也。今俗送喪或用八音，甚非。獨竿聲悲哀，以之助喪，似亦可用。至若申、楊發引圖，有畫僧人法器，是刻本好事之誤。再，圖本所畫喪者，或柩前行，或柩底行，皆非《家禮》步從之義。

升轝祖奠

按正本及楊本，並無設祭告何神者。今俗祭轝神及祭道路之神宜省。

題主位

按正本注云：「執事設卓于靈座東南，西向。主人立於前，北向。祝出主置卓上。書者西向立題。祝炷香斟酒，執版出，于主人之右跪讀之。興，復位。主人再拜。」見此，則跪、興、復位，皆祝者之事。主人於初入北向立後，唯再拜而已。今楊本却加向卓子前拜等字，又錯認跪字爲主人跪，更加主人以下皆跪等字，遂令人疑有興而無俯伏，興不詣而有俯伏復位。於是行禮者或置題主卓于香案前，南向，令主人北向；或置題主卓于靈座東，而令主人西立東向。紛紛聚訟，好禮者無所折衷，誠可嘆也。愚謂當依正本，令置卓子于靈座東南，西向；題主者亦西向；主人立於靈座前之正中，北向；其題主卓在主人之東，北上；盥帨在主人之西，北上。凡香酒跪興之事，皆祝爲之，主人惟再拜而止，仍具列題主圖式于後。

題主人

按正本，使善書者書之。今楊本却增謝題主一句，致令世俗相沿，希望貴顯僥倖一題，奔走承奉，唯恐不及，事貴之心重，送親之心輕，顛倒謬妄，誠爲可憫。至於爲人題主，或不度事體，以總督大員奉題富商婦者；或有不顧廉節，編入陳設帷帳几案而使之贖者。沿習成風，恬不知怪，悲夫！

謝題主

按楊本補謝題主注，題主答拜。今考《曲禮》：「凡非吊喪，無不答拜。」《注》以爲助執喪事之凡役而來，非行賓主之禮。又《士喪禮》有賓則拜，其辱不答拜。由此見之，題主亦助喪之一役也，焉用答。

題主訣

按正本，題主未嘗有訣。王世貞始爲呼魄呼魂之訣，又增朱點墨點之文，荒誕可笑。

題陷中

按正本，父則曰「故官公諱字第幾神主」。又楊本，父則曰「明故某官某公字某行幾神主」。行幾之義，世多未解。考之楊本招呼節云，男子稱名或字及行第，婦人稱姓氏及行第。又考之《文公通禮》注，無官，則以生辰行第稱號加于府君之上。推此，則行第是平日稱呼，如二郎六郎之類。今人以第幾神主作一句讀，致有大宗小宗昭穆相序之説，蓋亦未之詳耳。

速反

按正本，反哭徐行哭。又考〔攷〕之《檀弓》，衛有送葬者，善哉！其往也如慕，其反也如疑。子貢曰：「豈若速返而虞乎？」子曰：「小子識之，我未之能行也。」愚謂識者識衛人送葬之善也。今俗反哭疾趍，是誤認速反之語。

反哭

按正本，反哭，主人以下升自西階，蓋東階親生辰所升，故親始葬，不敢當其爲主之位也。

酒殽

按正本，虞前奠而不祭，其奠不過脯醢蔬果常物而已。至虞始祭，其祭用牲皆以品，非分不敢踰僭，不忍以一毫非禮加於其親，是謂之孝也。今世人不知厚終之義，凡附於其身附於其棺，曾不念及，以葬親之日爲燕客之筵，多酒嘉殽，流連亡反。《禮器》曰：「匹夫士牢而祭，謂之攘。」攘者，盜也。豈孝之所忍爲哉！甚至設言於途，鋪張華麗，務人之樂，忘己之衰，荒迷如此，是不知設握哭奠之爲何義也。

虞祔杖

按正本，虞祭，主人倚杖于室外；祔祭，倚杖于階下。今世俗三月葬後，尚持杖而祭，未知何據。考之《喪小記》：「虞，杖不入於室；祔，杖不升於堂。」即《家禮》倚杖之義也。又筮日筮尸皆去杖，蓋去杖以致敬也。愚謂古人居喪哀毀，杖然後能起，則杖所以扶病，非用杖以祭也。未葬之前哀勝敬，凡事祝與執事爲之，故主人猶得持杖泣拜。既葬以後敬勝哀，故祭則去杖而入，左執盤，右執盞，奉羹奉肉皆自爲之。禮於入祭，無杖分明，世俗未之考耳。好禮者不可不察。竊擬凡居喪，平日出入起居，自當持杖以存古禮。

三月葬後，入祭則當倚杖于外，唯報葬報意赴速也。虞則入祭。未應去杖。

報虞

按《喪小記》：「報葬者報虞，三月而後卒哭。」《注》：報讀爲赴，急疾之義。謂家貧或以他故，不得待三月而即葬者，即疾葬，亦不疾虞，虞以安神也。

亞獻

按正本，主婦爲之，但言不跪不俯伏，而不言升降。愚按《通禮》注，唯主人升東階，主婦及餘人雖尊長亦由西階。據此，則主婦庶子若行禮，則升降皆當自西階，勿誤。

噫歆

按正本，祝噫歆告啓門三。考之《士虞禮》及《曾子問》「祝聲三」注，祝爲噫歆之聲者三，以動神聽；噫是嘆恨之聲；歆者，欲其歆饗也。至楊本於噫歆節注云：「作欬聲三。」今世俗錯認欬爲咳嗽之咳，或作咳聲三而止；或作咳聲三而止；或作咳聲三，又爲噫歆聲三。愚謂噫歆即欬聲也，當爲噫歆如欬聲然可也。

盥帨

按正本，盥帨二者置于西階，在東有架，在西無架。凡喪禮皆倣此。今俗有設于東者，是誤認在東有架之字。

東臺盞

按正本，虞祭，酒臺盞俱設在靈座，於座前東南卓，則設降神酒臺一，及注子與具饌，蓋以東非神位也。三獻禮，執事始就靈座取酒臺出酒卓外，主人執注斟酒于臺，然後詣靈座。考禮者不可不察。

西臺盞

按正本，虞祭、亞終獻，主婦及衆子爲之。今擬三獻主人皆爲之，則臺盞置靈座，注子置卓外，當依禮行。若主婦及衆子行禮，當移靈座臺盞，先置在西邊卓外近祝版處。至獻酒辰，東一人執注升東階，西一人執臺盞與主婦升西階，至靈座前行禮，如降神節。蓋主婦衆子於禮升降皆自西階，臺盞必置在西邊，進退周旋不至於背。

讀祝

按正本，凡讀祝，惟讀祝者跪，餘主人行禮，或親賓告辭，俱立而不跪。

再拜

按正本，自朝夕奠至虞、祔、二祥，與辰祭、禰忌，凡參神辭神，皆再拜。惟楊慎禮至卒哭以後，始加四拜之文，未知何據。

祭名

按《家禮》各本，祝文惟書孤子一人。今世俗祭文衆列姓名，夫以長男告于顯考，而文内有婿有孫；以承重孫告于顯祖，而文内有子有婚有婿。於其所祭之人，稱呼未當，而世莫之能改者，特拘於有名無名之俗見耳。且序立之中，身得與祭，亦足以伸孝敬，何必拘於祭名之有無乎？惜世無拔俗之見者。

參降

按《家禮》正本，祭始祖、先祖，則先降後參；祭四代，與禰及祔、忌，則先參後降。考之陳北溪，謂既奉主出，則先參；若始祖先祖只設靈位而無主，則先降。其論確矣。今《家禮問答》參降先後，强爲辨，且未睹文公正本，三虞二祥，無有參神之文。其參神者，楊中諸公補之耳。

卜禫

按正本，卜上旬不吉，更命中旬之日，又不吉則用下旬。且考之辰祭亦云，卜中旬不吉，則不復卜而直用下旬。今楊本不卜中旬不吉則卜下旬，卜下旬不吉則用忌日，與謂卜下旬與用忌日者，不知果何所據。

妻喪

按正本注，或問於朱子曰：「朔祭子主之？」朱子曰：「父在父爲主。」則子無主喪之禮。又考之《喪小記》曰：「婦之喪，虞，卒哭，其夫若子主之。」是皆夫主喪妻之喪也。今考之《家禮》，虞祭以後，所謂主人行禮、再拜者，俱謂長男，禮之常也。若夫夫祭妻，無有明文。唯楊本於朔奠下有夫奠妻禮，且云稍加儀節，似亦不妨。又内有其夫焚香、斟酒、再拜之禮。再按《家禮問答》，於虞祭云，其夫親自上香、降神、再拜而出，餘三獻長子及諸子爲之。又考之《雜記》：「主妾之喪，則自祔句。至於練祥，皆使其子主之。」因録之以俟知禮。

支子不祭

按《曲禮》：「支子不祭，祭必告於宗子。」《曾子問》：「宗子爲士，庶子爲大夫，其祭之也，以上牲祭於宗子之家。」《大傳》又云：「庶子不祭。」程、張、朱諸儒皆主此説，謂凡祖與禰，唯使宗子立廟主之，支子雖爲大夫，俱不得立廟而祭。然考之《喪服小記》上云：「庶子不祭祖，明其宗也。」下云：「庶子不祭禰，明其宗也。」陳先生於上條注云：「兄弟俱爲適士，其適子之爲適士者，固祭祖及禰；其庶子雖適士，止得立禰廟，不得立祖廟。」於下條注云：「此庶子非適士，或未仕，故不得立廟以祭禰也。」陳先生蓋主鄭孔之説以解經也。朱子解《大傳》「庶子不祭」之義，備述鄭孔之説，亦云姑從之而不斥其非。以此觀之，支子爲適士，亦得立禰廟也。今人不知此義，以支子爲大夫，獨拘於支子不祭之義，於省府官所，又不敢爲位而祭者，蓋未之考也。

避諱

按《曲禮》「卒哭乃諱」，《雜記》「卒哭而諱」，《檀弓》「卒哭而諱，生事畢而鬼事始」注，大意皆謂卒〔謂〕哭之前以生事之，故不諱其名；卒哭之後以鬼事之，故諱其名。觀此，則生不諱其名。凡所謂「二名不偏諱」，「諱王父母」，「母之諱在宫中」，「妻之諱不舉於其側」，皆死而後諱也。是以子貢對叔孫曰「他人，丘陵也」，魏徵於君前曰「不易民而化」，曰「護民之勞，君師至重」。古人未嘗生諱之也。今人不知此義，於親生辰，及伯叔君師尚在，一一諱之，是以鬼事之也，失禮之甚而世人莫之知也。

請謚

按禮，《檀弓》「謚以易名」，《表記》「謚以尊名」，蓋謚之爲言誄也。幼不誄長，賤不誄貴。夫誄者，君上所賜，非有爵者不敢僭。今俗於將没，請設謚以告，且銘旌特書謚某，非禮也。愚謂其人平生有號者，當備書之；若無有字號，則於將没設字具告，其銘旌當稱字某。不當稱謚某。

括髮與髽

按正本，注謂「麻繩撮髻，又以布爲頭帮也」，「髽用麻撮髻，竹木爲簪也」。愚謂撮，總取也；髻，總髮也。或曰螺髻，蓋結髮如螺也。今俗男女居喪，皆散髮而不括，似認被髮爲披髮，恐誤。

絰帶

按正本，未成前，無有腰絰絞帶。楊本補之。愚謂當省。

竹桐杖

按《喪小記》：「苴杖，竹也。削竹，桐也。」注：「竹杖圓以象天，削竹方以象地。父母之别也。」文公從之。楊本注：「桐杖削上圓下方。」今俗用竹桐杖，各削上圓下方，大誤。

設奠

按正本，設奠儀節無跪字，凡奠皆祝爲之。今楊本皆跪興字，致今世人以主人爲之。是欲文之，當凶而用吉也。

夏節中元

按《家禮》諸本，不作佛事，又奠祭外無三夏、七七、中元等祭。今世俗行之，往往供佛飯僧，是惑於地獄之説，乃誣親有罪，爲之懺悔，以求超升，失禮之甚。

吊奠

按正本，吊奠本於《書儀》，賓主交拜，至再至三，乃是從俗太煩。愚按《曲禮》，凡非吊喪，無不答拜。胡先生云：「吊人是平交，則落一膝展手策之，以表半答。若孝子尊吊人卑，則側身避位。」楊復曰：「吊賓有哭拜或奠禮，主人拜賓，賓以謝之。」所以賓不答拜。世俗賓拜几筵，主人答拜，非禮也。既而賓吊，主人又相與答拜，亦非禮也。今擬當賓拜几筵畢，主人出西向答拜，平交賓則當半答。若賓者卑幼，則當避位跪還可也。

朝祖

按正本，象平生出必辭尊者。今世俗或朝始祖，或捨禰而朝祖，所行不一。愚按《檀弓》云：「至於祖考之廟而後行。」注：「子之事親，出告反面，奉柩朝祖，順死者之孝心也。」又按《儀禮・士喪禮》，朝祖後有過禰廟而朝一節。今擬人家祖禰同廟，固當一朝。若祖禰異廟，則朝祖死者之王父。而後朝禰。死者之嚴父。當依《儀禮》。或不逮事王父母，只朝一禰，亦可。又按正本，朝祖奉柩詣祠堂，北首，無有告辭。今俗用告辭，非禮。

小斂大斂長，短尺寸□□

小斂直一段，長十四尺　　橫三段，每段長六尺大斂同。橫五。

小斂衾長十二尺　　橫帛或布。五幅直縫，大斂同。

藉棺橫六尺　　直帛或布。八幅藉須襲，兩重。布或帛。全幅橫縫。

家禮略編

佚名　撰
劉剛
史德新　整理

《家禮略編》解題

［日］吾妻重二 撰　董伊莎 譯

《家禮略編》，寫本一册，全三十葉。底本藏於越南漢喃研究院，圖書編號爲VHv. 2487。開頭題曰「家禮略編」，復曰「陳氏家藏」，但此陳氏的詳細情況不明。

此書以漢文寫就，由以下内容構成：

祠堂	一葉表
齋儀	三葉表
祭訓	七葉裏
（以上屬第一部分「古訓」）	
冬至祭儀節	十五葉表
儀節注解	十七葉表
元旦文、端陽文、秋嘗文	三十葉表
中元文、臘節文、除夕文	三十葉裏

從此目録可知，本書只講述冠婚喪祭四禮中的祭禮，没有論及其他禮儀。簡單概括各部分内容如下：

古訓　對《家禮》和《禮記》中關於祠堂、祖廟、齋儀及始祖祭等的記述和用語加以考證。

冬至祭儀節　詳細叙述冬至舉行的始祖祭流程。在此始祖被稱爲「皇始基祖」。儀節中包含奏「小樂」、「大樂」，設陪祀和數位執事，力求没有遺漏地制定儀節的各種細節。因此可以看出此儀節是爲大宗族的祭祀設計的。

儀節注解　關於祭禮的儀節，圍繞《家禮》及《禮記》的記述以問答的形式加以解説。如序文所述，陳氏除以一族的規模制定儀注外，也參用「國朝頒送祭神之儀」，分條詳細陳述見解。

元旦文及其他　在各個節日的祭祀中宣讀的祝文范本。

其中，「儀節注解」部分附有序文，在一定程度上反映了本書的撰述方針：

祭禮臨辰間有錯誤，只緣行之而其中旨義多有不識，兹析取《禮記》中所載及諸家論辨，設爲問答，逐條注解。間有本族所定之禮，參以國朝頒送祭神之儀，與古禮少異，其所以然之故，亦姑以淺見推説，以便觀覽云耳。

如此，本書的前半部分，即《古訓》是專門考證《禮記》和《論語》中有關祭禮的記述及用語，不一定是討論《家禮》的祭禮。後半部分則是有關實際執行祭禮時的具體方案，如《冬至祭儀節》是始祖祭禮的實施手册，《儀節注解》是關於祭禮儀節的討論。特別是在《儀節注解》中，以《家禮》爲中心，參用「本族所定之禮」和「國朝頒送祭神之儀」，而當與「古禮少異」時就會根據自己的意見加以説明。也就是説，此書以中國的古禮和《家禮》爲基礎，兼顧越南的國情和習慣來規定祭禮實施的程序。

在書中討論《禮記》的記述時，引用最多的文獻是《集説》。那麼《集説》到底是怎樣的一本書呢？

本來《禮記集説》就有南宋衛湜的《禮記集説》一百六十卷和陳澔《禮記集説》十卷兩種。此外，還要考慮的是明代初期胡廣等受命於永樂帝編纂的「三大全」。其中的《五經大全》收録有《禮記大全》三十卷，而此《禮記大全》是以陳澔的《集説》爲底本而成，正確的書名爲《禮記集説大全》。從結論上説，《家禮略編》多處引用的《集説》應是這本《禮記集説大全》，即《禮記大全》。

現在調查《禮記大全》，就會發現《禮記大全》開頭就有陳澔的《禮記集説序》，後接《禮記集説大全凡例》，云：

今編以陳氏《集説》爲宗，諸家之説有互相發明及足其未備者，分注於下，不合者不取。

由此可知，《禮記大全》是以陳澔的《集説》爲基礎，並引用宋代以後的其他諸家之説而成立的。因此《家禮略編》的作者將《禮記大全》唤作《集説》也不無道理。需要注意的是，四庫全書本的

《禮記大全》開頭未載前述陳澔的序和《禮記集説大全凡例》，所以《家禮略編》著者引用的應該不是四庫全書本系統，而是單行本系統的《五經大全》或《禮記大全》。

下面，舉《家禮略編》中引用《集説》的若干例子來進一步確認這一點。

1.《禮運》曰：「祖廟所以本仁也。」

《集説》：「仁之寔，事親是也。方氏曰仁以立人道，而人本乎祖，故曰祖廟，所以本仁也。」（一葉表）

這里所引《集説》的「仁之寔（實），事親是也」一句不見於衛湜的《集説》中，而見於陳澔的《集説》中。當然《禮記大全》中也有該句。重要的是其後的「方氏曰」以下部分不見於陳澔的《集説》，只見於衛湜的《集説》和《禮記大全》。方氏指嚴陵方氏，即南宋的方慤。這就是説，只有《禮記大全》滿足了來自「集説」的全部引用。

2.《禮運》曰：「祖廟，義之修而禮之藏也。」

《集説》言：「義之修飾而禮之府藏也。吴氏曰義者事理之儀，禮者，儀文之節。修謂整葺無虧闕，藏謂在於其中。」（一葉表）

這裏以「《集説》言」引用的首句在衛湜的《集説》、陳澔的《集説》和《禮記大全》中均有記載。但其後「吴氏曰」部分僅見於《禮記大全》，引作「臨川吴氏曰」。對於《禮運篇》該句，陳澔的《集説》無引用他家之言，衛湜的《集説》中雖有引用長樂陳氏（北宋陳祥道）和嚴陵方氏之説，但無引用臨川吴氏之説。臨川吴氏是元代的吴澄。這就是説，這里也只有《禮記大全》符合《集説》的引用。

3.《祭統》曰：「及辰（時）將祭，君子乃齊，齊之爲齊也，齊其不齊，以致齊者也。（以下略）」

《集説》：「於物無防，物猶事也。不苟慮，不苟動，皆□防也。方氏曰：夫齋，所以致一，致一則不齊者齊矣。大事，即祀事也。（中略）故散齋七日以定之。致其至焉，則未始不齊，故致齋於三日以齊之。定言定于外，齊言齊于内也。」（三葉表）

這裏以「集説」引用的首句只見於陳澔的《集説》，不見於衛湜的《集説》。其後「方氏曰」以下的長文部分不見於陳澔的《集説》，只見於衛湜的《集説》。然而《禮記大全》則是兩部分都有記載。

以上僅舉了三個例子，通過其他的引用也可以指出同樣的情况。這是説，此書所引用的《集説》是指《禮記集説大全》，即《禮記大全》。《家禮略編》廣泛利用《禮記大全》所述展開議論。

順便説一下《家禮略編》的引用文獻。此書以《家禮》爲基礎，常引用《文公家禮》原文自不待言，它還參考了丘濬的《文公家禮儀節》。如第一葉有「《通禮》余注曰：凡祠堂所在之宅，子孫世守」，而此「《通禮》余注」便是出自《文公家禮儀節》卷一。

另外，也有《論語集注》的引用。葉六背面有「《論語》曰：齋（齊）必有明衣，布」，其後引《集注》，再引《四書大全》中的《論語集注大全》：「陳氏曰：明衣，以其致精明之德；用布，以其存齋素之心。」除此以外，還有引用明代顧夢麟的《四書説約》。葉七有「《論語》曰：齋（齊）必變食，居必遷坐」，其後引《集注》，再引《四書説約》：

顧士麟曰：《莊子》注：「葷，辛菜也。」按《説文》謂芸臺春韭（韭）蒜葱阿魏之屬，氣不潔也。

顧夢麟（一五八五—一六五三）是顧炎武的族兄，字麟士（在此記作「士麟」），繼承程朱之學，與張溥等組織「應社」，倡導名節，立志變革風紀。他的《四書説約》二十卷有崇禎年刻本，這裏引用出自其卷八。

像這樣，除多有參考《禮記大全》的記述外，廣泛利用《論語集注大全》《四書説約》等各種明代文獻，是本書的另一特色。

從書中没有參用字喃可以看出，此書與《壽梅家禮》等積極嘗試融合越南民俗的禮書不同，企圖冷静地議論、辨清以《禮記》和《家禮》爲中心的儀式面貌。可以説此書的意圖是在越南推廣這種儒教本來的禮儀與祭禮，其基本立場體現了回歸儒教原貌的主張。

目録

家禮略編

陳氏家藏

古訓

祠堂

《文公家禮》曰：「此報本反始之心，尊祖敬宗之意，寔有家名分之守，所以開業傳世之本也。故特著此，使賢者先立乎其大者〔二〕，而凡所以周旋、升降、出入、向背之曲折，亦有所據以考焉。然古之廟制，不見於經，且今士庶人之賤亦有所不得爲者，故特以祠堂名之，而其制度亦多用之俗禮云。」

《通禮》余注曰：「凡祠堂所在之宅，子孫世守，不得分析。○凡屋之制，不問何向，皆以前爲南，後爲北，左爲東，右爲西。」

〔二〕此句，《文公家禮》作「使覽者知所以先立乎其大者」。

《禮運》曰：「祖廟，所以本仁也。」

《集説》：「仁之寔，事親是也。方氏曰仁以立人道，爲人本乎祖，故曰祖廟，所以本仁也。」

《禮運》曰：「祖廟，義之修而禮之藏也。」

《集説》言：「義之修飭而禮之府藏也。吴氏曰義者，事理之儀。禮者，儀文之節。修謂整葺無虧闕。藏謂在於其中。」

《郊特牲》曰：「尊〔一〕廟之威，而不可安也。尊廟之器，可用也，而不可更〔二〕其利也。所以交於神明者，不可同於安樂之義也。」

《集説》：「尊廟威嚴之地，不可寢處以自安。尊廟行禮之器，不可利用以爲便。交神明之義如此。」

冬至祭始祖

程子曰：「此厥初生民之祖也。冬至一陽之始，故象其類而祭之。」

《文公家禮考證》：「問始祖之祭。朱子曰：古無此，伊川先生以義起。某當初也祭，後來覺得似僭，今不敢祭。〇始祖之祭似禘，先祖之祭似祫。今皆不敢祭。問：而今士庶亦有始基之祖，莫亦只祭得四代，以上則不敢祭否？曰：若是始基之祖，想亦只存得墓祭，無明文，雖親盡而祭，恐亦無害。」

〔一〕「尊」，《禮記·郊特牲》作「宗」。全書引經典「宗」字均作「尊」，此係避越南阮朝紹治帝阮福綿宗之諱。

〔二〕「更」，《禮記·郊特牲》作「便」。

《禮記·郊特牲》曰：「萬物本乎天，人本乎祖。」方氏曰萬物皆天之所生，而人則祖之所生。人物所本如此，安可以不知報本而反始哉。

齋儀

《祭統》曰：「及辰〔一〕將祭，君子乃齋。齋之爲齊也。齊其不齊以致其齋也。是故君子非有大事也，非有恭敬也，則不齋。不齋，則於物無防也，耆欲無止也。及其將齋也，防其邪物，訖其耆欲，耳不聽樂。故《記》曰《學記》『齋者不樂』，言不敢散其志也。心不苟慮，必依於道；手足不苟動，必依於禮。是故君子之齋也，專致其精明之德也。故散上聲。齋七日以定之，致齋三日以齋之。定之之謂齋。齋者，精明之至也，然後可以交於神明也。」

《集説》：「於物無防，物猶事也。不苟慮，不苟動，皆□〔二〕防也。方氏曰夫齋，所以致一，致一，則不齊者齊矣。大事，即祀事也。恭敬，則人事也，指人言之，故曰恭敬耳。防，其以防其外之來也。止，以止其

〔一〕「辰」，《禮記·祭統》作「時」。此係避越南阮朝嗣德帝阮福時之諱。

〔二〕此字漫漶。此句，《禮記集説大全》卷十一作「皆所謂防也」。

內之出也。物自外來，故曰防。耆欲由中出，故曰止。前言止而後言訖者，止之而後訖故也。後言邪物，則前所言物亦邪物而已。齊，固不止於耳不聽樂而已。然樂者，人之所樂也，則所以散其志，尤在於樂，故又引《記》以爲言焉。不爲物所貳，故其德精；不爲物所蔽，故其德明。致者，致其至而已。故先言致其精明之德，而後言精明之至也。精之至矣，故於祭之心，則爲精意精志；明之至矣，故於祭之道，則爲明禋明享焉。散齋，即《祭義》所謂散齋於外是也。致齋，即《祭義》所謂致齋於內是也。此以辰之先後爲序，彼以事之內外爲序也。解亦見彼以齋於內，故又謂之宿，以其宿於內也。《禮器》所謂三日宿，以此。此以齋於外，故又謂之戒，言戒於外也。《禮器》所謂七日戒者，以此。若心不苟慮，與訖其耆欲之類，則所以齋其內也。若手足不苟動，與防其邪物之類，則所以齋其外也。夫散者集之，則一歸於定，故致齋七日以定之。致其至焉，則未始不齊，故致齋於三日以齊之。定言定於外，齊言齊於內也。」

《祭統》曰：「是故，先期旬有一日，宮宰宿夫人，夫人亦散齋七日，致齋三日。君致齋於外，夫人致齋於內，然後會於太廟。」

《集説》：「宿讀爲肅，猶戒也。太廟，始祖廟也。方氏曰『散齋七日』『致齋三日』，則及祭凡十日矣。故前期旬有一日，宮宰宿夫人而詔之齋也。大宰言前期十日帥執事而十日遂戒，則於是日而遂散齋也。聽治外者，君也，故致齋於外；聽內職者，夫人也，故致齋於內。與《祭義》所謂內外者異矣。彼謂一身之內外。齋於內外，所以辨其位；會於太廟，所以聯其事。」按《文公家禮》引此，下文小注曰：「此雖諸侯之禮，由是推之，士庶之家亦然，可知。」

《祭統》曰：「致齋於内，散齋於外。齋之日，思其居處，思其笑語，思其志意，思其所樂，思其所耆。齋三日，乃見其爲齋者。」

《集説》：「五其字及下文所爲，皆指親言。疏曰：先思其粗，漸思其精，故居處在前，樂耆在後。方氏曰齋於内，所以慎其心；齋於外，所以防其物。散齋，若所謂不飲酒不食葷之類；致齋，則齋之日致其齋也而已。必致齋然後見其所爲齋者，思之至也。容氏曰心之官曰思，思有所至，則無不達。夫以不欲好惡哀樂二其心，而致一於祭，故無形之中，視有所見，無聲之中，聽有所聞，皆其思之所能達親之居處、笑語、志意、樂耆，往而不反，非有寔也。夫豈形體之所交哉，思之所至，足以通之矣。齋之三日，乃見其所齋者，言思之至者，如見其存。微之顯，誠之不可掩，如此。」

《曲禮》曰：「齋者，不樂不吊。」

《集説》：「呂氏曰古之有敬事者必齋，齋者必致其精明之德也。樂則散，哀則動，皆有害於齋。不樂不吊，所以全其齋之志也。方氏曰致齋將以致祭也，故不以哀樂二其心。至於祭，則曰『樂以迎來，哀以送往』，何也？齋之所謂哀樂，以防其外物爲主；祭之所謂哀樂，以盡其内志爲主。惟能防外物之樂，故能盡内志以樂神之來；惟能防外物之哀，故能盡内志以哀神之往。齋之不哀不樂，所以致祭之哀樂也。」

《郊特牲》曰：「齋之玄也，以陰幽思也。故君子三日齋，必見其所祭者。」

《集説》：「齋而玄衣玄冠，順鬼神幽暗之意，且以致其幽陰之思也。見其所祭之親，精誠之感也。方氏曰凡物之理，陰則靜，陽則動；深則幽，淺則明。天機之動，不足以守靜；天機之淺，不足以極深。而哀樂好惡二其心矣，豈所以致其思哉？故必貴乎以幽陰也。君子之服象其德，齋之服其色如此，豈不宜哉？故君子三日齋，乃見其所祭者，以其靜而深也。故爲神而齋，必見其所祭之神；爲鬼而齋，必見其所祭之鬼。」

《論語》曰：「齋，必有明衣，布。」

《集注》：「齋，必沐浴，浴竟，所著明衣，所以明潔其體也，以布爲之。陳氏曰明衣以其致精明之德，用布以其存齋素之心。」

《論語》曰：「必有寢衣，長一身有半。」

《集注》：「齋主於敬，不可解衣而寢，又不可著明衣而寢，故必別有寢衣，其半蓋以覆足。」

《論語》曰：「齋，必變食，居必遷坐。」

《集注》：「變食，謂不飲酒、不食葷。遷坐，易常處也。顧士麟曰《莊子》注：『葷，辛菜也。』按《說文》，謂芸臺春韭蒜葱阿魏之屬[一]，氣不潔也。」

《郊特牲》曰：「孔子曰：『三日齋，一日用之，猶恐不敬；二日伐鼓，何居如字？』」

[一] 此句出徐鍇《說文解字繫傳》，原作「通謂雲臺椿韭蒜葱阿魏之屬」。

《集説》:「齋者不聽樂，恐散其志。今三日之間，乃二日擊鼓，於義何所處乎？恠之之辭。周氏曰君子無故不去樂，故致齋之不舉樂者三日，然後用之以樂，猶恐不敬，果於齋之二日伐鼓，何居？」

祭訓

《禮器》曰：「甘受和，白受采，忠信之人可以學禮。苟無忠信之人，則禮不虛衍道〔一〕。是以得其人之爲貴也。」

《集説》:「忠信乃可學禮。道猶行也，道路人所共行者。人無忠信，則每事虛僞，禮不可以虛僞行也。」

《祭統》曰：「治人之道，莫急於禮；禮有五經，莫重於祭。夫祭者，非物自外至者也，自中出，生於心者也。心怵而奉之以禮。是故惟賢者能盡祭之義。」

《集説》:「五經，吉、凶、軍、賓、嘉之五禮也。心怵，即所謂君子履之必有怵惕之心，謂心有感動。方氏曰盡其心者，祭之本；盡其物者，祭之末。有本，然後末從之。故祭非自外至，自中出生於心也。心怵而

〔一〕此句，《禮記·禮器》作「禮不虛道」。

奉之以禮者，心有所感於内，故以禮奉之於外而已。蓋以其自中出，非外至者也。奉之以禮者，見於物；盡之以義者，存乎心。徇其物而忘其心者，衆也人也；發於心而形於物者，君子也。故曰唯賢者能盡祭之義。」

「賢者之祭也，必受其福。非世所謂福也。福者，備也。備者，百順之名也。無所不順者之謂備，言内盡於己而外順於道也。忠臣以事其君，孝子以事其親，其本一也。上則順於鬼神，外則順於君長，内則順以孝於親，如此之謂備。唯賢者能備，能備然後能祭。是故賢者之祭也，致其誠信與其忠敬，奉之以物，道之以禮，安之以樂，參之以辰，明薦之而已矣，不求其爲。去聲 此孝子之心也。」

《集説》：「方氏曰誠信忠敬四者，祭之本。所謂物者，奉乎此而已；所謂禮者，道乎此而已；所謂樂者，安乎此而已；所謂時〔二〕者，參乎此而已。應氏曰不求其爲，無求福之心也，所謂祭祀不祈也。」

「夫祭者，必夫婦親之，所以備内外之官也。官備則具備。水草之菹，陸産之醢，小物備矣。三牲之俎，八簋之實，美物備矣。昆蟲之異，草木之實，陰陽之物備矣。凡天之所生，地之所長，苟可薦者，莫不咸在，示盡物也。外則盡物，内則盡志，此祭之心也。」

〔二〕「時」，原作「寺」。全書「時」字原均作「寺」，係避越南阮朝嗣德帝阮福時之諱。現均改爲「時」。

「夫鼎有銘，銘者，自名也，自名以稱揚其先祖之美，而明著之後世者也。爲先祖者，莫不有美焉，莫不有惡焉。銘之義，稱美而不稱惡，此孝子孝孫之心也。唯賢者能之。」

《集説》：「自名，下文謂自成其名是也。○方氏曰稱則稱之以言，揚則揚其所爲，明則使之顯而不晦，著則使之見而不隱。」

「銘者，論譔其先祖之有德善、功烈、勳勞、慶賞、聲名，列於天下，而酌之祭器，自成其名焉，以祀其先祖者也。顯揚先祖，所以崇孝也。身比焉，順焉。明示後世，教也。」

《集説》：「論，説；譔，録也。王功曰勳，事功曰勞。酌，斟酌其輕重大小也。祭器鼎彝之屬，自成其名者，自成其揚顯先祖之孝也。比，次也，謂己名次於先祖之下也。順，無違於禮也。示後世使子孫效法其所爲，則是教也。」

「夫銘者，壹稱而上下皆得爲〔一〕耳矣。是故君子之觀於銘也，既美其所稱，又美其所爲。爲之者，明足以見之，仁足以與之，知足以利之，可謂賢矣。賢而勿伐，可謂恭矣。」

《集説》：「上謂先祖，下謂己身也。見之，見其先祖之善也，非明不能。與之，使君上與己銘也，非仁莫致。利之，利己之得次名於下也，非知莫及。葉氏曰美其所稱者，以其不遺祖考之善也。美其所爲者，以

〔一〕「爲」，《禮記·祭統》作「焉」。

其不誣祖考之寔也。有善而弗知，不明也，故言明足以見之。知而不傳，不稱也，故言仁足以與之。知其而能傳，又誣其寔，則亦不知也，故言知足以利之。夫既利之而欲伐其善，則必喪其善，故雖銘而其辭敬者，亦所謂賢而勿伐也。」

「故衛孔悝音恢之鼎銘曰：『六月丁亥，公假音格于太廟。公曰：「叔舅！乃祖莊叔左右並去聲成公。成公乃命莊叔隨難去聲于漢陽，即宮于宗周，奔走無射。

《集説》：「孔悝，衛大夫。周六月，夏四月也。公，衛莊公也，蒯聵也。假，至也，至廟禘祭也。因祭而賜之銘，蓋德悝之立己，故褒顯其先世也。異姓大夫而年幼，故稱叔舅。莊叔，悝七世祖孔達也。成公爲晉所伐，而奔楚，故云隨難于漢陽。後雖反國，又以殺弟叔武，晉人執之，歸于京師，寘諸深宮，故云即宮于宗周也。射，厭也。」

合[一]右獻公，獻公乃命成叔纂乃祖服。

《集説》：「獻公，成公之曾孫，名衎。啓，開。右，助也。魯襄十四年，衛孫文子、甯惠子逐衛侯，衛侯奔齊。言莊敬餘功流於後世，能右助獻公，使之亦得反國也。成叔，莊叔之孫烝鉏也。其時成叔事獻公，故公命其纂繼爾祖舅所服行之事也。」

[一]「合」，《禮記·祭統》作「啓」。

乃考文叔，興舊耆欲，作率慶士，躬恤衛國，其勤公家，夙夜不懈，民咸曰休哉！」公曰：「叔舅！予上聲女音汝銘，若纂乃考服。」

《集說》：「應氏曰耆欲者，心志之所存，言先世之忠皆以愛君憂國爲耆欲。文叔孔圉慕向而興起之也，作率奮起而倡率之也。慶，卿也，古卿慶同音，字亦同用，故慶雲亦言卿雲。」

悝拜稽首，曰：「對揚以辟之。」勤大命，施于烝彝鼎。』此衛孔悝之鼎銘也。」

《集說》：「對揚至鼎彝十三字止作一句讀。言對答揚舉，用吾君殷勤之大命施勒于烝祭之彝尊及鼎也。」

「古之君子論譔其先祖之美而明著之後世者也，以比其身，以重其國如家此。子孫之守尊廟社稷者，其先祖無美而稱之，是誣也；有善而弗知，不明也；知而弗傳，不仁也。此三者，君子之所恥也。」

《集說》：「勳在鼎彝，是國有賢臣也，故足爲國家之重。」

「喪祭之禮，所以明臣子之恩也。喪祭之禮廢，則臣子之恩薄，而倍死忘生者衆矣。」

《祭義》曰：「祭不欲數，數則煩，煩則不敬。祭不欲疏，疏則怠，怠則忘。是故君子合諸天道，春禘音論秋嘗。霜露既降，君子履之，必有悽愴之心，非其寒之謂也。春雨露既濡，君子履之，必有怵惕之心，如將見之。樂以迎來，哀以送往，故禘同上有樂而嘗無樂。」

「祭之日，入室，僾然必有見音現。乎其位；周還音旋出户，肅然必有聞乎其容聲；出户而聽，愾然必有聞乎其歎息之聲。」

《集説》：「入室，入廟室也。愾然，彷彿之貌。見乎其位，如親見之在神位也。周旋出户，謂薦俎酌獻之時，行步周旋之間，或自户内而出也。肅然，儆惕之貌。容聲，容止之聲也。愾然，太息之聲也。」

《禮器》曰：「先王之立禮也，有本有文。忠信，禮之本也；義理，禮之文也。無本不立，無文不行。」

《禮器》曰：「孔子曰：『禮，不可不省也。禮不同，不豐不殺。』此之謂也。蓋言稱也。」省，察也。禮之等雖不同，而各有當然之則，豐則踰，殺則不及，惟稱之爲善。

「禮之以多爲貴者，以其外心也。故君子樂其發也。」用心以致備物之享，則心在於物，故曰外心。「樂其發」，樂其用心於外以致備物也。

「禮之以少爲貴者，以其内心也。故君子慎其獨也。」散齋、致齋、祭神如在，皆是内心之義。惟其主於存誠以期感格，故不以備物爲敬，而以事之以誠敬之爲極致。是以行禮之君子，主於存誠於内以交神明也。慎獨者，存誠之事也。

「古之聖人，内之爲尊，外之爲樂，少之爲貴，多之爲美。」尊，恭敬奉持之意也。尊其在内之誠敬，故少物亦足以爲貴；樂其在外之儀物，必多物乃可以爲貴。

「孔子曰：『我祭則受福。』蓋得其道矣。」

《集説》：「記者引夫子之言而釋之曰，夫子所以能此者，蓋得其行之之道也。」

「君子曰：祭祀不祈，不麾蚤，不樂葆。」

《集説》：「祭有常禮，不爲祈私福也。」

「禮也者，猶體也。體不備，君子謂之不成人。設之不當，猶不備也。」

體，人身也。先王經制大備，如人體之全具矣。若行禮施設或有不當，亦與不備同也。

「君子曰：禮之近人情者，非其至者也。郊血，大饗腥，三獻爓，一獻孰。」

近者爲褻，遠者爲敬。凡行禮之事，與人情所欲者相近，則非禮之極至者。其事本多端，此獨舉血、腥、爓、孰四者之祭以明之者，禮莫重於祭故也。郊，祭天也。郊祀與大饗，三獻皆有血腥爓孰。大饗，祫祭宗廟也。腥，生肉也，去人情稍近。郊先薦血，大饗則迎尸時血與腥同薦。獻，酌酒以獻之也。祭社稷及五祀，其禮皆三獻，故因名其祭爲三獻也。爓，沉肉於湯也，其色略變，去人情漸近矣。此祭，血腥與爓一辰同薦。

《禮運》曰：「行之於祖廟，而孝慈服焉。」

孝慈服，謂天下皆知孝慈之道。方氏曰孝慈服焉者，以其有祝以告人之孝而有嘏以告神之慈也。

冬至祭儀節

樂生薦樂，小樂大樂□□，詳見注解。就位，陪祀先就，或一行，或二行。二行，則先行二人，次行二人。主人次就。出主，參神，鞠躬拜，凡四。平身，降神，詣盥洗所，盥洗，詣香案前，主人先詣，執事一人從主人左奉脂盤，一人從主人右奉香匙火筯盤，從之至香案前，俱立。跪，主人與執事二人皆跪。燒脂，左執事授脂盤于主人，主人受之加額，告辭曰：「裔孫某官爵姓名同族等，今以冬至有事于皇始基祖考妣，敢請尊靈降居神位，恭伸奠獻。」告訖，遂以火筯燒脂于炭上，再以香□□□□添褋于脂上。訖，二執事者退，復其盤于故處。酹酒，執事一人奉盤盞就立于主人左，一人奉酒注就跪于主人右，主人受之加額，告辭曰：「裔孫□□族等，今以冬至有事于皇始基祖考妣，敢請尊靈升居神位，恭伸奠獻。」告訖，遂以酒灌于莎茅上，執事者退復其酒注于故處。俯伏，興，拜，凡二。平身，復位，進饌，詣皇始基祖考妣神位前，進毛血，執事一人奉毛血盤授主人，主人奉以加額，轉授執事奉置于西北上。進腥肉，執事授腥肉盤于主人，主人奉以加額，轉授執事奉置于蔬西北上。進熟肉，主人奉以加額，轉授執事，置于神位之前。進飯，執事二人奉飯杅各一授主人，主人奉以加額，轉授執事奉置于神位前酒盞之西各一。進太羹，執事二人奉太羹各一授主人，主人奉以加額，轉授執〔二〕奉置于神位前酒盞東各一。進鉶羹，執事二人皆奉鉶羹一杅授主人，主人奉以加額，轉授執事奉置于神位前太羹東各一。復位。初獻禮，詣皇始基祖考妣神位前，跪，祭酒，左右二人酌酒于盞，授主人，主人受之，少傾于莎茅上。奠酒，主人奉盞加額，轉授左右執事設于祖考妣位前。俯伏，興，平身，進肝，執事以兩小盤盛炙肝授主人，主人奉以加額，轉授執事薦設于祖考妣神位前各一。跪，皆跪，讀祝，奉祝跪于主人之左。俯伏，興，拜，凡二。興，平身，復位，分獻，執事二人各奉酒注一，一就第二世祖考妣位，一就第三世祖考妣位。奉饌，執事二人奉胙盤各一，一設于第二世祖考妣位前，一薦設于第三世祖考妣位前。亞獻禮，詣皇始基祖考妣神位前，跪，祭酒，如前。奠酒，俯伏，興，平身，進炙肉，執事二人□炙肉二盤授主人，主人受以加額，轉授執事奉設于祖考妣位前。復位，分獻。如前。終獻禮，詣皇始基祖考妣神位前，跪，祭酒，如前。奠酒，如前。俯伏，興，平身，進炙肉，如前。復位，分獻，如前。侑食，主人就卓子取酒注，詣始基祖考妣位酌盞中□□□匙于飯中。執事者二人，一酌酒與鋪匙于飯在第二世祖考妣位，一酌酒與鋪匙于飯在第三世祖考妣位。畢，主人正立于□□前。鞠躬拜，興，凡二。興，平身，復位，主人以下皆出，主人出席之東，西向。陪祀者分出席之東西，相向而立。闔門，祝噫歆，□□□當門北向，□□□聲者三，□祝噫歆者三。啓門，主人以下各復位，

〔二〕據上下文，「執」下似缺一「事」字。

詣皇始基祖考妣神位前，執事者二人各點茶于盞，隨升立于神位前。獻茶，執事授茶盞于主人，主人奉以加額，轉授執事薦設于祖考妣位各一。又執事者二人，一獻茶于第二世神位，一獻茶于第三世神位。復位，賜福胙，用□三聲，不用唱。只用内侍一人，從内出，立于東階上，傳神言云云。詣飲福位，跪，執事取酒于神位，取匙於神位之飯，各受取少許，以盤子盛之，詣主人之左，亦跪。飲福，嘏辭，不用唱。内侍一人從内出，立于香案之東，傳神言曰：「祖考命工祝承致多福無出於汝孝孫，來汝孝孫，使汝受禄于天，宜稼于田，眉壽永年，勿替引之。」受胙，俯伏，興，拜，凡二。興，平身，主人出席立于東階，西向。告利成，不用唱。内侍一人從内出，當主席西階立，傳神言云云。鞠躬拜，代拜。興，凡二。興，平身，復位，主人乃復其原席。辭神，鞠躬拜，凡四。平身，焚祝，納主，徹饌，禮畢。

儀節注解

祭禮臨辰間有錯誤，只緣行之而其中旨義多有不識。兹析取《禮記》中所載及諸家論辨，設爲問答，逐條注解。間有本族所定之禮，參以國朝頒送祭神之儀，與古禮少異，其所以然之故，亦姑以淺見推説，以便觀覽云耳。

問：薦樂一節，《文公家禮》不載，今禮有薦樂，如何？曰：禮以安之以樂，曰「列其琴瑟管磬鍾鼓，以降上神與其先祖」，則祭之有樂遠矣。自古樂不傳，世之所用，不過俗樂。此《文公家禮》所以不載，抑或然也。然不可必，故不敢爲説。今禮所以薦樂者，蓋樂以求神，且以諧神，故亦用世俗之樂□□其聲音□盪以求神也。

曰：樂以求神，其言有據乎？曰：《禮》有之：「殷人尚聲，臭味未成，蕩滌其聲。樂三闋，然後出迎牲。聲之號，所以告詔於天地之間也。」《集説》曰：「樂之有聲，蓋出於虛。滌蕩之，則存乎其人。方氏曰樂由陽來，則凡聲皆陽也。蓋人之死也，魂氣歸于天，非求諸陽，不足以報其魂也。殷人尚聲，蓋以聲音之號，詔告於天地之間，所以迎其魂之來也。此樂以求神之説也。」

問：求神之樂，必用三闋，何也？曰：樂由陽來，陽成於三，數三闋而樂成，可以告詔於神明矣。曰：然則樂之薦，只是求神於陽乎？曰：方氏之論有曰：「鬼神，處於天地之間而不變者。樂音之號，所以詔告之也。」又《禮記集説》曰：聲音之號，雖以求陽爲先，而詔告於天地之間，則凡在陰陽之間者，無不求也。是豈專於求陽哉？曰：既云樂以求神，則三闋足矣。逐節各有薦樂，又何也？曰：此安之以樂之意也。曰：然則今所用於俗樂，其大小先後亦有次第否乎？曰：大鼓、大鉦、磬笙、龍鼓、大鍾，俗之所謂大樂也。小鼓、小磬笙、小八音，俗之所謂小樂也。其樂器、樂音，非古樂之比。然臨祭之辰，求神，則大樂□□□□□□節□□用大樂□□用小樂或大小樂並□。其聲音之動蕩，升降之疾徐，亦自有次第，故特從國朝祭神儀注酌用。

問：《文公家禮》曰「序立」，今言就位，何如？曰：《家禮》曰「序立」，序，世次也。今世次弗考，尊法無由可行，且從俗禮，故稱就位。

問參神降神之義。《文公家禮》有先降而後參，有先參而後降。世宰曰：無主者先降後參，有主者先參後降。然乎？始祖之祭，《文公家禮》分明是先降後參，而今乃先參後降。又何也？曰：降之爲言求也，恐神之未必在，則求之；參之爲言謁也，想神之固必在，則謁之。此參降之義也。《文公家禮》「冬至始祖之祭」、「立春先祖之祭」，皆先降而後參。以其前期未有告神辭，臨祭之時，恐其神之不在，故先降以求之。既求之，則固必神之有在，若不參，則如在之心未至。此所以後參。四仲時祭季秋祭禰之祭，皆先參而後降。以其奉主就位之時，的已有明告，是必神之有在，故先參以謁之。雖謁之，猶恐未必聚，若不降，則求神之意未盡。此所以後降。參降之所以先後不同，正謂此也。彼有主□□□□恐□□然蓋□□□前猶□□主至臨祭用□自程伊川用主代尸之後，不爲無主矣。或曰：人家貧富貴賤不齊，未必皆能造主，故有主者，有無主者。曰：此其爲說爲甚陋，何則？禮是常經，豈有爲無主設哉？且以虞祭一條觀之，《儀禮》有曰「序立」、「出主」、「降神」、「參神」，則主之固有明矣。何不先參而反後降？推此，則有主者先參後降，無主者先降後參，其說甚爲不通也明矣。若冬至之祭，《文公家禮》先降後參，而乃先參而後降者，蓋由本族是日之祭，先有告辭，所以先參後降，其儀節與《文公家禮》小異。而無告辭者，先降後參；　有告辭者，先參後降，正得文公制禮本意，又何疑乎？

問：冬至之祭，《文公家禮》，不有先告，今乃有告，不幾於煩而反不合禮乎？曰：《文公家禮》「冬至祭始祖」，「前一日設位」注：「主人衆丈夫，深衣，帥執事者洒掃祠堂，設神位于堂中間北壁下。」據此，則始祖之祭，臨時始設位于家祠，初來不立專祠也。若有專祠，則神位如在，安用設爲？今我始祖之祭，原有祠，而祭日必有預告之例，行之已久，雖不合文公之禮，然前日而預告之，夜而宿直□□孫□□□□飲而祖□□精靈萃□禮不變俗且合時宜所以必有告謁。何煩其不合之有而疑之乎？

問：降神而先以燒脂，其意安在？且其爲法何如？《禮記·郊特牲》曰：「取膟音律。膋音僚。燔燎，升首，報陽也。」《集説》：「膟膋，腸間脂也。先燔燎于爐，至薦孰，則合蕭與黍稷燒之。黍稷，陽也。牲首，亦陽體。魂氣歸天爲陽。此以陽物報陽靈也。」○又曰：「蕭合黍稷，臭，陽達於牆屋。故既奠，然後焫〔一〕如悦反。蕭合羶薌。音馨香。凡祭，慎諸此。」《集説》：「蕭，香蒿也。取此蒿及牲之脂膋，皆合黍稷而燒之，使其氣旁達於牆屋之間。是以臭而求諸陽也。此是周人先求諸陽之禮。既奠，謂薦孰之時。蓋堂上事尸禮畢，延尸於户内而薦之孰，祝先酌酒奠於鉶羹之南，而尸猶未入，蕭脂黍稷之燒正此時也。馨香，即黍稷也。既奠以下，是明上文

〔一〕「焫」下原衍一「焫」字，據《禮記集説大全》卷十一删。

焫蕭之時非再焫也。」○又《周禮・天官》萄師氏「祭祀共蕭」。《注》曰：「取蕭祭之。」按蕭，《本抄》一名香蒿，一名青蒿，《指南》名青蒿。其爲法，先取青蒿與黍稷米散爲末，殺牲時取膓間脂細切，集以米香蒿黍稷末，以香爐合盛之，俟臨時依法燔燒。

問：凡祭皆用上香，而今不用，何也？曰：古無今世之香，漢以前是焚蘭、芝、芷、蕭、艾之類。始祖乃厥初生民之祖，其甚遠者。《文公家禮》所以不用上香而用燒脂，蓋從古禮也。

問：酌酒之意安在？且所用何酒？其與三獻之酒同乎？曰：酒有三，酒有五齊。古今爲法不同，不得而考。今世所用清酒，未必合古，然祭禮通用，久已素慣，三獻用之，亦鬼神之所安也。竊擬或用黄菊，或用白蓮，或用白雪合煮，使其香氣鮮美尤宜。至於酹酒之酒，乃所以求神，世所常用清酒非也。《禮記・郊特牲》曰：「汁獻涚于醆側眼反。酒。」《集説》：「涚，泲也。汁獻，謂摩挲秬鬯及鬱金之汁也。蓋秬鬯中有煮鬱，又和以盎齊，摩挲而泲之，出其香汁，故云汁獻涚于醆酒也。」○又曰：「周人尚臭，灌用鬯臭，鬱合鬯，臭陰達於淵泉。致陰氣也。」《集説》：「周人尚氣臭，而祭必先求諸陰，故牲之未殺，先酌鬯酒灌地以求神，以鬯之有芳氣也。故曰『灌用鬯臭』。又擣鬱金香草之汁，和合鬯酒，使香氣滋甚。故云『鬱合鬯也』。以臭而求諸陰，使其臭下達於淵泉矣。蓋欲致氣於陰而求之也。」○《禮運》曰：「玄酒在室，醆酒在户，粢醍在堂，澄酒在下。以降上神與其先祖。」《集説》：「太古無酒，用水行禮，後王重古，故尊之名爲玄酒。祭則設於室内而近北也。醴，猶體也，酒之一宿者，《周禮》謂之『醴齊』。醆，即《周禮》『盎性』，盎，猶翁也，成而翁翁然葱白色也。此二者以後世所爲賤之，陳列雖在室内，而稍南近户。故云『醴醆在户也』。粢醍，即《周禮》『醍齊』，成酒而紅赤色也。又卑之，列於堂。澄酒，即《周禮》『沈齊』，成而滓沉也。又在堂之下矣。此五者各以等降設之。」按《禮》言「鬯臭」，《集説》但言鬯酒，以鬯之有芳氣也，而不明言鬯酒者何酒。又《禮》言「鬱合鬯臭」，《集説》釋之曰擣鬱金香草之汁和合鬱酒，則本文鬱字之爲鬱金香草，而《集説》和合鬯酒之鬱爲蒸鬱之鬱明矣。今考《易》「不喪匕鬯」，《傳》：「鬯，香酒，奉尊廟之盛也。」○又《周禮·春官》：「鬯人掌共鬯秬而飭之。」《注》：「釀秬爲酒，芬芳滌蕩於上下也。」《書·酒誥》曰：「以秬鬯二卣。曰明禋。」《傳》：「黑黍曰秬，釀以鬯草」。《詩·大雅》：「秬鬯一卣。」《傳》：「鬯，香草，築煮合而鬱之曰鬯。」又《康熙字典》：「以秬釀鬱草芬芳，故用以降神。」據此，則《易傳》與《周禮注》，只是釀黑黍爲酒，氣味馨香，故云鬯酒。《詩傳》、《書注》與《字典》所注，則是鬯又別爲一物，合蒸黑黍煮成，乃爲鬯酒。兩説不同。竊擬當從《易傳》與《周禮注》爲穩，蓋秬鬯乃黍酒之馨香，而鬱金乃開鬱之品，故用以爲酒，使達於淵泉，以求神於陰。且香草其味香，又有純陽之性，故用以和之，以陽求陰，正有交際之深意。第所謂香草者，不有指出何草。竊擬用香蕭，辛陽中又有陰之品，尤穩。若煮造之法若制，古不得而考。胡尚書《家禮》用鬱金香草研細，然後入醴酒，和勻去滓，取其清水入瓶，封固，隔水煮二三沸，取出，及行祭時用爲酧酒。今當從之。

問：禮之有進毛、血、腥肉、熟肉、太羹、鉶羹，何也？曰：《禮記・郊特牲》曰：「毛、血，告幽全之物也者，貴純之道也。」《集説》：「殺牲之時，先以毛及血告神者，血在内，是告其幽；毛在外，是告其全也。貴純者，貴其表裏皆善也。」○又曰：「有虞之祭也，尚用氣。血、腥、爓祭，用氣也。」《集説》：「尚用氣，以用氣爲尚也。初以血詔神於室，次薦腥肉於堂，爓次腥，皆未熟，故云用氣。方氏曰血、腥、爓，皆氣而已，未嘗敢味，故曰尚氣。然爓之氣不若腥之全，腥之氣不若血之幽，故其序如此。」又曰：「腥、肆、爓、腍祭，豈[一]神之所享也？主人自盡其誠心而已矣。」《集説》：「祭之爲禮，或進腥體，或進解剔，或進湯沉，或薦煮熟，豈知神果何所享乎？主人不過盡其敬心而已耳。方氏曰凡牲解而生之之謂腥，體而陳之之謂肆，龠而未腍之之謂爓，熟而爲殽之之謂腍。」○又曰：「血祭，盛氣也。」《集説》：「有血有氣，乃爲生物也。血由氣以滋，死則氣盡而血亦枯矣。故血祭者，所以表其氣之盛也。」○又《周禮・天官》：「烹人職内、外饔之爨。祭祀，共太羹、鉶羹。」注：「爨，竈也。太羹，謂不致五味。鉶羹，謂加鹽菜盛之鉶器。」又《禮記》：「太羹不和。」《集説》：「太羹者，太古之羹，肉汁無鹽梅之和。後王存古禮，故設之。」又

[一] 此句出《禮記・郊特牲》，「豈」下脱一「知」字。

曰：「酒醴之美，玄酒、明水之尚，貴五味之本也。太羹，貴其質而已矣。所以交於神明者，不可同於所安褻之甚也。」《集説》：「未有五味之初，先有水，故水爲五味之本。《周禮》司烜氏掌以鑒取明水於月。蓋取其潔也。安褻之甚，言甚安甚褻也。張氏曰明水，飲之祖；毛血，食之祖，所以反始也。」曰：莫非水也，所謂「明水」，何水也？曰：《周禮》司烜氏掌以夫遂取明火於日，以鑒取明水於月，以共祭祀之明齍、明燭，共明水。劉氏曰聖人之於尊廟也，一盡天下之物，不足以稱其誠，故取火於日，取水於月。明水、明火，陰陽之氣凝結而成者，以將其誠致其潔也。馬氏曰鬼神之所享，在於敬，不在於味，誠之所至，則味之所遺。

問祭酒、奠酒之義。曰：古者燕享，各具饌少許于豆，置于地間以祭先爲飲食之人。故三獻皆有祭酒。蓋體鬼神之意而代之祭也。奠者，安也，亦設酒盞于神位之前也。

問：讀祝之祝何義？曰：祝，告也。讀，詔告于神所也。

問進肝之義。曰：此從殷禮也。《記》曰：「殷人祭肝。」蓋祭用氣也。肝，木氣之所主也，於時爲春。物之生始於春，人之生始於祖，故特進之。曰：全肝以進之乎？曰：《文公家禮》「具饌」之下注：「肺、肝、心、首爲一盤」，又有「切肝一小盤」，是則量取一小盤以進之也。

問進飯之進。曰：飯，米飯也。杅，盛飯器也。文公自有其制，但古今爲制不同，不得而考，大抵猶今之飯盞。

問：初獻禮奠酒之後進肝，義固如此。亞獻、終獻，《文公家禮儀節》云「如時祭之儀」，則進以炙肉矣。炙肉之進，又何義耶？曰：牲之有五臟四體，五行陰陽各有所主。牲之肉，則五行陰陽之所和會。故亞獻、終獻，俱進炙肉。此其義也。

問：分獻之儀，據《文公家禮》，則如時祭之儀，三句俱有奉饌，就中亞終二句，俱進炙肉。初獻注「胙盤」，不知所謂「胙」者何指？曰：觀「受胙」之「胙」，注曰「執事祝取匙，於列位之飯各取少許以爲胙」，則初旬分獻之。注曰「胙盤」，即太羹、鉶羹、腥肉、熟肉與杅飯之進也。況正位亞終二旬奠酒之後，俱進炙肉。分獻之奉饌，亦進炙肉，與正位同，則初旬分獻之奉飯饌，注之所謂「胙盤」，其爲太羹、鉶羹、腥肉、熟肉、炙肉與杅飯無疑。

問：侑食之義何如？且三獻，則主人跪而執事進設；至於侑食，則主人親酌。何也？曰：侑者，助也，猶言進飲此酒以助其能食也。三獻猶用祭酒，所以主人跪而執事代設。侑食則不復祭酒，故主人得以親酌。

問：毛、血、腥肉、熟肉、太羹、鉶羹、杅飯之進，《文公家禮》皆言主人親設，而不言贊唱。今乃設爲贊唱，而主人奉以加額，反授執事進設。何也？曰：凡祭，皆當主人親之。第對越神明之前，追思敬謹之念不勝，其於識別各物，踐履度數易於錯謬，與祭皆然，主人爲甚。況進飯一節，凡云各物，詳悉尤難。故必用贊唱，又有執事代設，俾主人得以肅立敬侍，而追思敬奉之念不分。雖不親設，而先奉以加額，已若親設之矣。又何疑哉？

問闔門之義。曰：鬼神聚於幽而散於明，而飲則屬陽，食則屬陰。那時既終之，且進酒以助其食，欲其純□至静，以至安神之享也。○又《問答家禮》謂：鬼神之道，惟向幽陰。門開則陽露，陽盛則陰微，故闔之，欲神歆享之滿也。然門闔，必四旁有壁後可。若世俗之行，或在四顧露陽，乃以席爲闔，以扇爲蔽，不過備數虚文，欺謾鬼神，失禮之甚。

問：闔門之時，或只言「作咳者三」，或只言「祝噫歆者三」，紛紛不一，當於何從？曰：是不究《文公家禮》。或曰「噫歆」，則於條下以「作咳聲者三」兩行分注；或言「噫咳」，則是兩辭兼訓。故曰：咳聲不可無，而噫歆所固有。蓋咳者，所以警動神聽；噫者，歎息之辭；歆者，散享之義。固欲其静，然慮鬼神幽陰之道，門既闔矣，則陰中至陰，静中至静，不作咳聲，則無以警動神之聽；不祝噫歆，則無以勸助神之食。故先連作咳聲者三，宜急以警動之；後連祝噫歆者三，宜緩以勸助之。正欲神之享也。彼之專祝一邊，固不可。又有一祝一咳間作，尤爲無謂。

曰：祝者何人，在何處耶？曰：祝自外入，當門而祝。祝謂祝人，即禮之當用人處者。可見曰「噫歆」，曰「利成」，皆祝人之事。世見有祝字，乃以讀祝人行之，非也。盍考《文公家禮》，謂「祝盥洗」、「祝焚香」、「祝奉帛升車」、「祝奉主置靈座」，個個各有祝字，亦是讀祝者之事耶？顧當窮究顛末，方照管得到底意思。

問：「主人以下皆出」何意？且出在何處？曰：此鬼神幽静之道。當進酒助食之後，闔門助食之前，先要静肅以交於神明。倘序立如在，則我在對越者，神在鑒臨，雖闔門，不爲静也。故此時，主人以下皆出，一若神承之賜我少休，而我出位侍側，以伺候神之歆享。此静以交神之道也。若其所出之處，觀其訓，以東西相向，則知其各當其位而出席旁立，若侍立。蓋此時當出，又不欲其遠出，以致誠意之少散也。

問：「讀祝」之「祝」如何，與「祝嘏辭」、「祝噫歆」、「祝利成」之「祝」同乎，異乎？曰：其義大同小異。「讀祝」，前既言之矣。「祝嘏辭」、「祝噫歆」、「祝利成」之「祝」，則祝人也。謂之祝人者，以其人所主報告之事，先以主人之辭告神，後以神之辭嘏主人，故《記》曰：「祝，將命也。」

問嘏辭之義。曰：《記》曰：「嘏，長大也。」《集説》：「尸使祝致嘏辭于主人。嘏有長久廣大之義也。方氏曰福而有嘏之義。《中庸》言大德之得禄壽。以得其壽，故長；以得其禄〔二〕，故曰『嘏長大也』。且禄壽爲五福之先，故必以長大言之。《天保》曰：『降爾遐福。』此福所以長也。《楚茨》曰：『以分景福。』此福所以大也。」

〔二〕　據《禮記集説大全》卷十一引方氏説，「以其得禄」下有「故大」二字。

問：「利成」之告何義？主人何以不拜？在位何以皆拜？曰：利猶養也，謂其養之禮以成，此蓋神答謝主人之辭也。主人謙讓不敢自當，所以不拜。凡在位者代之皆拜，蓋代主人之拜，所以答神之辭也。

元旦文

三陽之月，春噓物茁。昭明壽宮，熙怡慶節。子子孫孫，序位布列。歲序之初，正朔必謁。

端陽文

節屬重午，夏日舒長。一陰生胎，萬物彙成。章於皇祖，惠我無疆。觸時追遠，禮不敢忘。

秋嘗文

雨暘時若，季秋物成。索南其畝，黍稷惟馨。□□□□，□□先靈。報本追遠，敢有不誠。

中元文

孟秋之月，節屬中元。霜露既降，昭仰彌慇。有赫有穆，則著則存。歲有常事，蘋藻弗諼。

臘節文

時維冬臘，節屬嘉平。肅昭有廟，緝熙維清。藻蘋展敬，黍稷惟馨。於皇我祖，鑒□□成。

除夕文

霜凄露惕，辰彥流易。亞歲迎祥，適此除夕。肅肅神門，昭望咫尺。歲事告週，莫敢□□。

《東亞〈家禮〉文獻彙編》後記

中國傳統文化是禮樂文化，「禮」構成了中華文明的根基，因此，禮學研究也就是文化研究。禮學研究的領域非常廣泛，基本涉及禮義思想和禮儀制度兩個層面，而就制度層面看，又涉及國家禮制和社會禮制兩個方面。唐宋之前，禮制主要體現爲國家典章制度，其典範之作就是《大唐開元禮》（一百五十卷）。及至北宋，由於庶民社會的興起，國家製定禮儀之際，也開始關注「士庶」階層的禮儀問題，如《政和五禮新儀》（二百二十卷）。

然而作爲一部真正的向社會所有成員開放的家庭禮儀範本，則無疑是十二世紀朱熹撰述的《家禮》，後世又稱「朱子家禮」。一般而言，《家禮》主要對「冠婚喪祭」的行爲方式作了具體規定，在這些具體的禮儀規範中，主要體現了儒家禮義的思想和精神，因此，隨著《家禮》的推廣，儒家禮學得以在社會上真正落實爲一種行爲方式，并對宋元明清的傳統中國社會產生了持續的深遠影響。

另一方面，令人稱奇的一個歷史文化現象是，《家禮》不僅在傳統中國，而且在李氏朝鮮、江户日本、黎朝越南以及琉球等東亞地域竟然也廣受關注，各種翻刻本、注疏本、解説本以及研究性著述層出不窮，匯成了《家禮》文獻的汪洋大海，可謂是東亞文化史上的一個奇觀。近年來，隨著禮學研究的全面興起（可以參見楊華等著《中國禮學研究概覽》，武漢大學出版社二〇二一年；湯勤福主編《中華禮制變遷史》，中華書局二〇二二年），《家禮》研究也在不斷拓展，正逐漸形成東亞「家禮學」這一研究新領域（參見吴震、郭曉東主編《視域交匯中的經學與家禮學》，上海古籍出版社二〇二二年）。

本彙編的緣起，吾妻重二教授在「總序」中已有説明，這裏僅作幾點補充以及作爲主編而應當表達的感謝詞。我之所以在二〇一七年，以「東亞地域《朱子家禮》文獻整理及其思想研究」爲題，申請上海市教委科研創新計劃重大項目，其因在於當時我的研究興趣發生了一些轉移，即從中國傳統儒學轉向東亞地域的儒學思想，這些研究成果後集爲《東亞儒學問題新探》（北京大學出版社二〇一八年）一書出版。在研究過程中，我同時也注意到東亞《家禮》的現象，特别是吾妻重二教授的日本《家禮》研究，後經其介紹，又結識了韓國《家禮》研究專家張東宇教授，漸漸地就形成了上述研究計劃的設想。

然而必須坦白的是，我只是該項目的組織者和施行者，而并非《家禮》研究的「專家」，這是因爲我個人的研究興趣始終只能停留在思想層面而無法進入制度層面。在思想研究方面，我們課題組在二〇一九年舉辦了一場「東亞禮學與經學國際研討會」，邀請到海内外禮學研究的一流專家，這裏略舉人名，挂一漏萬，還請諒解。例如：日本關西大學吾妻重二教授、韓國延世大學張東宇教授、美國伊利諾伊州立大學周啓榮教授、武漢大學楊華教授、上海師範大學湯勤福教授、中國歷史研究院梁滿倉教授、中國社會科學院吴麗娱教授、北京大學吴飛教授、臺灣大學葉國良教授、臺灣大學田世民教授、臺北大學何淑宜教授、復旦大學何俊教授和郭曉東教授、越南漢喃研究院武越鵬博士，等等。會議成果即上面提到的《視域交匯中的經學與家禮學》一書，該項成果也就是本課題「東亞地域《朱子家禮》文獻整理與思想研究」的後半部分「思想研究」。至於前半部分的「文獻整理」，我要向吾妻重二教授和張東宇教授表達衷心感謝！因爲他們兩位才是日本《家禮》、韓國《家禮》以及越南《家禮》文獻彙編的功臣。

需要説明的是，韓國《家禮》的文獻浩如煙海，張東宇教授最初推薦的共有十四部，但是在編輯過程中，我們發現這部分的字數遠遠超過了中國宋元明清《家禮》文獻和江户日本《家禮》文獻的份量，爲求字數的總體平衡，不得已僅收録了七部韓國《家禮》文獻，即便如此，其一百七十多萬字的份量也超過了中國和日本。由此可見，不論是中國、日本還是韓國，其實我們所選的《家禮》文獻只具代表性而遠非全貌，這是必須向讀者説明的。

中國宋元明清《家禮》部分，則是由湖南大學嶽麓書院殷慧教授、杭州師範大學姚永輝教授和張天傑教授、安徽大學徐道彬教授、安陽師範學院王志躍教授、肇慶學院趙克生教授等精心挑選的，此後華東師範大學出版社副編審吕振宇博士、上海博物館魏小虎副研究館員也參與了這項工作。越南《家禮》部分則多蒙越南漢喃研究院院長阮俊强教授和丁克順教授的協助。在此我謹向以上各位學者表示衷心感謝！此外，還必須感謝的有：參與《家禮》「解題」撰寫的各位中、日、韓三國學者，以及擔當翻譯和聯絡工作的韓國忠北大學校的徐大源教授以及林海順教授、佐藤瑞淵博士、榧木亨博士、董伊莎博士、申緒璐副教授，還有復旦大學哲學學院博士生邢萬里、郭建中等所有參與標點整理的碩士生和博士生。

最後還要感謝清華大學國學院院長、復旦大學上海儒學院院長陳來教授，本項目一直以來得到了上海儒學院的支持。感謝上海古籍出版社吕健社長、劉海濱主任的關心和支持，特別要感謝楊立軍編輯及其同仁認真負責的工作。

吴震

二〇二三年十月十五日